Ernst F. Salcher

Gott ?
Das Ende einer Idee.

BUND FÜR GEISTESFREIHEIT
MÜNCHEN
Körperschaft des öffentlichen Rechts
Konto-Nr. 1815-801 Postgiroamt München
Valleystr. 27 · 8000 München 70

1350 - 2020

Über das Buch

Gibt es Gott?

Jeder denkende Mensch stellt sich irgendwann diese Frage – und es fällt ihm schwer, eine endgültige Antwort darauf zu finden. Denn, obwohl sich die Kirchen mehr als zweitausend Jahre lang bemühten, die Existenz ihres Gottes zu beweisen, ist ihnen dies bis heute nicht gelungen. Allerdings: auch die an Gott zweifelnden Menschen hatten dieser Idee nur wenig entgegen zu setzen. Allzu gering war ihr Wissen zu den großen Fragen, die die Menschheit bewegten und die die Religionen mit ihrem Gott so einfach beantworteten, allen voran die Frage nach dem Ursprung allen Seins: woher kommen wir – der Mensch, die Erde und der ganze Kosmos – und wohin gehen wir? Erst seit kurzem vermögen die modernen Naturwissenschaften, allen voran die Kosmologie und die Evolutionsbiologie auf diese Fragen überzeugende Antworten zu geben. Zum ersten Mal in ihrer Geschichte, ist die Menschheit in der Lage, auf die unbewiesene These „Gott" mit wissenschaftlich plausiblen Gegenmodellen zu antworten. Heute wissen wir, dass die Entstehung des gesamten Weltalls und auch des Lebens auf der Erde, einschließlich des Menschen, auf natürliche Weise zu erklären ist und keiner zusätzlichen *über*natürlichen Erklärung (Gott) bedarf.

Schritt für Schritt wird der Leser, auf leicht verständliche Art, in dieses neue naturwissenschaftliche Wissen eingeführt und so in die Lage versetzt, die Plausibilität dieses Weltbildes gegenüber der biblischen Schöpfungsgeschichte selbst abzuwägen. In der Frage nach Gott, wollen wir jedoch auch die großen religionskritischen Philosophen der Neuzeit zu Wort kommen lassen, von Immanuel Kant über Feuerbach, Nietzsche, Freud und Sartre.

Wir leben in einem Zeitalter des Wissens, das uns nicht nur technischen Fortschritt beschert, sondern auch neue und plausiblere Antworten auf die existentiellen Fragen der Menschheit ermöglicht. Nutzen wir dieses Wissen!

Über den Autor

Ernst Friedrich Salcher, geb. 1943, Dr.phil. (Psychologie und Philosophie), beschäftigt sich seit vierzig Jahren mit der Frage nach Gott, sei es in der intellektuellen philosophischen Hinterfragung, in der direkten Begegnung mit den Religionen dieser Erde oder in der Einbeziehung moderner naturwissenschaftlicher Erkenntnisse der Entstehung von Kosmos, Erde und Mensch. Das vorliegende Buch ist das Resultat dieser Auseinandersetzung und all den Lesern gewidmet, die auf die Frage nach der Existenz Gottes nach plausiblen, glaubwürdigen und zeitgemäßen Antworten suchen.
Der Autor ist heute stellvertretender Vorsitzender der Giordano-Bruno-Stiftung, die sich der Verbreitung eines religionsfreien modernen Humanismus widmet.

Sapere aude

(Habe Mut dich deines eigenen
Verstandes zu bedienen)

Leitspruch Immanuel Kants

Ernst F. Salcher

Gott ?

Das Ende einer Idee.

Bibliografische Information Der Deutschen Bibliothek

Die Deutsche Bibliothek verzeichnet diese Publikation in der Deutschen Nationalbibliografie; detaillierte bibliografische Daten sind im Internet über http://dnb.ddb.de abrufbar.

© 2008 VAS – Verlag für Akademische Schriften
2. Auflage. Alle Rechte vorbehalten.

Herstellung, Layout:	VAS, Ludwigstr. 12 d
	61348 Bad Homburg
Umschlagbild:	Ernst F. Salcher
Portraitbild:	Evelin Frerk, www.evelinfrerk.de
Vertrieb:	Südost Verlags Service GmbH,
	Am Steinfeld 4,
	94065 Waldkirchen

Printed in Germany • ISBN 978-3-88864-431-3

Inhalt

Einleitung 11

A) Grundlagen

Das Phänomen „Religion" 20
Religion: Was ist das? 21
Kurzer Überblick über die Religionsgeschichte 25
    Prähistorische Religionen 25
    Ausgestorbene Religionen der Antike 28
        Präkolumbianische Religionen (Maya, Azteken, Inka) 28
        Die Religion der Ägypter 31
        Die Religion der Griechen 34
        Die Religion der Römer 38
        Die Religion der alten Perser 41
    Die Religionen der Chinesen 43
        Der Konfuzianismus 43
        Der Taoismus 44
    Östliche Religionen 47
        Der Hinduismus 47
        Der Buddhismus 53
    Die monotheistischen Offenbarungs-Religionen ... 60
        Der jüdische Glaube 60
        Das Christentum 63
        Der Islam 71
    Abschließende Betrachtung: Wo ist Gott
    in den Religionen? 78

Das Phänomen des „Glaubens" 90
Glauben kontra Wissen 90
Naturwissenschaftliche Betrachtungen zum
Thema „Glauben" 93
Der religiöse Glauben 95
    Der Glaube an Gott 95
    Der Glaube an bestimmte Religionen und
    deren Inhalte 100
Abschließende Betrachtungen zum Gott-Glauben ... 107

Wer (oder was) ist Gott? 112
Ein Definitionsversuch 112
Die Theodizee-Frage 117
Die Widerlegung der Gottesbeweise durch Immanuel Kant 125

B) Religionskritik

Die Irrungen der (christlichen) Kirche 132
Die Verfälschungen der Ursprungslehre / Probleme
der Überlieferung 132
Die Behinderung von Bildung, Wissenschaft und
freiem Denken 134
Verbrechen gegen die Menschheit im Namen Gottes 137
    Die Zwangsmissionierung (Taufe oder Tod) 137
    Die Kreuzzüge 140
    Die Ketzerverfolgung 142
    Die Inquisition 144
    Die Hexenprozesse 146
    Die Judenverfolgung 147
Armer Jesus – reiche Kirche 149
Abschließende Betrachtung: Die Kirche –
Gottes Stellvertreterin oder Menschenwerk? 151

Gott im Spiegel kritischen Denkens 158
Die griechischen Denker 159
Immanuel Kant 161
Ludwig Feuerbach 170
Karl Marx 177
Friedrich Nietzsche 183
Sigmund Freud 192
Zwischenbilanz zur Religionskritik von Feuerbach
bis Freud 198
Jean-Paul Sartre 202
Die Neomarxisten (Adorno, Horkheimer, Marcuse) 207
Ernst Bloch 210

Schöpfung ohne Schöpfer !?
Teil I: Die Entstehung des Kosmos und der Erde 214

Dimensionen des Kosmos 216
  Die Maßeinheit 216
  Die Dimensionen 217
  Die Messmethoden 221
  Die Messgeräte 228
Die Entstehung des Universums 231
  Die Urknalltheorie 231
  Die Entwicklung des Weltalls nach dem Urknall 234
  Die Entwicklung unseres Sonnensystems 237
  Die Entwicklung der Erde 239
  Voraussetzungen für Leben auf der Erde 239
  Anderes Leben im Universum 242
Status quo – und wie es weitergeht im Universum 243
  Weitere Entwicklung der Erde 244
  Weitere Entwicklung der Sonne 245
  Weitere Entwicklung des Weltalls 246
Die Zukunft des Universums 247
  Das sich ausdehnende Universum 248
  Geschlossenes oder offenes Universum 249
  Das Universum ohne Wiederkehr 250
Abschließende Betrachtung: Biblische Genesis
kontra wissenschaftliche Kosmologie 254

Schöpfung ohne Schöpfer !?
Teil II: Die Entstehung des Lebens und des Menschen .. 273
Vorbedingungen des Lebens 277
  Die Erde vor der Entstehung des Lebens 277
  Definition von Leben 279
Die Entstehung des Lebens 280
  Der erste Schritt zum Leben:
  Die chemische Evolution 282
  Der zeitliche Ablauf der Evolution 288
  Der zweite Schritt zum Leben:
  Die biologische Evolution 289
  Exkurs: Altersbestimmung von Fossilien 292
Die weitere Entwicklung des Lebens:
Entstehung der Arten 294

9

Die Evolutionstheorien 307
    Die Evolutionstheorie von Charles Darwin 307
    Vom Darwinismus zur modernen
    Evolutionsbiologie 310
    Evolution und moderne Genetik 315
Die Entwicklung des Menschen 318
    Die frühe Menschwerdung 318
    Auf dem Weg zum Homo Sapiens 321
    Der moderne Mensch 323
    Das Gehirn – die Seele des Menschen 325
Rückfall in altes Denken: Kreationismus und
Intelligent Design 329
Abschließende Betrachtung:
Was bleibt vom Schöpfergott? 335

C) Perspektiven für eine Welt ohne Gott

Das Schlussplädoyer gegen die Existenz Gottes 348
Zusammenfassung der Argumente gegen
die Existenz Gottes 348

Kritische Fragen zu einer Welt ohne Gott 368

Vorstellungen zu einer Welt ohne Gott 371
Die Sinn-Frage: Worin liegt der Sinn des Lebens? 373
Die Frage der Nächstenliebe 380
Die Frage der Moral: Welches Sittengesetz kann
das göttliche ersetzen? 381
Die Frage der Menschenwürde 393
Die Jenseits-Frage 394
Die Religions-Frage 399
    Wert oder Unwert der Religionen? 400
    Die zukünftige Rolle der Religion in
    der Gesellschaft 405

Nachwort 413
Danksagung 417
Literaturverzeichnis 418

Einleitung

Wir stehen am Beginn des dritten Jahrtausends. Wieder einmal sind die Weltuntergangs-Szenarien, die zum Jahrtausendwechsel angekündigt wurden, nicht eingetreten. Viele solcher Vorhersagen sind durch den Fortbestand unserer Welt widerlegt worden, und wüssten wir besser Bescheid über die wissenschaftlichen Erkenntnisse unserer Zeit, so wüssten wir auch, dass unsere Erde noch lange Bestand haben wird und weder von natürlichen, noch übernatürlichen Ereignissen bedroht ist, sondern allenfalls vom Menschen selbst. Zumindest in den nächsten zwei bis drei Milliarden Jahren wird die Erde friedlich weiter existieren und erst durch den Todeskampf unserer Sonne in ihr endgültiges Verderben gerissen werden. Es bleibt uns also noch genügend Zeit, dieses Buch zu lesen und darüber nachzudenken. Aber auch ohne Weltuntergangsstimmung stellt sich für viele Menschen die Frage, was das neue Jahrtausend für sie bringen wird, wenn sich Technik und Wissenschaft noch rasanter weiterentwickeln als bisher. Schon heute übersteigt der unaufhörliche Wissens- und Erkenntniszuwachs selbst das Fassungsvermögen der in diesen Bereichen tätigen Experten, wie soll dann der Laie noch Schritt halten können. Betrachtet man allein die Fortschritte, die in der wissenschaftlichen Kosmologie und Evolutionsbiologie in den letzten beiden Jahrzehnten gemacht wurden, so stellen wir überrascht fest, dass wir heute bereits über ein nahezu geschlossenes Erklärungsmodell für die Entstehung des Kosmos, des Lebens und des Menschen verfügen.

Aber nicht nur im Wissenschaftsbereich haben wir ein bewegtes Jahrhundert abgeschlossen. Wir haben mit den denkbar größten sozialen Experimenten gespielt und die alten morschen Gesellschaftsordnungen durch Marxismus, Sozialismus, Nationalsozialismus, Diktaturen aller Art und endlich durch die demokratische Gesellschaftsform abgelöst. Viele höchst schmerzliche Erfahrungen mussten dabei gemacht werden. Wir haben uns von tradierten Lebensvorstellungen gelöst, überkommene Werte in Frage gestellt oder abgeschafft und an deren Stelle den Glauben an den technischen und wirtschaftlichen Fortschritt gesetzt.

So leben wir heute in einer Zeit, in der viele unserer bisherigen Werte in Frage stehen, vielfach ohne dass neue verlässliche Werte an ihre Stelle getreten wären. Wir beklagen zwar den allgemeinen Werteverlust, unternehmen aber wenig zur Neuorientierung. Insbesondere junge Menschen fangen an, unter dieser Orientierungslosigkeit zu leiden und flüchten sich in die zweifelhafte Ersatzkultur einer Konsum- und Spaßgesellschaft oder suchen Zuflucht in noch fragwürdigeren Heilslehren. Auch die tradierten Religionsgemeinschaften stehen in dieser Krise und vermögen offensichtlich nicht, ihre Wertesysteme glaubwürdig und attraktiv in unsere Zeit zu transponieren. So pendelt der moderne Mensch zwischen neuen Allmachtsgefühlen und den althergebrachten Ohnmachtgefühlen und fühlt sich in vielen existentiellen Fragen allein gelassen.Dies betrifft auch die höchste Orientierungsinstanz vieler Menschen: GOTT. In unserer Zeit ist der religiöse Glaube vielfach vage und unbestimmt geworden, die tradierten Glaubensbotschaften kollidieren vielfach mit unserem modernen Lebensgefühl und mit den Erkenntnissen der modernen Wissenschaften. Diese Unbestimmtheit betrifft auch die Frage nach der Existenz Gottes. So belegen die Ergebnisse aktueller Bevölkerungsumfragen, dass immer weniger Menschen an die Existenz Gottes glauben, sich als religiös bezeichnen oder an ein Weiterleben nach dem Tode glauben. Damit sind existentielle Grundpfeiler der Religion getroffen. Fragt man nach den Ursachen für den zu beobachtenden Vertrauensverlust der Religionen, so lassen sich zwei Phänomene ausmachen: das veränderte Lebensgefühl der Menschen in einer schnelllebigen und hoch technisierten Welt, in die die Verhaltensmuster und Werte vergangener Zeiten nicht mehr recht zu passen scheinen, und – die explosionsartige Zunahme unseres Wissens, das 'alte Wahrheiten' zunehmend in Frage stellt. Letzteres erscheint auch wenig verwunderlich, berücksichtigt man die Tatsache, dass die drei monotheistischen Hochreligionen (Christentum, Judentum, Islam) vor rund 1.400 (Islam) bis nahezu 3.000 Jahren (Judentum) entstanden sind und seither ihre religiösen 'Wahrheiten' unverändert beibehalten. Das Gottesbild jener Zeit wurde von Menschen geschaffen, die die Erde für eine runde Scheibe hielten und allen naturwissenschaftlichen Phänomenen ohne Erklärung gegenüberstanden.

Wen mag es wundern, dass dieses archaische Gottesbild mit unserer Zeit kollidiert. Soll der moderne Mensch die gleichen Antworten akzeptieren, wie der Mensch vor zweitausend Jahren, wo er doch heute zurückgreifen kann auf die Erkenntnisse der modernen Naturwissenschaften, die längst begonnen haben, die Welt neu zu erklären und bestechende Antworten auf die großen Fragen der Menschheit zu geben: wie entstanden der Kosmos und die Erde, woher kommt der Mensch und welches ist sein Stellenwert in diesem unermesslichen Universum? Ist es also an der Schwelle des 3. Jahrtausends nicht längst an der Zeit, die Frage nach Gott neu zu stellen? Müssen wir nicht prüfen, ob der Glaube an Gott noch aufrechtzuerhalten ist, wenn ihm seine wichtigste Funktion, die „Schöpfung", aus der Hand genommen wird? Oder irren hier die Naturwissenschaften? Wie standfest sind ihre Erkenntnisse wirklich und wie überzeugend ist ihre Erklärung der Welt? Dieses Buch will den Leser mitnehmen auf eine spannende Reise durch die Wissenschaften, zuerst durch die Welt der Geisteswissenschaften (Philosophie) und dann vor allem durch die turbulente Welt der modernen Naturwissenschaften, wo uns die Kosmologie und Evolutionsbiologie ihre Erkenntnisse zur Entstehung des Universums, des Lebens und des Menschen vorstellen werden. Der Autor breitet dieses Wissen in verständlicher Form aus und beginnt mit dem Leser ein provokantes Rollenspiel: er selbst vertritt die Rolle des „gegnerischen Anwalts", der sich bemüht, aus den wissenschaftlichen Befunden möglichst viele überzeugende „Indizien" gegen die Existenz Gottes abzuleiten (wohl wissend, dass er keinen endgültigen Beweis erbringen kann), und bietet dem Leser die Rolle des „Geschworenen" an, der Schritt für Schritt – und vor allem abschließend – darüber zu befinden hat, ob er die vorgetragenen Indizien für stichhaltig hält oder nicht. Dramatisch zugespitzt wird diese Auseinandersetzung im Schlussplädoyer des Autors und in einer fiktiven Replik der Geschworenen, die die positiven Gehalte von Religion und Glauben einer Welt ohne Gott entgegensetzen.

Damit ist das Anliegen dieses Buches angedeutet: es versucht eine Status-quo-Analyse bezüglich der Frage nach Gott. Auf der Basis des Wissens unserer Zeit soll der religionskritische Standpunkt neu überdacht werden, wobei es nicht um die Kritik oder Würdigung einzelner Religionen geht, sondern um die zentrale Frage: Gibt es Gott? Und zwar nicht nur den Gott der Christen, sondern Gott schlechthin. Wir fragen nach der Existenz eines übernatürlichen, allmächtigen und ewigen Wesens, das in einem willentlichen Akt den Kosmos, das Leben und den Menschen geschaffen hat und auf diese seine Schöpfung weiterhin Einfluss nimmt. Wir fragen nach dem Ausgangspunkt aller Religionen, wir fragen nach der Idee Gottes.

Diese Idee nimmt in den drei monotheistischen Religionen des Judentums, des Christentums und des Islams die Form eines 'Personalen Gottes' an, der sich den Menschen offenbart hat und seitdem in einer intensiven Wechselbeziehung zum Menschen steht. Dieses Gottesbild, das den abendländischen Kulturkreis seit dreitausend Jahren bestimmt, steht im Zentrum der nachfolgenden kritischen Erörterungen.

Das Buch behandelt folgende Themen:

In einem ersten Abschnitt – und als Einführung und Vertiefung des Hintergrundwissens gedacht – werfen wir einen kurzen Blick auf die Geschichte der Weltreligionen, wobei wir uns fragen, was unter „Religion" überhaupt zu verstehen ist, und wie es zur Entstehung der ersten Frühreligionen gekommen ist. Es folgt ein Überblick über die wichtigsten Religionen, beginnend mit den ausgestorbenen Kulturen (Ägypter, Griechen, Römer, Perser) sowie in ausführlicherer Form die Darstellung der noch 'lebenden' Religionen, zunächst des Fernen Ostens (Konfuzianismus, Hinduismus, Buddhismus) und abschließend der drei monotheistischen Hochreligionen Christentum, Judentum und Islam. Abschließend stellen wir noch einige kritische Fragen in Bezug auf den Gottesbegriff, die sich aus der Betrachtung der Religionsgeschichte aufdrängen.

Untrennbar verbunden mit den Religionen ist das Phänomen des Glaubens, naturgemäß des Glaubens an ein Höheres Wesen (= Gott). Wir fragen uns, wie es zum Phänomen des Glaubens kam, und warum die Menschen zu allen Zeiten und in allen Kulturen die Existenz eines Höheren Wesens postulierten. Wir werden auch die Unterschiede zwischen den Begriffen 'Glauben' und 'Wissen' herausarbeiten.

Hieran schließt sich nahtlos die Frage nach dem Begriff „Gott". Wir bemühen uns zunächst um eine religionsübergreifende Begriffsbestimmung und fragen uns dann, welches die zentralen Wesensmerkmale Gottes sind. Kants Kritik der traditionellen Gottesbeweise interessiert uns ebenso wie die Frage der 'Theodizee', die den unauflösbaren Widerspruch zwischen dem vielen unverschuldeten Elend auf dieser Welt und der Präsenz eines angeblich liebenden und allmächtigen Gottes aufzeigt.

Von diesen eher theoretischen Themen zurück zur „Praxis", d.h. zur kritischen Betrachtung dessen, wie die Kirchen – und hier wollen wir uns auf die christliche(n) Kirche(n) beschränken – in der Vergangenheit mit ihren Glaubensinhalten (der Lehre), der Glaubensverbreitung und -durchsetzung sowie ihrem Beitrag zum „Wohle des Menschen" umgegangen sind. Hier wird manches dunkle Kapitel der Kirche aufgeschlagen, wobei wir weniger anklagen als aufzeigen wollen, zu welchen massiven Verfehlungen gegen die Menschlichkeit es kommt, wenn dogmatischer oder gar fanatischer Glaube das Handeln der Menschen bestimmt. Sei es der verhängnisvolle Missionierungsauftrag (lieber tot als ungläubig), der zur völligen Intoleranz gegenüber Andersgläubigen führte (Kreuzzüge und Gräuel der Missionierungen), sei es die gnadenlose Verfolgung aller Kritiker und Abweichler, die zu wahnhaften Verirrungen gegen die Menschlichkeit führte (Inquisition und Hexenprozesse), oder sei es letztlich das unverbrüchliche Festhalten an dogmatischen Glaubensinhalten, die die Jahrhunderte lange Unterdrückung neuer wissenschaftlicher Erkenntnisse nach sich zog. Noch einmal: es geht nicht darum 'Gericht zu halten', sondern aufzuzeigen, was Menschen den Menschen im Namen der Religion (bis heute!) antun können – und auch zu fragen, warum ein allmächtiger und liebender Gott diese Verirrungen gegen die Menschlichkeit zulässt. Damit kommen wir zum Hauptteil dieses Buches, der kritischen Frage nach der Existenz Gottes auf dem Hintergrund des Wissens unserer Zeit. Im unermesslichen Gebiet des philosophischen Denkens beschränken wir uns auf einige wichtige Vertreter von der Aufklärung (Ende des 18. Jahrhunderts) bis heute, da es erst seit dieser Epoche ernsthafte religionskritische Ansätze im philosophischen Denken gibt. Zu ihren prominentesten Vertretern gehören: Immanuel Kant, Ludwig Feuerbach, Friedrich Nietzsche, Karl Marx, Sigmund Freud, Jean Paul Sartre sowie die Neomarxisten Theodor W. Adorno, Max Horkheimer, Herbert Marcuse und Ernst Bloch. Aus ganz unterschiedlichen Perspektiven nehmen diese Philosophen zu Religion und Gott Stellung und liefern uns genügend kritische Ansatzpunkte für weiterführende eigene Gedanken.

Die beiden letzten großen Kapitel des Buches beschäftigen sich ausführlich mit der modernen Kosmologie und Evolutionsbiologie. Zum ersten Mal in der Geschichte der Menschheit stehen uns genügend naturwissenschaftliche Erkenntnisse zur Verfügung, um die biblische Schöpfungshypothese kritisch zu durchleuchten. Wir werden dabei feststellen, dass es schlüssige und wissenschaftlich abgesicherte Modelle für die natürliche Entstehung des Kosmos und des Menschen gibt, so dass die zusätzliche Hypothese „Gott" nicht mehr erforderlich ist. In der Kosmologie werden wir uns über die bahnbrechenden Erkenntnisse der letzten Jahrzehnte informieren lassen und dabei feststellen, dass der Kosmos von seiner Entstehung bis zum heutigen Tage konsequent und ausschließlich den physikalischen Gesetzen folgte. Ein übernatürlicher Eingriff ist zu keinem Zeitpunkt und an keiner Stelle erkennbar. Die Beschäftigung mit dem Kosmos wird uns eine Lektion in Bescheidenheit erteilen. Wir werden die dramatische Geburtsstunde des Kosmos miterleben und erfahren, wie er sich unter der strengen Regie der Naturkonstanten zum heutigen Universum der einhundert Milliarden Galaxien entwickelte, wir werden mit Staunen hören, dass Sterne, die weit größer sind als unsere Sonne, täglich verlöschen und andere neu entstehen, wir werden darüber staunen, dass sich unser Kosmos noch immer ausdehnt, bis er eines sehr fernen Tages alle Energie verbraucht hat, erkaltet und stirbt. Lange vor diese Zeit wird unsere Sonne verglühen und dabei auch die Erde und alles was auf ihr noch lebt, mit auslöschen. Im Universum wird dies keine Spur hinterlassen, ein alltäglicher Vorgang, nichts weiter.

A) Grundlagen

Das Phänomen „Religion"

Den Begriff der Religion gebrauchen wir im Alltag weitgehend undifferenziert. Wir sagen „dieser Mensch hat keine Religion" und meinen damit, dass er nicht an Gott glaubt, wir sprechen von der Religion des Christentums oder des Islams und meinen damit eine Glaubensgemeinschaft von Menschen, die ein bestimmtes Glaubensbekenntnis und ein daraus abgeleitetes Gottesbild haben. Wir betonen im ersten Fall die subjektive Komponente der persönlichen Glaubensausübung und im zweiten Fall die eher objektiven Gegebenheiten einer Glaubenslehre. Religion ist ein Phänomen, dem wir zu allen Zeiten und in allen Teilen unserer Erde begegnen. Es ist anzunehmen, dass es kein Volk gegeben hat, das nicht in irgendeiner Form an „Übernatürliches" glaubte, bei dem der Einzelne Schutz und Halt suchen konnte. Die Zahl der Religionen, die im Laufe der Menschheitsgeschichte aufgetreten sind, ist kaum überschaubar, zumal wir von frühesten Menschheitsperioden keine und von späteren oft nur sehr spärliche Aufzeichnungen haben (z.B. in Form von Höhlenmalereien). Trotzdem gehen seriöse Experten davon aus, dass nahezu 100.000 verschiedene Religionen auf der Erde existierten. Eine Zahl, die gar nicht mehr übertrieben erscheint, berücksichtigt man die Zahl der gegenwärtig noch immer existierenden Glaubensgemeinschaften (allein in den USA gibt es eine unübersehbare Zahl christlicher Sekten).

Man kann auch davon ausgehen, dass die religiösen Inhalte nicht immer die gleichen und nicht immer gleich differenziert waren. Sie folgten im Wesentlichen dem Entwicklungs- und Erkenntnisstand der jeweiligen Gesellschaft, so dass wir sagen können: je klüger die Menschen wurden, umso entwickelter und ausgestalteter war auch der Glaubensinhalt ihrer Religionen. So hatten die frühesten Menschen noch keinen entwickelten Gottbegriff, wohl aber hielten sie die Welt durchdrungen von Geistern und Dämonen sowie ihren verstorbenen Vorfahren, die ihnen allesamt wohl gesonnen oder feindlich sein konnten und deren Gunst sie sich also versichern mussten. Auch die Erhebung von Naturerscheinungen oder Naturgewalten wie Sonne,

Mond und Erde oder Sturm, Donner und Blitz zu „Gottheiten" durch unsere Vorfahren folgte dem Gefühl des Ausgeliefertseins an fremde Gewalten. Mit der Einführung „personifizierter" Gottesbilder in Tier- oder Menschenform traten die Religionen in ein neues Stadium, sie rückten den Menschen etwas näher. Eine Vielzahl bunter Gottheiten trat an die Stelle der anonymen Geister und der unpersönlichen Naturgewalten (Sumerer, Ägypter, Griechen, Römer), wobei die Vermenschlichung der Gottvorstellungen im griechischen Pantheon eine burleske Form annahm. Eine völlig andere Entwicklung nahmen die Religionen des Ostens (Buddhismus, Hinduismus, Taoismus etc.), die nicht von einer Gottvorstellung ausgingen, sondern von einem der 'Welt immanenten ewigen Gesetz'. Dieses muss der Mensch erkennen und zur Richtschnur seines sittlichen Handelns machen. Mit dem Aufkommen der monotheistischen Offenbarungsreligionen (Judentum, Christentum, Islam) erreichte die Religionsentwicklung ihren vorläufigen Höhepunkt, der in der Vorstellung des einen und allmächtigen Gottes gipfelte, der sich den Menschen offenbart hat, ihnen klare Regeln und Gebote für ein menschenwürdiges und gottesfürchtiges Leben aufgegeben hat, der darüber Rechenschaft einfordert und den Menschen beziehungsweise seine Seele im Jenseits richtet. Doch auch der strikte Monotheismus konnte nicht verhindern, dass die Menschen aus den Vorgaben des sich ihnen offenbarenden Gottes im Laufe der Jahrhunderte eine immense Zahl an abweichenden Glaubenslehren und Sekten gebildet haben, die in blutigen und mit größter Grausamkeit geführten Kriegen um die Vorherrschaft rangen. Selbst in unserer angeblich so aufgeklärten Zeit bestimmen diese Auseinandersetzungen nach wie vor unsere politische und religiöse Gegenwart.

Religion: Was ist das?

Über den genauen Ursprung des Begriffs Religion herrscht nach wie vor Unstimmigkeit. In Luthers Bibelübersetzung z.B. kommt der Begriff kein einziges Mal vor. Führt man ihn aufs Lateinische zurück, so bedeutet „religare" das Gebundensein an eine höhere Macht und der Begriff „relegere" die gewissenhafte Beachtung des religiösen Kults. Aus den vielen vorliegenden Begriffsbestimmungen eine kleine Auswahl:

Religion = der Glaube an das Vorhandensein und Eingreifen höherer Mächte in das Leben sowie in das Naturgeschehen (H. Fastenrath: Religionskritik)
Religion = die erlebte Beziehung zwischen dem Menschen und einer übermenschlichen Macht, an die er glaubt und von der er sich abhängig fühlt (H.J. Schoeps: Religionen)
Religion = das unwillkürliche Gefühl der Abhängigkeit von einer höheren Macht und des Bedürfnisses, sich des Beistands derselben zu versichern (Brockhaus, 1898)
Religion = Anerkennung einer überirdischen herrschenden Macht mit Anspruch auf Gehorsam (Oxford Dictionary)
Religion = der Glaube an eine unsichtbare Macht, die die höchste Autorität über das Leben des Menschen ist (P. Wurm).

Die bisherigen Definitionen beziehen sich eher auf das Religionsverständnis früher Menschen mit ihrem Gefühl der Abhängigkeit und des Schutzbedürfnisses gegenüber einer übermächtigen Welt, wohingegen die nachfolgenden Begriffsbestimmungen auch die späteren und kulturell fortgeschritteneren Epochen einbeziehen:

Religion = der Wunsch des Menschen, alles endliche, in Raum und Zeit erscheinende Dasein auf seinen unendlichen und ewigen Grund zurückzuführen (Brockhaus, 1898)
Religion = die Überschreitung der mit den Sinnen erfahrbaren Welt zu einem sinngebenden Jenseits. Dieser Weltgrund wird als das Unbedingte, Unvergängliche, als das wahre Sein gegenüber der Welt der Erscheinungen empfunden, das als heilig gilt und das Verhalten wie die Lebensführung zu bestimmen vermag (Brockhaus, 1980)
Religion = die Suche nach dem Sinn des Lebens und der Frage nach dem Jenseits (A. Fischer: Die 7 Weltreligionen)
Religion = der Ausdruck des ewigen und unzerstörbaren metaphysischen (über alle Erfahrung hinausgehenden) Bedürfnisses der Menschennatur (Jacob Burckhardt)

Religion = die Beziehung des Menschen zur übersinnlichen und ewigen Welt (F. Heiler: Die Religionen der Menschheit)
Religion = ein schlechthiniges Abhängigkeitsgefühl (F. Schleiermacher)

Neue Begriffe und Inhalte scheinen hier auf. Das am Anfang stehende Schutzbedürfnis wird erweitert durch Fragen, die über das gegenwärtige Leben des Menschen hinausgehen, die nach dem Sinn desselben fragen und danach, was nach dem Tode mit dem Menschen bzw. seiner Seele geschieht (Jenseitserwartungen). Erkennbar versucht der Mensch nun, sich von anderen Lebewesen abzusetzen, seine Sonderrolle zu definieren und zu hinterfragen, einen besonderen Sinn für sein Dasein zu verlangen und sich mit einem endgültigen Tod nicht abfinden zu wollen.

Ein letztes wesentliches Element fehlt in unserem bisher herausgearbeiteten Religionsbegriff: die Verpflichtung auf ein von Gott vorgegebenes Sittengesetz! Alle Religionen haben einen solchen Sittencodex, dessen Befolgung von Gott belohnt und dessen Missachtung von ihm bestraft wird. Nicht unbedingt gleich im Diesseits, aber umso wirkungsvoller, weil auf alle Ewigkeit, im Jenseits. Man könnte also sagen, dass die so drängenden Fragen des Menschen nach dem Sinn seines Lebens und nach allgemeingültigen und endgültigen Werten geradezu zum Glauben an eine Macht führen mussten, die mit höchster Autorität diese Werte vorgibt und deren Befolgung einfordert (Gott).

Um den Überblick nicht zu verlieren, wollen wir uns auf die wesentlichen Bestimmungsmerkmale der monotheistischen Religionen konzentrieren:

- das Vorhandensein einer höheren Macht (Gott)
- das Eingreifen dieser Macht in das Leben des Menschen
- Antworten auf das Woher und Wohin des Menschen
- Antworten auf die Fragen nach dem Sinn des Lebens, nach dem Sinn von Leid und Tod
- Festlegung auf ein von Gott gegebenes Sittengesetz
- Vorstellungen über ein Weiterleben im Jenseits, gemäß dem Richterspruch Gottes

Ein wichtiger Hinweis ist bereits an dieser Stelle nötig: die östlichen Religionen Buddhismus, Taoismus und Konfuzianismus weichen – zumindest in ihrer ursprünglichen Form – von diesen Definitionskriterien in einem wesentlichen Punkt ab: der Gottbegriff kommt in ihrer ursprünglichen Lehre nicht vor. Erst spätere Generationen haben in das Philosophie- und Regelwerk dieser frühen östlichen Religionsgründer die Gottvorstellung eingeführt und sei es einfach dadurch, dass sie den Religionsgründer selbst vergöttlichten (Buddhismus).

Kurzer Überblick über die Religionsgeschichte

Problemlos könnte man der Religionsgeschichte ein ganzes Buch widmen – und selbstverständlich – liegen diese Bücher auch vor. Warum an dieser Stelle trotzdem der Versuch unternommen wird, einen kurz gefassten Überblick über die wichtigsten Religionen der Menschheitsgeschichte zu geben, hat zwei Gründe: erstens sollten wir erfahren, wie die Gott-Vorstellungen in den einzelnen Religionen aussehen bzw. ausgesehen haben, bevor wir den Begriff Gottes gänzlich in Frage stellen, zum anderen möchte ich die Vertreter einzelner Religionen dazu veranlassen, über den Horizont der jeweils eigenen Religion hinauszublicken. Die extreme Straffung des nachfolgenden Überblicks bringt es mit sich, dass der kundige Leser vieles vermissen wird.

Prähistorische Religionen

Die Frage nach der Religionsgeschichte verbindet sich eng mit der Menschheitsgeschichte, ist jedoch zeitlich weniger weit zurückzuverfolgen, da wir auf nachvollziehbare Überlieferungen (meist schriftlicher Art) angewiesen sind, wenn wir uns Vorstellungen über die religiösen Gebräuche und Überzeugungen unserer Vorfahren machen wollen. Fossile Knochenfunde, die uns über die Menschheitsgeschichte so viel sagen, helfen uns hier nicht weiter. Da schriftliche Aufzeichnungen nicht vorliegen, sind wir auf Höhlenmalereien (meist Tier- und Jagdszenen) oder figurale Darstellungen (meist Frauen- und Fruchtbarkeitssymbole) angewiesen, wobei wir oft im Zweifel bleiben, ob damit wirklich religiöse Inhalte zum Ausdruck gebracht werden sollten oder ob es nicht doch nur Lust am künstlerischen Gestalten war.

Als hilfreich erwies sich der Vergleich mit noch lebenden Naturvölkern, die oft sehr ähnliche Symbole und Figuren im Rahmen ihrer Religionsausübung verwenden, wie wir sie in Höhlenmalereien und Ausgrabungen finden, die 30.000 Jahre zurückliegen. Berücksichtigt man die dominierende Wirtschaftsform des Sammelns und Jagens in diesen Kulturen, so ist es nicht verwunderlich, dass sich die ersten magischen Riten hierauf bezogen. In der Form der Bildmagie sollte mit der Darstellung von Jagdszenen der Jagderfolg heraufbeschworen werden oder mithilfe des Analogiezaubers, z.B. der Anbringung einer Verletzung (Einstichwunde) auf einer Bärenfigur, die Überlegenheit des Jägers beschworen werden.

Man kann darüber streiten, ob diese ersten magischen Akte schon als religiöse Äußerungen zu verstehen sind. Berücksichtigt man jedoch die große Bedeutung, die der Nahrungsbeschaffung und dem Schutz vor einer bedrohlichen Umwelt zukam, so wird man annehmen können, dass Zauber und Magie eine Art Beistandssuche bei „höheren Mächten" waren, beschworen durch Tanzriten und Tierimitationen von Zauberern oder Schamanen, den Vorläufern der Priester.

Zwei weitere Ausdrucksformen frühester religiöser Verehrung lassen sich ebenfalls durch Funde in Höhlen oder Grabstätten belegen: der Fruchtbarkeitskult und der Ahnenkult. Fruchtbarkeit war für die frühen Menschen in doppelter Hinsicht für ihr Überleben von Bedeutung: sowohl die eigene Fruchtbarkeit, um den Bestand der Familie und Sippe zu sichern, zum anderen aber auch die Fruchtbarkeit der gejagten Tiere, deren Aussterben oder allzu starke Reduzierung zur Katastrophe geführt hätte. Wie in vielen heute noch existierenden Naturvölkern wurde die Fruchtbarkeit in Form von weiblichen Figuren mit gelegentlich stark betonten Geschlechtsteilen dargestellt und verehrt. Ob sich diese Verehrung bis auf „Mutter Erde" oder eine „göttliche Mutter" erweitert hat, wird gelegentlich postuliert, ist aber kaum zu beweisen. Schon die frühen Menschen scheinen an ein irgendwie geartetes Fortleben nach dem Tod geglaubt zu haben. Unterschiedliche Bestattungsformen lassen darauf schließen, dass sowohl die Angst vor den Toten (Aussetzung bis Vernichtung des Leichnams) wie auch die Schutzsuche bei den Toten (geordnete, kultische Bestattung) ursächlich zum Ahnenkult führten. Dabei bleibt im Dunkeln, ob und welche Vorstellungen über ein Weiterleben der Toten, über eine mögliche Seele oder gar über ein Jenseits bestanden haben. Die Einflussmöglichkeit der Toten auf die Lebenden wurde jedoch zweifelsfrei unterstellt, so dass es galt, sie sich gewogen zu machen bzw. sich vor ihnen zu schützen.

Letztlich lassen sich auch schon erste Ansätze einer kosmischen Mythenbildung in sehr frühen Zeiten erkennen. Zeugen hierfür sind die heutigen touristischen Attraktionen des Stonehenge bei Salisbury in England oder der Menhire von Carnac in der Bretagne. Man findet hier kreisförmig aufgestellte Monolithen, die sowohl durch ihre Anordnung wie auch durch eingeritzte kosmische Symbole darauf schließen lassen, dass hier Kultstätten errichtet wurden, die den Blick der frühen Menschen über die Erde hinaus lenkten. Auch hier fehlen uns bis heute leider echte Einblicke, auf welche Art die frühen Menschen kosmische Erscheinungen verehrten und welche Bedeutung sie ihnen in religiöser Hinsicht zumaßen.

Versuchen wir Überinterpretationen zu vermeiden, so bleibt uns nur Weniges, was wir über die religiösen Vorstellungen unseren frühen Vorfahren verlässlich sagen können. Ob es schon einen Gottbegriff, eine Seele, ein Jenseits gab, alles Begriffe, die für unser heutiges Religionsverständnis konstituierend sind, muss offen bleiben. Fest steht letztlich nur, dass schon – oder gerade – der frühe Mensch nach Hilfe und Schutz suchte bei Mächten und Kräften, die außerhalb seiner selbst lagen und die für die Bewältigung seines Lebens von größter Bedeutung waren. Auch eine erste kultische Verehrung dieser Mächte in Form von Riten, Tänzen, Zaubern und Opfern lassen sich nachweisen. Der Weg zum Gott der Religionen (unserer Zeit) war jedoch noch weit.

Fragen:

- Würden Sie die frühe Form des religiösen oder magischen Denkens unserer Vorfahren, schon als „Religion" bezeichnen? Warum? Warum nicht: was fehlt Ihnen an diesem Religionsbegriff?
- Warum bezweifelten offensichtlich schon die frühesten Menschen die Endgültigkeit des Todes, obwohl sie noch keinen Gott und kein Jenseitsversprechen kannten? Handelt es sich hier vielleicht um ein ursächlich menschliches Nicht-Akzeptieren-Wollen des endgültigen Todes, was gar nichts mit Religion zu tun haben muss?
- Ist Ihnen eine Religionsvorstellung ohne Gott überhaupt möglich?

Ausgestorbene Religionen der Antike

Präkolumbianische Religionen (Maya / Azteken / Inka)

Als die Spanier begannen, den mittel- und südamerikanischen Kontinent zu erobern, trafen sie auf drei bestehende Hochkulturen und deren ausgeprägte Religionen. Unnötig zu erwähnen, dass die Eroberer aus der alten Welt nichts Eiligeres zu tun hatten, als diese Kulturen und Religionen rasch und gründlich auszurotten. Und dies nicht nur aufgrund ihres (christlichen) Glaubenseifers, sondern wohl in erster Linie aus reiner Goldgier. Dennoch wissen wir, sowohl aus den schriftlichen Zeugnissen der Eroberer selbst, als auch aus den zahlreichen kulturellen Hinterlassenschaften der Maya, Azteken und Inka, recht gut Bescheid über die religiösen Vorstellungen und Gebräuche dieser Völker.

Die Maya waren im heutigen Yucatan (Süden Mexikos) und Guatemala verbreitet und stellen die älteste der drei Kulturen dar. Sie konnten den Spaniern auch am längsten widerstehen und wurden erst 160 Jahre später (1697) als die Azteken besiegt und ausgerottet. Dennoch sind die Informationen über die Religion der Maya spärlicher, nicht zuletzt auch deshalb, weil die drei einzigen hinterlassenen Bilderschriften bis heute nicht entschlüsselt werden konnten. Die Maya kannten bereits einen unsichtbaren und unkörperlichen Hochgott, der selbst kultisch nicht verehrt wurde, dessen Sohn jedoch, als Herr des Himmels und der Sonne, die übrigen Götter anführte. Diese traten oft in antinomischer Funktion auf, d.h. einerseits das Gute repräsentierend (z.B. fruchtbaren Regen), andererseits das Böse (z.B. Sturm und Zerstörung). Es gab eine Priesterschaft, die sich nicht allein den Opferriten widmete (wie bei den Inka und Azteken), sondern vor allem auch wissenschaftlichen, medizinischen und architektonischen Aufgaben. Die Maya kannten auch die Sünde, die zur Verbannung des Toten in die Unterwelt führte, während ein sittliches Leben mit dem Eingang in ein himmlisches Paradies belohnt wurde.

Die Azteken lebten im Zentrum des heutigen Mexikos und entwickelten dort eine blühende Hochkultur mit einem perfekt organisierten Staatswesen, gigantischen Palastbauten, einer geordneten Landwirtschaft und nicht zuletzt – einer grausamen Religion. Die aztekische Religion verlangte Menschenopfer in großer Zahl, wozu regelrecht vereinbarte Kriege mit Nachbarstämmen geführt wurden mit dem einzigen Zweck, genügend Gefangene für die nächsten Opferriten zu machen. Bei einer einzigen Feier im Jahr 1486 sollen mehr als 60.000 Gefangene geopfert worden sein. Besonders abstoßend empfand man in Europa die grausame Art dieser Opferungen, meist durch Herausreißen des Herzens bei lebendigem Leibe, aber auch durch Folter- und Feuertod oder durch finale Zweikämpfe. Die Opfer dienten der Ernährung der Götter, die man sich dadurch gewogen machen wollte. Die Grausamkeit der rituellen Menschenopfer darf nicht darüber hinwegtäuschen, dass die Azteken durchaus ein Volk mit hohem Rechtsempfinden, Wahrheitsliebe und Ehrlichkeit waren. Die Azteken kannten, wie die Maya, einen Schöpfergott, der zwar einer nahezu unübersehbaren Zahl einzelner Gottheiten vorstand, darunter besonders vielen Kriegsgöttern, in der kultischen Verehrung jedoch eher im Hintergrund stand.

Dem ausgebildeten und hierarchisch gegliederten Priesterwesen oblag eine mehrfache Funktion: sie hatten sowohl die blutigen Opferriten zu vollziehen, als auch eine Orakel-Funktion wahrzunehmen und nicht zuletzt die außerordentlich präzisen Kalender der Azteken zu führen. Die Azteken kannten ebenfalls den Begriff der Sünde, die jedoch nach ihrer Vorstellung nicht erst im Jenseits, sondern bereits im Diesseits durch Krankheit oder sonstiges Unglück geahndet wurde. Hingegen hing ein jenseitiges Leben nicht vom (moralischen) Verhalten im diesseitigen Leben ab, sondern einzig und allein von der Art des Todes. In das Reich des Sonnengottes gingen unmittelbar nur die im Krieg Gefallenen sowie die den Göttern Geopferten ein. Alle anderen Gestorbenen wechselten in das allgemeine Totenland.

Die Inka, deren theokratisch und straff geführter Staat sich über die Andenhochländer des heutigen Ekuador, Peru und Bolivien erstreckte, verehrten ihren Herrscher und Teile der Adelsschicht als unmittelbare Abkommen des Sonnengottes. Als ältester Sohn des höchsten Schöpfergottes (Vaters der Sonne) stand der Sonnengott – zusammen mit seiner Schwester, der Mondgöttin – einer Vielzahl von göttlich verehrten Naturkräften vor (Blitz, Donner, Regen etc.) Eine Neuheit: die Priesterschaft der Inka kannte auch schon Priesterinnen. Vielleicht dominierten deshalb bei den Inka auch sympathische Trank- und Speiseopfer vor den selten durchgeführten Menschenopfern. Für ihren Herrscher sprachen die Inka Gebete. Der Begriff der Sünde wurde überwiegend mit den Verbrechen Mord, Diebstahl und Sittlichkeitsdelikten verbunden. Ähnlich wie die Ägypter konnten die Inka nur mit unversehrtem Körper ins Jenseits eingehen. Aus diesem Grund konvertierte der letzte Inkakönig vor seinem Tode zum Christentum, weil ihm nur so die Strafe des Verbrennens erspart blieb (er wurde gnädigerweise erdrosselt).

Vergleicht man die Religionen der drei präkolumbianischen Hochkulturen, so lassen sich unschwer einige Gemeinsamkeiten erkennen: die Annahme eines (eher anonymen) Schöpfergottes, der zwar im Hintergrund bleibt und nicht kultisch verehrt wird und der einer mehr oder weniger großen Götterschar vorsteht, das Auftreten einer organisierten Priesterschaft sowie erste Vorstellungen zum Begriff der Sünde und des Jenseits. Aus der Ausrottung dieser Kulturen und Religionen durch die spanischen Konquistadoren lernen wir, wie gnadenlos und bedenkenlos die Anhänger einer sog. „Hochreligion", Andersgläubige bis zur Ausrottung bekämpfen. Aber auch innerhalb der einzelnen Religion muss ein Menschenleben nicht gerade viel bedeuten, wie die extensiven Menschenopfer der Azteken bewiesen.

Fragen:
- War das Gottkönigtum eine raffinierte Schöpfung der herrschenden Clique, um ihren Machtanspruch abzusichern, oder eine Konstruktion der Gläubigen, um den „Besten unter Ihresgleichen" in die Nähe Gottes zu rücken?
- Der Gedanke des Gottkönigtums zieht sich in abgeschwächter Form von der Antike bis in die jüngste Vergangenheit („König von Gottes Gnaden"). Warum glauben Sie, dass sich dieser Gedanke so lange gehalten hat?

- Ist die Verachtung menschlichen Lebens, wie sie sowohl von den Azteken als auch von ihren Eroberern praktiziert wurde, eine „Entgleisung" der Religionen oder eine immanente Konsequenz („der Mensch bedeutet nichts im Angesicht Gottes")?
- Ist der Mensch ohne Religion oder mit einer anderen Religion a priori ein „Mensch ohne Wert"?
- Denken Sie, dass Menschenopfer im Namen Gottes nur in barbarischen Frühzeiten der Menschheitsgeschichte vorkamen? Wie sehen Sie dann die Selbstmordattentäter der islamistischen Terrorgruppen?

Die Religion der Ägypter

Die alten Ägypter waren in vielerlei Hinsicht ein faszinierendes Volk. Sie haben nicht nur eine der frühesten Hochkulturen geschaffen, sondern auch die erste Bilderschrift, ein funktionierendes Staatswesen, das den längsten geschichtlichen Bestand aller Zeiten hatte (fast 3.000 Jahre), große Kunstwerke und vor allem architektonische Leistungen, die die Nachwelt bis heute in Staunen versetzen (Pyramiden, Obelisken, Tempel, Skulpturen etc.). Dies alles wurde im Wesentlichen getragen von der Religion der Ägypter, die nicht nur das gesamte tägliche Leben durchdrang, sondern vor allem auf das Leben nach dem Tode abzielte und gerade hier zu immensen kulturellen Leistungen beflügelte. Für die Grabmäler der (Gott-)Könige wurden Pyramiden errichtet, deren größte (die Cheopspyramide) eine Höhe von 146 Metern, eine Seitenlänge von 231 Metern sowie einen Rauminhalt von mehr als zwei Millionen Kubikmetern hat. Hierfür arbeiteten bis zu zehntausend Arbeiter mehr als zwanzig Jahre lang. Die dazu benötigte Kraftanstrengung dieses zahlenmäßig eher kleinen Volkes war gewaltig und diente letztlich nur dem Bau einer Grabstelle. Eine Religion, die 3.000 Jahre lang Bestand hatte, kann nicht immer gleich gewesen sein. Über die Entwicklungen und Veränderungen der ägyptischen Religion wissen wir jedoch erst Bescheid, seitdem es dem Franzosen J.F. Champollion im Jahre 1822 gelang, die bis dahin unverständliche Bilderschrift der alten Ägypter zu entschlüsseln. Nun war es plötzlich möglich, die vielen Inschriften in Tempeln und Grabkammern, auf Obelisken und Gedenksteinen zu lesen und so Aufschluss zu bekommen über die äußerst vielseitige Religion des alten Ägyptens.

Jedem Ägyptenreisenden fällt auf, dass nahezu alle Götter in einer Mischform von Tier und Mensch dargestellt wurden. Sei es die berühmte Sphinx (Löwenkörper mit Menschenkopf), die kuhköpfige Göttin Hathor, die katzenköpfige Göttin Bastet, die löwenhäuptige Sonnengöttin Mut, der Gottkönig Horus mit dem Falkenhaupt, Anubis mit dem Kopf eines Schakals etc. Diese Verschmelzung von menschlichen und tierischen Elementen in den Götterfiguren resultiert aus alten animistischen Kultformen des frühesten Ägyptens (Verehrung von Krokodil, Katze, Stier etc.) mit den eher personalistischen Göttervorstellungen späterer Epochen. Übrigens wird den alten Ägyptern nachgesagt, dass sie niemals etwas vergessen oder abschaffen konnten. So hat man eben der Einfachheit halber die alten und neuen Kultformen in einer Art „Bildmontage" vereint.

Die ägyptische Götterwelt war äußerst vielseitig (Polytheismus), da sie in ihrer langen Geschichte viele lokale Gottheiten integrieren musste. Dennoch gab es schon sehr früh einen höchsten Gott oder Urvater, der sich in leichten Namensveränderungen durch die ganze Religionsgeschichte der Ägypter zog: der Sonnengott RE. Er war nicht nur der Urvater aller Götter (seit der 2. Dynastie), sondern verkörperte sich in jedem neuen Pharao. Der Herrscher wird damit zum Sohn des Sonnengottes und selbst zu Gott (seit der 5. Dynastie, ca. 2.500 v. Chr.). Somit zählt das ägyptische Gottkönigtum nicht nur zu einer der ältesten Machtverbindungen, sondern auch zu einer der dauerhaftesten. Schließlich wurde das „Königtum von Gottes Gnaden" bis in die neueste Geschichte unserer eigenen Kultur fortgeführt. Aus der göttlichen Herkunft jedes Pharaos erklären sich auch die monumentalen Grabanlagen, die diese schon zu ihren Lebzeiten bauen ließen, deren prunkvolle Ausstattung und die ausufernden Begräbniszeremonien. Sie alle sollten das unsterbliche Leben des Pharaos und seines Übergangs zur Gesellschaft der Götter sichern. Parallelen zum Gottkönigtum der Inka werden hier deutlich. Trotz der Dominanz des Sonnengottes Re, der insbesondere in der Verschmelzung mit dem Gott Amun ab dem mittleren Reich zur beherrschenden und bestimmenden Gottheit „Amun-Re" wurde, blieb der Polytheismus Ägyptens immer lebendig. Nur einmal wurde der ernsthafte Versuch unternommen, einen strikten Monotheismus einzuführen: König Amenophis IV. versuchte im 14. Jh. v. Chr. nur noch seinen als lebendige Sonne am Himmel erscheinenden Vater „Aton" als alleinigen Gott anzuerkennen. Amenophis nannte sich von da an „Echnaton" (es gefällt dem Aton) und schuf, trotz stärkstem Widerstand der mächtigen Priesterschaft des Gottes „Amun", eine kurze aber intensive Blütezeit ägyptischen Kulturschaffens. Zeugnisse dafür fanden sich in seiner fast unversehrten Grabstätte, die von unerhörter Pracht und erlesener Schönheit war. Der kurze Ausflug in den Monotheismus endete jedoch mit dem Tode Echnatons, da die wieder erstarkte Priesterschaft des Amun-Re das Volk rasch zur alten Vielgötterei zurückbrachte. Obwohl es zu weit führen würde, auch nur einen Teil der ägyptischen Götterwelt vorzustellen, soll doch ein göttliches Ehepaar nicht unerwähnt bleiben: die Göttin Isis, weil sie später auch von den Römern übernommen wurde und dort eine große Rolle spielte, sowie ihr Gatte, der Gott Osiris, dem im Totenkult der Ägypter eine zentrale Rolle zukam. Übrigens war Osiris einer der wenigen Götter, der immer nur in Menschengestalt abgebildet wurde. Er war der Herrscher der Unterwelt, vor dem sich jeder Verstorbene in einem Totengericht verantworten musste. Dazu wurde das Herz des Toten gegen die Wahrheit und Gerechtigkeit aufgewogen. Vor dem endgültigen Urteilsspruch des Osiris hatte der Verstorbene noch eine Beichte abzulegen. Fiel das Urteil günstig aus, konnte die Seele des Verstorbenen (Ba) in der Barke des Sonnengottes auf dem Nil umherfahren, ansonsten musste sie ins Totenreich eingehen. Die Einbalsamierung diente vor allem dem Weiterleben der „Ka", wohl am ehesten mit der „Persönlichkeit" des Verstorbenen gleichzusetzen, die im Grab weiterlebte, dort aber durch Speisen und Getränke sowie Gebete der Nachkommen versorgt werden musste. Die mächtige und unmittelbar nach dem Pharao angesiedelte Priesterschaft hatte die doppelte Aufgabe, einerseits die Götter zu „versorgen", durch Pflege ihrer Wohnstätten (Tempel) und Versorgung mit Speis und Trank (in äußerst komplizierten Riten) sowie andererseits die Religion in die Öffentlichkeit des ägyptischen Lebens zu tragen. Hierzu wurden regelmäßige Prozessionen und Feste durchgeführt.

Zusammenfassend lassen sich einige Gemeinsamkeiten zu den präkolumbianischen Religionen, insbesondere der Inka, erkennen (Gottkönigtum, Sonnengott, Weiterleben nach dem Tod, Seele, Sünde), wobei festzuhalten ist, dass die ägyptische Religion nahezu dreitausend Jahre früher entstand und im Unterschied zu den präkolumbianischen Religionen einen erheblichen Einfluss auf die nachfolgenden Religionen des Abendlandes hatte (Griechen/Römer/Christen).

Fragen:

- Haben Sie je gehört, dass auch einfache Bauern einbalsamiert wurden? Hatten sie keine Persönlichkeit, die es wert war, nach dem Tode weiterzuleben?
- Halten Sie es für möglich, dass es mehrere Götter gibt? Begründen Sie Ihre Meinung.
- Wie beurteilen Sie dann die sog. „Trinität" des Christentums in dieser Hinsicht (Gottvater/ Gottsohn/ Heiliger Geist)?

Die Religion der Griechen

„Der griechische Götterhimmel – das Pantheon – besteht aus einer verzweigten Sippschaft mit unübersehbaren Verwandtschaftsverhältnissen. Die vielen Einzelgeschichten sind also Teile einer „Familiensaga", beginnt D. Schwanitz in seinem Buch „Bildung" die Beschreibung der griechischen Religion. In der Tat erscheint das Pantheon der Griechen nicht nur übervölkert, sondern auch von einer äußerst losen Moral. Die Götter und Göttinnen kopulieren nicht nur ungezügelt untereinander, sie treiben es auch mit den Menschen (auch mit verheirateten Frauen), zeugen Halbgötter und Heroen, schmieden Ränke, bekämpfen sich und zeigen alles in allem viel „Menschliches". Dies alles wurde von griechischen Dichtern noch in eine schillernde Mythen- und Sagenwelt eingewoben und schuf so eine äußerst lebendige Beziehung der Menschen zu ihren Göttern. Beinahe könnte man sagen, dass sich in den Göttern Griechenlands ein idealisiertes Menschenbild widerspiegelt. Kraft und Schönheit waren menschliche wie göttliche Ideale gleichermaßen und wurden sowohl in Poesie (Dramen, Heldensagen, Komödien) wie auch in der darstellenden Kunst der Griechen (Tempel, Plastiken, Vasen) in bewundernswerter Weise umgesetzt. Die zeitlose Schönheit griechischer Kunst hat die Religion bei weitem überdauert und auf nachfolgende Generationen und Kulturen auch einen größeren Einfluss gezeitigt. Man denke dabei nur an die europäische Renaissance, die zunächst die Widerbelebung der antiken Kultur zum Ziel hatte und in der Folge dann zu einer eigenen neuen Hochkultur führte. Die Götter stellten für die Griechen die höchste Verkörperung menschlichen Seins dar, zusätzlich jedoch ausgestattet mit übernatürlichen Kräften und vor allem der Unsterblichkeit. In beidem versuchte der Mensch den Göttern nahe zu kommen, durch die Ausformung eines athletischen Körpers einerseits und durch eine tugendhafte Lebensweise andererseits, die vor allem im klugen Maßhalten bestand – um nicht den Neid der Götter zu wecken (Hybris) – sowie in der Beachtung der religiösen Pflichten. Nur so konnte die unsterbliche Seele in das Licht durchflutete Elysium eingehen und den Göttern nahe sein. Wie wichtig die Sophrosyne (kluges Maßhalten) für die körperliche und geistige Lebensführung der Griechen war, zeigt sich auch in der Inschrift des großen Apollotempels in Delphi: Medén àg („von nichts zu Viel").

Die griechische Religion ist keine Schöpfungsreligion, sondern hat sich aus den verschiedenen Einwanderungs- und Volksgruppen entwickelt. Es findet sich auch kein schriftlich niedergelegter religiöser Kodex, alles was wir über das Religionsempfinden der Griechen wissen, stammt aus der Feder griechischer Dichter oder Philosophen. Diese Schriften (Ilias, Odyssee, sonstige Dramen und Theaterstücke) sind wiederum in hohem Maße durchwoben von Mythen und Phantasie und unterscheiden sich teilweise erheblich von der praktizierten Religionsausübung. Diese war allgemein staatlich organisiert, d.h. Tempelbau, Organisation der Priesterschaft und Durchführung der religiösen Feste waren Aufgabe des Stadtstaats, der sich aber in die private religiöse Sphäre der Bürger nicht einmischte. Auch der Priesterschaft (bestallte Beamte) wurde nur eine begrenzte Macht eingeräumt; sie war im Wesentlichen zuständig für die Pflege des Tempels, die Opferdarbringung und die Mysterienkulte.

Einen auch nur annähernd vollständigen Überblick über die Götter des griechischen Pantheons zu geben, ist in diesem Rahmen nicht möglich. Lassen Sie uns deshalb nur auf Gottvater Zeus und seine „nächsten Angehörigen" eingehen: Zeus, der Schutzgott der Hellenen, der Gemahl der Erdgöttin Hera, ist zwar Träger der heiligen Gesetze und Vater vieler anderer Götter des Pantheons, gleichwohl eine schillernde und gelegentlich recht zwielichtige Götterfigur. Allzu befremdlich muss uns das Treiben eines höchsten Gottes anmuten, der mit menschlichen Frauen Kinder zeugt, der seinen Vater tötet, seine erste (schwangere) Frau verschlingt und mit vielerlei Ränken seine Vorrangstellung im Olymp sichert. Menschlich, allzu menschlich muss uns der Gottvater der Griechen erscheinen. Umso geistiger tritt seine Tochter Pallas Athene ins göttliche Leben, sie wird direkt aus dem Haupt des Zeus geboren. Ihre Klugheit macht sie zur Göttin der Künste und Wissenschaften, aber auch zur Göttin der geschickten Kriegführung. Sie wurde in besonderem Maße von den Athenern verehrt, die ihr mit dem Parthenontempel auf der Akropolis und einem riesigen Standbild aus Gold und Elfenbein des berühmten Bildhauers Phidias besondere Verehrung zuteil werden ließen. Ein ebenso strahlender Gott ist der Zeussohn Apollon. Er ist der Beschützer der Ordnungen des Zeus. Er kann bestrafen, aber auch Kraft zum Siege verleihen, er ist ewig jung und Vorbild der männlichen Jugend. Er ist der Beschützer der Künste und Wissenschaften sowie der Musen und des Orakels von Delphi. Der Apollontempel in Delphi galt als der Mittelpunkt der Welt. Von dort aus teilte Apollon, über seine Orakelpriesterin Pythia, nicht nur Weissagungen zu privaten oder wichtigen Staatsentscheidungen mit, sondern erließ auch die ersten Moralgebote (frühes 7. Jh. v. Chr.). Weitere Söhne und Töchter des Zeus: Aphrodite, Repräsentantin der Liebe und der weiblichen Schönheit / Hephaistos der Feuergott/ Ares der Kriegsgott/ Hermes der Götterbote/ Artemis die Mondgöttin/ Poseidon der Bruder des Zeus als Meeresgott/ Dionysios der Gott des Weines und der orgiastischen Feste.

Die Vielzahl der griechischen Götter sowie ihre starke Vermenschlichung, nicht zuletzt aber auch die Freiheit der Religionsausübung und des Denkens, brachten eine Erscheinung hervor, die es bis dahin in der Religionsgeschichte nicht gab, die erste rational fundierte Religionskritik! Diese begann bereits sehr früh im 5. Jh. v. Chr. und richtete sich gleichermaßen gegen die Vermenschlichung der Götter, gegen den Polytheismus, gegen die Art der Religionsausübung mit ihren allzu weltlichen Festen, aber auch schon gegen die Gottesidee oder die Religion an sich. Bezeichnenderweise verband sich die Religionskritik mit dem ausgeprägten Sinn der Griechen zum philosophischen Denken, zum Hinterfragen und zum Infragestellen. So haben sich nahezu alle großen griechischen Denker mit religiösen Fragen auseinandergesetzt, beginnend mit Xenophanes, Hippokrates, Heraklit, den Sophisten und nicht zuletzt den größten griechischen Denkern Sokrates, Platon und Aristoteles.

Manche der in Griechenland gegründeten Philosophieschulen entwickelten ihre eigenen Religionsvorstellungen, so die Stoiker eine Art Pantheismus (alle sind Teil eines Ganzen, mit der Natur als Körper und Gott als Geist), die Epikureer, die eine sterbliche Seele annahmen, die Sophisten, die die Eigenständigkeit des Menschen und seines Denkens in den Mittelpunkt rückten, und letztlich die Platoniker (Sokrates, Platon, Plotin) mit ihren Ausführungen zur dialektischen Erkenntnisfähigkeit des Menschen, zu einer verbindlichen Ethik und zu einer unsterblichen Seele. Die griechische Aufklärung ist somit durchaus als rationalistische Religionskritik zu verstehen, die gegen den etwas naiven und allzu mythischen Polytheismus des Pantheons die menschliche Vernunft stellte und auf der Basis philosophischer und naturwissenschaftlicher Überlegungen zu einer intellektuelleren Religiosität vorstoßen wollte.

Fragen:

- Sehen Sie einen wesentlichen Unterschied zwischen der Vermenschlichung der griechischen Götter und einer Marienverehrung im katholischen Christentum?
- Wo ist der Unterschied zwischen dem Polytheismus innerhalb einer Religion und den vielen verschiedenen Göttern zwischen den einzelnen Religionen?
- Wo ist der Unterschied zwischen den Heiligen der Katholischen Kirche und den weniger bedeutenden Göttern der Griechen?
- Würde es Ihnen leichter fallen, zu einem Gott zu beten oder zu mehreren?
- Falls 1 Gott: Wo sehen Sie dann wiederum den Unterschied zur Anbetung des Heiligen Geistes, der Jungfrau Maria oder der Heiligen im Christentum?

Die Religion der Römer

Die römische Religion ist aus vielen verschiedenen Wurzeln gewachsen und hat im Laufe ihrer Geschichte eine Reihe anderer Religionen absorbiert. Entstanden aus den Wurzeln der italischen, Ackerbau betreibenden Stämme und deren einfachen Magien, Riten und Opfergebräuche, mit denen vor allem Haus, Hof und Landwirtschaft geschützt werden sollten, wirkten nacheinander drei ausländische Kulturkreise auf die römische Religion ein: die Etrusker, die Griechen und die hellenistisch-orientalische Welt. Am Anfang der römischen Religionsvorstellungen standen die „Numina", die keine Götter im eigentlichen Sinn darstellten, sondern Mächte verkörperten, die für abgegrenzte, enge Bereiche und Tätigkeiten im Bereich des Ackerbaus und Familienlebens standen und mit streng festgelegten Riten zum Wohl der Menschen gestimmt werden mussten. Diese eher magischen Religionsvorstellungen der frühen italischen Stämme wurden dann in einer ersten Stufe von den Etruskern befruchtet, die in unmittelbarer Nachbarschaft zu den Römern lebten und schon früh ein geschlossenes religiöses System mit einem besonders ausgeprägten Totenkult entwickelt hatten. Den noch größeren Einfluss übten jedoch die Griechen aus, die schon deutlich vor der römischen Machtentfaltung in Unteritalien und Sizilien blühende Gemeinden errichtet hatten und mit ihrem schillernden Pantheon auch die Römer zu beeindrucken vermochten. Letztlich, d.h. schon in der Spätphase des römischen Reiches, drangen dann auch die Gottheiten der eroberten hellenistisch-orientalischen Welt in die Religion der Römer ein. Rückblickend muss festgestellt werden, dass die Römer, bei allen eigenständigen, staatsmännischen und militärischen Leistungen, nicht wirklich religionsschöpferisch tätig waren, sondern hier eher rezeptiv die verschiedensten religiösen Vorstellungen aus ihrem breit gefächerten Imperium übernahmen.

Trotz allem entwickelte sich die römische Religion in sehr eigenständiger Form. Sie wurde als nüchterner und äußerst akribischer Staatskult praktiziert, der auch nicht die geringste Abweichung in der Erfüllung der vorgeschriebenen Riten zuließ und damit eine geradezu juristisch-formalistische Prägung erhielt. Gleichzeitig ließ sie das ganze mythische Pathos vermissen, das die Griechen ihren Göttern entgegenbrachten. Es fehlte den Römern offensichtlich die Phantasie und Lebenslust der Griechen sowie deren Hang zu Ästhetik und Schönheit. Es fehlten die ausgeprägte Mythologie, die verherrlichenden Epen und Göttersagen, die menschliche Nähe der griechischen Götterfiguren. In der römischen Adaption werden dieselben Götter entpersonifiziert und distanziert. Hegel hat in diesem Zusammenhang von einer „Religion der Zweckmäßigkeit" gesprochen, mit dem Ziel, Bestand und Gedeihen von Volk und Staat zu sichern. Der religiöse Kult ist damit weniger Magie als „Rechtsakt" und das Verhältnis der Menschen zu ihren Göttern ein eher „rechtlich-geschäftliches". Der berühmte Grundsatz „do ut des" (ich gebe, damit du wieder gibst) beschreibt dabei am deutlichsten das Verhältnis des Römers zu seinen Göttern. Wie weit die Adaption der hellenistischen Götterwelt andererseits ging, zeigt sich in der im Jahre 217 v. Chr. vorgenommenen amtlichen Gleichsetzung der wichtigsten Götter aus beiden Kulturkreisen. So wurde Zeus zu Jupiter, Hera zu Juno, Poseidon zu Neptun, Athene zu Minerva,

Ares zu Mars, Aphrodite zu Venus, Apollon zu Apollo, Artemis zu Diana, Hephaistos zu Vulcanos, Hestia zu Vesta, Hermes zu Mercurius und Demeter zu Ceres. Allen diesen Göttern wurde auf dem Forum Romanum ein Tempel oder zumindest eine Statue errichtet. Und: mit dieser Adaption bekamen nun endlich auch die römischen Götter mehr Leben und Farbe und nahmen teil an der reichen griechischen Mythologie.

Mit der schon bald darauf einsetzenden Übernahme orientalischer Gottheiten und deren Kulte begann dann auch der allmähliche Verfalls- und Auflösungsprozess der altrömischen Religion, die mit ihrer strengen Forderung nach Pflichterfüllung und Gesetzesgehorsam entscheidend zur Entstehung des mächtigen römischen Imperiums beigetragen hatte. Beschleunigt wurde dieser Auflösungsprozess noch durch das Eindringen der religionskritischen Ansätze der griechischen Philosophen, die von römischen Denkern wie Cicero, Seneca, Epiktet und Kaiser Julian aufgegriffen wurden.

In der Spätphase des römischen Imperiums entwickelte sich eine religiöse Sonderform: der Kaiserkult. Bereits von Caesar initiiert, hat vor allem sein Nachfolger Augustus dafür gesorgt, dass er und die nachfolgenden Kaiser (Caesaren) zu göttlichen Ehren erhoben wurden, wobei der lebende Herrscher bereits als gottähnlich verehrt wurde (Statuen) und nach seinem Tode zum göttlichen Kultobjekt aufstieg. Es kann wohl angenommen werden, dass zumindest Augustus und einige seiner verantwortungsvolleren Nachfolger das Gottkaisertum nicht nur aus persönlicher Eitelkeit forcierten, sondern darin ein probates Mittel sahen, den beginnenden Religionszerfall aufzuhalten und die geistige und politische Einheit des Reiches zu festigen.

In allen religiösen Manifestationen der Römer wird ihre Zweck bestimmte, pragmatische Funktion deutlich, die zur Abwendung aller negativen Einflüsse einerseits und zum reibungslosen Funktionieren aller privaten und staatlichen Unternehmungen andererseits, diente. Dies beginnt bei den frühen Numina (Abwehr aller negativen Einflüsse von Familie und Ackerbau) und endet beim Kaiserkult als Imperiums bindende Kraft. Der Niedergang der römischen Religion wurde dadurch beschleunigt, dass ihr die

Antworten auf die immer wichtiger werdenden Fragen fehlten, sei es i. H. auf eine religiös bestimmte Ethik, oder auf Sünde und Tod, auf die Fragen des Weiterlebens im Jenseits und einer unsterblichen Seele. Es fehlten der individuelle und emotionale Bezug des Gläubigen zu seinem Gott und damit genau die Kraft, die das aufkommende Christentum so erfolgreich machte.

Fragen:

- Welche Religion wird Ihrer Ansicht nach länger Bestand haben: die, in der man Gott liebt, oder die, in der man ihn fürchtet? Welche Religion wäre Ihnen persönlich lieber? Warum?
- Glauben Sie, dass beides möglich ist, dass man also Gott sowohl lieben wie auch fürchten kann? Können Sie das bei Menschen auch? Was überwiegt dann, die Liebe oder die Furcht?

Die Religion der alten Perser (Zarathustra)

Die Religion der alten Perser wird heute unter zwei Namen behandelt: Parsismus, zurückgehend auf die persische Landschaft Pars, und Zoroastrismus, zurückgehend auf den persischen Namen ihres Gründers Zoroaster. Dieser lebte nahezu zeitgleich (628–551 v. Chr.) mit den drei anderen großen Religionsgründern des Ostens, Lao-tse, Konfuzius und Buddha. Die Lehre Zarathustras kennt nur einen Gott des Himmels und der Erde, Ahura Mazda, der Gott der Liebe und der Weisheit und ein Freund des Menschen ist. Er hat allerdings einen Gegenspieler, den Bösen Geist Ahriman, der verantwortlich ist für alles Böse in der Welt, für Krankheit und Tod, aber auch für alle negativen Eigenschaften des Menschen. Mit ihm liegt Ahura Mazda (als Prinzip des Guten) von Anfang an im Kampf. Der Mensch, der frei in seinem Willen und Handeln ist, kann sich nun entscheiden, ob er Gott oder dem Bösen folgen will und trägt damit bei zu einem endgültigen Sieg einer der beiden widerstreitenden Mächte. Ein gottgefälliges Leben besteht darin, Gutes zu tun, d.h. das Geschenk des Lebens anzunehmen und auf positive Weise zu erfüllen. Hierzu gehört die Familiengründung, der geregelte Broterwerb, der pflegliche Umgang mit dem eigenen Körper und dem eigenen Leben, gute Manieren im Umgang mit anderen Menschen und Vermeidung von Zorn, Neid und Habgier. Diese von Gott geforderte positive Lebensbejahung beinhaltet auch, das Leben zu genießen und anderen dazu zu verhelfen. Der Glaube der Parsen ist somit froh und lebensbejahend, beruht jedoch gleichzeitig auf einer strengen sozialen Ethik. Die Entscheidung für Ahura Mazda und eine dementsprechende „gute" Lebensführung wird im Jenseits belohnt, indem die Seele des Menschen nach seinem Tod, problemlos über die messerscharfe Cinvant-Brücke, die die Guten von den Schlechten scheidet, ihren Weg ins Paradies findet. Die Seele der Gottlosen hingegen kann die Brücke nicht passieren und muss, Klagelieder singend, die Leiche des Toten für alle Zeiten umkreisen. Mit der Einführung der dualistischen Mächte von Gut und Böse löst Zarathustra auf elegante Weise das bis heute andauernde Problem aller monotheistischen Religionen: wie kann ein Gott, der gleichzeitig Liebe und Gerechtigkeit repräsentiert, das Böse in der Welt zulassen (*Theodizee*). Diese Frage beschäftigt auch die christliche Kirche bis heute und führte zu unzähligen Erklärungs- und Rechtfertigungsversuchen der Theologen, meist in wenig überzeugender Form.

Auch auf andere Weise hat die frühe persische Religion eine große Bedeutung: sie hat mit ihrem Prinzip von Gut und Böse, mit ihrem einen Weltenschöpfer, mit ihrer unsterblichen Seele und deren möglichen Eingang ins Paradies viele nachfolgenden Religionen beeinflusst. Nicht nur das Griechentum unter Alexander dem Großen, sondern vor allem das frühe Judentum, bis hin zum Islam und Christentum. Letztlich ist die Gotteslehre Zarathustras, zusammen mit dem jüdischen Glauben, der erste Schritt zum Monotheismus, wenn auch – durch das dualistische Prinzip des Guten und Bösen – nicht in der strengen Form wie das Judentum oder die späteren Offenbarungsreligionen des Christentums und des Islams.

Die Religionen der Chinesen

Als die ersten christlichen Missionare gegen Ende des 18. Jahrhunderts nach China kamen, fanden sie, nach eigener Aussage, keine einheitliche, erkennbare Religion vor, sondern einen „ungeheuerlichen und undurchsichtigen Götzendienst", übersahen dabei jedoch, dass sie nur noch Reste einer profanierten Volksreligion antrafen, die sich in Wirklichkeit auf die uralten Weisheitslehren zweier großer chinesischer Denker zurückführen ließ, die vor rund 2.500 Jahren, nahezu zeitgleich, lebten: Konfuzius und Lao-tse.

Der Konfuzianismus

Konfuzius (chinesisch: Kung-fu-tse) wurde um 550 v. Chr. als Sohn adliger Eltern geboren und verbrachte sein Leben zunächst im Staatsdienst und dann weitgehend auf Wanderschaft. Zeitlebens unterrichtete er junge Menschen in seiner Morallehre, ohne selbst Aufzeichnungen zu hinterlassen. Konfuzius verstand sich nicht als Neuerer oder gar als Religionsgründer, sondern als Sittenlehrer, der in der Rückbesinnung auf uralte Tugenden und Traditionen des chinesischen Volkes und seiner Herrscher das Ideal des „edlen Menschen" wieder beleben wollte und hierzu einen Codex „edlen Verhaltens" definierte. Die Lehre des Konfuzius ist als moralphilosophisches System zu verstehen, dem der Gedanke zugrunde liegt, dass der Mensch von Grund auf gut ist, und dass es nur darauf ankommt, ihm die richtige Erkenntnis über die elementare Sittlichkeit zu vermitteln. Hierzu formulierte Konfuzius seine Goldene Regel, die Immanuel Kant in seinem kategorischen Imperativ wieder aufnahm: 'Was du nicht willst, das man dir tu, das füg auch keinem andern zu.' So ist die zentrale Forderung (Jen) des Konfuzianismus „gut zu sein", wozu Verhaltensweisen gehören wie: Aufrichtigkeit, Bescheidenheit, Güte, Selbstlosigkeit und Ehrerbietung gegenüber anderen und vor allem: Gerechtigkeit. Dieses „Jen" war zu erreichen durch das „Te", einen Verhaltenskodex des tugendhaften Lebens in den (fünf) relevanten Beziehungen: zwischen Herrscher und Volk, Vater und

Sohn, älteren und jüngeren Geschwistern, Mann und Frau sowie zwischen Freund und Freund. In dieser Sittlichkeit, zu der auch noch in besonderem Maße der Respekt vor dem Alter gehört, ist die zentrale Ethik des Konfuzius begründet, die also weit mehr auf Menschlichkeit und Humanität abzielte, denn auf eigentlich religiöse Inhalte. So stiftete Konfuzius weder eine konkrete Gottvorstellung, noch einen religiösen Ritus, er kannte kein Gebet und formulierte auch keine Vorstellungen über ein Leben nach dem Tod oder ein Jenseits. Dennoch war Konfuzius der Überzeugung, dass das Jen keine menschliche Konstruktion ist, sondern sich aus der Erhabenheit und Großartigkeit des Kosmos herleitet, dessen Ordnung und Leben stiftende Güte zum demütigen Maßstab des Menschen werden sollte. Die Lehren des Konfuzius mussten lange im Stillen reifen, bevor sie, fast 300 Jahre nach seinem Tod, erstmals in den Schulen des Staates eingeführt wurden, und bevor ihm ab dem 6. Jh. n. Chr. der Titel eines „höchsten Meisters" zuteil wurde und Tempel für ihn gebaut wurden. Eine Ehrung, die der bescheidene Weise sicher abgelehnt hätte. Der Konfuzianismus wurde Staatskult und bestimmte Jahrhunderte lang das wissenschaftliche, philosophische und politische Leben in China. Erst im 20. Jh. wurden die fast 1.000 Jahre lang gültigen und an der konfuzianischen Lehre ausgerichteten Prüfungen abgeschafft, die Anwärter für den Staatsdienst ablegen mussten. Noch heute ist der Konfuzianismus die bestimmende Religion des chinesischen Volkes.

Der Taoismus (Lao-tse)

Es ist als eine Laune der Geschichte anzusehen, dass mit Lao-tse in China nahezu zeitgleich ein anderer Denker auftrat, dessen Gedankengut dem des Konfuzius in mancherlei Hinsicht recht ähnlich war und das ebenfalls zu einer wesentlichen Komponente des chinesischen Selbstverständnisses wurde. Obwohl auch er Beamter am kaiserlichen Hof war, hüllen sich um sein Leben und seine Person weit mehr Geheimnisse und Legenden als um Konfuzius. Angeblich quittierte Lao-tse seine Stellung aufgrund des zunehmenden moralischen Verfalls des Herrscherhauses und verließ sein Heimatland, ohne je wieder gesichtet worden zu sein. Der Legende nach bat ihn ein Grenzbeamter, seine Lehre niederzuschreiben, bevor er das Land endgültig verlasse. In den 81 Kapiteln seiner Schrift (Tao-te-Ching) legte Lao-tse dann seine Vorstellungen vom „höchsten Wesen und der Tugend" nieder.

Im Unterschied zu Konfuzius, der eine eher rationalistische Lehre der Ethik und des zwischenmenschlichen Verhaltens vertrat, ist der Taoismus eine eher individualistische Mystik, die den absoluten Einklang von Natur und Kosmos lehrt, deren Harmonie allenfalls durch ungeschicktes Eingreifen des Menschen gestört wird. Denn alle Zustände sind von Natur aus friedlich und harmonisch. Somit sollte der Mensch möglichst nicht gegen die Natur und die in ihr ablaufenden Ereignisse ankämpfen, sondern seinen Heilsweg darin sehen, sein Selbst mit der Natur und dem Kosmos zu verschmelzen. In der Rückkehr zu sich selbst, in Meditation und in einem ruhigen, gesunden Leben (Bewegungs- und Atemtechniken) sowie im Freimachen von Zwängen und Begierden liegt der richtige Weg (té) für eine gute Lebensführung und für die Verschmelzung des nach dem Tod befreiten Bewusstseins mit dem Tao. Wichtig: das Nichteingreifen („Wu Wei) in die Harmonie des Kosmos soll nicht dazu führen, jegliches Handeln zu unterlassen, sondern gemäß der Situation angemessen zu handeln. Der Weise darf sich nicht in tatenlose Ruhe zurückziehen, sondern muss innerlich erneuert und verwandelt in die Gesellschaft der Menschen zurückkehren.

Das „Tao" ist der Ursprung allen Daseins und aller Werte. Es ist nicht zu beschreiben, es ist gleichzeitig höchster Zustand und vollkommene Leere, es ist nicht Gott, aber die höchste schöpferische Kraft. Das Ziel des Menschen ist, das Tao mystisch zu begreifen und danach zu handeln, um in Einklang mit der Natur leben zu können.

Das „té", die Tugend oder das Wandeln auf dem richtigen Weg, beinhaltet nach Lao-tse die absolute Demut (auch der Hochgestellten), die Aufrichtigkeit sowie die allumfassende Liebe, die die Feindesliebe und den Verzicht auf kriegerische Auseinandersetzungen mit einschließt. Ähnlich wie Konfuzius fand auch Lao-tse lange Zeit wenig Resonanz. Da er über keine Jünger, Apostel oder direkte Nachfolger verfügte, dauerte es rund 200 Jahre bis Chuang-tzu seine Lehre aufgriff, weiter ausarbeitete und popularisierte und zusammen mit den Einflüssen des sich verbreitenden Buddhismus zu einem „religiösen Taoismus" führte.

Im Laufe der Jahrhunderte entwickelte sich aus der reinen Mystik und hohen Ethik der Philosophie des Lao-tse und des Chuang-tzu eine völlig anders geartete Volksreligion, die mit ihren zahlreichen unterschiedlichen Schulen und Lehrmeistern sowie einem überbordenden Pantheon aller möglichen Natur- und Lokalgottheiten immer mehr auf die Stufe primitiver, beinahe schamanistischer Magie absank. Geblieben ist allenfalls ein „alltagspraktischer" Taoismus, der sich sowohl in täglichen Ritualen (Meditations- und Atemtechniken), wie auch in einer grundsätzlichen Suche nach Harmonie und einem ausgeglichenem Leben zeigt. Gleichzeitig wird jedoch aus der Entwicklung der eher philosophisch und humanistisch orientierten Ethiklehren des Konfuzius und Lao-tse hin zu Volksreligionen deutlich, dass eine akzeptierte Religion einen „Gott zum Anfassen" braucht. Die eher abstrakten Betrachtungen Lao-tses über einen allgemeinen „Welturgrund" sowie die wenig präzisen oder verlockenden Aussagen beider Denker über das Weiterleben nach dem Tod genügten den normalen Gläubigen nicht. Sie suchen Schutz und Halt bei einem Gott, mit dem sie in einen Dialog treten können und den sie sich (durch möglichst einfache Opfergaben) wohl gesonnen machen können. Eine vernunftbetonte Philosophie und eine humane Ethik mussten somit einem armseligen Götzendienst weichen, der im Taoismus schließlich Hunderte von Göttern und Dämonen umfasste, vom Küchengott zum Gartengott, von der Mutter des Westens, die mithilfe von Pfirsichen Unsterblichkeit verleiht, bis zu ausufernden und minuziös festgelegten Toten- und Ahnenkulten.

Frage:

- Was suchen die Menschen am ehesten in einer Religion: a) Schutz und Hilfe, b) das Versprechen der Unsterblichkeit, c) einen sittlichen Verhaltenscodex? Stellen Sie eine Rangreihe her.

Östliche Religionen

Der Hinduismus

Der Hinduismus ist seit über 3.500 Jahren die Volksreligion Indiens und damit – zusammen mit dem Judentum – die älteste noch praktizierte Religion der Welt. Als die Arier um das Jahr 1.500 v. Chr. in die bereits blühende Indus-Kultur einbrachen, etablierten sie dort auch ihre Götter und ihr strenges Kastensystem. Im Lauf der vielen Jahrhunderte und durch den Einfluss vieler anderer Religionen, insbesondere des Parsismus (persische Religion) und des Buddhismus, entwickelten sich nach und nach eine Vielzahl hinduistischer Strömungen, die jedoch alle den Glauben an das sog. Weltgesetz und den Kreislauf der Wiedergeburten (Sansara) teilen. Das Ewige Weltgesetz besagt, dass alles – auch der Mensch – aus Brahman, dem Absoluten, hervorgegangen ist. Alles Streben des Menschen zielt darauf ab, zu Brahman zurückzukehren. Dies wird ihm jedoch solange verwehrt, bis er die sittlich-geistige Einsicht in das Weltengesetz erlangt hat und ein absolut „reines" Leben geführt hat (Karma). Bis dahin ist er dem zyklischen Kreislauf der Weltordnung (es gibt keinen Weltanfang und kein Weltende) unterworfen, was zu immer neuen Wiedergeburten führt, da auch der Lebensprozess selbst ohne Anfang und Ende ist. Insofern birgt auch der Tod für den gläubigen Hindu keine wirklichen Schrecken. Auf welche Weise der Mensch wiedergeboren wird, hängt von der Summe seiner guten Taten, d.h. seinem gesammelten Karma ab. Er kann dabei in eine höhere oder niedere Kaste hineingeboren werden, oder gar als Tier oder Pflanze reinkarniert werden. „Wie einer handelt, so wird er", heißt es im Hinduismus. Der Begriff der „Reinheit" und die Unterscheidung reiner und unreiner Dinge spielen im Hinduismus und im indischen Leben generell eine große Rolle. Auch das Kastensystem spiegelt dies wider, so wenn die höchste Kaste der Brahmanen als besonders rein gilt, weil sie sich überwiegend religiösen Aufgaben widmet, während schon die nächste Kaste der Krieger und Adligen zwangsläufig als weniger rein gilt, weil sie sich auch mit weltlichen Angelegenheiten befassen muss. Umso mehr gilt dies für die dritte Kaste der Kaufleute und Bauern, während die vierte und letzte Kaste bereits als „Unberührbare" (Parias) gemieden werden. Ihnen wird sogar das Studium der Veden (heiligen Schriften) verwehrt. Zu seinen Lebzeiten kann der Hindu aus der Kaste, in die er hineingeboren wurde, nicht heraus. Nur durch die Anhäufung eines guten Karmas kann er nach seinem Tod in eine höhere Kaste hineingeboren werden.

Der Hinduismus hat keinen Religionsstifter, keine festen Dogmen, kein einheitliches Glaubensbekenntnis und keine übergeordneten Autoritäten. Aber er verfügt über frühe Heilige Schriften, die vier „Veden", die durch eine spätere Schriftensammlung der Brahmanen (Priester) und vor allem durch die „Upanisaden-Texte" ergänzt wurden. Die Herkunft der Veden wird von jeder hinduistischen Glaubensrichtung anders erzählt. Einmal sind es schon ewig existierende Schriften, ein anderes Mal hat sie ein früher Weltenherrscher verkündet, wieder andere Gläubige sehen die sog. sieben „Rishis" (frühe Lehrer) als Empfänger der äußerst umfangreichen Veden. So besteht allein eine der vier Veden, die sog. „Rigveda" (Themen: Weltentstehung, das Göttliche, der Tod) aus zehn Liedkreisen mit mehr als tausend Hymnen und zehntausend Versen.

Die Veden gelten als verbindliche (kanonische) Schriften, die ergänzt werden durch sog. Heilige Texte (smriti), die vor allem Überlieferungen, Epen und heilige Geschichten enthalten. Bei den Brahmanen-Texten handelt es sich um gesammelte Lehren des Priestertums, die sich in hohem Maße auf das Opferwesen und die damit verbundenen Rituale beziehen, aber auch auf Regeln der Askese und auf Spekulationen über den Kosmos. Im letzten Teil der Veden, den so genannten „Upanisaden" („geheimes Wissen"), wird der Hinduismus auf seine höchste Stufe geführt und die Lehre der Reinkarnation und des Karma am umfassendsten ausgeführt.

Das Karma wird zur sittlichen Weltordnung, indem der Hindu es selbst in der Hand hat, durch die Ansammlung von gutem Karma (gute Taten) eine höhere Wiedergeburt zu erreichen oder, im Zustand der absoluten Reinheit, seine Seele (Atman) in Brahman aufgehen zu lassen und den Kreislauf der Wiedergeburten damit endgültig zu beenden. Das Karma ist nichts anderes als ein persönlich geführtes Strafregister, in dem die guten und schlechten Taten des Einzelnen aufgezeichnet sind und anhand dessen entschieden wird, ob und in welcher Form (höhere oder niedrigere Kaste) er im nächsten Leben wiedergeboren wird. Somit liegt ein hoher moralischer Zwang in der Seelenwanderung, die auf eine schrittweise Vervollkommnung, bis hin zur endgültigen Erlösung eines jeden Lebewesens abzielt. Jeder Einzelne hat diesen Weg selbst in der Hand. Wie man sich aus dem Kreislauf der Wiedergeburten befreien kann, wird in den Upanisaden-Texten aufgezeigt. Ähnlich wie im Buddhismus werden eine weitgehende Abwendung von der äußeren Sinnenwelt und eine völlige Einschränkung auf das innere, geistige Selbst gefordert. Am ehesten erreichbar ist dies mit den Hilfsmitteln der Askese und des Yoga.

Als höchste göttliche Instanz gilt „Brahman", der letztlich aber nur als Inkarnation des Ewigen Weltengesetzes zu verstehen ist und in dieser Abstraktheit nicht personifiziert werden kann. Die Seele des Menschen ist Teil dieses Ewigen Weltengesetzes und kehrt, nach der Durchbrechung des Zyklus der Wiedergeburten, zu Brahman zurück. Da sich Brahman aufgrund seiner Abstraktheit wenig zur menschlichen Verehrung eignet, wurden im Lauf der Zeit unübersehbar viele Gottheiten an seine Seite gestellt, wobei es zweifellos eine Besonderheit des Hinduismus ist, dass es zwischen diesen 'Göttern' keine Hierarchie gibt und es dem gläubigen Hindu auch völlig freigestellt ist, welche Götter er an seinem Hausaltar verehrt. Letztlich sind alle Einzelgottheiten des Hinduismus nur als Begleiter auf dem Wege zu verstehen, sich mit dem Karma der guten Taten aus dem Kreislauf der Wiedergeburten befreien zu können. Der Hinduismus verlangt nur den Glauben daran, dass der Einzelne Teil der ewigen sittlichen Weltordnung ist und seine eigenen (guten und schlechten) Taten darüber entscheiden, wo und wie er seinen Platz in dieser Weltordnung einnimmt. Wie er seinen persönlichen Heils- und Glaubensweg findet und gestaltet, wird ihm von keiner 'offiziellen Lehre' vorgeschrieben.

Jeder der zum ersten Mal einen Hindutempel sieht, wird sofort erkennen, dass es keinen Angebotsmangel an Gottheiten gibt.

Nahezu unentwirrbar ist das Gedränge und Gepränge der äußerst farbenfrohen Götterfiguren an den Fassaden, und es würde den Rahmen dieser Darstellung völlig sprengen, auch nur einen ungefähren Überblick über den indischen Pantheon geben zu wollen. So seien nur die zwei volkstümlichsten Gottheiten erwähnt, die von ihren Anhängern gleichermaßen als die Weltenlenker angesehen werden. Gott Vishnu wird die Aufgabe zugeschrieben, die von Brahman erschaffene Welt zu erhalten. Er ist der Bewahrer und Ordner, der Gott der Sanftmut, Güte, Milde und Liebe. Um die Welt zu schützen, inkarnierte er sich in zehn verschiedenen Gestalten, zu denen u.a. auch Krishna und Buddha gezählt werden. Beide nehmen eine Sonderstellung ein: während Krishna immer mehr zum besonders populären und verehrten Gott breiter Kreise aufstieg und im „Krishnaismus" sogar als monotheistischer Hochgott verehrt wurde, verwandelte man Buddha, dessen Popularität rasch abnahm und dessen Lehre in Indien nicht lange Bestand hatte, einfach in eine Inkarnation Vishnus. Shiva ist der Gott, der in dualistischer Form die Welterschaffung und -zerstörung gleichermaßen symbolisiert. Dieser Doppelfunktion wird er am ehesten in der Rolle des Zeugungsgottes gerecht, der Leben schafft und wieder zerstört. Im Bilde Shivas, der häufig tanzend inmitten eines Feuers dargestellt wird, finden sich sowohl orgiastische wie grausame Züge. Jedem hinduistischen Gott ist eine Gattin zur Seite gestellt, da auch im menschlichen Leben ein Mann ohne Frau als unvollkommen gilt. Beide Gottheiten, die männliche und die weibliche, weisen zwar unterschiedliche, einander jedoch ergänzende Eigenschaften auf und repräsentieren damit die Einheit des Absoluten.

Wie bereits erwähnt, findet sich im Hinduismus weder eine Hierarchie in der Priesterschaft, noch eine oberste Autorität. Die Priester rekrutieren sich ausschließlich aus der höchsten Kaste der Brahmanen, aus der jedoch auch Politiker, Gelehrte oder Schriftsteller hervorgehen. Den Priestern kommt die Aufgabe zu, die in den Tempeln durchgeführten Rituale und Opferdienste vorzunehmen und hierzu die vorgeschriebenen Texte und Formeln zu sprechen. Außerdem obliegt ihnen der Tempeldienst, wobei die in einem Bild oder einer Statue inkarnierte Gottheit morgens mit Glockengeläut geweckt, angekleidet und mit Opfergaben gespeist wird. Der wichtigere Teil der Gottesverehrung („Bhakti": inbrünstige Hingabe an Gott) findet jedoch im privaten Heim am Hausaltar statt, unterstützt von asketischen und meditativen Übungen. So frei der Hindu in der Wahl seiner Götter und seines Glaubensweges ist, so streng ist sein Leben durch die täglichen Rituale geregelt, die im wesentlichen von seiner Kastenzugehörigkeit abhängen und die ihm im Detail vorschreiben, wie er die notwendige rituelle und moralische Reinheit erhalten kann.

Vergleicht man den hinduistischen Glauben an das Ewige Weltgesetz mit dem monotheistischen Offenbarungsglauben des Christentums, so lassen sich einige interessante Feststellungen treffen:

- Das Karma-Prinzip verlagert die Vergeltung guter und schlechter Taten nicht in ein zeitlich fernes und unbestimmtes Jenseits, sondern in das unmittelbare und reale Leben des Einzelnen. Sein aktuelles Leben ist das Resultat der guten oder schlechten Taten seines vorausgegangenen Lebens und die Taten seines jetzigen Lebens werden darüber entscheiden, ob er eine bessere oder schlechtere Reinkarnation in seinem nächsten Leben erfährt. Damit wird der Mensch zum Gestalter seines eigenen Schicksals, wie auch zum Mitgestalter der sittlichen Weltordnung.
- Das Karma-Prinzip der Vergeltung spricht kein letztes Urteil über den Menschen, es gibt ihm immer wieder eine neue Chance sich zu bewähren. Die Lehre der Wiedergeburt ist damit vergleichbar einer Bewährungsstrafe, wie sie in der modernen westlichen Rechtsprechung verhängt wird, mit ähnlich hohem erzieherischem Wert, wohingegen die ewige Höllenstrafe der christlichen Religion eher der Todesstrafe im weltlichen Recht vergleichbar ist, die dem Menschen diese zweite Chance endgültig verweigert.
- Aufgrund des persönlich verantworteten Karmas kann sich auch kein Hindu über ein ungerechtes Schicksal beklagen. Es geht ihm in diesem Leben so, wie er es aufgrund seiner vorangegangenen Taten verdient. Das unverschuldete Schicksal entfällt als Entschuldigungsgrund.

- Die Freiheit von Dogmen und kirchlicher oder priesterlicher Bevormundung schafft Raum für eine individuelle, frei gewählte Gottbeziehung. Der Gläubige hat einen großen Freiraum in der Gestaltung seines Glaubensweges.
- Hieraus entsteht eine hohe Toleranz, nicht nur gegenüber 'Andersgläubigen' innerhalb der eigenen Religionsgemeinschaft, sondern auch gegenüber anderen Religionen. Religionskriege oder Ketzerverfolgungen haben im mehr als 3000 Jahre alten Hinduismus nicht stattgefunden.

Diese Religions-Toleranz wurde in der neueren Geschichte Indiens leider durchbrochen. Der Konflikt mit der zunehmenden Zahl an Moslems im eigenen Land, führte zu blutigen Auseinandersetzungen, die selbst nach der Abspaltung Pakistans als rein muslimischer Staat, nicht zur Ruhe gekommen sind. Bis heute währen auch die gewalttätigen Konflikte mit der Glaubensgemeinschaft der Sikhs. Selbst wenn beide Auseinandersetzungen einen überwiegend politischen Hintergrund haben, beweist dies nur, dass selbst friedliebende Religionen regelmäßig das Opfer politischen Missbrauchs werden.

Fragen:

- Welches ist die größere Gefahr, die von einer Religion in Richtung 'Intoleranz' ausgeht: der Monotheismus oder die dogmatisch vorgeschriebene Lehre? Beide lassen letztlich keine Interpretationsspielräume.
- Wenn wir davon ausgehen, dass es nur 'einen Gott' gibt, kann der Monotheismus nicht falsch sein. Es wäre dann zu fragen, ob die sog. 'Offenbarung' zur Ursache der religiösen Intoleranz gemacht werden kann, denn als 'Wort Gottes' erlaubt sie keinen Interpretationsspielraum (siehe: Islam!).
- Welche Religion wird ihre ethischen Forderungen erfolgreicher durchsetzen können, diejenige, die das richtige Handeln im Diesseits belohnt und bestraft wie der Hinduismus, oder im Jenseits wie das Christentum?
- Glauben Sie eher an den Wert der Todesstrafe oder der Bewährungsstrafe, um sittliches Handeln zu erreichen?

- Nähern wir uns mit der Forderung nach einer Gleichberechtigung der Religionen (Ökumenische Bewegung) nicht der Grundvorstellung des Hinduismus an, wonach es zwar eine Letztursache (Gott) geben mag, aber die Wege zur Erkenntnis derselben (Religionen) durchaus unterschiedlich sein können?

Der Buddhismus

Siddharta Gautama, wie der „Buddha" (= der Erwachte) mit bürgerlichem Namen hieß, ist der vierte große Religionsgründer des Ostens, der nahezu zeitgleich (560–480 v. Chr.) mit Lao-tse, Konfuzius und Zarathustra lebte. Auch er versteht sich (wie Lao-tse und Konfuzius) nicht als Religionsgründer, sondern als Prediger eines Heilsweges, auf dem die Befreiung von irdischem Leid und die Erreichung des ewigen Friedens (Eingang ins 'Nirwana') möglich werden. Siddhartas Person ist historisch verbürgt. Er wuchs in einer adligen Familie in Wohlstand auf und führte ein freies und unbeschwertes Leben. Der radikale Wandel zum asketischen Philosophen und Sinnsucher erfolgte durch einige erschütternde Begegnungen mit menschlichem Leid, die ihn bewogen, nach einem Ausweg aus dem „ewigen Kreislauf des Leides" zu suchen. Er verließ seine behütete Welt, gab sich der Askese und Versenkung hin, führte das Leben eines Wanderpredigers und fand nach langen Meditationsübungen in einer höchsten Stufe der Versenkung die gewünschte Erleuchtung und die Erkenntnis der vier heiligen Wahrheiten. Hieraus entwickelte er seine Lehre des achtfachen Heilspfades.

Um Buddhas Lehre zu verstehen, muss man wissen, dass er zwar den hinduistischen Gedanken der Wiedergeburt aufgreift und die Welt als ständiges Werden und Vergehen versteht, dass er jedoch dieses ewige Weltgesetz als unpersönliches Wirken versteht, hinter dem keine göttliche oder gottähnliche Instanz steht. In der ursprünglichen Lehre des Buddha kommt der Begriff „Gott" nicht vor. Die Welt wurde nicht von einem Schöpfer geschaffen, sie hat keinen Anfang und kein Ende, der Kreislauf von Kommen und Gehen setzt sich bis in alle Zeiten fort. Der Mensch jedoch leidet unter der Vergänglichkeit alles Irdischen und versucht diesen leidvollen Kreislauf zu durchbrechen; er strebt nach einem Ort und Zustand ewiger Ruhe. Buddhas Lehre versucht dem Menschen hierbei zu helfen, indem sie ihn zur Erkenntnis über die wahre Natur der Welt führt und ihn damit aus dem Kreislauf der Wiedergeburten befreit. Auf diesem Hintergrund wird auch verständlich, warum es im Buddhismus kein Kastenwesen gibt. Die Strafe, immer wieder in die leidvolle Welt hineingeboren zu werden, ist schon groß genug, sie muss nicht noch dadurch verstärkt werden, dass man im nächsten Leben in eine niedrigere Kaste hineingeboren wird. Das Leid der Welt entsteht jedoch nicht nur aus der Vergänglichkeit alles Seienden, sondern auch aus den Begierden und Leidenschaften der Menschen, die sie rastlos und unzufrieden machen und sie daran hindern, in geistiger Klarheit und innerer Ruhe den Weg der Erleuchtung zu gehen. Buddha gilt als Erleuchteter, der mit seiner Lehre der vier Wahrheiten und des achtfachen Pfades die Menschen vom Kreislauf der ewigen Wiedergeburten befreien möchte.

Die vier Wahrheiten sind:

- Das Leben in dieser Welt ist Leiden.
- Die Ursache des Leidens liegt in den Begierden (Gier) des Menschen.
- Mit dem Verzicht auf Begierden (Abschaffung der Gier) kann Leiden besiegt werden.
- Der achtfache Heilspfad ist der Weg hierzu.

Mit der Erkenntnis, dass menschliche Begierden vielfach die Ursache von Leid sind, weist Buddha lange vor Freud auf die verhängnisvolle Triebgesteuertheit des Menschen hin, die ihn zu Rastlosigkeit, Unruhe, Unzufriedenheit und Unausgeglichenheit führt. Diesem getriebenen, unglücklichen Wesen stellt er das Ideal eines in sich ruhenden, begierdefreien und von der Welt losgelösten Menschen gegenüber. Nur der Mensch, der erkennt, dass alles Irdische vergänglich, wesenlos und leidvoll ist und der sich deshalb von allen Begierden frei macht, kann in den Zustand der höchsten Erleuchtung gelangen, ins Nirwana eingehen und sich damit aus dem endlosen Kreis der Wiedergeburten befreien. Mit seiner Lehre des 'achtfachen Pfades' will Buddha dem Menschen helfen, diesen Weg zu gehen.

Der achtfache Pfad beinhaltet:

- Rechte Ansicht (Anschauung)
- Rechte Gesinnung (rechtes Denken)
- Rechtes Reden
- Rechtes Tun (Handeln)
- Rechtes Leben
- Rechtes Streben
- Rechtes Denken (Überdenken, Wachsamkeit)
- Rechtes (Sich-)Versenken

Mit diesem achtfachen Heilspfad kann der Mensch schrittweise zur höchsten Erleuchtung gelangen, indem er zunächst das Welt- und Lebensbild von Buddha (Pfad 1, 2) übernimmt (Stadium des Glaubens), sich dann um ein moralisches Leben im Sinn der buddhistischen Lehre bemüht (Pfad 3, 4, 5, 6) und letztlich über Versenkung und Kontemplation (Pfad 7, 8) über das bisher nur Geglaubte hinauskommt und zur eigenen Erkenntnis der Wahrheit gelangt. Dies ist das eigentliche Ziel des buddhistischen Heilsweges.

Im Rahmen seiner Heilslehre formulierte Buddha acht strenge moralische Grundregeln, von denen die Laien nur die ersten fünf, die Mönche hingegen alle acht erfüllen sollen:

- kein lebendes Wesen zu verletzen oder zu töten (beinhaltet auch Liebe zu allen Wesen)
- nicht Stehlen (nicht Nehmen was mir nicht gegeben)
- Meidung von Ehebruch und Unzucht (totale sexuelle Enthaltsamkeit bei Mönchen)
- Gebrauch der Wahrheit (Nicht-Lügen)
- keine Rauschmittel

und zusätzlich für die Mönche:

- nur einmal am Tag zu essen
- nicht zu tanzen und zu singen
- kein Schmuck, keine Schönheitsmittel, keine Annahme von Gold oder Silber

Die Beachtung dieser moralischen Grundregeln ist, nach Buddha, notwendige Voraussetzung für eine wirkungsvolle Meditation, ohne die der Mensch nicht zu Wissen und Erkenntnis vorstoßen kann. Das erreichbare Wissen des Menschen wiederum ist ein Dreifaches: die Rückerinnerung an die früheren Geburten, das Erkennen des sittlichen Karma-Gesetzes und schließlich die Erfassung der vier Wahrheiten. Gelingt ihm dies, so kann er bereits auf Erden die vollkommene Erleuchtung finden.

Die meditative Versenkung selbst erfolgt in mehreren Stufen:

- Eingehen auf die Vergänglichkeit aller irdischen Erscheinungen und auf das Leid dieser Welt. Gleichzeitige Absage an alle persönlichen Begierden und Leidenschaften. Dies führt zu einer gefühlsfreien Indifferenz den Dingen des Lebens gegenüber (Weltentsagung), zu innerer Ruhe und geistiger Klarheit.
- In diesem Zustand erwächst dem Meditierenden eine Kraft der Liebe, die alle Lebewesen um ihn ergreift und sich in Mitfreude und Mitleid manifestiert. Der Meditierende nimmt jedoch auch hiervon Abstand und versucht sich mehr und mehr in einen Zustand völligen Gleichmuts zu versetzen.
- Ausgehend von einem der drei Grundelemente, Wasser, Erde oder Feuer, versucht der Meditierende, in die Raum- und Bewusstseinsunendlichkeit vorzudringen und ins Nirwana einzutreten.

Das Nirwana, fälschlicherweise oft mit „dem Nichts" im nihilistischen Sinn übersetzt, bedeutet bei Buddha im Gegenteil das einzige, was bestehen bleibt, die Sphäre des Unsterblichen und der Raumunendlichkeit, gleichzeitig jedoch auch das Erlöschen aller Begierden, das Aufgehen der Seele im Nirwana, die Unterbrechung des unendlichen Kreislaufs der Wiedergeburten. Aus den buddhistischen Schriften lassen sich drei wesentliche Komponenten des Nirwana ableiten. Erstens die Aufhebung der Begierden und damit das Ende von Leiden. Der Mensch geht ein in Ruhe, Frieden, Seligkeit und Glück. Zweitens die Aufhebung der Wiedergeburt und damit das Ende von Alter und Tod. Die Seele des Menschen löst sich auf in der Transzendenz (im Nirwana). Drittens und letztlich bezeichnet das Nirwana auch das Unbedingte, Unendliche, Unbezeichenbare an sich, das Einzige, was Bestand hat im ewigen Kreislauf des Werdens und Vergehens.

Oft wird die Frage gestellt, ob die Lehre Buddhas überhaupt als Religion anzusehen ist, oder eher als eine Art Weisheitslehre, die noch dazu auf einem beachtlich hohen intellektuellen Niveau steht. Es erscheint zumindest dem westlichen Beobachter verwunderlich, wie sich eine 'Religion' ohne Gott, ohne eine göttlich offenbarte Ethik, ohne göttliches Strafgericht, ohne eine unsterbliche Seele und ohne Priester und Kirche durchsetzen konnte. So mag die weite Verbreitung des Buddhismus, ausgehend von Indien über Hinterindien und Tibet bis nach China und Japan zunächst überraschen, würde man nicht berücksichtigen, dass sich die anfängliche, eher abstrakte und geistig anspruchsvolle Mönchslehre des 'Hinayana-Buddhismus' mit zunehmender Verbreitung allmählich zu einer populären Volksreligion, dem 'Mahayana-'Buddhismus entwickelte. Der Buddhismus reagierte von Anfang an tolerant auf alle anderen Religionen und versuchte nicht, sie zu bekämpfen, sondern sie geistig zu durchdringen. Trotzdem blieb dem Buddhismus ein ähnliches Schicksal wie dem Taoismus und Konfuzianismus nicht erspart: auch er musste es zulassen, dass sich die Menschen ihre Götter schufen, indem sie zunächst den Religionsstifter selbst vergöttlichten und in der Folge eine unübersehbare Zahl an so genannten Bodhisattvas verehrten, eine Art Heilige, die in ihrem Leben dem Zustand der höchsten Erleuchtung sehr nahe gekommen sind. Sie sollten den Menschen helfen, den Weg der Erleuchtung erfolgreich zu gehen, ihnen jedoch auch bei den alltäglichen Problemen zur Seite stehen. So blieb es nicht aus, dass sich im Laufe der Jahrhunderte viele unterschiedliche Schulen und Glaubensrichtungen entwickelten, insbesondere in China und Japan.

Die Religionen des Ostens lassen eine Reihe von Gemeinsamkeiten erkennen: sie verstehen sich als Religionen des Ewigen Weltgesetzes, wonach die Welt keinen Anfang und kein Ende hat. Alles Seiende, auch der Mensch, ist einem steten Wandel, einem immerwährenden Werden und Vergehen unterworfen (Wiedergeburt). Das ewige Weltgesetz manifestiert sich sowohl in der natürlichen Ordnung des Weltgeschehens, wie auch in einer immanenten sittlichen Ordnung, deren Befolgung den Menschen schrittweise (von Wiedergeburt zu Wiedergeburt) zu einer höheren Daseinsform und letztlich zur Befreiung aus dem Kreislauf der ewigen Wiedergeburten führen kann. Da eine ewig bestehende und sich immer wieder erneuernde Welt nicht aus einem einmaligen Schöpfungsakt hervorgegangen sein kann, ist die Frage nach einem Schöpfergott in den östlichen Religionen von nachrangiger Bedeutung. Überhaupt weisen sie eher den Charakter einer philosophischen und moralischen Heilslehre auf, als den einer von Gott offenbarten absoluten und unfehlbaren Glaubenslehre, wie sie die monotheistischen Offenbarungs-Religionen vertreten. So ist auch die hohe Toleranz der Taoisten, Hinduisten und vor allem der Buddhisten gegenüber anderen Religionen verständlich, da sie in ihnen nur andere Zugangswege zur einzigen transzendenten Wahrheit, dem Ewigen Weltgesetz, sehen. Dass dieser weitgehende Agnostizismus der östlichen Religionen dem Verlangen der gläubigen Massen nach einem 'Gott zum Anfassen' und nach volkstümlichen religiösen Ritualen nicht standhalten konnte, war abzusehen. So schufen sich die Menschen auch in diesen Religionen ihre Götter, die jedoch nie die Alleinstellung des allmächtigen westlichen Schöpfergottes einnahmen. Die vorrangige Gültigkeit und Wirksamkeit des Ewigen Weltgesetzes blieb unangetastet, auch wenn es durch den im Alltag dominierenden Götterkult gelegentlich überlagert wird. Es soll auch nicht unerwähnt bleiben, dass ein Ewiges Weltgesetz zu keiner Zeit durch Glaubenskriege oder Ketzerverbrennungen verteidigt werden musste, weshalb den östlichen Völkern auch die blutigen religiösen Auseinandersetzungen um den 'einzig wahren Gott' erspart blieben, unter denen ihre westlichen Nachbarn seit mehr als zweitausend Jahren leiden müssen.

Fragen:

- Welche Entstehungsgeschichte der Welt erscheint Ihnen plausibler: die Vorstellung, dass ein allmächtiger Gott das ganze Universum aus dem Nichts geschaffen hat, oder die Annahme, dass die Welt ohne Anfang und Ende ist, ein sich stets wandelnder und erneuernder Prozess, der nur seinen eigenen immanenten Gesetzen folgt? Versuchen Sie einige Gründe für Ihre Entscheidung zu benennen.
- Welche Religionsvorstellung erscheint Ihnen plausibler: die Annahme eines immanenten Weltgesetzes, aus dem heraus der Mensch das richtige sittliche Verhalten ableiten kann, oder die Annahme eines allmächtigen Gottes, der den Menschen seine göttliche Moral vorgibt?
- Darf ich Sie bitten, die beiden vorangegangenen Fragen noch einmal zu beantworten, nachdem Sie das Kapitel über „Die Enstehung des Kosmos und der Erde" gelesen haben
- Kann ein Ethiksystem, das nicht von Gott kommt, für alle Menschen verbindlich sein? Warum (nicht)?
- Haben deshalb die Gründer der späteren monotheistischen Hochreligionen (Judentum, Christentum, Islam) das von ihnen proklamierte Ethiksystem von vornherein als „Gottes Wort" erklärt, und sind diese Religionen – unter anderem – deshalb so erfolgreich geworden?
- Lässt sich ein Ethiksystem nur dann erfolgreich durchsetzen, wenn es durch die höchstmögliche Instanz (Gott) kontrolliert und sanktioniert (belohnt und bestraft) wird?
- Ist der Mensch also von sich aus nicht stark genug, um sich ethisch zu verhalten?
- Ist eine Religion ohne Gott überhaupt als Religion zu bezeichnen? Oder anders gefragt: wurde der Buddhismus erst zur Religion, als man Buddha zum Gott erklärte?

Die monotheistischen Offenbarungs-Religionen

Der jüdische Glaube

Den Juden kommt das Privileg zu, als erste einen strikten Monotheismus eingeführt zu haben. Noch vor den Persern wandten sie sich der Idee des einen und alleinigen Gottes zu. Schon ihre frühesten Propheten Abraham und Moses, denen Gott (Jahwe, Adonai) sich persönlich offenbarte, verlangten die Abschaffung der Vielgötterei. Es wurde ein Bund geschlossen zwischen Jahwe und seinem auserwählten Volk Israel, der in der Entgegennahme der zehn Gebote durch Moses auf dem Berg Sinai, 1.300 v. Chr. gipfelte. Die jüdische Religion kennzeichnet nicht nur den Beginn des Monotheismus, sondern auch den der sog. Offenbarungsreligionen (Judentum, Christentum, Islam), in denen Gott in direkten Kontakt mit einem auserwählten Propheten trat, um ihm die Gesetze und Gebote mitzuteilen, nach denen fortan die Menschen zu leben hatten. Letztlich ist die jüdische Religion auch die Basis, auf der sich das Christentum und der Islam entwickelt haben. Alle drei Religionen berufen sich nicht nur auf die gleichen Ahnen, so gilt Abrahams Sohn Isaak als der Urahne von Jesus und sein Sohn Ismail als Urahne von Mohammed, dem Gründer des Islam, sondern verehren auch die gleichen Propheten Abraham, Ismail, Moses und: Jesus! Auch ihr Gottbegriff ist in vielerlei Hinsicht ähnlich. In allen drei Religionen gilt Gott als der Erschaffer alles Seienden, der den Menschen nach seinem Ebenbild erschaffen hat (Schöpfungsreligionen) und dem Menschen einen freien Willen gegeben hat, so dass er sich für Gut oder Böse entscheiden kann und damit auch der Sünde fähig wird, für die er nach seinem Tode im Jenseits (unsterbliche Seele) von Gott zur Verantwortung gezogen wird. In allen drei Religionen findet sich auch das Prinzip des Bösen, in Form des Teufels, der jedoch nicht wie in der persischen Religion ein ebenbürtiger Gegenspieler Gottes ist, sondern unter dessen Gewalt steht und mehr dazu dient, den Menschen zu prüfen und die Erklärung für das Böse in der Welt zu liefern.

Die Entstehung und Entwicklung der jüdischen Religion ist eng mit dem politischen und historischen Werdegang des jüdischen Volkes verbunden und auch Teil der christlichen Überlieferungen, geschildert vor allem im so genannten „Alten Testament" (bei den Juden „Tenach"). Die zentralen Stationen der jüdischen Geschichte:

Die Geburt und Lebenszeit des Stammvaters Abraham mit seinen beiden Söhnen Isaak und Ismail verliert sich im historischen Dunkel. Leichter lässt sich schon der große Prophet Moses datieren, der das Volk Israel aus der ägyptischen Gefangenschaft zurück ins gelobte Land Kanaan führte. Seine Lebenszeit wird allgemein um das Jahr 1.300 v. Chr. angesetzt. Ca. 1.000 v. Chr. beginnt die Regentschaft der beiden legendären jüdischen Könige David und Salomon. Aufgrund interner Streitigkeiten kommt es etwa um 925 v. Chr. zur Aufspaltung in die beiden Königreiche Israel und Judäa. Im Jahr 586 v. Chr. erobert Nebukadnezar Jerusalem und führt das jüdische Volk ein zweites Mal in Gefangenschaft, diesmal nach Babylon. Mit der Eroberung Judäas durch Rom (63 v. Chr., gleichzeitig Umbenennung in „Palästina") und der Zerstörung Jerusalems und seines Tempels durch Titus, beginnt die endgültige Vertreibung der Juden aus ihrem Land (Diaspora). Mit Ausnahme einer kurzen 'goldenen Zeit' der Juden im Spanien des 10.–12. Jh., ausgerechnet unter der toleranten und aufgeklärten Herrschaft der dort lebenden Araber, begann damit die lange und leidvolle Geschichte des jüdischen Exils im westlichen und östlichen Europa.

Die wichtigste religiöse Schrift des Judentums ist die Thora, in der die Offenbarungen Gottes (Jahwes) festgehalten sind. Sie umfasst 613 einzelne Bestimmungen, die sich in 248 Gebote des Tuns und in 365 Gebote des Nicht-Tuns gliedern. Nach diesen Geboten richtet der gläubige Jude sein tägliches Leben aus. Die Thora ist eine Schriftrolle, die in den Synagogen aufbewahrt wird. Aus ihr wird im jüdischen Gottesdienst vorgelesen, sie darf jedoch aufgrund ihrer Heiligkeit nicht berührt werden, weshalb sie an zwei Holzgriffen gehalten wird. Die Synagoge war ursprünglich nur der Versammlungsraum zum gemeinsamen Gebet, wurde jedoch im Laufe der Zeit auch zum Lehrhaus. Der Gottesdienst selbst wird ohne Priester und Opferrituale vollzogen, da es nach jüdischem Glauben keines weiteren Mittlers zwischen Gott und den Gläubigen bedarf. Sobald der Jude sein 13. Lebensjahr erreicht hat, kann er als vollwertiger Gläubiger an den Gottesdiensten teilnehmen, die beginnen können, wenn sich zehn und mehr Gläubige zusammenfinden. Der gläubige Jude betet mehrmals am Tage, sei es in der Synagoge oder zuhause.

Der Rabbi oder Rabbiner ist im eigentlichen Sinne kein Priester, sondern der Lehrer in allen Fragen der Überlieferung sowie in allen religiösen und rechtlichen Belangen. Die Thora wird ergänzt durch den Talmud, der eine Sammlung der wichtigsten Auslegungen und Interpretationen beinhaltet, die von den Rabbinern zwischen 200 v. Chr. und 500 n. Chr. erarbeitet wurden, um den Gläubigen die Auslegung der Thora zu erleichtern. Es entstanden dabei zwölf dicke Bände des babylonischen Talmuds, der für alle denkbaren Fälle des praktischen Lebens Vorschriften und Verbote bereithält.

In der Zusammenfassung der jüdischen Glaubensinhalte schließt man sich am besten dem jüdischen Rabbiner und Gelehrten Maimonides (1135–1204) an, der als erster eine Kurzfassung der wesentlichen jüdischen Glaubenswahrheiten vorlegte. Er kam dabei auf 13 zentrale Inhalte:

- Jahwe ist der alleinige Schöpfer alles Seienden.
- Es gibt nur einen Gott und dieser Gott ist Jahwe.
- Gott ist unkörperlich.
- Gott lebt von Ewigkeit zu Ewigkeit.
- Jahwe allein verdient Anbetung.
- Die Worte der Propheten sind wahr.
- Moses ist der größte aller Propheten.
- Die Thora wurde Moses von Gott in dieser Form übergeben.
- Es wird nie eine andere Thora geben.
- Gott kennt alle Gedanken und Handlungen der Menschen.
- Gott belohnt und bestraft diejenigen, die die Gebote achten bzw. missachten.
- Der Messias wird kommen.
- Die Toten werden auferstehen.

Die jüdische Ethik stellt die Gerechtigkeit sowie das Gebot der Nächstenliebe in den Mittelpunkt. Letztere duldet auch keinen Unterschied zwischen Juden und Nicht-Juden. Der Fremde, oder auch Andersgläubige, ist genauso zu behandeln wie ein frommer Jude, im Umgang mit ihm gelten die gleichen ethischen Gesetze. Jedes menschliche Wesen ist kostbar und besitzt Würde, es wurde schließlich von Gott nach seinem Ebenbild geschaffen. Allen Armen, Kranken und Benachteiligten muss mit besonderer Liebe begegnet werden und Hilfe zuteil werden. Der Mensch kann sich über seinen freien Willen zwischen Gut und Böse entscheiden, er hat auch die Sünde nicht „ererbt". Er ist in eine gute, von Gott geschaffene Welt, hineingeboren, deren Gaben er zu seinem Wohle, aber auch im Dienste Gottes und der anderen Menschen genießen darf. Diese weltbejahende Position des jüdischen Glaubens spiegelt sich auch darin, dass die Sorge für Leib und Seele in dieser Welt nicht nur akzeptiert ist, sondern auch eine wichtige Vorbereitung für die Ewigkeit ist.
Auch die jüdische Religion zeigt jedoch, zumindest in ihren orthodoxen Vertretern, wenig Akzeptanz und Toleranz gegenüber anderen Religionen. Die bibelgläubigen Juden können sich dabei durchaus auf ihr Altes Testament berufen, in denen Jahve den Anders- und Ungläubigen nicht nur Tod und Verdammnis androht, sondern die Rechtgläubigen auch zu aktiver Gewaltanwendung aufruft. Selbst wenn sich aufgeklärte Juden hiervon distanzieren, ist dennoch fest zu stellen, dass die Rechte von Nicht-Juden im weitgehend säkularen Israel aufgrund religiöser Vorbehalte massiv beschnitten werden.

Das Christentum

Das Christentum ist gänzlich aus der Tradition und Geschichte des Judentums hervorgegangen. Jesus wurde als Jude geboren und lebte die ersten 30 Jahre im Kontext seiner Familie und seiner Gemeinde Nazareth als normaler Handwerker. Erst bei der Taufe durch Johannes den Täufer im Jordan überkam ihn die Vision und Gewissheit, der Messias zu sein, den Johannes in seinen Predigten ankündigte und den die Juden seit langem erwarteten. So ist Johannes der Täufer auch als unmittelbarer Wegbereiter und Ankündiger Jesu zu sehen („einer wird kommen, der größer ist als ich"/ „das Gottesreich ist nahe, tuet Buße"), der Jesus in seiner Vision bestärkte, der „Gesalbte" zu sein, dazu berufen, das Endgericht einzuleiten und Gottes Reich auf Erden vorzubereiten. Während jedoch die Juden vom erwarteten Messias nicht nur die Errichtung des Gottesreiches erhofften, sondern vor allem die nationale und politische Wiederherstellung des jüdischen Reiches und dessen Befreiung von der Fremdherrschaft, beschränkte sich Jesus von Anfang an auf das kommende göttliche Reich. Er verließ seine Familie, sammelte einige Jünger um sich und verkündete nicht nur die Ankunft des Gottesreiches, sondern auch die Bedingungen für die Teilnahme daran, wobei er weniger auf die kalte Gesetzesethik des Alten Testaments abhob, die die jüdische Religion so stark prägt, sondern eine neue frohe Heils- und Trostbotschaft predigte und diese verstärkt an die Armen und Schwachen richtete. So dominiert bei Jesus die Nächstenliebe über das strikte Gesetz, die innere sittliche Gesinnung über das ausschließliche Befolgen der Gesetze.

Jesus selbst wollte keine neue Religion gründen, sondern im Rahmen der jüdischen Überlieferungen dem Endreich Gottes den Weg bereiten. Um über das Leben und die Lehre Jesus Christus mehr zu erfahren, sind wir auf das so genannte Neue Testament angewiesen, eine Sammlung von Schriften der Evangelisten Markus, Matthäus, Lukas und Johannes. Alle Niederschriften erfolgten deutlich nach Jesu Tod, die ersten drei in etwa zeitgleich (deshalb auch „Synoptische Evangelien") rund 60 n. Chr., das Evangelium des Johannes nochmals 10–20 Jahre danach. Jesus selbst hat keinerlei schriftliche Aufzeichnungen hinterlassen. Zum Neuen Testament gehören auch und vor allem die Briefe des Paulus, die im Stil von Predigten vor allem missionierenden Charakter hatten. Paulus war der einzige, der Jesus nicht zu Lebzeiten kannte, sondern erst durch die Erscheinung des auferstandenen Jesus bekehrt wurde. Trotzdem sind es gerade seine Schriften und sein Jesusbild, die zur Verbreitung der christlichen Kirche in entscheidendem Maße beigetragen haben, vielleicht sogar die Kirche damit erst wirklich gründeten. Letztlich gehören zum Neuen Testament auch weitere Schriften des Petrus, Johannes, Jakobus und Judas sowie die Offenbarung des Johannes (Apokalypse). Der historische und dokumentarische Wert dieser Quellen ist sehr kritisch zu bewerten:

- Mehr als 60 Jahre lang wurden die Worte und Taten Jesu nur mündlich überliefert und unterlagen dabei allen Übertreibungen, Verzerrungen, Verkürzungen, Veränderungen und Idealisierungen, denen die mündliche Überlieferung immer ausgesetzt ist.
- Man darf unterstellen, dass die ersten (meist analphabetischen) Anhänger Jesu weniger daran interessiert waren, historisch exakte Sachverhalte zu überliefern, als vielmehr das Ansehen ihres Herrn zu mehren.
- Jesus sprach aramäisch, die ersten Gläubigen auch, die Evangelien wurden jedoch in Griechisch verfasst.
- Die beiden synoptischen Evangelien des Matthäus und Lukas bauen auf dem des Markus auf, der wiederum nur der Begleiter des Petrus war.
- In die Evangelien ging auch eine frühchristliche Sammlung von Aussprüchen Jesu ein (Logia), in der auch jüdische Sprichwörter und frühchristliche Gemeindetraditionen enthalten sind.
- Letztlich wird sogar von einigen religionswissenschaftlichen Forschern bezweifelt, dass die Evangelien von den ihnen zugeschriebenen Autoren selbst stammen. Vielmehr vermutet man unbekannte Verfasser aus dem Kreis früher jüdischer Christen.

Wie auch immer man zu diesen Einwänden stehen mag, für den exakten Historiker ist die Quellenfrage sicherlich kritisch und schwierig zu bewerten. So ist denn die Rekonstruktion des „Jesus, wie er wirklich war", kaum möglich und die synoptischen Evangelien können nur als Überlieferungssammlungen gesehen werden. Leider lassen sich aus anderen zeitgenössischen und nichtchristlichen Informationsquellen kaum gesicherte Informationen zur Person und zum Leben Jesus Christus entnehmen. Bestätigen lässt sich letztlich nur, dass Jesus wirklich lebte und den Kreuzestod starb. Wir haben also einen Jesus vor uns, wie er im Glauben seiner frühen Anhänger lebte!

Die Stationen im Leben von Jesus dürfen als bekannt vorausgesetzt werden. Herausgehoben werden sollen jedoch 3 Ereignisse, die letztlich religionsstiftend wirkten. An erster Stelle steht der Kreuzestod Jesu, den er bewusst auf sich nimmt und durch seinen Einzug in Jerusalem und die Tempelaustreibung geradezu provoziert. Die Verurteilung durch den Hohenpriester der Juden wegen messianischer Anmaßung und Rebellion sowie die beinahe widerwillige Bestätigung des Todesurteils durch den römischen Statthalter Pontius Pilatus wegen Anmaßung, König der Juden sein zu wollen, führten zur Folterung und Kreuzigung. In religiösem Sinn stellt dieser schmerzvolle Tod von Jesus den Erlösungsakt für die sündige Menschheit dar. An zweiter Stelle – und unmittelbar mit Jesu Tod zusammenhängend – ist seine leibliche Auferstehung am dritten Tage zu nennen. Mit der Auferweckung durch Gottes Hand wird nicht nur die Anerkennung als Gottes Sohn demonstriert, es wird auch die „Niederlage von Jesu am Kreuze" zum Triumph verwandelt und letztlich gerade dadurch die Gewissheit der Jünger verstärkt, dass der Messias wiederkommen werde, um das Reich Gottes endgültig zu vollenden. Im Auferstehungsglauben gründet sich die Göttlichkeit Jesus und seiner Lehre. Ein drittes Ereignis ist im eigentlichen Sinne als religionsstiftend zu sehen: das Abendmahl! Am Abend vor seiner Verurteilung und Kreuzigung versammelte Jesus seine Jünger zu einem Abschiedsmahl, mit dem Ziel, eine bleibende Verbindung unter seinen Jüngern für die Zeit nach seinem Tod zu stiften: „Dieser Kelch ist die neue Ordnung, begründet in meinem Blute" / „Wahrlich, ich sage euch, ich werde nicht mehr trinken den Rebensaft bis an den kommenden Tag, da ich ihn neu trinke im Gottesreich".

Die Jünger und die frühen Christen verstanden das Abendmahl als Aufforderung, im Geiste Christi zusammenzubleiben und gemeinschaftlich die Ankunft des Messiasreiches zu erwarten. Dass diese Ankunft schon sehr bald, d. h. noch zu ihren eigenen Lebzeiten erwartet wurde, belegen viele Aussprüche der Apostel und auch noch der frühen Christen. Da diese Erwartung nicht eintrat, ergab sich die Notwendigkeit einer dauerhaften Organisation der Glaubensgemeinschaft, es entstand die Kirche.

Über die Glaubensinhalte des Christentums informiert am einfachsten das Tauf- und Glaubensbekenntnis der katholischen Kirche, das um 140 n. Chr. in Rom erstmals formuliert wurde und heute wie folgt lautet: „Ich glaube an Gott, den allmächtigen Vater, den Schöpfer des Himmels und der Erde, und an seinen eingeborenen Sohn, unseren Herrn, der empfangen ist vom Heiligen Geiste, geboren aus Maria, der Jungfrau, gelitten unter Pontius Pilatus, gekreuzigt, gestorben und begraben, hinab gestiegen zu der Hölle, am dritten Tage aufgefahren in den Himmel, sitzet zur Rechten Gottes, des allmächtigen Vaters, von dannen er kommen wird zu richten die Lebendigen und die Toten. Ich glaube an den heiligen Geist, die heilige katholische Kirche, Gemeinschaft der Heiligen, Nachlass der Sünden, Auferstehung des Fleisches und das ewige Leben. Amen." Wie aus diesem Glaubensbekenntnis deutlich wird, tritt der christliche Gott in unterschiedlicher Form auf: als Gottvater, Gottsohn und Heiliger Geist. Diese sog. „Trinität" ist schwer zu verstehen, da sich das Christentum klar als monotheistische Religion ausgibt. Die Frage erscheint zumindest berechtigt, inwiefern Gott einen „Sohn" haben kann, ob der Gottessohn dann ein Gott zweiter Klasse ist, abhängig von den Weisungen seines Gottvaters, wozu es überhaupt eines Gottessohnes bedarf, wenn es doch den einen und allmächtigen Gott gibt. Ähnliche Schwierigkeiten bereitet das Verständnis des Heiligen Geistes, sowohl im Hinblick auf seine Einordnung in die Trinität wie auch hinsichtlich seiner Funktion. Ist er das Sprach- und Vollzugsorgan Gottvaters, also nur Mittler zwischen Gott und den Menschen, oder ist er ein „Gott" mit eigener Kompetenz? Welcher? Bemerkenswert ist übrigens auch, dass die Trinität oder Dreifaltigkeit in der Bibel keine Erwähnung findet. Sie ist ein Konstrukt der späteren Kirche. Auch die Göttlichkeit von Jesus wurde in der frühen Glaubensgemeinde lange Zeit kontrovers diskutiert. Erst 325 Jahre später, auf dem ersten Kirchenkonzil in Nicäa wurde die nicht enden wollende Diskussion zu diesem Thema mit einem verbindlichen Dogma beendet: „Christus ist als wahrer Sohn Gottes von gleicher Wesenheit mit dem Vater".

An dieser Stelle erscheint ein kurzer Exkurs zum Thema „Dogma" notwendig. Ein Dogma ist ein formulierter Glaubenssatz, der von der Kirche als bindend für alle Gläubigen erklärt wird. In erster Linie sollen damit Inhalte der Heiligen Schrift, die im Laufe der Zeit unterschiedliche Auslegungen erfahren haben, einer Klärung zugeführt werden, um von nun an für alle Gläubigen als absolut verbindlich zu gelten. Dogmen können ausschließlich durch die Kirchenleitung (Papst), im Rahmen eines Konzils oder einer Bischofssynode festgelegt werden. Die Kirche geht davon aus, dass sie bei diesen Entscheidungen vom Heiligen Geist inspiriert wird und diesen somit göttliche Autorität und Unfehlbarkeit zukommt. Mithilfe einer Vielzahl von Dogmen, die im Laufe von nahezu zweitausend Jahren erstellt wurden, ist nicht nur Kirchengeschichte geschrieben worden, sondern der christliche Glaube, so wie wir ihn heute kennen, erst inhaltlich festgelegt worden. Der Prozess der Dogmenformulierung hat bis heute nicht aufgehört, so verkündete 1870 das Vatikanische Konzil die Unfehlbarkeit des Papstes und so wurde 1950 durch Pius XII. die leibliche Himmelfahrt Mariens als Dogma verkündet. Um es nochmals klar zu sagen: aus der relativ klaren und einfachen Mission Jesus, das nahende Gottesreich anzukündigen und seiner schlichten Heilslehre, die mehr die Kraft des Glaubens und der Nächstenliebe als die pure Gesetzestreue in den Mittelpunkt rückte, hat erst die Kirche in ihrer langen Geschichte und durch unzählige Auslegungen, Interpretationen und Dogmen das komplexe Gebäude des christlichen Glaubens geschaffen.

Trotz aller Dogmenbildung und einer zunehmenden Machtfülle war die Kirche im Laufe der Jahrhunderte vielen Anfechtungen ausgesetzt. Als es im Jahre 1054 n. Chr. zur endgültigen Spaltung zwischen der Ost- und Westkirche kam (großes Kirchenschisma), war dies nicht nur auf die unterschiedliche Machtposition beider Kirchenführer, des römischen Papstes und des byzantinischen Patriarchen, zurückzuführen, sondern auch auf relevante

Glaubensunterschiede. Die Kirchenführung in Rom hatte es verstanden, durch geschickte weltliche Machtpolitik, bis hin zur posthumen Fälschung kaiserlicher Verfügungen (sog. Konstantinische Schenkungen), einen enormen Einfluss auf die gesamte Politik des römischen Nachfolgereiches zu erlangen. Im Höhepunkt seiner Macht konnte der römische Papst Könige und Kaiser einsetzen und absetzen und sich nicht nur als geistiges, sondern auch als weltliches Oberhaupt des Abendlandes verstehen. Ganz anders hatte sich die Situation in Byzanz entwickelt. Dort verzichtete die Kirche auf weltlich-politische Machtausübung, der Kaiser blieb die höchste politische und sogar kirchliche Instanz. Aber auch in religiös-inhaltlicher Sicht unterschieden sich Ostrom und Westrom immer mehr. Nach den acht ökumenischen Konzilien, die bis zum 9. Jh. stattfanden, akzeptierte die oströmische Kirche keine weiteren Dogmen und hielt an den bis dahin entwickelten Glaubensinhalten unverbrüchlich fest (deshalb auch: orthodoxe Kirche).

Vom päpstlichen Weltmachtstreben gingen auch die äußerst blutigen Kreuzzüge aus, die zwar unter dem Deckmantel des „heiligen Krieges" geführt wurden, in Wirklichkeit aber viel mit machtpolitischen und finanziellen Interessen des Heiligen Stuhls zu tun hatten. Jerusalem wurde zwar erobert, aber unter enormen Blutopfern und ohne eine gefestigte politische Ordnung zu hinterlassen. So wurden Jerusalem und das Heilige Land von den Arabern auch schon bald wieder zurückerobert.

Im späten Mittelalter traten zunächst vereinzelt, dann immer öfter und wirkungsvoller, kritische Bewegungen gegen die Verweltlichung und den zunehmenden Absolutismus der Kirche auf. Hierzu gehörten unter anderem die Waldenser, die die Rückkehr zum einfachen ursprünglichen Christentum in Armut forderten (um 1180), der Engländer John Witclif, der sich bis zur Exkommunikation des Papstes verstieg, der Böhme Johannes Hus, der sich gegen die Macht und den Reichtum der Klöster wandte und forderte, dass kirchliche Ämter nicht verkauft, sondern nach der sittlichen Würde des Anwärters vergeben werden sollten (1370–1415), der Bußprediger Savonarola, der sich gegen die Verderbnis der Sitten im aufgeklärten Florenz der Renaissance wandte, aber vor allem auch gegen den Sittenverfall der römischen Kurie in Rom, bis hin zu den Vertretern des deutschen Humanismus zu Beginn des 16. Jh., die mehr menschliche Freiheit und eine Loslösung von der römischen Vorherrschaft forderten (Ulrich von Hutten, Johannes Reuchlin, Erasmus von Rotterdam etc.). Nahezu all ihrer Kritiker hat sich die Kirche schnell und nachhaltig entledigt. Ketzerprozesse mit Folterung und anschließender Verbrennung und grausame Verfolgungen und Vertreibungen beendeten rasch jeden Reformversuch.

Nur bei einem Mann und seiner Bewegung gelang dies nicht. Die kraftvollste und folgenschwerste Gegenbewegung gegen Rom und die Missstände innerhalb der Kirche erwuchsen aus den eigenen Reihen. Als der Augustinermönch Martin Luther am 31. Oktober 1517 seine 95 Thesen gegen den Ablasshandel und sonstige Missstände der Kirche an das Portal der Schlosskirche zu Wittenberg anschlug und die päpstliche Bannbulle, die sofort gegen ihn erlassen wurde, öffentlich verbrannte, kam eine Bewegung in Gang, die auch Rom nicht mehr aufhalten konnte. Als Luther auf dem Reichstag in Worms (18. April 1521) den geforderten Widerruf seiner Thesen verweigerte (deshalb: „Protestanten") und auch noch die Unfehlbarkeit des Papstes und der Konzilien leugnete, kam es in kürzester Zeit zu einer machtvollen Bewegung und zu einer Reihe kriegerischer Auseinandersetzungen zwischen seinen Anhängern und Gegnern. Erst auf dem Reichstag in Augsburg (1555) kam es zum Religionsfrieden, wobei den Reichsständen (Fürsten) die Wahl der Religion für ihr Fürstentum zugestanden wurde (cuis regio, eius religio). Mit der Reformation kamen eine Reihe von Neuerungen (oder Rückbesinnungen) in den christlichen Glauben. Die Evangelien wurden wieder in den Mittelpunkt gerückt (deshalb: evangelische Kirche), um die göttlichen Offenbarungen wieder für jeden unmittelbar zugänglich zu machen und um den Einfluss der kirchlichen Mittler und Interpreten zu reduzieren. Die komplexe kirchliche Organisation, einschließlich des Papstes, wurde als überflüssig erklärt. In der schlichten hierarchischen Organisation der evangelischen Kirche spielt vor allem der Laie die bestimmende Rolle. Geistliche werden durch einfache Handauflegung geweiht und brauchen sich auch nicht dem Zölibat zu unterwerfen. Auch Frauen können zum Pfarrer oder Bischof bestellt werden. Durch die erste deutsche Bibelübersetzung Luthers – eine kulturelle Großtat mit enormen Auswirkungen – wurde das Glaubensgut auch dem normalen Bürger zugänglich und ermöglichte ihm den direkten Zugang zum Wort Gottes. Der Bilder-, Reliquien- und Heiligenkult der katholischen Kirche wurde abgelehnt. Christliches Leben sollte allein aus dem Glauben und aus der Gnade Gottes heraus geführt werden. Entscheidend: die lutherische Reformation hat es vermocht, den mittelalterlichen Absolutismus der katholischen Kirche zu durchbrechen und gleichzeitig eine Reihe ihrer schlimmsten Missstände zu beseitigen.

Nicht übersehen werden darf jedoch die Tatsache, dass Martin Luther nicht nur Reformator des Glaubens und Erneuerer der deutschen Sprache war, sondern gleichzeitig ein fast fanatischer Judenhasser, ein aktiver Hexenverfolger und ein rücksichtsloser Schlächter der rebellierenden Bauern.

Fragen:

- Wenn es nur einen Gott gibt, wie das Christentum sagt, wie kann es dann einen Gottvater und Gottsohn geben? Wie ist es überhaupt vorstellbar, dass Gott einen 'Sohn' hat? Ist der Sohn ein Gott zweiter Klasse? Hat er seinem Vater zu gehorchen (Kreuzigung)? Welche Befugnisse hat er im Vergleich zum Vater?
- Ist es nicht sehr viel wahrscheinlicher, dass sich Jesus nur im übertragenen Sinn als 'Sohn' Gottes bezeichnet hat und dass ihn erst seine Jünger und die Evangelisten nachträglich zum 'echten' Sohn Gottes gemacht haben?

Der Islam

Der Islam ist die zeitlich letzte der drei großen Offenbarungsreligionen nach dem Juden- und dem Christentum (622 n. Chr.). Alle drei Religionen stehen auch in einer engen geografischen und historischen Beziehung, wobei das Judentum mit dem alten Testament und dessen Propheten und Stammvätern (Abraham, Ismail) die Basis der beiden anderen Religionen darstellt. Mohammed, der Gründer des Islam, sah sich als letzter großer Prophet in der direkten Nachfolge von Abraham, Moses und Jesus und durchaus in der Tradition und Fortsetzung des Juden- und Christentums stehend, jedoch mit der Aufgabe, die Offenbarungen der früheren Propheten letztgültig zu korrigieren. So finden sich im Koran, der heiligen Schrift des Islam, durchaus viele Bezüge zum Alten Testament der Bibel. Erst als die Juden und Christen Mohammed die Anerkennung als letzten Propheten verweigerten und den Koran nicht als neue Offenbarung Gottes akzeptierten, ging Mohammed seine eigenen Wege, in der Überzeugung, dass nur die Worte Gottes echt seien, die ihm offenbart wurden.

Mohammed (arab. „Muhammad") wurde um 570 n. Chr. in Mekka geboren und lebte die ersten 40 Jahre als normaler Händler und Familienvater. Wie schon manche andere Religionsstifter veranlasste auch ihn der zunehmende Verfall der sittlichen und sozialen Werte in seiner Umwelt zu Rückzug und Kontemplation. In einer Höhle am Berge Hira empfing Mohammed seine ersten Visionen und göttlichen Botschaften und wurde vom Erzengel Gabriel beauftragt, diese an das Volk weiterzugeben. Da Mohammed des Lesens und Schreibens nicht mächtig war, erfolgte die Weitergabe ausschließlich in mündlicher Form. Über einen Zeitraum von insgesamt 10 Jahren setzten sich die Visionen fort, in denen Mohammed immer mehr die Überzeugung gewann, das direkte und unverfälschte Wort Gottes zu hören. Im Zentrum seiner ersten Visionen stand dabei die unmittelbare Erwartung des nahenden Endgerichts mit der Auferstehung der Toten. Mit dieser Botschaft fand er jedoch bei seinen Zeitgenossen nur wenig Anklang, so dass er zunächst über eine kleine Anhängerschaft nicht hinauskam. Die öffentliche Stimmung wandte sich sogar zunehmend gegen ihn, so dass er sich im Jahre 622 gezwungen sah, Mekka zu verlassen und in die damals kleine und unbedeutende Oase Jahtrib (später: Medina) auszuwandern.

Dieses Jahr der Flucht schrieb Geschichte, denn mit ihm beginnt die islamische Zeitrechnung. Schon acht Jahre nach seiner Flucht konnte Mohammed im Triumph nach Mekka zurückkehren und in den noch verbleibenden 2 Jahren bis zu seinem Tod (632 n. Chr.) den Großteil der arabischen Halbinsel unter seinen Einfluss bringen.

Die wichtigste Grundlage des Islam ist der Koran, der als unverfälschtes Wort Gottes gilt. Er steht für die schriftliche Inkarnation Gottes, ähnlich wie im Christentum Jesus als körperliche Inkarnation Gottes angesehen wird. Damit steht der Koran im Verständnis des Islam weit über dem Neuen Testament, das erst lange nach Jesus Tod aus der Überlieferung heraus niedergeschrieben wurde. Der Koran ist Wort für Wort das Diktat Gottes, direkt, unbezweifelbar und unantastbar. Da Gott sich in arabischer Sprache offenbarte, ist es für den Moslem auch undenkbar, den Koran in eine andere Sprache zu übersetzen, zumal Sprache und Stil des Koran für den Moslem von unnachahmlicher Schönheit sind. Die strikte Annahme, dass der Koran ausschließlich Gottes unverfälschte Worte enthält, muss allerdings verwundern, da Mohammed weder des Lesens noch Schreibens mächtig war und seine Offenbarungen nur in mündlicher Form an seine Anhänger weitergab. Da weder anzunehmen ist, dass Mohammed seine göttlichen Visionen wortgetreu wiederzugeben vermochte, noch dass alle seine Ausführungen von seinen Gefolgsleuten unmittelbar schriftlich festgehalten wurden, muss auch den Aussagen des Koran ein beträchtlicher Unschärfebereich unterstellt werden. Hinzu kommt, dass erst nach dem Tode Mohammeds die vielen verstreuten Textfragmente von den nachfolgenden Kalifen gesammelt wurden. Wie sich dabei herausstellte, unterschieden sich diese Texte inhaltlich und sprachlich beträchtlich voneinander. Es folgte eine Zeit heftiger Diskussionen um die richtigen Auslegungen, so dass erst der dritte Kalif Uthma einen einheitlichen Koran verfassen konnte, der seitdem als endgültige Fassung verbreitet ist. Der Koran besteht aus 114 Suren (Abschnitten) mit 6219 Versen. Es gilt als hohe islamische Tugend, möglichst alle auswendig zu kennen. Die Suren folgen keiner thematischen oder zeitlich-historischen Gliederung, sie sind nur der Länge nach geordnet, die längsten Suren stehen zu Beginn, die kürzesten am Ende. Thematisch lassen sich fünf Hauptthemen im Koran erkennen: Suren zum Jüngsten Gericht, zu verschiedenen Bibelthemen, zu theologischen Diskussionen, zu ethischen und sozialen Prinzipien sowie zu Rechtsvorschriften. Im Koran werden für die Gläubigen fünf Hauptpflichten formuliert:

- Das Glaubensbekenntnis
- Das Pflichtgebet
- Das Almosengeben
- Das Fasten im Monat Ramadan
- Die Wallfahrt nach Mekka

Das Glaubensbekenntnis besteht in der Glaubensformel: „Es gibt keinen Gott außer Allah und Mohammed ist sein Prophet". Da man im Islam keine Taufe kennt, genügt das öffentliche Aussprechen dieser Glaubensformel, um der Gemeinschaft des Islam beizutreten.

Das Pflichtgebet wird fünfmal am Tag in Richtung Mekka auf einem Gebetsteppich verrichtet. Vorher muss die rituelle Waschung vollzogen werden. Das Almosengeben ist nicht völlig der individuellen Bereitschaft und Einschätzung überlassen, sondern teilt sich auf in freiwillige Almosen und in eine Art Steuer, die sowohl für die Armen und Bedürftigen wie auch für die Bezahlung der Steuerbeamten verwendet wird. Das Fasten gehört zu den am strengsten eingehaltenen Glaubenspflichten. Im sog. Ramadan, dem 9. Monat des islamischen Mondjahres, darf der Gläubige von Sonnenaufgang bis Sonnenuntergang nicht essen, trinken, rauchen und keinen Geschlechtsverkehr ausüben. Die Pilgerfahrt nach Mekka sollte jeder Gläubige zumindest einmal in seinem Leben durchführen, sofern er gesund und ohne sonstige Belastungen ist (z.B. finanzieller Art, Familienprobleme etc.).

Im Islam sind Religion und Gesetz (Scharia) sehr eng verbunden. Die Scharia, die die Gebote Mohammeds zusammenfasst, ist eine allumfassende Handlungsanleitung für alle Lebensbereiche, die in vielen islamischen Ländern auch als Grundlage der staatlichen Rechtssprechung dient. In ihr sind nicht nur die oben genannten fünf religiösen Hauptpflichten festgehalten, sondern auch klare Festlegungen zu den wichtigsten bürgerlichen Rechtsbereichen, wie Familienrecht, Erb- und Vermögensrecht sowie Schuld- und Strafrecht enthalten. Verstöße werden noch heute mit drakonischen Körperstrafen geahndet. Die Ausbreitung des Islam als beherrschende Religion der arabischen, nordafrikanischen und vorderasiatischen Welt ging, trotz der ungeregelten Nachfolge Mohammeds und der damit verbundenen blutigen inneren Auseinandersetzungen, zügig voran. Als wirksame Antriebsfeder erwies sich die schon im Koran formulierte Forderung nach Ausbreitung und Verteidigung des Glaubens mit dem Mittel des „heiligen Krieges" (Dschihad). Als schließlich islamische Heere, nur knapp 100 Jahre nach Mohammeds Tod, bis in den Süden Spaniens vorgestoßen waren und dort eine blühende islamische Herrschaft errichteten, kam der enorme Siegeszug dieser neuen Religion erstmals zum Stillstand. Heute hat der Islam seine zahlenmäßig stärkste Verbreitung neben den arabischen Ländern vor allem in (ost-)asiatischen Staaten wie Indonesien, Malaysia und Pakistan. Bis in die Gegenwart hat sich die sehr frühe Spaltung des Islam in Sunniten und Schiiten erhalten. Erstere vertreten rund 90% der heutigen Moslems und gehen auf den dritten Kalifen und dessen Nachfolger zurück. Letztere sehen sich in unmittelbarer Nachfolge Alis, des Schwiegersohns von Mohammed.

Abschließend noch einige Worte zu den Besonderheiten des Islam, die insbesondere dem westlich geprägten Menschen den Zugang zu dieser Religion erleichtern sollen. Der Islam ist eher eine Pflichtenlehre als eine Glaubenslehre, er verlangt eher Gehorsam und Ergeben in den Willen des allmächtigen Gottes als Liebe und Nähe zu ihm. Der Islam kann als totale Religion angesehen werden, die nicht nur das gesamte religiöse und gesellschaftliche Leben umfasst, sondern auch in die Willensfreiheit und Selbstbestimmung des einzelnen Menschen sehr stark eingreift. Als einziger Willensakt bleiben dem Menschen die Gefolgschaft Allahs und die korrekte Erfüllung der damit verbundenen religiösen Pflichten. Alles was darüber hinausgeht, liegt in der Hand Gottes, des Allmächtigen und Allerbarmers. Ange-

sichts der unbeschränkten Allmacht Allahs bleibt dem Menschen nur Demut und Ohnmacht. Hieraus resultiert auch die Vorstellung, dass Allah für den Menschen alles vorherbestimmt hat (Prädestinationslehre) und diesem nur das Ergeben ins (vorherbestimmte) Schicksal bleibt (Kismet). Dies führt zwar einerseits zu mehr Passivität und Fatalismus, andererseits aber auch zu Demut und Gelassenheit. Auch der Begriff der Sünde relativiert sich, da letztlich alles was geschieht im unergründlichen Willen Gottes liegt. Da Allah unter den Gläubigen keinen Unterschied macht, geht vom Islam auch der Gedanke der „großen Bruderschaft" aus, der keine Unterschiede der Rassen oder des Standes kennt. Im gemeinsamen Gebet in den meist schlicht ausgestatteten Moscheen sind alle Moslems gleich. Immerhin gelang es dem Islam auf diese Weise, sogar das extrem strenge indische Kastensystem in Pakistan nach und nach aufzulösen. Diesem positiven, gemeinschaftsstiftenden Wirken des Islam nach innen, steht jedoch seine hohe Aggressivität nach außen gegenüber. In der geforderten Ausbreitung des Islam, der bis zum Dschihad (heiliger Krieg gegen die Ungläubigen) führen kann, steckt ein hohes Konfliktpotential, das je nach politischer Lage auch zum Missbrauch führt. Unsere aktuelle politische Lage zeigt dies überdeutlich.*
Das Phänomen der aggressiven Begegnung von Islam und Christentum wird umso unverständlicher, berücksichtigt man, dass sich beide Religionen letztlich auf den gleichen Ursprung und den gleichen Gott (des alten Testaments) berufen. Die wichtigste Besonderheit des Islam im Vergleich zu den säkularisierten Religionen des Westens ist jedoch in seiner umfassenden Ausstrahlung auf die tägliche Lebensführung und die gesamte Sozialordnung zu sehen, also in einer bisher nicht erfolgten Trennung von Kirche und Staat. Wie uns die Geschichte lehrt, liegt gerade hierin das größte Missbrauchspotential.

---

* Aktuelle Anmerkung: Heute (28.2.2005) wird in den Medien vom größten Terrorakt im Irak seit Beendigung des Krieges berichtet. Ein Selbstmordattentäter fährt ein mit Sprengstoff beladenes Auto mitten in eine wartende Menschenmenge vor einem Hospital und bringt es dort zur Explosion. Ergebnis: 110 Tote, mehr als 100 zum Teil schwer Verletzte, überwiegend junge Männer, Frauen und Kinder. Im Autowrack findet man das Lenkrad mit den abgerissenen Händen des Terroristen, die eine verkohlte Ausgabe des Korans umklammern.

Fragen zu den Offenbarungsreligionen:

- Warum offenbart sich Gott immer nur einem einzelnen Menschen, noch dazu in etwas obskuren und nicht nachprüfbaren Situationen (in Höhlen, auf einsamen Bergen…)?
- Ist dieser etwas klägliche Auftritt Gottes seiner nicht unwürdig?
- Warum offenbart sich Gott immer nur einem sehr kleinen Teil der Menschheit, warum nicht allen Menschen gleichzeitig? Erscheint ihm der Rest der Menschheit nicht wichtig, würdig genug?
- Bringt Gott nicht unendliches Leid in die Welt, indem er den Menschen die Verbreitung seines Glaubens überlässt? Denken Sie dabei an die unendlichen Gräuel der Missionierungen mit Feuer und Schwert.
- Warum ist Offenbarung überhaupt nötig? Warum ist Gott nicht immer und allen Menschen präsent und immanent?
- Wenn alle Menschen Gottes Geschöpf sind, warum offenbart sich Gott dann erst so spät? Was ist mit den Menschen aus der Zeit vor der Offenbarung? Waren diese Menschen seiner nicht würdig? Oder hätten sie ihn nicht verstanden? Was macht Gott mit diesen (ungläubigen?) Menschen im Jenseits?
- Wie kann das israelische Volk glauben, dass es ein spezielles und ausschließliches Bündnis mit Gott hat, wo doch Gott angeblich alle Menschen erschaffen hat? Ignoriert er die Nicht-Juden? Sind sie nicht seine Geschöpfe, oder vielleicht nur Stiefkinder? Sind sie dann nicht geradezu gezwungen, sich einen anderen Gott zu suchen?

Fragen zum Monotheismus:

- Wenn es nur einen und allmächtigen Gott gibt, warum lässt er dann den Wirrwarr der vielen verschiedenen Götter und Glaubensrichtungen zu?
- Wenn es nur einen Gott gibt, wie kann er sich dann mehrfach und mit unterschiedlichen Botschaften offenbaren?

Täuscht Gott die Menschen, treibt er ein unwürdiges Spiel mit ihnen? Oder liegt hier nicht vielmehr der Beweis vor, dass die Religionen ein Konstrukt des Menschen sind?
- Wenn es nur einen Gott gibt, und wenn mehrere Religionen behaupten, ihn allein zu vertreten, muss dies dann nicht zwangläufig zu nachhaltigen Konflikten und Auseinandersetzungen zwischen den Religionen führen? Kann dies ein liebender Gott wollen?
- Andererseits: wenn es nur einen Gott gibt, muss der Glaube anderer Religionen falsch sein. Also kann es konsequenterweise keine Akzeptanz und Toleranz anderer Religionen geben, da diese offensichtlich einen 'falschen' Gott anbeten?

Abschließende Betrachtung: Wo ist Gott in den Religionen?

Die kritische Auseinandersetzung mit einzelnen Religionen ist nicht Ziel dieses Buches. Vielmehr wollen wir immer den Blickwinkel auf die Frage nach der Existenz Gottes aufrechterhalten. Trotzdem lassen sich aus der Religionsgeschichte auch zu dieser Frage einige wichtige Schlussfolgerungen ziehen.

Religion als Ausdruck der Unzulänglichkeit des Menschen

Die Gründe für die Entstehung von Religionen liegen erkennbar in der erlebten Unzulänglichkeit des frühen Menschen, der einer Welt gegenüberstand, die für ihn in erster Linie bedrohlich und voller unerklärlicher Phänomene war. Vor mehr als 2.000 bis 3.000 Jahren, als die meisten Religionen entstanden, hatten die Menschen zwar bereits begonnen, erste Fragen über sich und ihre Umwelt zu stellen, aber ihr naturwissenschaftlicher Erkenntnishorizont war sehr begrenzt. Was lag näher, als alles, was nicht erklärt oder bewältigt werden konnte, in die Hände einer Instanz zu legen, die man für allwissend und allmächtig erklärte: Gott! Letztlich ist Gott also eine Projektion der Hilflosigkeit und der Ängste der frühen Menschheit. Vergleicht man hierzu die verschiedenen Religionen, so findet man überall die gleichen Erwartungen, die die Menschen mit Gott verbinden:

- Schutz vor einer als übermächtig, und bedrohlich, erlebten Natur, bis hin zur Hilfe bei den alltäglichen Problemen des Lebens.
- Außerkraftsetzung der Endgültigkeit des Todes (Unsterblichkeitswunsch/ Jenseitserwartung).
- Vorgabe eines verbindlichen Sittenkodex, der das Zusammenleben der Menschen regelt und dessen Befolgung von Gott im Einzelnen überwacht wird.
- Antwort auf die großen Sinn-Fragen, wie zum Beispiel nach dem Sinn des Lebens oder dem Sinn von Tod und Leid.
- Antwort auf die Frage nach der Herkunft des Menschen und der Welt.

Zweifellos handelt es sich hier noch immer um existentielle Fragen der Menschheit, die sich heute jedoch anders beantworten lassen als vor 2.000 Jahren. In den letzten beiden Jahrhunderten sind unsere Erkenntnisse in den modernen Natur- und Sozialwissenschaften enorm angewachsen, und viele der bedrohlichen und unerklärlichen Naturphänomene haben ihre Schrecken verloren. Selbst die große Frage nach der Herkunft des Universums und des Menschen kann uns die moderne Wissenschaft heute schlüssig erklären. So steht der Mensch zu Beginn des 3. Jahrtausends vor der Entscheidung, ob er noch immer auf die gleichen irrationalen Erklärungsmuster zurückgreifen möchte, auf die die Menschen zu Beginn unserer Zeitrechnung aus Mangel an besserem Wissen angewiesen waren, oder ob er sich des Wissens unserer Zeit bedienen möchte, um Antworten auf seine Fragen zu finden.

So viele Religionen – zu viele Religionen?

Die Zahl der geschichtlich aufgetretenen Religionen und ihre Aufsplitterungen in unterschiedliche Glaubensrichtungen sind beachtlich, man betrachte hierzu nur die gegenwärtige weltweite Situation. Man muss sich fragen:

- Welche unter den vielen Religion ist die 'wahre', die 'richtige'? Und wie soll man das herausfinden?

- Mit welcher Berechtigung kann eine Religion für sich in Anspruch nehmen, dass nur sie den wahren Gott vertrete, wo doch so viele andere Religionen das Gleiche behaupten?
- Müssen wir nicht vielmehr von der Überlegung ausgehen, dass, sofern es überhaupt den 'allmächtigen Gott' gibt, es nur einen Gott geben kann! Womit die verschiedenen Religionen nur unterschiedliche Zugangswege zum gleichen Gott wären! Und es somit dem Menschen überlassen bleiben müsste, für welche Religion er sich entscheidet, oder ob er sich möglicherweise einen ganz eigenen und persönlichen Zugangsweg zu Gott sucht?
- Abschließend sei auch die Frage erlaubt: Warum schafft ein allmächtiger Gott nicht Klarheit, und warum lässt es ein liebender Gott zu, dass sich die Menschen um seinetwillen anfeinden, bekämpfen und töten?
- Liegt nicht der Verdacht nahe, dass in den Religionen nur Menschen am Werk sind und nicht Gott?

Jedem Volk und jeder Zeit seine Religion?

Religionen und ihre Götter waren zu allen Zeiten Ausdruck des kulturellen Umfeldes und des geschichtlichen Entwicklungsstands des Volkes, in dem sie entstanden. So pflegten prähistorische Menschen magische Fruchtbarkeitsriten und Jagdkulte, die Ägypter schufen Götter für ihren ausufernden Totenkult, die Griechen feierten mit den Göttern und Halbgöttern ihres burlesken Olymps, die Römer formten sich eine eher unpersönliche Gesetzesreligion, die Juden konnten sogar einen Gott vorweisen, der nur mit ihrem Volk ein spezielles Bündnis einging, und auch der ewige Kreislauf der Wiedergeburten im Hinduismus beschränkte diese Religion von vornherein auf die Voraussetzung, als Inder geboren zu sein. Zu keiner Zeit hat es eine einheitliche Religion gegeben, der alle Menschen folgen – und es wird sie vermutlich auch nie geben.

- Legt die Entstehungsgeschichte der Religionen nicht nahe, dass jede einzelne Religion nur eine folkloristische Variante auf der Suche nach Gott ist, wonach sich die einzelnen Völker gemäß ihrer Tradition, Kultur und Lebensgewohnheiten ihren jeweils eigenen Gott geschaffen haben.

- Und bedeutet dies nicht letztlich, dass Religionen nur „Menschenmachwerk" sind, dass sich die Menschen also zu allen Zeiten ihre Götter, gemäß ihrem aktuellen Bedürfnis- und Erkenntnisstand, selbst 'konstruiert' haben?
Und ist hieraus nicht zu schließen, dass es Gott gar nicht gibt, dass er also nichts weiter als ein Konstrukt beziehungsweise eine 'Projektion' des Menschen ist, wie Ludwig Feuerbach es formuliert hat?
- Oder dass im besten Fall ein Gott bleibt, dem es gleichgültig ist, ob und wie die Menschen den Zugang zu ihm suchen. Denn wie sonst wäre es zu erklären, dass ein allmächtiger Gott nicht imstande ist, sich den Menschen – und zwar allen Menschen – klar und unmissverständlich zu offenbaren und damit eine einzige Religion zu schaffen und zuzulassen? Wie viel einfacher, friedvoller und gerechter wäre das Leben dann auf dieser Erde!

Sind Religionen sterblich?

Offensichtlich haben nicht alle Religionen überlebt. Sie gingen entweder mit der Kultur des jeweiligen Volkes unter, oder sie wurden durch die Religion eines Eroberers verdrängt oder einfach durch eine neu auftretende, stärkere (attraktivere) Religion ersetzt.

- Wie passt eine sterbliche Religion zu einem unsterblichen Gott?
- Zeigt sich darin nicht wieder, dass Religionen „Menschenwerk" sind und nicht Gottes Werk?
- Und beweist sich damit nicht auch, dass Religionen nur verschiedene 'Versuchsstrecken' auf dem Weg zur Transzendenz sind?
- Bestärkt die Tatsache der vielen unterschiedlichen und auch vergänglichen Religionen nicht den Verdacht, dass es mit

der so genannten Offenbarung Gottes, auf die sich die großen monotheistischen Religionen in sehr unterschiedlicher Weise berufen, nicht weit her sein kann? Oder hat Gott vergessen, dem Moses, Jesus und Mohammed zu sagen, dass er jeweils der gleiche Gott ist und es nicht nötig ist, wieder eine neue Religion zu gründen?

- Kann man aus all dem nicht den Schluss ziehen, dass die vielen unterschiedlichen Religionen den Menschen nicht nur in die Irre führen, sondern ihn geradezu ins Nichts führen, weil es den von ihnen behaupteten Gott gar nicht gibt?

Mythisch und dunkel ist der Ursprung der Religionen

Drei wesentliche Entstehungsarten von Religion lassen sich erkennen: zum ersten der Ursprung aus dem mythischen Dunkel der eigenen Volksgeschichte (prähistorische Religionen und Hinduismus), zum zweiten aus der Morallehre einzelner überragender Persönlichkeiten, die sich jedoch auch meist auf ethische und religiöse Traditionen ihres Volkes stützen (Buddhismus, Taoismus, Konfuzianismus) und letztlich aus der direkten Offenbarung Gottes, sei es gegenüber einem einzelnen auserwählten Menschen (die Propheten des Judentums und des Islam), oder direkt durch die Sendung seines eingeborenen Sohnes (Christentum). Nimmt man die östlichen Religionen des Buddhismus, Taoismus und Konfuzianismus aus, die von ihren Gründern eher als Morallehren denn als Religionen verstanden wurden, so fällt auf, dass der Entstehung der Religionen immer etwas geheimnisvolles, mystisches, dunkles und wenig nachvollziehbares zugrunde liegt. Man könnte fast annehmen, Gott habe sich gescheut, einer größeren Öffentlichkeit klar und eindeutig gegenüberzutreten, sich allen Menschen einheitlich, überzeugend und unmissverständlich zu offenbaren. Warum?

- Warum offenbart sich Gott immer nur einem Menschen und nicht einem ganzen Volk, oder am besten gleich der ganzen Menschheit?
- Warum muss ein allmächtiger Gott einen so kläglichen und wenig überzeugenden Auftritt suchen?

- Warum lässt er durch das unkontrollierbare Offenbarungsgeschehen so viele Zweifel an seiner Wirklichkeit aufkommen? Es erscheint nicht plausibel, dass Gott sich nur an einen einzelnen Menschen wenden würde, wenn es sein Ziel wäre, sich der ganzen Menschheit zu offenbaren. Warum sollte er eine so große und bedeutsame Aufgabe einem einzelnen Menschen anvertrauen? Und warum sollte er dem Rest der Menschheit zumuten, diesem einen Menschen seine Gottesoffenbarung zu glauben, noch dazu wo diese immer unter mysteriösen Umständen ablief?
- Warum muss sich Gott auf der Spitze eines Berges (Moses) oder in einer dunklen Höhle offenbaren (Mohammed)?
- Liegt nicht der Verdacht nahe, dass es sich bei den Erscheinungen der Propheten weniger um Offenbarungen Gottes, als um ekstatische Visionen und Halluzinationen handelte, die auf eigene höchste Erregungszustände zurückzuführen waren, so wenn Moses in höchstem Groll gegenüber seinem unbotmäßigen Volke auf den Sinai stieg, um auf Gottes Wort zu warten oder Mohammed aus ähnlichen Gründen in seiner einsamen Höhle meditierte und fastete?*
- Legt der geschilderte Ursprung der Religionen nicht den Verdacht nahe, dass es sich hier weniger um den Auftritt eines allmächtigen Gottes handelte, als um das verzweifelte menschliche Bemühen, einen Weg zu Gott zu finden, vielleicht sogar Gott zu erkennen?

---

* Nachtrag: Heute lese ich in 'Bild der Wissenschaft', 7/2005, S. 32 unter dem Titel 'Gott im Gehirn': „Einer Hypothese zufolge werden durch die Schläfenlappen-Epilepsie generell Emotionen intensiviert. Jedes Objekt und Ereignis – nicht nur die bedeutsamen – würden mit tiefer Bedeutung erfüllt, sodass der Patient das Universum in einem Sandkorn erblickte und die Unendlichkeit in der Handfläche hielt. Bei Schläfenlappen-Persönlichkeiten scheint demnach keine allgemeine Verstärkung von Emotionen vorzuliegen, sondern eine spezifische Fokussierung auf Reize mit religiöser Bedeutung."

Gott verkündet, der Mensch verändert

Aus der religionswissenschaftlichen Forschung wissen wir, dass die Ursprungslehren fast aller Religionen im Lauf der Zeit von den nachfolgenden Generationen gravierend verändert wurden. Von der Ursprungslehre ist manchmal nicht mehr viel erkennbar, und aus einer meist einfachen, schlichten Lehre wurde im Laufe von Jahrhunderten ein äußerst komplexes Gebilde.

Aufgrund der meist nur mündlichen Überlieferung der Aussagen und Lehren der Religionsstifter, die in der Regel erst Jahrzehnte später schriftlich aufgezeichnet wurden, musste es schon in dieser frühen Periode zu gravierenden Objektivitäts- und Interpretationsproblemen kommen. Diese haben in späteren Generationen noch zugenommen, weil sich herausstellte, dass viele Stellen der später verfassten Heiligen Schriften noch immer nicht klar und eindeutig waren. Also musste nachgebessert, uminterpretiert und zurechtgerückt werden. Muss man sich da nicht fragen, was von einer verkündeten Gotteslehre übrig bleibt, wenn an ihr Jahrhunderte lang 'heruminterpretiert' wird? Und muss man sich nicht noch mehr fragen, warum ein allmächtiger Gott nicht in der Lage sein sollte, sich unmissverständlich und in aller Klarheit den Menschen mitzuteilen? Woher wollen wir heute mit Sicherheit wissen, dass ein Jesus von Nazareth nichts anderes sein wollte als ein weiterer Prophet, der das Jüngste Gericht ankündigte, und dass er die Aussage – sofern er sie überhaupt tätigte –, der Sohn Gottes zu sein, nur in dem Sinne verstand, in dem sich viele Gläubige als 'Kinder Gottes' bezeichnen? Möglicherweise haben erst die Evangelisten Jesus zum Sohn Gottes gemacht. Woher wollen wir wissen, ob der Papst wirklich unfehlbar ist, wo sich eine solche Aussage nirgendwo in den Evangelien findet und er sich dieses Attribut irgendwann später einfach selbst erteilt hat? Aber auch in den östlichen Religionen wurden die ursprünglichen Lehren verbogen. Dort gingen die späteren Generationen der Gläubigen sogar so weit, den Gottesbegriff erst nachträglich in die Lehrgebäude des Buddhismus, Taoismus und Konfuzianismus einzuführen. So dass sich abschließend wieder die Frage stellt: Was bleibt von den Religionen, wenn wir das 'Menschenmachwerk' daraus entfernen?

Das Problem mancher Religionen: Kein Gott zum „Anfassen"

Einige der östlichen Religionen nehmen insofern eine Sonderstellung ein, als in ihnen Gott nicht vorkommt (Buddhismus/Taoismus/Konfuzianismus). Zumindest nicht in der ursprünglichen Lehre. Wie jedoch die weitere Entwicklung dieser Religionen zeigt, sind die Gläubigen auf Dauer doch nicht ohne eine Gottvorstellung ausgekommen und haben die ursprünglich so sauberen und geschlossenen Ethiksysteme in manchen ihrer späteren Glaubensrichtungen und Sekten zu einer banalen Vielgötterei umgewandelt. So erhebt sich also die Frage, was die Menschen in der Religion wirklich suchen. Suchen sie Gott, oder suchen sie nur die Hilfe, die sie sich selbst nicht geben können?

- Ist eine Religion ohne Gott dann überhaupt noch eine Religion?
- Kann der Mensch mit einem guten, menschlichen Ethiksystem alleine nicht leben? Genügt es ihm nicht? Warum nicht?
- Würden die Menschen auch einen Gott akzeptieren, der nicht mit ihnen in Verbindung tritt, aber dennoch als die Ursache allen Seins verstanden wird?
- Oder braucht der Mensch den persönlichen Gott, den „Gott zum Anfassen", mit dem er in Kommunikation treten kann und den er auch um Hilfe bitten kann, wenn er sie braucht?
- Glauben Sie, dass eine Religion akzeptiert würde, die dem Menschen kein Unsterblichkeitsversprechen gibt?

Keine Moral ohne Religion? / Religion ohne Moral?

Man braucht nicht unbedingt die gesamte Religionsgeschichte zu bemühen – es genügt ein Blick auf die Gegenwart: die Moral der Religionen ist nicht immer gleich zu erkennen, vor allem, wenn es um den Wert des Menschenlebens geht. Der Krieg im Namen Gottes war zu allen Zeiten und ist bis heute möglich. Obwohl jede ernst zu nehmende Religion ihren Sittenkodex hat, dessen Einhaltung über den Tod hinaus belohnt oder bestraft wird, genügte selbst dieses massive Druckmittel nicht, die Menschheit erkennbar besser zu machen. Diese Tatsache ist umso erstaunlicher, wenn man berücksichtigt, dass Religionen nicht nur über drastische Sanktionsmittel ('ewige Verdammnis'), sondern mit dem allwissenden Gott, auch über die wirksamste Kontrollmöglichkeit verfügen.

- Was stimmt also nicht an den Religionen, wenn es ihnen trotz eines allmächtigen Gottes nicht gelingt, die Menschheit zu höherer Moralität zu bringen?
- Wenn sich ethische Systeme auch mit göttlicher Autorität nicht wirksam durchsetzen lassen, kann man dann nicht ganz auf Gott verzichten? Müsste dann ein ethisches System nicht auch ohne Gott funktionieren?

Das Problem mit der Offenbarung Gottes

Die zwei „erfolgreichsten" Religionen der Gegenwart (Christentum / Islam) sind so genannte „Offenbarungsreligionen". Es sei deshalb gestattet, hieran einige Fragen zu knüpfen:

- Warum muss Gott sich überhaupt offenbaren? Warum ist er den Menschen nicht von Anfang an immanent, so dass sich die Frage des „Glaubens" gar nicht stellt?
- Warum offenbarte sich Gott erst vor 2.000 Jahren (bzw. vor 3.000 Jahren im Judentum) und enthielt damit allen Menschen, die vor dieser Zeit lebten, seine Gnade vor? Warum hat sich Gott nicht allen Menschen offenbart?
- Warum hat sich Gott (angeblich) mehrmals offenbart (Judentum/ Christentum/ Islam) und dies auf eine Art, dass hieraus unterschiedliche Religionen entstanden?
- Warum beschränkte Gott seine Offenbarung auf kleine, ausgewählte Volkskreise oder erklärte sich, wie im Judentum, zum alleinigen Gott dieses Volkes? Warum durften andererseits so große Kulturvölker wie die Ägypter und Griechen seine Offenbarung nicht erfahren?
- Warum offenbarte sich Gott immer nur kleinen Teilen der Menschheit und schuf damit die Wurzel eines immerwährenden Konflikts (Religionskriege, Missionierung, Unterdrückung)?

- Wie kann man die Diskrepanz zwischen einem Gott, der angeblich das gesamte Universum beherrscht, und der Kläglichkeit seines Auftritts auf dem unbedeutenden Planeten Erde in Einklang bringen?

Die schlimmsten Kriegstreiber: Die monotheistischen Religionen!

Es ist auffallend und von großer Bedeutung für die betroffene Menschheit, dass monotheistische Religionen aufgrund ihres Absolutheitsanspruchs zwangsläufig in Konflikt mit anderen Religionen bzw. Völkern geraten mussten, gemäß dem Motto: da es nur einen Gott gibt, muss der Gott der anderen ein falscher Gott sein! Wie blutig diese Meinung verfochten wurde, belegt die Geschichte. Wie viel friedlicher konnten sich da die Religionen des Ostens entwickeln, die entweder gar keinen Gott postulierten oder unterstellten, dass sich das Göttliche in durchaus verschiedenen Formen zu inkarnieren vermag. Bezeichnenderweise ist, trotz der langen Geschichte dieser Religionen, kein nennenswerter Krieg in ihrem Namen ausgetragen worden.

Wenn man heute eine Religion gründen würde...

Möglicherweise ist es Ihnen aufgefallen: die letzte Religionsgründung liegt bereits lange zurück! Zumindest was verbreitete Hochreligionen anbelangt. Ist dies ein Zufall? Ich denke, eher nicht! Gute Gründe sprechen dafür, warum Religionen zu einer sehr frühen Zeit entstanden sind, und sich nur in dieser Zeit entfalten konnten:

- Die Menschen zu Zeiten Christi verfügten über keinerlei objektives Wissen um die Entstehung dieser Erde, des Weltalls oder des Menschen. Was war einfacher, als an ein allmächtiges Wesen zu glauben, das alles geschaffen hat.
- Die breite Masse des Volkes war gänzlich ungebildet und konnte weder lesen noch schreiben. Es war die Zeit der Märchenerzähler, Propheten und Wahrsager.

- Es war die Zeit, in der Mythen, Sagen und Überlieferungen uneingeschränkt übernommen und auf ihren Wahrheitsgehalt nicht überprüft wurden (oder werden konnten).
- Der Ursprung der meisten Religionen lag bezeichnenderweise in Gebieten, in denen mystische Versenkung sehr gebräuchlich war. Visionen, Erscheinungen und Halluzinationen waren durch Isolation und Fasten rasch herbeizuführen. Entsprechendes Sendungsbewusstsein und günstige Umfeldbedingungen konnten einen selbst ernannten Propheten oder Religionsgründer rasch zum Erfolg führen.
- Die starken Machtmittel der Religionen ermöglichten die erfolgreiche Unterdrückung von allem, was ihnen gefährlich werden konnte, Abweichler und Kritiker wurden mundtot gemacht, störende Erkenntnisse der Naturwissenschaften negiert.
- Die äußerst wirksame Verbindung von religiöser und weltlicher Macht führte zu einer unangreifbaren Position der Machtentfaltung und des Machterhalts sowohl im Islam, wie im Christentum. Erst durch die beginnende Aufklärung zu Ende des 18. Jahrhunderts konnte diese unheilige Allianz, zumindest im Christentum, wenn schon nicht aufgelöst, so doch geschwächt werden.

Heute wären wir also frei für eine neue Religionsgründung, in einem aufgeklärten Zeitalter und in Gesellschaften, die Religionsfreiheit zu den Grundrechten ihrer Bürger zählen. Aber würde es noch gelingen, wo die Menschen heute von den modernen Naturwissenschaften erfahren können, wie die Erde und das Universum und wie wir selbst entstanden sind? Brauchen wir dann noch einen Gott? Wozu? Welche Funktion hätte er noch, wenn wir ihm die Schöpfung aus der Hand genommen haben? Könnte er dann noch immer der Gott sein, bei dem wir Schutz suchen und an den wir die großen Sinnfragen unseres Lebens richten?

Wie müsste ihrer Meinung nach der Gott einer neuen Religion aussehen, die einem Menschen unserer Zeit akzeptabel erschiene, einem Menschen, der mit den wichtigsten Ergebnissen der modernen Wissenschaft vertraut ist, der selbstbewusst und selbst bestimmt auftritt, dem es schwer fällt, an ein Weiterleben nach dem Tode zu glauben, der aber auch weiß, dass er nicht alle Fragen beantworten kann? Und: Glauben Sie, dass die Gründung einer neuen Hochreligion heute oder in Zukunft überhaupt noch möglich sein wird? Oder wie werden sich die bestehenden Religionen verändern müssen, wenn sie auch in Zukunft Bestand haben wollen?

Abschließen möchte ich diese Überlegungen mit einem Zitat Richard Dawkins, einem der renommiertesten Evolutionsbiologen unserer Zeit:

"Viele Menschen handeln im Namen Gottes. Nordiren jagen sich in seinem Namen gegenseitig in die Luft. Araber jagen sich in seinem Namen gegenseitig in die Luft. Imame und Ayatollahs unterdrücken in seinem Namen Frauen. Zölibatäre Päpste und Priester mischen sich in seinem Namen in das Sexualleben ihrer Mitmenschen ein. Jüdische Shohets schneiden in seinem Namen Tieren bei lebendigem Leib die Kehle durch. Das, was in der Vergangenheit von der Religion ausging – blutige Kreuzzüge, die Folter der Inquisition, Eroberer, die zu Massenmördern wurden, Missionare, die ganze Kulturen zerstörten, und ein bis zum letztmöglichen Moment geleisteter gesetzlich legitimierter Widerstand gegen jede wissenschaftliche Erkenntnis – ist noch verheerender. Und wozu war das alles gut? Meiner Ansicht nach wird immer klarer, dass die Antwort lautet: zu rein gar nichts. Nichts berechtigt zu der Annahme, dass es irgendwelche Götter gibt. Dagegen spricht vieles dafür, dass es keine Götter gibt und auch nie gab. Es war alles eine riesige Verschwendung von Zeit und Menschenleben. Man möchte meinen, das ganze sei ein Witz von kosmischen Ausmaßen, wenn es nicht so tragisch wäre."

(Richard Dawkins in: Im Anfang war (k)ein Gott. S.138. Hrsg. T.D. Wabbel, Patmos Verlag 2004)

Das Phänomen des „Glaubens"

Glauben kontra Wissen

„Glauben heißt nicht Wissen", sagt schon ein altes Volkssprichwort. Nur: was wissen wir (wirklich)? Wissen hat auch mit Wahrheit zu tun. Wenn wir etwas wissen, halten wir es für wahr, sind wir überzeugt, dass unser Wissen richtig ist. Glauben hingegen hat etwas mit Unsicherheit zu tun. Entweder weil wir den zugrunde liegenden Sachverhalt nicht oder nur vage kennen (Nicht- oder Teilwissen), oder weil wir seinen Wahrheitsgehalt nicht überprüfen können (Nichtbeweisbarkeit). Wenn ich sage: "Ich glaube, dass es morgen schönes Wetter wird", dann weiß ich es eben nicht sicher. Wenn ich sage: „Ich weiß, dass der Wetterbericht für morgen schönes Wetter angesagt hat", dann erinnere ich mich jedoch mit Gewissheit an diese Aussage, ich weiß, dass ich diese Aussage gehört habe. Ob wir der Wettervorhersage glauben oder nicht, kann wiederum von verschiedenen Faktoren abhängen: Zum einen von den eigenen Erfahrungen und Beobachtungen, die wir selbst mit Wetterentwicklungen gemacht haben. Zum anderen von der Kompetenz desjenigen, der die Voraussage trifft. Handelt es sich um einen wissenschaftlichen Meteorologen, werden wir ihm eher glauben als unserem Kollegen am Arbeitsplatz. Letztlich wird es auch eine Rolle spielen, ob wir die Voraussage persönlich für wünschenswert halten oder nicht. Haben wir vor, am nächsten Tag baden zu gehen, werden wir einer Schönwetterprognose dankbar glauben, einer Schlechtwettervoraussage hingegen nicht gleich glauben wollen. Je stärker wir uns etwas wünschen, je eher sind wir bereit, an seine Realität oder Erfüllung zu glauben. Wir neigen dann dazu, alle positiven Anzeichen verstärkt wahrzunehmen und die negativen zu übersehen. Wir wünschen uns so sehr, dass unser Partner oder unser Kind uns liebt, dass wir daran fest glauben, auch wenn die objektiven Anzeichen dagegen sprechen. So ist es nicht verwunderlich, dass gerade in der Religion Wunsch und Glaube so eng zusammenhängen. Der Wunsch nach einem gütigen, allmächtigen Vater, der uns hilft und uns beschützt, der unserem diesseitigen Leben Sinn gibt und uns ein jenseitiges Leben verspricht, ist nur allzu verständlich – und macht uns deshalb so empfänglich für das Versprechen der Religionen. Wer mag hier noch kritisch prüfen, ob Gott nur in unseren Wünschen oder auch tatsächlich existiert? Und gerade hier liegt die Gefahr: der überstarke Wunsch verhindert die kritische Überprüfung der Wirklichkeit. Oder wie David Hume es formulierte: „Alle Theorien, die von unseren Wünschen begünstigt werden, sind verdächtig."

In einem ganz anderen Zusammenhang stehen die banaleren 'Glaubensinhalte' des täglichen Lebens. Wir glauben daran, dass die Bremsen unseres neuen Autos nicht versagen werden, wir glauben daran, dass uns der Pilot einer namhaften Fluggesellschaft sicher ans Ziel bringen wird, dass Einsteins Relativitätstheorie richtig ist und dass die Speicherkapazität unseres Computers wirklich fünf Gigabyte beträgt. Alle diese Dinge können wir selbst nicht überprüfen, weil uns das notwendige Fachwissen fehlt. Wir 'vertrauen' anderen, die über dieses Wissen und Können verfügen. Wir müssen es tun, weil unser tägliches Leben sonst zu kompliziert oder zu Angst besetzt würde. Trotzdem sind wir nicht gezwungen, immer blind zu glauben und zu vertrauen, wir werden unsere Entscheidungen, zumindest in wichtigen Fällen, von erfahrungsgestützten, 'plausiblen' Annahmen abhängig machen. So wissen wir aus Erfahrung, dass renommierte Fluglinien, Computer- oder Automobilhersteller zuverlässig sind, und wir halten es für plausibel, dass Einsteins Theorie stimmt, wenn sie von allen namhaften Wissenschaftlern als richtig gehalten wird.

Es bleibt also festzuhalten: Dort wo unser Wissen nicht ausreicht, sind wir gezwungen, zu glauben. Dieser Glaube kann sich aber auf Erfahrung und/oder Plausibilität stützen. Sofern beides fehlt, steht unser Glaube auf wackligen Beinen. Letztlich müssen wir also immer dann von Glauben sprechen, wenn die Beweise für eine Annahme nicht erbracht werden können. Dies gilt gleichermaßen für Annahmen aus dem metaphysischen Bereich (alle Glaubensdogmen) wie aus dem naturwissenschaftlichen Bereich (wissenschaftliche Theorien), mit dem entscheidenden

Unterschied, dass erstere grundsätzlich unbeweisbar sind, während es bei letzteren nur eine Frage der Zeit ist, bis sie mit verfeinerten naturwissenschaftlichen Methoden verifiziert oder falsifiziert werden können. Diese kurzen Beispiele zeigen bereits einige Grundmerkmale des Glaubens:

- Nichtüberprüfbarkeit des Wahrheitsgehalts.
- Abhängigkeit von eigenen Erfahrungen.
- Abhängigkeit von der statistischen Häufigkeit bisheriger Bestätigungen.
- Abhängigkeit von der Plausibilität der Aussagen.
- Abhängigkeit vom Anteil des überprüfbaren Wahrheitsgehalts.
- Abhängigkeit von der eigenen Glaubensbereitschaft (Wahrhaben wollen).

Im Unterschied zum Glauben sprechen wir von einer gesicherten Erkenntnis dann, wenn:

- sie auf abgesichertem wissenschaftlichen Wege gewonnen wurde
- sie empirisch beweisbar ist
- sie logisch nicht zu widerlegen ist
- sie aus eigener Erfahrung nie falsifiziert wurde (bisher war es immer so).

Im Grenzbereich zwischen Glauben und Wissen liegen Annahmen, die zwar noch nicht naturwissenschaftlich bewiesen werden konnten, deren Plausibilität jedoch überzeugend wirkt und gegen die bisher auch keine Gegenbeweise erbracht werden konnten. Wir sagen dann: wir glauben zu wissen!

Möglicherweise befinden wir uns mit den religiösen Glaubensinhalten genau an dieser Schwelle. Kaum etwas kann bewiesen werden, aber für kaum etwas kann auch ein strikter Gegenbeweis angetreten werden, sei es die Existenz Gottes, seine Allmacht, sein Schöpfungsakt, seine Offenbarung gegenüber dem Menschen, seine ethischen Forderungen und sein Unsterblichkeitsversprechen. Nachdem all diese Annahmen nicht beweisfähig sind, bleibt nur die ehrliche und kritische Plausibilitätsprüfung, die jeder für sich nach bestem Wissen und Gewissen vornehmen muss. Selbst bei einem positiven Glaubensentscheid muss sich der Einzelne im Klaren sein, dass er nur sagen kann, ich 'glaube' oder bestenfalls, 'ich glaube zu wissen'. Immer aber ist der Gläubige dazu aufgerufen, diesen seinen Glauben kritisch zu hinterfragen, denn ein blinder Glaube ist dem vernunftbegabten Menschen unwürdig.

So bleibt am Ende die Forderung B. Kanitscheiders: „Auch der Glaube muss sich auf vernünftige Annahmen stützen können. Es muss tragfähige Gründe geben, eine Position zu vertreten. Es muss zumindest eine „logische Möglichkeit" oder besser noch eine „empirische Wahrscheinlichkeit" geben für das Geglaubte".*

Naturwissenschaftliche Betrachtungen zum Thema „Glauben"

„Natur"-gemäß hat in den Naturwissenschaften der Begriff des „Glaubens" keinen Platz – zumindest nicht in den letztgültigen Aussagen. Zu Beginn eines wissenschaftlichen Denk- und Forschungsprozesses mögen durchaus Gedankengebäude (Theorien) stehen, deren Wahrheitsgehalt noch nicht wissenschaftlich überprüft ist, doch sollten sich auch diese auf logische Annahmen gründen (Hypothesen), deren Verifizierung oder Falsifizierung das Ziel des folgenden wissenschaftlichen Forschens ist. Kein Wissenschaftler kann seine Annahmen oder Aussagen auf „Glauben" beruhen lassen, er muss am Schluss Fakten benennen, die er auf empirischer Basis mit wissenschaftlichen Experimenten (nachprüfbar und wiederholbar) gewonnen hat. Nur auf diese Weise können allgemein gültige Gesetze (Naturgesetze) entwickelt und beschrieben werden. In aller Regel gehört hierzu auch die mathematische Fassbarkeit der getroffenen Aussage.

Wie steht es nun aber mit den großen Theorien vieler Wissenschaftler, die sich bis heute nicht bestätigen ließen? Ist der Glaube eines Wissenschaftlers in die Richtigkeit seiner Theorie nicht ver-

---

* Bernulf Kanitscheider: Im Innern der Natur. Darmstadt 1996

gleichbar mit dem Glauben eines Religionsangehörigen? Glauben nicht beide an etwas Unbewiesenes? Bis hierher mag der Vergleich stimmen. Der entscheidende Unterschied liegt jedoch darin, dass der Wissenschaftler den Glauben an seine Theorie bereits auf plausible Annahmen stützt und sie so lange als zu beweisendes Konstrukt versteht, bis er seine Richtigkeit empirisch nachweisen kann. Der religiös Gläubige hingegen geht von vorneherein von der Richtigkeit (Wahrheit) seiner Glaubensannahmen aus, vielfach erscheint ihm schon der leise Zweifel daran als Sakrileg. Aufgrund der göttlichen Autorität (Unfehlbarkeit), die hinter allen religiösen Glaubensinhalten (Dogmen) steht, erscheint eine Überprüfung nicht nötig, ja geradezu blasphemisch.

Wir wollen nicht verschweigen, dass auch das wissenschaftliche Wissen nicht gleichzusetzen ist mit 'endgültiger Wahrheit'. Die Naturwissenschaft hat in leidvollen Erfahrungen gelernt, dass die menschliche Erkenntnisfähigkeit begrenzt und oft nur vorläufig ist. Immer wieder mussten zunächst gesichert erscheinende Erkenntnisse zurückgenommen oder nachhaltig revidiert werden. Neue umfassendere Theorien oder verbesserte Forschungsmethoden und -geräte erlaubten immer wieder den Einblick in neue und größere Zusammenhänge, in deren Kontext bisherige Forschungsergebnisse uminterpretiert oder fallengelassen werden mussten.

Fazit: Die Wissenschaft geht nicht von letzten und unumstößlichen Wahrheiten aus. Wissenschaftliche Erkenntnis gilt grundsätzlich als vorläufig, immer nur gesichert mit den jeweils besten Erkenntnismöglichkeiten, über die Menschen einer bestimmten Zeit verfügen. In diesem Sinne aber ist sie entwicklungs- und zukunftsfähig. Religiöser Glaube hingegen bleibt aufgrund seiner Inerranz (Irrtumslosigkeit) statisch und nimmt nicht teil am unerhörten, unerschöpflichen Potential der wachsenden Erkenntnisfähigkeit des modernen Menschen. Noch ein letzter Aspekt: schon allein der Gegenstand des religiösen Glaubens, das „Übernatürliche", erschwert den Zugang mit dem „nur" natürlichen Denkvermögen des Menschen. Religiöse Erfahrung ist dem gemäß nicht nur zwangsläufig intrapersonal, d.h. nicht übertragbar und vergleichbar mit der, anderer Gläubiger, sondern auch emotional-irrational, d.h. gefühlshaft und nicht rational hinterfragend.

Fazit: Religiöser Glaube wird immer vor dem Problem stehen, dass sich sein zentraler Glaubensinhalt (= Gott) einer naturwissenschaftlichen Beweisführung entzieht und dass viele einzelne Glaubensannahmen den bestehenden Naturgesetzen sogar widersprechen. Man denke dabei nur an die vielen Wunder, von denen in der Bibel berichtet wird oder an viele spätere Dogmen wie die jungfräuliche Geburt Marias oder die leibliche Auferstehung Jesu. In ihrer Beweisnot sprechen die Religionen dann von „Glaubensmysterien", wodurch der Circulus vitiosus wiederhergestellt ist. Religiöser Glaube und naturwissenschaftliches Erkennen sind somit inkompatibel! B. Kanitscheider: „Blindes Vertrauen, vorrationale Akzeptanz, bedenkenloses sich Öffnen gegenüber einer angeblichen transzendenten Realität machen es unmöglich, subjektive Phantasmagorien (Trugbilder) über eine Scheinwelt einerseits und objektive Erkennung von einer autonomen Realitätsschicht andererseits zu unterscheiden".

Der religiöse Glauben

Im religiösen Glauben muss nochmals unterschieden werden zwischen dem Glauben an Gott und dem Glauben an die Aussagen und Inhalte bestimmter Religionen.

Der Glaube an Gott

Letzter und entscheidender Glaubensinhalt der meisten Religionen ist die Annahme eines „übernatürlichen Wesens", in der Regel mit „Gott" bezeichnet. Eine Ausnahme hiervon machen lediglich die alten östlichen Religionen des Buddhismus, Taoismus und Konfuzianismus, deren Glaubensgründer keine Aussagen zu Gott oder gar zu einem 'persönlichen Gott' machten. Obwohl sich der Gott der Religionen oft recht unterschiedlich definiert, lassen sich, zumindest in den monotheistischen Religionen (Judentum, Christentum, Islam), einige übergreifende Wesensmerkmale feststellen:

- Gott ist der Schöpfer alles Seienden (des Weltalls, der Erde und des Menschen).

- Gott ist in dieser seiner Schöpfung auch heute noch präsent (er hat sie also nicht nur geschaffen und dann sich selbst überlassen).
- Gott ist zeitlos, er hat keinen Anfang und kein Ende.
- Gott ist der Garant für die Unsterblichkeit der menschlichen Seele.

Mit diesen Grundaussagen über Gott verbinden sich in den einzelnen Religionen noch jeweils zusätzliche Wesensmerkmale:
- Gott nimmt am Leben seiner Geschöpfe teil.
- Gott garantiert den „liebevollen Schutz und die persönliche Führung".
- Gott durchdringt seine Schöpfung, er ist überall gegenwärtig.
- Gott ist allmächtig und allwissend.
- Gott entzieht sich als übernatürliches Wesen unserer begrenzten, natürlichen Erkenntnisfähigkeit.
- Gott gibt dem Leben und Sterben einen Sinn (er ist der „Sinngeber" schlechthin).
- Gott richtet den Menschen nach dessen Tod, gemäß seiner guten und schlechten Taten (belohnt und bestraft).

Sehen wir uns die zwei der wichtigsten Inhalte des Gottglaubens näher an: Gott als Schöpfer des Kosmos und des Menschen/ Gott als Garant der Unsterblichkeit. Der Glaube an Gott als Schöpfer des Weltalls und des Menschen ist bereits in den frühesten Religionen zu finden und ist auch Kerngehalt des alten Testaments (Genesis) und damit gleichermaßen Glaubensinhalt der Juden, Christen und Muslime. Gott als das allmächtige Wesen, als Allursache, hat in einem willentlichen Schöpfungsakt das Universum und den Menschen aus dem Nichts heraus geschaffen.

Diese Grundannahme der Religionen wird auch heute noch aufrechterhalten, obwohl die moderne Kosmologie und Astrophysik das Entstehen und Funktionieren des Kosmos auf natürlichem Wege im Detail erklären kann. Wir werden also weiterhin gezwungen, eine 'übernatürliche' Erklärung für diese Welt zu akzeptieren, wo wir sie doch auf natürlichem Wege erklären und verstehen können.

Gerade in den letzten zwanzig Jahren haben Astronomie und Astrophysik eine Reihe revolutionärer Erkenntnisse über die Entstehung des Universums geliefert, die ein schlüssiges Gesamtsystem erkennen lassen, das ausschließlich nach strengen physikalischen Gesetzen abläuft und keinen zusätzlichen, übernatürlichen Schöpfer oder Lenker benötigt. Was für den Kosmos gilt, gilt auch für den Menschen; auch hier hat die moderne Wissenschaft (Entwicklungsbiologie und Genetik) die bisherigen Erkenntnislücken großenteils geschlossen. Wir können heute nachvollziehen, wie Leben auf diesem Planeten entstanden ist, wie sich die Arten entwickelt haben und wie letztlich der Mensch aus diesen Arten hervorgegangen ist.

Im Kosmos folgt alles den strengen Naturgesetzen, ein übernatürlicher Eingriff erübrigt sich und ist auch nirgendwo zu erkennen.

Wenn aber ein Ereignis aus einer Ursache zureichend erklärt werden kann, bedarf es keiner zweiten Ursache daneben! Hierzu bemerkt B. Kanitscheider: „Eine transzendente Anstückelung (Gott), die sich innerweltlich in keinem einzigen Phänomen auswirkt, die sich ausschließlich als luftiges Gedankengebilde, als folgenlose Verdoppelung der Ursachenkette darstellen würde, besäße eine erklärende Kraft gleich Null. Ein blindes Zulaufen auf eine hypothetische Realität, für die nur ein unbezähmbarer Wunsch, aber nicht die geringste Notwendigkeit oder Plausibilität spricht, ist das Charakteristikum der Irrationalität." So erhebt sich die zentrale Frage: Wenn Gott im Verständnis der Religionen im wesentlichen der „Schöpfergott" ist, die Entstehung des Universums und des Menschen aber heute mit naturwissenschaftlichen Erkenntnissen erklärt werden kann, letztlich Gott also seine Schöpfungsfunktion verliert (oder Gott mit den Naturgesetzen gleichgesetzt werden müsste), was bleibt dann noch von Gott? Und im Anschluss: Kann Gott sein Unsterblichkeitsversprechen für den Menschen aufrechterhalten, wenn seine Schöpfungsfunktion in Frage gestellt ist?

Womit wir beim zweiten wichtigen Wesensmerkmal Gottes angelangt sind: dem Versprechen der Unsterblichkeit. Obwohl der Mensch weiß, dass er sterben muss, dass sein Körper zerfallen wird, dass am Ende nichts bleibt als die Erinnerung an ihn, kann er sich mit dieser Tatsache nicht abfinden, er will nicht sterben. Deshalb erfanden die Menschen schon vor der Religion die „Seele" als ein vom Körper losgelöstes immaterielles Ich, dem im Unterschied zum sterblichen Körper ein Weiterleben nach dem Tode zugesprochen wurde. Zur Unsterblichkeit gehört jedoch zwangsläufig ein „Jenseits", in das die Seele eingehen kann. Dieses Jenseits wiederum muss besetzt sein von einem Wesen, das selbst unsterblich ist und bereit, die Seele des Menschen aufzunehmen: Gott! Der Glaube an die Unsterblichkeit bedingt Gott! Mit dem Wunsch nach Unsterblichkeit musste Gott zwangsläufig mit erfunden werden. Oder wie Ludwig Feuerbach[*] sagt: „Wenn ich nicht unsterblich bin, so glaube ich keinen Gott; wer die Unsterblichkeit leugnet, leugnet Gott." An anderen Stellen: „Wenn der Mensch nicht stürbe, wenn er ewig lebte, wenn also kein Tod wäre, so wäre auch keine Religion". „Die Unsterblichkeitslehre ist die Schlusslehre der Religion – ihr Testament, worin sie ihren letzten Willen äußert."

Zweifellos resultiert aus dem Versprechen der Unsterblichkeit die wirksamste Bindungskraft der Religionen. Nur ihr ewiger Gott kann sie garantieren. Unnötig zu erwähnen, dass es sich um ein bis heute unbewiesenes Versprechen handelt, das jeder menschlichen Erfahrung und naturwissenschaftlichen Erkenntnis widerspricht, wonach alles Seiende vergänglich ist; nichts im gesamten Kosmos hat auf Dauer Bestand, alles ist endlich, einschließlich des Universums selbst. Dennoch können sich die Menschen von ihrem Wunsch nach Unsterblichkeit nicht lösen, sie wollen daran glauben und sind deshalb für das Versprechen der Religionen so empfänglich. Dabei übersehen sie jedoch, dass ihnen die Unsterblichkeit von Gott nicht geschenkt wird! Wie ein weltlicher Vater, so verlangt auch Gottvater Gehorsam und Befolgung seiner Gebote. Mehr noch: er verlangt den Glauben an seine Existenz, obwohl er sich nie zeigt, nie präsent ist, nie antwortet. Er ist dem Menschen der immer abwesende Vater, der nur durch seine strengen Gebote existiert und der gar fürchterlich zu strafen weiß! Denn die Unsterblichkeit ist nicht nur der Lohn für ein

---

[*] Ludwig Feuerbach: Das Wesen des Christentums. S. 266, Reclam Stuttgart. 1980

gottgefälliges Leben, sondern gleichzeitig die fürchterlichste Strafandrohung, die 'ewige Verdammnis'. Und gerade hierin zeigt sich der geniale Schachzug der Religionen: sie instrumentalisieren die versprochene Unsterblichkeit zu einem perfekten Druck- und Machtmittel.

Erst jetzt wird die ganze unerhörte Macht deutlich, die sich die Religionen mit dem Unsterblichkeitsversprechen gesichert haben. Durch die Verknüpfung dieses verlockendsten Menschheitsversprechens mit der grausamsten denkbaren Drohung der ewigen Verdammnis, haben sich Religionen ein Druckmittel zur bedingungslosen Gefolgschaft gesichert, das ihnen von den Despoten und Diktatoren der weltlichen Macht nur geneidet werden konnte. Wie vergleichsweise wirkungslos mussten Strafen erscheinen, die nur auf die kurze Zeitspanne des diesseitigen Lebens ausgerichtet waren, im Vergleich zu den nie endenden Höllenqualen der kirchlichen (göttlichen?) Strafjustiz. Sehr schnell haben die Vertreter der weltlichen und kirchlichen Macht erkannt, dass sie in der gemeinsamen Nutzung dieses Druckmittels jegliche Gefolgschaft, sei sie weltlicher oder kirchlicher Art, erzwingen konnten.

Das Unsterblichkeitsversprechen beinhaltet jedoch noch ein ganz anderes Problem. In einer überstarken Ausrichtung auf ein jenseitiges Leben liegt die Gefahr, das Diesseits zu vernachlässigen, es gering zu schätzen und letztlich nur als Vorbereitung auf das Jenseits anzusehen. De facto wurde diese Haltung von den Kirchen auch lange Zeit begrüßt und bestärkt. Die volle Zuwendung zum Glauben, die Ausrichtung auf ein gottgefälliges Leben, der Rückzug von (verwerflichen) irdischen Freuden und die Vorbereitung auf das jenseitige Leben wurden von der Kirche gerne gesehen. Welche Verkennung des Geschenks des Lebens, des vollen Menschseins in dieser Welt! Im Grunde verspricht die Religion dem Menschen etwas, das nie eintreten wird und fordert von ihm dafür die Verpfändung des einzigen, was er hat (und je haben wird), sein diesseitiges Leben. Doch nicht alle Religionen versprechen die „persönliche Unsterblichkeit". Die Religionen des Ostens gehen, im Unterschied zu den Offenbarungsreligionen (Judentum, Christentum, Islam) von einer Rückkehr der individuellen Seele in die allumfassende Einheit des Kosmos aus oder in der Verschmelzung mit dem Göttlichen. Es ist geradezu der dringendste Wunsch der Hinduisten und Buddhisten aus dem Kreislauf der Wiedergeburten auszubrechen und das eigene Ich in die Einheit des Kosmos zurückzuführen. Eine Religion, die nur 'ewiges Weltgesetz', aber keinen personalen Gott kennt, kann konsequenterweise keine persönliche Unsterblichkeit versprechen. Wie viel tröstlicher mag den Gläubigen der östlichen Religionen ihre Art von 'Unsterblichkeit' erscheinen, die eine Rückkehr in den ewigen Weltengrund bedeutet, im Vergleich zur Angstvision einer ewigen Verdammnis.

Der Glaube an bestimmte Religionen und deren Inhalte

Grundsätzlich kann man davon ausgehen, dass die meisten Menschen in ihren Glauben hineingeboren werden und dieser somit durch das sozial-kulturelle Umfeld vorgegeben ist. Diese Tatsache hat eine Reihe von Konsequenzen:

- Die Religion ist damit Teil des normalen Lebensalltags.
- Durch die frühkindliche Indoktrination wird die Glaubenswelt sehr stark in der Gefühlswelt des heranwachsenden Menschen verankert; ihre kritische Hinterfragung wird dadurch blockiert.
- Die Glaubensinhalte werden (zumindest lange Zeit) als selbstverständlich hingenommen, Autoritäten und Rituale werden nicht in Frage gestellt.
- Die kritische Auseinandersetzung mit dem Glauben wird durch die einseitigen Informationen behindert, denen man (zu) lange ausgesetzt war.
- Ein Ausbrechen aus dem Glauben wird durch die Bindung an intakte soziale Gefüge sehr erschwert (Familie, Freundes- und Bekanntenkreis, Glaubensgemeinschaft etc.).
- Um aus dem Glauben ausbrechen zu können, bedarf es somit einer Reihe von Voraussetzungen, wie dem erklärten Willen, sich mit diesem Thema ausführlicher beschäftigen zu wol-

len, den notwendigen Informationen, um kritisch prüfen und vergleichen zu können, der intellektuellen Fähigkeit zu hinterfragen und nicht zuletzt der Kraft, um sich aus der Geborgenheit religiöser Schutzversprechen zu lösen und eine eigenverantwortliche Lebensplanung in Angriff zu nehmen.

Viele Voraussetzungen, zu viele für die meisten.

Fazit: In der Regel haben die Menschen ihren Glauben übernommen, nicht selbst erworben! Sie haben sich nicht intensiv (kritisch) damit auseinandergesetzt, haben ihn nicht auf den Prüfstand gestellt und damit auch keine selbstbewusste und selbstsichere Fundierung ihres Glaubens erreicht! Dies führt zu der heute häufig zu beobachtenden Haltung des 'Irgendwie-Glaubens' oder 'Irgendwie-Nichtglaubens' und zu Aussagen wie „Na ja, irgendetwas wird schon daran sein" oder „eigentlich glaube ich nicht, aber vielleicht gibt es Gott ja doch".

Natürlich haben die Kirchen sehr schnell erkannt, wie wichtig es ist, den Glauben möglichst früh und nachhaltig in den heranwachsenden Menschen zu verankern, und dass eine starke emotionale Ausschmückung von Glaubensinhalten sehr viel mehr zur Stabilisierung des Glaubens beiträgt als ein fundierter Wissensstand. So zeigte sich die Kirche nie interessiert, Bildung in die breite Bevölkerung zu tragen. Unkritisches Glauben war gefragt, nicht kritisches Hinterfragen, ein Glauben a priori also, der nicht den Glaubensgegenstand als solchen in Frage stellt, sondern allenfalls die Suche nach Erklärung und Verständnis, innerhalb des Glaubensgebäudes, zulässt. Folgende Zitate namhafter christlicher Kirchengelehrter machen dieses Verständnis von 'Glauben' deutlich:

> „Keiner wird fähig, Gott zu finden, wenn er nicht vorher geglaubt hat, was er nachher denken wird." (Augustinus, De librio arbitrio,II 6,18)
>
> „Der Glaube geht voran, die Einsicht folgt nach" (Augustinus, Sermones XVIII, 1)
>
> „Denn ich suche nicht einzusehen, damit ich glaube, sonder ich glaube, damit ich einsehe" (Anselm v. Canterbury, Proslogion 1)
>
> „Der Glaube nämlich vermag auch das zu erfassen, was sich der Vernunft versagt; denn die Wahrheit des christlichen Glaubens geht über

die Fähigkeit der menschlichen Vernunft hinaus." (Thomas v.Aquin, Summa contra gentiles, I 7,42)

„Jede Behauptung, die der Wahrheit des erleuchteten Glaubens entgegengesetzt ist, ist gänzlich falsch" (Dekret des Ersten Vaticanums).

„Im eigentlichen (christlichen) Sinn kann von Glauben nur die Rede sein, wenn einerseits eine feste Bejahung ohne begründete Furcht vor Irrtum vorliegt, andererseits der Wille an sich eingreifen muss, um den Verstand zu dieser Bejahung zu bringen" (Lexikon für Theologie und Kirche).

Der verständlichen Intention der Kirche, den Glauben möglichst nur aus sich selbst heraus zu erklären, erwuchs spätestens seit der Aufklärung massiver Widerstand. Zum ersten Mal wagten aufgeklärte Denker, Philosophen wie Naturwissenschaftler, den religiösen Glauben und den Glaubensgegenstand selbst (Gott) infrage zu stellen. Vieles, allzu vieles in den Religionen und ihren Botschaften überforderte die Glaubensbereitschaft aufgeklärter und rational denkender Menschen. Das Beharren der Religionen auf unverrückbaren Glaubensinhalten wollten die kritischen und selbstbewussten Menschen der beginnenden Neuzeit nicht mehr hinnehmen, vor allem dann nicht mehr, wenn diese mit naturwissenschaftlichen Erkenntnissen kollidierten. Von aufgeklärten Christen hört man gelegentlich das Argument, dass manche Glaubensinhalte erst später dem ursprünglichen Glaubensgut hinzugefügt wurden, mit dem Kern der religiösen Botschaft somit nichts zu tun haben – und dass es immer auch etwas menschelt im religiösen Alltag. Dies mag man gerne zugestehen, aber die Kernbotschaft, das zentrale Glaubensbekenntnis, das letztlich auch als unantastbar gilt, muss dann zumindest Bestand haben.

Sehen wir uns also das amtliche „Glaubensbekenntnis" der katholischen Kirche an in dem die grundlegenden Wahrheiten des katholischen Glaubens zusammengefasst sind, und folgen wir hier der kritischen Betrachtung von Wilhelm Weischedel, die wir seiner Schrift: Der Gott der Philosophen, 1972, 2. Bd., S. 52 ff., entnehmen: „Das Glaubensbekenntnis beginnt, wie es der Sache entspricht, in seinem ersten Artikel mit Gott. Er wird als allmächtiger Vater bezeichnet; die Allmacht ist offenbar auf die gesamte Wirklichkeit, die er mächtig beherrscht, die Väterlichkeit insbesondere auf den Menschen, dem Gott wie ein Vater entgegentritt, bezogen. Die Macht Gottes erhält sodann ihren besonderen Ausdruck, wenn er als Schöpfer des Himmels und der Erde bezeichnet wird. Zu den Zumutungen des Glaubens gehören somit nach dem ersten Artikel des Bekenntnisses das Dasein Gottes und sein Schöpfertum, das mit der Geschaffenheit aller Wirklichkeit, der himmlischen wie der irdischen, korrespondiert. Die Welt der Dinge und die Existenz des Menschen sind demnach so zu betrachten, dass sie nicht bloß das sind, als was sie unmittelbar erscheinen, sondern dass sie ihren Ursprung in einem außerhalb der Schöpfung wesenden Schöpfer haben und so die Eigenschaft der Geschöpflichkeit an sich tragen. Überdies ist alles welthafte Dasein von einer Überwelt umgeben, dem 'Himmel'. Eben das ist nach dem ersten Artikel zu glauben.

Der zweite Artikel des Glaubensbekenntnisses handelt von Jesus Christus. Er macht über ihn auf verschiedenen Ebenen Aussagen. Einige davon liegen auf dem Felde der reinen Historie (aus Maria geboren/unter Pontius Pilatus gekreuzigt, gestorben und begraben). Das braucht also nicht geglaubt zu werden, es kann gewusst werden. Zu diesen rein historischen Aussagen treten andere hinzu, die zwar auch auf die Geschichte bezogen sind, die aber voraussetzen, dass die Ebene des Geschichtlichen von einer anderen Ebene berührt und durchstoßen wird. Dahin gehört es, wenn von Jesus gesagt wird, er sei Christus der gesalbte Erlöser, und wenn weiter hinzugefügt wird, er sei von dem Heiligen Geist empfangen, weshalb denn auch Maria als Jungfrau bezeichnet wird. Hierher gehört ferner, dass von Jesus Christus behauptet wird, er sei zur Unterwelt hinab gestiegen und er sei am dritten Tage von den Toten auferstanden und er sei zu den Himmeln aufgestiegen. All das sind keine historisch feststellbare Tatbestände, sondern Charakterisierungen des Menschen Jesus und seiner Geschichte von einer anderen, höheren Geschichte her. Man muss also – ebenso wie nach dem ersten Artikel – glauben, dass es eine solche andere Dimension gibt, und man muss ferner glauben, dass diese sich in dem Menschen Jesus und in seiner gegenwärtigen und zukünftigen Geschichte manifestiert habe und werde. Eine dritte Gruppe innerhalb der Aussagen des zweiten Artikels des Glaubensbekenntnisses bilden rein theologische, die das innergöttliche Verhältnis betreffen. Hierher gehört es, wenn Jesus Christus als Gottes einziger Sohn bezeichnet wird, oder wenn von ihm gesagt wird, dass er nach seiner Auferweckung von den Toten zur Rechten Gottes, des allmächtigen Vaters, sitzt. Wieder zeigt sich: Eben das Sichtbare, der Mensch Jesus, gehört unter einem anderen, dem wesentlichen Aspekt der überweltlichen Sphäre an, die nun ausdrücklich als die göttliche hervortritt. Und eben dies ist zu glauben. Schließlich enthält das Apostolicum in seinem zweiten Artikel auch noch eine soteriologische, auf das Heil der Menschen bezogene Aussage, indem es Jesus Christus als unseren Herrn bezeichnet. Das besagt, dass der Mensch gehalten ist, all die genannten Geschehnisse als das anzusehen, was seine Existenz bestimmt. Besonderes Gewicht erhält es dadurch, dass es in eschatologische Zusammenhänge tritt. Eben dieser Herr wird kommen, die Lebenden und die Toten zu richten. Der Mensch muss sich also im Glauben als den verstehen, über dessen Zukünftigkeit unter dem Aspekt der göttlichen Ereignisse entschieden wird.

Der dritte Artikel des Glaubensbekenntnisses bringt eine in sich nicht unmittelbar zusammenhängende Reihe zu glaubender Tatsachen. Die erste ist er Heilige Geist. Damit gehört zu den Glaubensgegenständen das, was in späterer Zeit als die Trinität formuliert worden ist: die Dreiheit in der Einheit und die Einheit in der Dreiheit. Das hört sich für den in der christlichen Tradition Aufgewachsenen harmlos an, ist aber, wie die endlosen Diskussionen der frühen Kirche erweisen, eine höchste komplexe Sache. Denn wie und mit welchen Begriffen soll man das Paradox einer Dreieinigkeit fassen? Genügen die Worte 'Substanz' und 'Person'? Der Versuch, diesem Geheimnis nahe zu kommen, führt in völlige Dunkelheit. Und doch soll es geglaubt werden. Sodann wird ein sichtbares Phänomen, nämlich das Miteinander der Gläubigen, ins Unsichtbare erhoben, und zwar durch Zufügung es Prädikats der Heiligkeit. In diesem Sinne ist Glaubensinhalt die heilige katholische Kirche, die Gemeinschaft der Heiligen. Das bedeutet, dass in der Geschichte gewisser menschlicher Gemeinschaften sich, genauer betrachtet, nicht bloß zeitliches Geschehen, sondern eine Übergeschichte vollzieht. Geschichtliche Phänomene, wie etwa die Kirche, müssen aus der göttlichen Perspektive betrachtet werden. Auch das ist eine Sache des Glaubens. Daran schließt sich eine soteriologische Aussage an: die Vergebung der Sünden. Die Voraussetzung dieses Gedankens ist die ihrerseits zu glaubende Überzeugung von der allgemeinen Sündhaftigkeit des Menschen. Diese verweist auf die Notwendigkeit einer Vergebung, die der Mensch, weil die Sündhaftigkeit für ihn konstituell ist, nicht selber herbeiführen kann, sondern die er von oben her entgegennehmen muss. Eben insofern ist auch die Vergebung der Sünden eine Angelegenheit des Glaubens. Den Abschluss des Glaubensbekenntnisses bilden eschatologische Aussagen: die Auferstehung des Fleisches und das ewige Leben. Damit wird dem Glaubenden zugemutet, anzunehmen, dass mit seinem irdischen Dasein nicht alles zu Ende ist, sondern dass sich seine Existenz in einer anderen Weise des Seins fortsetzt. Eben von diesem seinem zukünftigen überzeitlichen Dasein her hat sich der Mensch zu verstehen. Das gehört mit zu den Inhalten des Glaubens." * (Ende des Zitats)

Abschließend zu diesen Ausführungen merkt Weischedel noch an, „dass uns als Angehörigen des christlichen Kulturkreises diese Aussagen von Jugend an vertraut sind, dass „man jedoch versuchen muss, sie gleichsam mit fremden Augen anzusehen, um zu entdecken, dass es sich in der Tat um Zumutungen handelt".

Es gibt jedoch noch ein anderes, grundsätzliches Problem mit religiösen Glaubensinhalten: die Glaubwürdigkeit der 'Heiligen Schriften' selbst, d.h. die Überlieferung dessen, was als „Gottes Wort" gilt. Wie bereits an früherer Stelle ausgeführt wurde, ist die Authentizität der frühen Überlieferungen und deren Niederlegung z.B. im Neuen Testament des Christentums oder im Koran des Islam – wie in anderen religiösen Schriften auch – als äußerst fragwürdig zu bewerten.

---

* Wilhelm Weischedel: Der Gott der Philosophen, 1972, 2. Bd., S. 52 ff.

Es sei nochmals daran erinnert, dass das älteste erhaltene Evangelium, das Markusevangelium erst 70 Jahre nach dem Tod Jesu verfasst wurde, das Lukasevangelium sich bereits auf das Markusevangelium sowie eine etwa gleich alte „Redenquelle" stützte und nochmals ein Vierteljahrhundert später entstand, und dass das Johannesevangelium erst zu Beginn des 2. Jahrhunderts niedergeschrieben wurde und sich wiederum auf beide vorangegangenen Autoren (Markus, Lukas) stützte. Hundert Jahre sind also verstrichen, in denen die Worte und Taten Jesu immer wieder von Mund zu Mund weitergegeben wurden. Und dies in einer Zeit, wo das Geschichtenerzählen Tradition hatte und eine dramatische und phantasievolle Ausschmückung zu jeder guten Geschichte gehörte. Selbst wenn man unterstellt, dass sich jeder Erzähler um eine korrekte Widergabe bemüht, ist es völlig unmöglich, dass eine Botschaft, die über nahezu einhundert Jahre nur mündlich weitergegeben wird und in dieser Zeit Tausende Male von Mund zu Mund geht, auch nur ein Mindestmaß an Authentizität behält. Ein einfaches Experiment macht dies schnell deutlich; es war im Kreis von Psychologiestudenten ein beliebtes Spiel und Sie können es in Ihrem Bekanntenkreis einfach nachvollziehen: erzählen Sie einem Freund eine Geschichte von nur fünf Minuten Dauer, nach fünf Tagen rufen Sie an und bitten ihn, diese Geschichte einem anderen Freund weitererzählen, mit der Auflage, dass dieser die gleiche Geschichte nach wiederum fünf Tagen einem dritten Freund erzählt, usw., bis die Geschichte nach fünfzig Tagen bei der zehnten Person ankommt. Und dann hören Sie sich dessen Geschichte an: sie werden sie nicht wieder erkennen! Und hier handelte es sich nur um einen Zeitraum von knapp zwei Monaten, anstelle von hundert Jahren und nur um zehn Personen, anstelle von vielen tausend Personen. Können Sie sich ernsthaft vorstellen, dass die so zustande gekommenen Heiligen Schriften noch viel mit der ursprünglichen Wahrheit zu tun haben?

Ein namhafter Experte, Gerd Lüdemann, Professor für evangelische Theologie an der Universität Göttingen, schreibt dazu in seinem Buch „Der große Betrug": „Das Ergebnis, das am Ende des Durchgangs durch ausgewählte neu testamentliche Texte steht, ist ernüchternd und wirft Licht auf die brutale Wirklichkeit des ersten Jahrhunderts: Die Entwicklung, den Menschen Jesus, seine Worte und Taten zu verfälschen und zu übermalen, begann schon im ältesten Christentum und befindet sich im Neuen Testament bereits in einem fortgeschrittenen Stadium. Mit anderen Worten: Sowohl die Anzahl als auch der Inhalt der meisten Überlieferungen, die über Jesus erhalten sind und die allesamt den Anspruch erheben, ein authentisches Zeugnis über ihn abzugeben, stehen in einem schreienden Gegensatz zu dem, was er wirklich sagte und tat. So ist Jesus unter den Übermalungen des Neuen Testaments über weite Strecken bis zur Unkenntlichkeit entstellt worden. Was dann übrig bleibt, ist freilich zu wenig, um darauf ein Christentum zu bauen." (Zitat Ende). Nicht sehr viel anders dürfte es sich mit dem Authentizitätsgehalt des „Koran" verhalten, da auch hier eine relativ späte schriftliche Niederlegung der ausschließlich mündlichen Äußerungen Mohammeds erfolgte.

Fazit: Der Werdegang von „Gottes Wort", beginnend mit einer ersten halluzinatorisch empfangenen Offenbarung eines oft sehr einfachen, analphabetischen Menschen über die Jahrhunderte lange mündliche Weitergabe dieser Inhalte durch Menschen, die oft weniger am authentischen Wahrheitsgehalt der Erzählung interessiert waren, als an Ausstrahlung und Wirkung, bis hin zu den vielfachen Interpretationen und dogmatischen Festlegungen der Kirche, macht Gottes Wort (wenn es denn je ein solches war) zu einer Wunscherzählung der Menschen.

Abschließende Betrachtungen zum Gott-Glauben

Es ist kein Zufall, dass der Begriff des „Glaubens" ein Zentralbegriff der Religionen ist. Auch die Kirchen wissen, dass sich die von ihnen verbreiteten Lehren auf „Glauben" stützen müssen und nicht auf „Wissen". So gut wie nichts am Glaubensinhalt der Religionen kann bewiesen werden, weder die Existenz Gottes – die so genannten „Gottesbeweise" der katholischen Kirche wurden von Immanuel Kant scharfsinnig widerlegt – noch sein Schöpfertum, seine angeblichen Offenbarungen, sein Unsterblichkeitsversprechen oder das, was die Kirche uns über Gottes Eigenschaften erzählt.

Fazit: Alle zentralen Inhalte der Religionen entziehen sich einer naturwissenschaftlichen oder logischen Überprüfbarkeit. Es bleibt nur die Möglichkeit zu glauben!

Ein weiteres Problem des religiösen Glaubens ist die „ewige Wahrheit der göttlichen Offenbarung" und der kirchlichen Dogmen und damit das zwangsläufig unverrückbare Festhalten an den einmal formulierten Glaubensinhalten. Eine kritische Hinterfragung einer „ewigen und unverrückbaren Wahrheit" ist für den Gläubigen weder zulässig noch sinnvoll. Damit steht der religiöse Glaube im Gegensatz zum kritischen, wissenschaftlichen Denken, wo das 'Infragestellen', das 'Hinterfragen" von Geglaubtem nicht nur legitim ist, sondern den wichtigsten Weg zur Erkenntnis darstellt. Karl Popper formuliert dies so: „Das Grundprinzip des kritischen Denkens, dass ich mich irren kann, dass du recht haben kannst und dass wir zusammen vielleicht der Wahrheit auf die Spur kommen werden, lässt sich auf absolut sichere übernatürliche Erkenntnisquellen nicht übertragen". *

Eine aktuelle Anmerkung: Beide Religionen, das Christentum wie auch der Islam, berufen sich auf die Authentizität ihrer Heiligen Schriften, der Bibel und des Korans. Dennoch gibt es entscheidende Unterschiede: die Bibel berichtet über Taten und Worte Gottes (Jesus Christus), ist also letztlich eine 'Erzählung', während der Koran als das unmittelbare 'Wort Gottes' gilt, von ihm Wort für Wort diktiert. Hieraus erklärt sich vermutlich das noch starrere Festhalten der Muslime an jedem Wort des Korans, während sich die christliche Kirche zu einer größeren (wenn auch immer noch sehr zähen) Interpretationsbereitschaft der Worte der Bibel durchringen konnte. Dies ermöglichte es ihr, ihre Glaubensbotschaften den zunehmenden Erkenntnissen der modernen Wissenschaften zumindest anzunähern. Dies ist dem Islam per definitionem nicht möglich, das 'diktierte Wort Gottes' kann und darf nicht verändert werden. Nicht zuletzt hieraus, ganz sicher aber auch aus der nie vollzogenen Trennung von Kirche und Staat,

---

* Karl Popper: Die offene Gesellschaft und ihre Feinde. Bd. 2, S. 276, Tübingen.

lässt sich die beinahe 'mittelalterliche Rückständigkeit' der islamischen Welt erklären. Die absolute Unveränderlichkeit aller religiösen Aussagen und Festlegungen, die bis ins letzte Detail Gültigkeit haben und in dieser Form auch von vielen islamischen Staaten ins soziale und politische Leben übernommen werden, führt geradezu zwangsläufig zu einer hohen Rigidität gegenüber allen Neuerungen und Veränderungen. Aus dieser Situation heraus ist vermutlich auch die Abwehr der islamischen Welt gegen alle von außen kommenden Einflüsse zu verstehen, die gegenwärtig die bedrohliche Form eines Kulturkampfes gegen den Westen annimmt. Bei allem Unverständnis darüber, wie dieser Kampf derzeit von fundamentalistischen Moslems ausgetragen wird, kann man die Schuld an diesem unseligen Konflikt nicht allein den Muslimen zuschieben, die versuchen, ihre zugegebenermaßen starre und rigide Glaubenswelt aufs äußerste zu verteidigen, sondern man muss auch sehen, dass auf der anderen Seite, nämlich in den fundamental christlichen Sekten der USA, eine genauso rigide Glaubensgemeinschaft besteht, die die gegenwärtige geopolitische Machtposition ihres Landes bedenkenlos nutzt, um den Rest der Welt nach den engen Regeln ihres eigenen Glaubens- und Wertekanons zu missionieren.

Fazit: So lange Religionen am unverbrüchlichen Wortlaut ihrer Glaubensaussagen festhalten, so lange werden sie Probleme haben, diese mit dem ständig zunehmenden Erkenntnisfortschritt unserer modernen Gesellschaft in Einklang zu bringen. So lange Religionen nicht bereit sind anzuerkennen, dass sie selbst – wie auch alle anderen Religionen – nur einen der vielen möglichen Zugangswege zu einem höheren Wesen (Gott) beschreiten, so lange sie also nicht bereit sind, von ihrem Alleinvertretungsanspruch Gottes abzugehen, so lange wird es keinen Frieden zwischen den Religionen geben.

Fragen:

- Glauben Sie an irgendeine Form des Weiterlebens nach dem Tode?
- Wenn Sie an die leibliche Auferstehung glauben, wie stellen sie sich diese dann genau vor? (Und: Führen Sie sich bitte diese ihre Vorstellung nochmals vor Augen, nachdem Sie das Kapitel über Kosmologie gelesen haben)
- Wenn Sie nicht an die ‚leibliche' Auferstehung glauben, wie stellen Sie sich dann ein Weiterleben als Seele oder Geistwesen vor?
- Welche Vorstellung haben Sie konkret über das Jenseits?
- Wo im (oder außerhalb des) Kosmos siedeln Sie das Jenseits an?
- Wie stellen Sie sich die Art Ihrer Existenz im Jenseits vor? Welche Voraussetzungen erwarten Sie dort?
- Wie müsste ein Leben im Jenseits aussehen, das Ihnen erstrebenswerter erschiene, als das schönste Leben, das Sie sich auf der Erde vorstellen können? Versuchen Sie es zu beschreiben.
- Wie steht es mit den Andersgläubigen: werden sie auch ins Jenseits eingelassen? Von welchem Gott, von Ihrem oder von deren Gott? In welches Jenseits, in das gleiche oder in verschiedene Jenseits?
- Finden Sie es gerecht, dass ein Mensch aufgrund seines Fehlverhaltens auf Erden für alle Zeiten verdammt wird? Welche Schuld kann so groß sein?
- Wäre es ausreichend, nicht an Gott zu glauben, um auf ewig verdammt zu sein?
- Wären Sie willens, gegen eine solche Entscheidung Widerspruch einzulegen – und welche Konsequenz hätte die Ablehnung Ihres Widerspruchs auf Ihren Glauben?
- Sind Sie wirklich sicher, dass es sich bei einem so hart und erbarmungslos strafenden Gott um einen liebenden Gott handelt?
- Abschließend: Warum wollen Sie eigentlich nicht, dass mit Ihrem Tod alles zu Ende ist? Was beunruhigt Sie so sehr an dieser Vorstellung?

- Glauben Sie, dass es je ein wirklich friedliches und tolerantes Nebeneinander von Religionen geben wird? Warum glauben Sie es nicht – bzw. unter welchen Voraussetzungen können Sie es sich vorstellen?
- Wenn Sie an die Zukunft der Menschheit denken, glauben Sie dann, a) dass es auch in ferner Zukunft noch Religionen geben wird, b) dass sich die Religionen vorteilhaft oder nachteilig auf die Entwicklung der Menschheit auswirken werden? Warum glauben Sie das?

Wer (oder was) ist Gott?

Ein Definitionsversuch

Mit dem Versuch, den Gottbegriff der Religionen zu beschreiben, beschränken wir uns im Wesentlichen auf die monotheistischen Religionen des Judentums, des Islams und vor allem des Christentums. Wir verzichten damit auf die geschichtliche Betrachtung des Gottesbildes der frühen Religionen (z.B. Animismus, Schamanismus etc.), in denen ein klar ausformulierter Gottbegriff noch nicht zu finden ist, und wir schließen die polytheistischen Religionen aus, in denen es eine Vielzahl einzelner Gottheiten gab und gibt, unabhängig davon, ob diesen wiederum ein höchster Gott(vater) vorsteht oder nicht. Und wir müssen die östlichen Religionen ausschließen, weil hier weniger von einem personalen Gott als vielmehr von einem 'ewigen Weltgesetz', einer der Welt zugrunde liegenden 'kosmischen' oder 'sittlichen Ordnung' gesprochen wird. Obwohl sich Christentum, Judentum und Islam letztlich auf den gleichen Gott berufen, wird er doch jeweils unterschiedlich beschrieben, werden ihm unterschiedliche Wesensmerkmale zugeordnet, wird seine Beziehung zu den Menschen auf andere Weise interpretiert, wird von unterschiedlichen Arten der Kontaktaufnahme zwischen Gott und den Menschen berichtet (Offenbarung), ordnet man ihm ein anderes Sittengesetz zu, definiert andere 'Sünden' und beschreibt unterschiedliche Formen des Weiterlebens nach dem Tode. Aber gibt es auch Gemeinsamkeiten? Gibt es Wesensmerkmale Gottes, die sich in mehr oder weniger identischer Form in den monotheistischen Religionen wieder finden? Gibt es so etwas wie den 'kleinsten gemeinsamen Nenner' für Gott? Vielleicht wäre dieser am ehesten in seiner grundsätzlichen Unbestimmbarkeit, seiner Unbenennbarkeit, seiner Unbegreiflichkeit, zu finden. So wie es schon die jüdische Religion und auch der Islam fordern, 'du sollst dir kein Bild von Gott machen', so sind auch viele christliche Denker zu dem Schluss gekommen, dass 'das, was wir von Gott wissen, ein Geringes ist im Vergleich zu dem, was wir nicht wissen'. Oder in anderen

Worten: wir können sehr viel leichter sagen, was Gott nicht ist, als was er ist. Die Frage ist nur, was machen wir mit einem ausschließlich negativ definierten Gott?

Die mögliche Existenz von etwas Unbegreiflichem und uns nicht Zugänglichen, ist für den Menschen letztlich ohne Interesse und ohne praktischen Wert. Wir können nicht zu ihm in Beziehung treten, wir können nicht zu ihm beten und nicht Schutz und Geborgenheit bei ihm suchen, wenn wir keine Vorstellung von ihm haben. In der Tat erweist es sich als schwieriges Unterfangen, Gott zu begrifflich zu fassen. Sowohl in den Heiligen Schriften der einzelnen Religionen als auch in den Ausführungen der kommentierenden Theologen findet sich wenig wirklich Konkretes. Selbst in theologischen Büchern, die sich ausschließlich dieser Frage widmen, muss man viele hundert Seiten lesen, um am Schluss zu erkennen, dass Gott mit unseren innerweltlichen Begriffen offensichtlich nicht zu fassen ist. Es scheint geradezu, dass je intellektueller der Versuch einer Begriffsdefinition für Gott vorgenommen wird, er umso weitschweifiger, nebulöser und weniger verständlich ausfällt. (Beispielhaft nachzulesen bei: H.J. Schulz Hsg.: Wer ist das eigentlich – Gott? S. 290 München 1969 und Hans Küng: Existiert Gott. S. 875 dtv 1985).

Am ehesten lassen sich noch im Volksglauben konkrete Inhalte eines Gottesbildes festmachen, die sich religionsübergreifend in etwa wie folgt zusammenfassen lassen. Demnach ist Gott:

- Einzig. Es gibt nur einen Gott.
- Ewig. Gott ist ohne Anfang und ohne Ende. In Gott findet Zeit nicht statt.
- Transzendent (übernatürlich).
- Personal, aber körperlos.
- Allmächtig.
- Vollkommen und gerecht.
- Liebend und verzeihend.
- Der Schöpfer des Weltalls und des Menschen.
- Der Erhalter und Lenker der Welt.
- Der Stifter eines Sittengesetzes, dem der Mensch zu folgen hat.

- Der Richter, der den Menschen nach seinem Tode hinsichtlich der Erfüllung dieses Sittengesetzes richtet und ihm ewiges Leben gewährt oder zu ewiger Verdammnis verurteilt.

Sehen wir uns einige dieser Wesensmerkmale kritisch an:

„Der eine Gott"

Versteht man Gott als zeitlosen (ewigen) Urgrund allen Seins, als die einzige und letzte Ursache in der alles gründet – dann kann es aus dieser Definition heraus nur 'einen' Gott geben. Insofern überwindet der Monotheismus die naive Vielgötterei, die zwangläufig zu einer Aufgabenteilung und beschränkten Macht der jeweiligen Einzelgötter führte (vgl. hierzu den griechischen Götterhimmel) und erweitert den Gottbegriff über die rein funktionale Beschreibung hinaus (der Gott des Feuers, die Göttin der Liebe,...) in die Dimension eines religions-philosophischen Urseins. Zweifellos ein entscheidender Fortschritt in der Entwicklung der Religionen. Ausgerechnet im Christentum wird jedoch der strenge monotheistische Gedanke wieder aufgeweicht. Während Judentum und Islam tatsächlich nur einen einzigen Gott verehren, beten die Christen zu Gottvater, Gottsohn (Jesus) und zum Heiligen Geist. Die Lehre von der 'Trinität' Gottes wurde, wie so viele Dogmen, erst in späteren Jahrhunderten ausgearbeitet (3./4. Jahrhundert), bereitet den christlichen Theologen jedoch bis heute ernste und andauende Interpretationsschwierigkeiten (vgl. hierzu: H. Küng: Existiert Gott, S. 729–767).

„Gott als übernatürliches Wesen"

In der gesamten Natur beobachten wir Entstehen und Vergehen. Nichts hat Bestand vor der fortschreitenden Natur, alles Seiende ist den Gesetzen der Natur unterworfen. Nur Gott wird hiervon ausgeschlossen, er steht außerhalb beziehungsweise über der Natur und ihrem gesetzlichen Ablauf. So formuliert Ludwig Feuerbach: „Der Glaube an die Existenz Gottes ist der Glaube an eine besondere, von der Existenz des Menschen und der Natur unterschiedene Existenz." Das Problem dabei: wir verfügen nur über

Erkenntnisse und Begriffe, die aus unserer diesseitigen, natürlichen Welt und Erfahrung stammen und können dem gemäß über eine 'jenseitige Welt' nichts aussagen. Sie ist nicht und kann nicht Gegenstand unserer Erfahrung oder gar einer wissenschaftlichen Überprüfung sein. Damit wird Gott zum reinen und ausschließlichen Glaubensobjekt, das wir nur auf der Plausibilitätsebene überprüfen können. Und genau dieser Aufgabe widmen wir uns in diesem Buch.

„Allmächtig, Vollkommen, Gerecht, Liebend, Verzeihend"

In allen monotheistischen Religionen ist Gott allmächtig und vollkommen. Diese beiden Eigenschaften werden erst dann problematisch, wenn man sie mit den ihm ebenfalls zugeordneten Attributen „ gerecht, liebend, verzeihend" verbindet. Denn dann stellt sich die Frage, wie das Böse und das Leid in dieser Welt zu erklären sind. Wie kann ein gleichzeitig allmächtiger, gerechter und liebender Gott unverschuldetes Leid zulassen? Dieser Frage wollen wir im folgenden Kapitel nachgehen

„Gott als Schöpfer des Weltalls und des Menschen"

Dies ist zweifellos die wesentlichste Funktion Gottes. Selbst in den nicht-monotheistischen Religionen wird der Ursprung der Welt und des Menschen aus Gott heraus erklärt. Nimmt man Gott diese Funktion, so ist Gott nicht mehr Gott. Er wird für den Menschen bedeutungslos. Er ist dann nicht mehr allmächtig, nicht mehr der Urgrund allen Seins und kann auch nicht mehr der Garant für ein Leben nach dem Tode sein. Aus diesem Grund ist die Schöpfungsfrage die zentrale Frage, wenn es um die Existenz Gottes geht, und deshalb nimmt sie in diesem Buch so breiten Raum ein. Durch die enormen Erkenntniszuwächse in den beiden Schlüsseldisziplinen, der Kosmologie (Entstehung des Weltalls) und der Evolutionsbiologie (Entstehung des Menschen), sind wir heute in der Lage, Gott aus beiden Schöpfungsprozessen zu eliminieren. Sowohl die Entstehung des Weltalls wie auch des Menschen ist vollständig und ausschließlich mithilfe der uns bekannten Naturgesetze zu erklären und bedarf keiner zusätzlichen übernatürlichen Erklärungshypothese (= Gott). Da man diese Behauptung nicht einfach nur so in den Raum stellen kann, werden in den Kapiteln zur Schöpfungsfrage dieses Buches die aktuellen Ergebnisse der modernen Kosmologie und Evolutionsbiologie ausführlich und auch für Laien verständlich dargestellt. So soll es dem Leser möglich werden, zu einem eigenen Urteil in dieser zentralen Frage vorzustoßen.

„Göttliches Moralgesetz"

Unbestritten zeichnen sich alle Religionen durch einen ihnen immanenten Moralkodex aus. Wie sehr dieser allerdings göttlichen Ursprungs ist, muss dahin gestellt bleiben. Alle menschlichen Gemeinschaften haben zu allen Zeiten einen Moralkodex entwickelt, um ihr Zusammenleben zu regeln, unabhängig ob und welcher Religion sie angehörten, und allzu offensichtlich ist es auch, dass sich die Grundregeln moralischen Verhaltens in allen Kulturen und Religionen gleichen. Liegt da nicht der Verdacht nahe, dass die Religionsgründer, von Moses über Jesus bis Mohammed, einfach auf die in ihrer Gesellschaft vorherrschenden Moralsysteme zurückgegriffen haben und sie lediglich geschickt vereinfachten oder ergänzten. Und beruht ihre einzige kreative Leistung nicht darauf, diesen Moralkodex unangreifbar zu machen, indem sie ihn auf die Autorität Gottes stützten. Niemand wird hierauf eine Antwort geben können, aber vielleicht ist auch die Antwort auf zwei andere Fragen viel wichtiger: wie wirksam erwies sich der göttlich fundierte Moralkodex zur Schaffung des 'besseren Menschen', und wie konsequent wurde er durch die Vertreter Gottes auf Erden, also durch die kirchlichen Würdenträger selbst, befolgt? Die erste Frage beantwortet sich durch einen Blick auf unsere gegenwärtige Welt, die zweite Frage durch die Lektüre des nachfolgenden Kapitels über die Kirchengeschichte. So bleibt letztlich nur die Frage, ob das starre und auf ewig festgeschriebene göttliche Gesetz einem 'menschlichen Moralgesetz' vorzuziehen ist, das an die sich verändernden Gegebenheiten unserer Gesellschaften angepasst werden kann und dessen Strafzumessung sehr viel humaner ausfällt als die unbegrenzten Höllenqualen der göttlichen Strafjustiz. Wir werden uns diesen Überlegungen am Ende des Buches noch ausführlicher zuwenden.

Die Theodizee-Frage

Eine Frage, die die Religionen – und das Christentum in besonderer Weise – von frühester Zeit an beschäftigt, ist die Frage, wie angesichts des Bösen und des vielen Leides in dieser Welt der Glaube an einen allmächtigen und gleichzeitig liebenden Gott aufrechterhalten werden kann? Oder wie Albert Camus zuspitzend fragt: „Wo ist Gott, wenn diese seine Schöpfung eine Welt ist, in der Kinder gemartert werden?" Und: in der ein Holocaust möglich wurde? Aus dieser Frage ergibt sich ein echter Konflikt für das Gottesverständnis. Wie kann ein Gott, den wir gleichzeitig als allmächtig, liebend und gütig verstehen, und der angeblich in dieser unseren Welt präsent und wirksam ist, all das Leid zulassen, das Menschen widerfährt. Insbesondere dann, wenn dieses Leid offensichtlich unverschuldet ist und nicht als – wie auch immer zu rechtfertigende – Strafe gedeutet werden kann.

Schon vor 2000 Jahren hat Epikur eine Antwort auf diese Frage (Theodizee) versucht: „Entweder will Gott das Böse beseitigen und kann es nicht, oder er kann es nicht und will es nicht, oder er kann es und will es. Denn wenn er will und nicht kann, ist er nicht Gott und wenn er kann und nicht will, so ist er missgünstig, was Gott fremd ist. Wenn er nicht will und nicht kann, so ist er missgünstig und schwach und damit ebenfalls nicht Gott. Wenn er aber kann und will, was allein Gott entspräche: Woher kommt dann das Böse?"

Nicht alle Religionen haben gleichermaßen große Probleme im Umgang mit der Theodizee wie das Christentum. So ist der Jahwe des Judentums nicht nur der liebende, sondern auch der zürnende und rächende Gott, der mit harter Hand seine Strafen schon im Diesseits verhängt. Die Götter der Griechen waren den Menschen sowieso nicht nur wohl gesonnen, sondern begegneten ihnen von Fall zu Fall mit purem Neid, Missgunst und Zorn.

Der Zoroastrismus unterschied von Anbeginn zwischen dem gütigen Gott Ahura Mazda, der ein Freund und Liebender der Menschen ist, und seinem Gegenspieler Ahriman, der für das Leid der Menschen verantwortlich ist. Der einzige böse Gegenspieler, den die christliche Religion kennt, ist der Satan, der jedoch unter Gottes Machteinfluss steht. Wenn er also der Verursacher des Bösen und des Leides sein sollte, so lässt Gott es immerhin zu. Das Christentum beruft sich voll und ganz auf den einen, allmächtigen, allwissenden und gerechten Gott, der diese Welt und den Menschen (nach seinem Ebenbild!) geschaffen hat und der ein liebender und verzeihender Gott ist, der in seiner Schöpfung weiterhin präsent ist.

Von diesem Gottesbild ausgehend, zog Wilhelm Leibniz den konsequenten Schluss, dass diese Welt „die beste unter allen möglichen Welten" sein muss, „da sie unmittelbar aus dem Wesen Gottes hervorgeht". Eine Aussage, die angesichts der realen Welt schon zu Leibniz' Zeiten einigen Mut erforderte, und angesichts einer Welt, wie sie sich heute präsentiert, nicht nur naiv, sondern geradezu menschenverachtend wirkt. Man kann Leibniz jedoch keinen großen Vorwurf machen, schließlich hat er die Gott unterstellten Attribute nur konsequent auf dessen Schöpfung übertragen. Seine Schlussfolgerung lautete: „Denn gäbe es eine bessere Welt, so hätte sie Gott entweder nicht gekannt, was seiner Allwissenheit widerspricht, oder er hätte sie nicht zu schaffen vermocht, was seiner Allmacht widerspricht oder er hätte sie nicht schaffen wollen, was seiner Allgüte zuwiderlaufen würde."

Angesichts der unwiderlegbaren Faktizität des Bösen und des Leides in dieser Welt müsste uns Gott zwei Fragen beantworten: Erstens: wenn er der Ursprung alles Seienden (Mensch und Welt) ist, woher kommt dann das Böse, wenn nicht aus ihm? Zweitens: Selbst wenn das Böse nicht aus ihm kommen sollte, warum lässt er es dann zu, wo er doch allmächtig und gleichzeitig gütig und liebend ist? Jakob Böhme (1575–1624), ein Denker an der Schwelle vom Mittelalter zur Neuzeit, sieht von vorneherein das Gute und Böse in Gott: "damit das Gute (die Wahrheit) offenbar werden könne, braucht es im Bösen seinen Gegenentwurf. Das Ja und das Nein, der Himmel und die Hölle, sind gleichermaßen in

Gott. Selbst das größte Geschenk Gottes an die Menschen, der freie Wille, mit dem sich der Mensch eigenständig zwischen Gut und Böse entscheiden kann, ist aus „Gottes Liebe und Zorn gegeben". Und auch der Prophet Jesajas zitiert den Gott des Alten Testaments mit den Worten: „Ich bilde das Licht und schaffe die Finsternis, ich wirke Heil und schaffe Unheil." Yahwe, der Gott des Alten Testaments ist oft ein zorniger Gott, der fürchterliche Strafen verhängt und seinen Geschöpfen mit Vernichtung und Verhängnis droht: Der Prophet Jesajas sagt über Yahwe: "Ich bilde das Licht und schaffe die Finsternis, ich wirke Heil und schaffe Unheil." In den Psalmen steht: „Der Gerechte wird seine Füße baden in der Gottlosen Blut", oder „Wohl dem, der deine Kindlein packt und am Felsen zerschmettert". Leibniz, der sich wie kaum ein anderer mit dem Problem der Theodizee auseinandergesetzt hat, begründet die Unvollkommenheit des Menschen, aus der heraus das Böse in dieser Welt möglich wird, vor allem damit, dass geschaffene Wesen zwangsläufig unvollkommen sein müssen, da sie sonst gottgleich wären. Eine zweifellos vordergründige Logik: Gott hätte die Menschen zumindest etwas weniger böse und die Welt etwas weniger leidvoll einrichten können, es wäre dann immer noch genügend Abstand zwischen ihm und den Menschen geblieben.

Das Problem der Theodizee muss sicher unterschiedlich betrachtet werden, je nach Art und Ursprung des in ihr zugrunde gelegten Leides:

- das Leid (das Böse), das die Menschen einander in Absicht selbst zufügen (das moralisch Böse).
- das Leid, das den Menschen aus der – von Gott geschaffenen! – Natur erwächst (Naturkatastrophen).
- das schuldlose Leid durch Krankheiten, Schicksalsschläge und Tod.
- das auferlegte Leid durch die Erbsünde.
- das Leiden der Tiere (nicht schuldfähiger Kreaturen Gottes).

Das 'moralisch Böse' – so sagen die Theologen – ist möglich, weil Gott dem Menschen einen freien Willen gegeben hat. Dieser ermöglicht es ihm, eigenständig zwischen Gut und Böse zu unterscheiden und sein Verhalten danach auszurichten. Die Verantwortung für das Böse wird also von Gott auf den Menschen verlagert. Nun kann man sich allerdings fragen, warum Gott den freien Willen bis hin zum absolut Bösen ermöglicht hat? Warum muss ein freier Wille die monströse Grausamkeit beinhalten, die wir allenthalben auf dieser Welt erleben? Welchen Sinn macht dies? Es gäbe doch noch genügend Spielraum für die Ausgestaltung eines selbst bestimmten, frei entschiedenen Lebens, wenn es nicht Mord, Folterung und Vergewaltigung beinhalten würde. Musste Auschwitz möglich sein? Muss das moralisch Böse und Verwerfliche wirklich eine Option des freien Willens sein, wenn man an die unbegrenzte gestalterische Möglichkeit Gottes denkt? Unser so genannter 'freier Wille' ist doch auch in anderen Bereichen vielfach eingeschränkt. Muss also nicht angenommen werden, dass ein so ausgestalteter freier Wille von Gott gewollt ist? Dass er das Böse also wollte oder zumindest die Möglichkeit zum Bösen? Ist in Gott also doch das Gute und das Böse vereint? Zumindest erschiene es dann wieder möglich, den Menschen als Ebenbild Gottes zu sehen! Noch ein Wort zur moralischen Schuldfähigkeit des Menschen und seinen Folgen. Selbst wenn wir unterstellen, dass der freie Wille den Menschen für seine Taten verantwortlich und damit auch schuldfähig macht, muss doch auch die Frage nach der Höhe der Schuldzumessung erlaubt sein, die Gott verhängt. Vom Fegefeuer bis zur ewigen Verdammnis reicht das Strafregister, ausgeschmückt mit den schlimmsten Höllenqualen. Welch ein grausamer Gott, der das Versagen eines von ihm geschaffenen Wesens nie verzeiht, der ihm eine 'ewige' und fürchterliche Strafe androht. Wie barmherzig sind wir Menschen dagegen, die wir Folter und Todesstrafe (zumindest in den westlichen Demokratien) abgeschafft haben und wo wir vor einer Verurteilung alle Möglichkeiten der Schuldreduzierung sorgfältig prüfen („in dubio pro reo"). In einer aktuellen Publikation, in der sich Susan Neimann*) aus-

---

* Susan Neimann: Das Böse denken, S. 49, Frankfurt/Main. 2004

führlich mit dem „Bösen" auseinandersetzt, steht folgender Satz: „Sich einen Gott vorzustellen, der viele von ihm geschaffene Lebensformen als sündig verurteilt, und uns dann auf ewig quält, nur weil wir ihnen kurzzeitig folgten, bedeutet wohl kaum, eine Lösung für das Problem des Bösen anzubieten. Einen Gott zu postulieren, der endloses und ewiges Leid zulässt, wird schwerlich unsere Zweifel an einem Gott dämpfen, der endliches und zeitlich begrenztes Leiden zulässt."

Gibt es beim 'moralisch Bösen' zumindest die Möglichkeit, die Schuld dem Menschen anzulasten und entsprechendes Leid als Strafe dafür anzusehen, so wird dies umso fraglicher in den Bereichen, die der Mensch nicht zu beeinflussen vermag, wo ihn also unverschuldetes Leid trifft, seien es schwere oder tödliche Krankheiten, Existenz bedrohende Naturkatastrophen oder Schicksalsschläge im Familienkreis. Wer übernimmt die Verantwortung hierfür, wer ist verantwortlich für schuldloses Leid? Niemand? Auch nicht Gott, der diese Welt doch so perfekt geschaffen hat? Wie kann man von einer perfekten oder auch nur guten und gerechten Welt sprechen, in der unaufhörlich und allenthalben namenloses Leid über schuldlose Menschen kommt? Wären wir nicht längst so abgestumpft, müssten wir uns diese Frage täglich stellen und nicht nur in Katastrophen des Ausmaßes, wie wir sie gerade jetzt erleben mussten. Ich spreche von der entsetzlichen Tsunami-Flutwelle, die im Dezember 2004 mehr als 200.000 Menschenleben vernichtete und unermessliches Elend bei den Überlebenden hinterließ. Unter dem Titel „Wann bist Du lieb, lieber Gott" werden in einer 'Weihnachtsgeschichte der anderen Art' in der Süddeutschen Zeitung (Ausgabe 296, 2003) folgende Überlegungen und Fragen gestellt: „Wo ist die göttliche Güte, Gerechtigkeit, Allmacht? Wo ist sie in den israelischen Cafes, in denen sich Selbstmörder in die Luft sprengen, wo in den Dörfern Afghanistans und den Wohnsiedlungen des Irak, auf die die amerikanischen Bomben fallen, wo in den Folterkellern der Diktaturen? Wo ist sie, wenn Menschen an dem Leid verzweifeln, das über sie kommt? In ein paar Tagen werden die Jahresrückblicke erscheinen. Ein Hinweis auf Gott, der, wie das Kirchenlied meint, 'alles so herrlich regieret', wird fehlen, unter anderem deshalb, weil auch so ein Rückblick zeigt, dass von herrlichem Regieren nicht die Rede sein kann. Auch die glühendsten Verfechter eines Gottesbezugs in der EU-Verfassung tun sich schwer mit der Erklärung, was dieser Gott eigentlich macht. Es verlangt von dem, der an Gott glaubt, entweder ungeheure Naivität oder ein ungeheures Ringen – so wie im Abschiedsbrief des Jossel Rakover im Warschauer Ghetto: 'Ich kann dich nicht loben für die Taten, die Du duldest. Ich segne und lobe Dich für Deine schreckliche Größe. Wie gewaltig muss Deine Größe sein, wenn sogar das, was jetzt geschieht, auf Dich keinen entscheidenden Eindruck macht.". Oder die Frage Wolfgang Borcherts, der aus dem Krieg in die zertrümmerte Heimat zurückkommt: „Wann bist Du eigentlich lieb, lieber Gott? Warst Du lieb, als Du meinen Jungen, der gerade ein Jahr alt war, von einer brüllenden Bombe zerreißen ließt?". (Ende des Zitats)

Im Leid der Schuldlosen stellt sich die Frage nach Gottes Verantwortung in voller Schärfe. Dieses Leid wächst nicht aus moralischem Fehlverhalten des betroffenen Menschen, sondern unmittelbar aus der vom Menschen nicht beeinflussbaren und nicht zu verantwortenden Schöpfung Gottes. Für die Tsunami-Welle, die innerhalb von wenigen Stunden 200.000 Menschenleben vernichtete, ist nicht der Mensch verantwortlich. Wer dann? Gott oder die Natur? Aber die Natur ist doch Gottes Schöpfung!? Also hat er sie nicht perfekt eingerichtet! Und wieder erhebt sich dann die Frage: konnte er es nicht oder wollte er es nicht?

Wenn er es nicht konnte, war er entweder nicht der allmächtige Gott, oder er wollte keine perfekte Welt (auch diese Alternative sollte mit einbezogen werden), oder er hat eine andere Vorstellung von einer perfekten Welt als die Menschen sie haben. Vielleicht hat er die Schöpfung nicht auf den Menschen und dessen Bedürfnisse hin eingerichtet, sondern (nur) auf einen reibungslosen physikalischen Ablauf? Vielleicht waren (sind) ihm die Menschen gar nicht so wichtig? Vielleicht hat er die Menschen dem ganzen gesetzmäßigen Ablauf des Universums genauso unterworfen wie die Sterne und Galaxien? Vielleicht ist die Sonderstellung des Menschen nur eine Wunschprojektion des Menschen? Vielleicht erträumt sich der Mensch nur die liebende Zuwendung eines Schöpfergottes und macht ihn deshalb fälschlich dafür verantwortlich, wenn ihm diese Liebe nicht zuteil wird? Wie auch immer: irgendein Attribut Gottes fällt diesen Fragen zum Opfer. Entweder seine Allmacht oder seine Liebe zu den Menschen oder die Vorstellung, Gott hätte eine für den Menschen gute Welt geschaffen.

Die christliche Religion, wie alle anderen Schöpfungsreligionen auch, spricht von einem Gott, der in dieser seiner Schöpfung allgegenwärtig ist und in ihr nach wie vor unumschränkt mächtig wirkt. Spätestens mit dieser Aussage wird die Theodizee zum unlösbaren Problem der Schöpfungsreligionen. Ein Gott, der diese Welt nicht nur geschaffen hat, sondern in ihr noch immer wirkend präsent ist, muss auch die volle Verantwortung für das unverschuldete Leid übernehmen, das so viele Menschen trifft. Andererseits gäbe es eine elegante Möglichkeit, diesem Dilemma zu entkommen: Gottes Schöpfungsakt könnte so interpretiert werden, dass er diese Welt zwar nach einem festen Plan geschaffen und ihr grundsätzliches Funktionieren sichergestellt hat (z.B. durch die Einrichtung der Naturgesetze), sich dann aber aus ihr zurückgezogen hat. Dies ist eine Interpretation des Schöpfergottes, die gelegentlich von Naturwissenschaftlern favorisiert wird, von den Religionen aber nicht geteilt wird. Damit entfällt auch diese bequeme Lösung des Theodizee-Problems und man kann sich nur weiterhin darüber wundern, wie Gläubige mit der 'Liebe' und 'Gerechtigkeit' ihres Gottes in einer Welt zurecht kommen, die sich so darstellt wie wir sie täglich in den Nachrichtensendungen erleben.

Abschließend zum Themenkreis der Theodizee sollen noch zwei Sonderprobleme zur Sprache kommen: Die Lehre von der Erbsünde sowie das Problem des Leids von Tieren. Auch die Erbsünde ist ein Thema, das die Frage nach Gottes Gerechtigkeit und Liebe in Frage stellt. Wie kann Gott eine Verfehlung der ersten von ihm geschaffenen Menschen (Sündenfall von Adam und Eva) als Schuld auf die gesamte nachfolgende Menschheit übertragen? Wie ist es unter den Vorzeichen von Liebe und Gerechtigkeit zu verstehen, dass Gott die gesamte Menschheit in eine unbegrenzte Sippenhaft nimmt? Wieder einmal scheint es, dass sich die Menschen moralischer verhalten als Gott, wurde doch die 'Sippenhaft' in zivilisierten Völkern schon lange abgeschafft, und auch der Begriff der 'unendlichen Schuld' kommt in Zivilrecht nicht vor. Wieder einmal steht also ein rachsüchtiger und nachtragender Gott, dem ein Fehltritt seiner Kreaturen genügt, um diese für alle Zeiten aus seinem Paradies zu verbannen, einem angeblich liebenden und verzeihenden Gott gegenüber. Es ist auch nicht uninteressant, die Frage zu untersuchen, wofür Gott Adam und Eva eigentlich bestraft hat. Nach christlicher Lesart, für die Hybris 'Gott gleich sein' zu wollen. Warum aber sollte der Mensch sich nicht bemühen, seinem Schöpfer ähnlich zu werden. Was ist falsch an einem Streben nach Vollendung und Perfektion? Gott wird wohl kaum befürchten müssen, dass seine Geschöpfe ihm 'gleich' werden, er scheint es aber schon nicht zu akzeptieren, wenn sie sich seiner bewahrenden Hand entziehen wollen, um vielleicht ein selbst gestaltetes Leben zu führen. Straft Gott den Menschen dafür, dass er seine Eigengeschöpflichkeit anstrebt, will er ihn nicht in eine positive Eigenverantwortung entlassen? Wenn dem so ist, dann war der Sündenfall ein Glücksfall für die Menschheit, die erste Revolution gegen Bevormundung. Und wenn uns Gott nach dem ersten Sündenfall aus seinem Paradies vertrieben hat, sollten wir heute einen zweiten Sündenfall wagen und Gott aus unserer Welt vertreiben.

Eine andere und letzte Betrachtung zum Problem der Theodizee, ergibt sich aus dem Leiden der Tiere. Vor allem aus dem Blickwinkel des Christentums, das – anders als die östlichen Religionen – den Tieren nie besondere Aufmerksamkeit schenkte und den Menschen sogar das Recht einräumte, sich die restliche Natur untertan zu machen. Da aber auch die Tiere Kreaturen Gottes sind, müsste ihnen seine Liebe und Fürsorge genauso zukommen wie den Menschen. Mehr noch: da Tiere über keinen freien Willen verfügen, sind sie a priori nicht schuldfähig und jegliches Leid, das ihnen widerfährt, ist schuldlos zugefügtes Leid. Welchen Sinn macht also das Leiden der Tiere? Niemand möge auch behaupten, dass Tiere nicht leiden. Den Mechanismus des 'Fressens und Gefressen-Werdens' hat die Natur (oder Gott?) auf das Grausamste eingerichtet. Man beobachte nur einmal das so harmlos wirkende Spiel der Katze mit der Maus, die sie nicht einfach tötet, sondern mit der sie ein langes tödliches Spiel betreibt, oder das Jagen und Schlagen einer Antilope durch eine Löwin, die ihr Mahl schon beginnt bevor die Antilope wirklich verendet ist, oder die Gottesanbeterin (Insekt), die ihrem Männchen noch während der Kopulation den Kopf abbeißt. Diese Aufzählung an Grausamkeiten an der unschuldigen Kreatur Tier ließe sich beliebig lange fortsetzen. Ist das – unter dem Blickwinkel der Tiere – die 'beste aller möglichen Welten, die unmittelbar aus dem Wesen Gottes hervorging', um W. Leibniz noch einmal zu zitieren? Ist das die Liebe Gottes, die er seinen Kreaturen entgegenbringt? Denn wir wollen nicht vergessen, wenn Gott in dieser Welt wirkend präsent ist, dann sieht er all diesem Leid zu und lässt es willentlich geschehen!

Die Widerlegung der Gottesbeweise durch Immanuel Kant

Schon seit der Antike hat sich der Mensch bemüht, Beweise für die Existenz Gottes zu finden (Platon, Aristoteles). Im Mittelalter wurde dieses Bemühen durch die frühen christlichen Denker Augustinus, Thomas von Aquin und Anselm von Canterbury aufgegriffen und durch das ganze Mittelalter hindurch fortgeführt bis zu Descartes, Spinoza und Leibniz. Immer wieder wurde auch Kritik an diesen so genannten Beweisen laut, aber erst der große Denker der beginnenden Neuzeit, Immanuel Kant, hat sie in seiner 'Kritik der reinen Vernunft' endgültig widerlegt. Vorausschickend sei bemerkt, dass Kant grundsätzlich die Existenz Gottes weder für beweisbar noch für nicht beweisbar erachtet.

Kant sieht Gott als 'Ideal', dessen Existenz sich aus der Erfahrung heraus nicht überprüfen lässt, in seiner möglichen Existenz allerdings auch nicht widerlegbar ist. Dies hält ihn jedoch nicht davon ab, sich den drei 'Klassischen Gottesbeweisen' unter erkenntniskritischen Gesichtspunkten ausführlich zu widmen, dem sog. kosmologischen, dem teleologischen und dem ontologischen Gottesbeweis. Allen drei Gottesbeweisen liegt nach Kant die gleiche fehlerhafte Voraussetzung zugrunde: von einem erdachten Begriff, einem Ideal (z.B. der Vollkommenheit) wird auf die Existenz eines transzendenten Wesens geschlossen, dem diese Eigenschaft zukommt. Dies aber ist unzulässig, wie Kant akribisch nachweist.

Kritik am „ontologischen Gottesbeweis"

Die Annahme: „Ein metaphysisch allervollkommenstes Wesen muss notwendig existieren, denn wenn es nicht existierte, so würde ihm eine Vollkommenheit, nämlich die Existenz fehlen. Das Dasein Gottes lässt sich also von seinem Begriff her als notwendig erweisen." Kant hingegen zeigt: „Zur Realität bzw. Vollkommenheit des allerrealsten Wesens gehört nicht das Dasein! Denn Realität ist ein Sachgehalt, eine Sachheit. Das Dasein ist aber kein Etwas, was zu dem Begriffe eines Dinges hinzukommen könnte. Er ist bloß die Position eines Dinges." „Wenn ich also ein Ding, durch welche und wie viel Prädikate ich will, denke, so kommt dadurch, dass ich noch hinzusetze, dieses Ding ist, nicht das mindeste zu dem Dinge hinzu" „Es ist an dem so berühmten ontologischen (cartesianischen) Beweise, vom Dasein eines höchsten Wesens, aus Begriffen, alle Mühe und Arbeit verloren, und ein Mensch möchte wohl ebenso wenig aus bloßen Ideen an Einsichten reicher werden, als ein Kaufmann an Vermögen, wenn er, um seinen Zustand zu verbessern, seinem Kassenbestande einige Nullen anhängen wollte".* Fazit: Aus dem nur gedachten Begriff von etwas folgt noch nicht dessen Wirklichkeit! Oder: Aus einem sprachlichen Begriff kann man nicht auf dessen außersprachliche Wirklichkeit schließen, selbst dann nicht, wenn man die „Existenz" mit in die Definition dieses Begriffes aufnehmen würde. Durch sprachliche Festlegungen lässt sich die Wirklichkeit nicht beeinflussen und auch nicht belegen.

Kritik am „kosmologischen Gottesbeweis"

Die Annahme: „Wenn etwas existiert, so muss auch ein schlechterdings notwendiges Wesen existieren. Nun existiere, zum mindesten, ich selbst, also existiert ein absolut notwendiges Wesen."

---

* Immanuel Kant: Die Kritik der reinen Vernunft, Felix Meiner Verlag, 2003

Kant gibt diesem Beweis gegenüber dem ontologischen den Vorzug, weil er zumindest die Erfahrung mit einbezieht. Dennoch bemerkt er kritisch: „In diesem kosmologischen Argumente kommen so viel vernünftelnde Grundsätze zusammen, dass die spekulative Vernunft hier alle ihre dialektische Kunst aufgeboten zu haben scheint, um den größtmöglichen transzendentalen Schein zu Stande zu bringen".

Kant widmet sich zunächst dem zweiten Teil des Beweises und stellt fest, dass dieser eigentlich nur die Umkehrung des ontologischen Arguments ist, so dass er sagt: „Es ist also eigentlich nur der ontologische Beweis aus lauter Begriffen, der in dem so genannten kosmologischen alle Beweiskraft enthält." (I. Kant, S.680). In diesem zweiten Satz des kosmologischen Beweises wird zwar die Gesamtheit der 'Realität' in ihrem Verhältnis zur 'absoluten Notwendigkeit' angesprochen, da aber von letzterer nichts in der Erfahrung angetroffen wird, handelt es sich wieder – wie schon im ontologischen Gottesbeweis – um eine reine Begriffsargumentation. Die entscheidende Kritik Kants bezieht sich jedoch auf den ersten Beweissatz. Die immanente Schlussfolgerung, die dieser erste Beweissatz zieht, ist nicht zulässig, nämlich: a) wenn etwas existiert, so ist auch etwas Unbedingtes – und b) was unbedingt existiert, existiert als schlechthin notwendiges Wesen.

Zu a): Hinter dieser Schlussfolgerung steckt die Annahme, dass jedes Ereignis eine Ursache hat. Verfolgt man die Ursachenkette rückwärts, so ließe sie sich theoretisch ins Unendliche fortsetzen, man könnte immer wieder nach der Ursache des zuletzt festgestellten Ereignisses fragen und käme nie zu einem Ende. Um diesem Problem zu entgehen, definiert der kosmologische Beweis Gott als 'Erstursache', der den Gesamtablauf aller Ereignisse in Gang gesetzt hat. In dieser Annahme liegt ein schwerwiegender logischer Fehler, auf den schon Schopenhauer hingewiesen hat: man kann die Kausalitätskette nicht einfach dort abbrechen, wo es einem gefällt oder wo einem nichts mehr einfällt. Vielmehr müsste aus dem Kausalitätsprinzip ganz notwendig der Schluss abgeleitet werden, dass die Abfolge von Ursachen und Wirkungen unendlich ist und es dem gemäß gar keine

Erstursache geben kann. Die abgeleitete zweite Folgerung b) ist nach Kant „keine notwendige Folgerung, denn das Unbedingte kann für eine Reihe notwendig sein, es selber aber, und die Reihe mag immer zufällig sein". Die Existenz eines Zufälligen rechtfertigt aber nicht logisch zwingend die Annahme eines absolut notwendigen Wesens, selbst wenn man die Existenz eines Unbedingten zugibt. Fazit: Gott als 'erste Ursache' lässt sich streng logisch nicht beweisen, da sich das Kausalitätsprinzip nach Kant nicht einfach anwenden lässt, „wenn es mit einem Bein im Realen und mit dem anderen im Unendlichen steht".

Kritik am „physikotheologischen Gottesbeweis"

Dieser Gottesbeweis wird in der Religionsgeschichte häufiger als „teleologischer Gottesbeweis" geführt. Die Annahme: „In der Welt finden sich allerwärts deutliche Zeichen einer Anordnung nach bestimmter Absicht, mit großer Weisheit ausgeführt. Den Dingen der Welt ist diese zweckmäßige Anordnung ganz fremd und hängt ihnen nur zufällig an. Es existiert also eine erhabene und weise Ursache (oder mehrere), die als Intelligenz, durch Freiheit die Ursache der Welt sein muss. Die Einheit derselben lässt sich aus der Einheit der wechselseitigen Beziehung der Teile der Welt nach allen Grundsätzen der Analogie, mit Wahrscheinlichkeit schließen." (I. Kant, S. 695)

Kant kritisiert: Wieder wird der unzulässige Schritt von 'Gegenständen der Sinnenwelt' auf das Übersinnliche vollzogen. Des Weiteren ist auch der Schluss von der Zweckmäßigkeit der Natur auf einen vernünftigen Urheber nicht zulässig. Kant bemängelt auch, dass dieser Beweis allenfalls einen 'Weltbaumeister' nahe lege, der allein schon durch den ihm zur Verfügung stehenden Stoff eingeschränkt wird, und nicht einen Weltschöpfer, der im Stande wäre, eine Welt unter moralischen Gesetzen zu liefern. Letztlich und vor allem weist Kant darauf hin, dass dieser Beweis aus sich heraus nicht tragfähig ist und sich der Argumente der beiden anderen Gottesbeweise bedienen muss, die von ihm bereits abgelehnt wurden.

Abschließend urteilt Kant: „Für das Dasein des Urwesens, als einer Gottheit ist schlechterdings kein Beweis in theoretischer Absicht für die menschliche Vernunft möglich". Und: „Vom Übersinnlichen ist, was das spekulative Vermögen der Vernunft betrifft, keine Erkenntnis möglich und zwar weil wir nie über die Grenze möglicher Erfahrung hinauskommen können." Und auch Hans Küng* fasst lapidar zusammen: „Kein Zweifel: Der Beweischarakter der Gottesbeweise ist heute erledigt."

Anmerkung: Auf den Gottesbegriff Kants kommen wir an späterer Stelle noch ausführlicher zu sprechen.

---

* Hans Küng: Existiert Gott?, dtv, 1985, S. 588

B) Religionskritik

Die Irrungen der (christlichen) Kirche

Man kann zu Recht fragen, ob es notwendig ist, auf die Kirche einzugehen, wenn man von Gott sprechen will. Zu sehr erscheint dem kritischen Betrachter die Kirche als ausschließlich menschliches Machwerk und 'Machtwerk' und weniger als göttlich inspirierte Institution, und zu leicht würde man es sich als Gottkritiker machen, würde man seine Nicht-Existenz mit dem oft sehr fragwürdigen Auftritt seiner Kirche beweisen wollen. Trotzdem erscheint es geboten, einen kurzen kritischen Blick auf die Kirchengeschichte zu werfen, da sich der Wert einer Religion nicht nur in ihrem Gottesbild, sondern auch in ihrem Menschenbild zeigt, und nicht nur in ihren Lehren und Offenbarungen, sondern auch in ihrem praktischen Vollzug. Jeder Mensch und jede menschliche Organisation – und hierzu zählt auch die Kirche – muss sich nicht nur an ihren Zielen, sondern auch an ihren Taten messen lassen.

Anmerkung: Die nachfolgenden Ausführungen beziehen sich ausschließlich auf die christliche Kirche, zum einen, weil sie den Begriff der 'Kirche' exemplarisch repräsentiert und ihre Geschichte auch am umfassendsten dokumentiert ist, zum anderen, weil sie über zwei Jahrtausende die bestimmende Kraft des westlichen Kulturkreises darstellte. Die gegenwärtigen Exzesse des islamistischen Fundamentalismus zeigen jedoch allzu deutlich, dass die nachfolgend dargestellten Verfehlungen der christlichen Kirche in anderen Religionen ihre Entsprechungen finden – und dies bis in unsere heutige, aufgeklärte Zeit.

Die Verfälschung der Ursprungslehre / Probleme der Überlieferung

Auf dieses Thema wurde bereits an anderer Stelle kurz eingegangen (vgl. Kap.: Das Christentum). Hier noch einige ergänzende Aspekte. Bereits in der frühen Urkirche existierten viele und divergente Christusbilder, die in drei Hauptrichtungen zusammenflossen: die 'Logos'-Anhänger, die Jesus zwar als göttlich anerkannten, ihn aber deutlich unter dem Vater ansiedelten, die 'Adoptisten', nach deren Vorstellung Christus von göttlicher Kraft erfüllt war, aber von Gott nur adoptiert wurde (vergottet) und letztlich die 'Modisten', die Jesus als eine Erscheinungsweise Gottes erklärten und damit zu den Vorbereitern des Trinitätsgedankens wurden. Erst als die christliche Religion im 4.Jahrhundert von den römischen Kaisern immer mehr zur Staatsreligion erhoben wurde, bemühte sich die Kirche, Klarheit in das Christusbild zu bringen. So wurde, wie an anderer Stelle bereits erwähnt, erst auf dem Konzil von Nicäa im Jahre 325, das Dogma verabschiedet: Jesus Christus ist als wahrer Sohn Gottes von gleicher Wesenheit mit dem Vater". Einwände gegen diese Dogmen und die Heilige Schrift als Ganzes wurden von nun an nicht mehr zugelassen, Andersdenkende galten fortan als Ketzer und Gotteslästerer.

Trotz rigider Strafen gegen Abweichler konnte nicht verhindert werden, dass die Glaubensstreitigkeiten innerhalb der Kirche weiter tobten und im Laufe der Geschichte zu einer Reihe von Sekten- und auch selbständigen Kirchengründungen führten. Hierzu gehören: die Trennung zwischen römischer und griechisch-orthodoxer Kirche mit gegenseitigen Bannflüchen und Exkommunikationen (großes 'abendländisches Schisma' 1054), die Gemeinschaft der Katharer, von denen sich das Wort „Ketzer" herleitet, die die kirchlichen Sakramente sowie den Heiligenkult verwarfen, die Waldenser, die alle Arten von Kriegen und jegliche Blutgerichtsbarkeit ablehnten und das Fegefeuer bestritten, das Schisma (1378) innerhalb der römischen Kirche, wo dem Papst in Rom ein Gegenpapst in Avignon gegenüberstand, und letztlich die große protestantische Kirchenspaltung, die fast sofort zu einer weiteren Trennung zwischen Lutheranern, Kalvinisten und Zwinglianern führte. In der Neuzeit kam es dann zu einer wahren Inflation an Sekten und sog. Freikirchen, deren Aufzählung uns hier überfordern würde (von Adventisten, Altkatholiken, Anthroposophen über Baptisten, Episkopalisten, Heilsarmee und Jehovas Zeugen bis hin zu Mormonen, Mennoniten, Methodisten, Presbyterianern etc.).

Auf die Probleme der Überlieferung dessen, was Jesus wirklich sagte und tat, und auf den Wahrheitsgehalt des Neuen Testaments (Evangelien) wurde bereits an anderer Stelle ausführlich eingegangen. Es sei nur nochmals erwähnt, dass die Überlieferung von 'Gottes Wort' im Laufe der Zeit und nicht nur im Christentum, sondern auch in anderen Religionen, so vielen Verbiegungen, um nicht zu sagen Verfälschungen ausgesetzt war; und von so vielen Menschen interpretiert, kommentiert und ergänzt wurde, dass der authentische Gehalt dieser Aussagen nicht mehr überprüfbar ist. Peter Sloterdijk bemerkt hierzu: „Was man von Jesus weiß, ist nur außerordentlich fragmentarisch und in seiner Authentizität nicht mit letzter Sicherheit fassbar. Theologie ist somit schon im ersten Augenblick ein Zwittergebilde aus Glaube und Zweifel, das sich in die Einfachheit des 'bloßen Glaubens' zurück lügen möchte".

Die Behinderung von Bildung, Wissenschaft und freiem Denken

Es ist nicht weiter verwunderlich, dass die Kirche, die so mühsam ihre Glaubensinhalte definieren und stabilisieren musste, allen kritischen Einwänden aufs Schärfste begegnete. Eine so große und ständig wachsende Organisation konnte sich einer dauerhaften Destabilisierung und Anfechtung ihrer Grundlagen nicht aussetzen. Bei innerkirchlichen und die Glaubensinhalte betreffenden Interpretationsschwierigkeiten konnte sich die Kirche auf ihre Position als rechtmäßige Vertreterin und Interpretin von Gottes Wort berufen und damit jede Abweichung von ihren Aussagen und Dogmen als Häresie brandmarken. Schwieriger erwies es sich, Angriffe auf ihre Grundfesten abzuwehren, die nicht von innen sondern von außen kamen. Wie konnte sie den Forschern, Denkern und Wissenschaftlern begegnen, die mit ihren Aussagen gar keinen Angriff gegen die Kirche planten, aber Ergebnisse präsentierten, die den Glaubensinhalten der Kirche zuwiderliefen oder Teile davon infrage stellten? Die Kirche musste sich also einem ständigen Zweifrontenkampf stellen, einerseits um die Geschlossenheit und Reinheit ihrer Lehre zu erhalten, andererseits um diese Lehre einem Weltbild anpassen zu können, das sich durch die Wissenschaften unaufhörlich veränderte. Als besonders problematisch erwies sich dabei, dass viele der christlichen Glaubensinhalte sowohl dem einfachen Erfahrungswissen wie auch insbesondere den zunehmenden naturwissenschaftlichen Erkenntnissen widersprachen. Aus dieser Diskrepanz zwischen ihren unverrückbaren Glaubenssätzen und dem zunehmenden Vernunftwissen denkender Menschen und forschender Naturwissenschaftler erwuchs der christlichen Kirche eine ständige latente Bedrohung. In dieser kritischen Situation gelang der Kirche ein genialer Schachzug: sie monopolisierte das Bildungswesen!

Aufgrund ihrer kirchlichen und weltlichen Machtstellung und angesichts eines bis dahin nicht vorhandenen Bildungssystems, fiel es ihr nicht schwer, über ausschließlich kirchlich dominierte Bildungseinrichtungen wichtige Ziele zu realisieren. So wurde Bildung von vorneherein einem kleinen, elitären und ausgewählten Kreis vorbehalten, die Bildung breiter Bevölkerungsschichten wurde systematisch verhindert, wohl wissend, dass der gefügigste Gläubige der unwissende und damit zwangsläufig unkritische Gläubige ist. So wurde Bildung lange Zeit gleichgesetzt mit religiöser Unterrichtung oder besser gesagt, mit religiöser Indoktrination. In den Klosterschulen und in den ersten kirchlich dominierten Universitäten wurde nur unterrichtet, was der Stärkung der katholischen Lehre diente. Und letztlich wurde darauf geachtet, dass der gesamte Lehrkörper ausschließlich aus Personen bestand, die sich als kirchentreu und glaubensfest erwiesen hatten. Auf diese Weise konnte die Kirche über viele Jahrhunderte sicherstellen, dass sich Wissen nicht unkontrolliert verbreitete und ihr damit zur Gefahr wurde. Durch die Einengung des Wissensgegenstandes und des Verbreitungsgrades fand nicht nur eine Indoktrination des gesamten Abendlandes, sondern auch ein Stillstand des freien Forschens und Denkens statt. Es wäre sicher eine statthafte und interessante Überlegung, wie anders sich die Menschheit entwickelt hätte, wenn ihr diese Fesseln nicht auferlegt worden wären und sie sich in der Freiheit des philosophischen und wissenschaftlichen Denkens hätte weiterentwickeln können, die bei den Griechen und Römern bestand.

Unzweifelhaft ist die katholische Kirche – übrigens bis heute – eine Blockadebastion gegen die freie ungehinderte Entwicklung der Menschheit.

Trotz ihres Bildungsmonopols musste die Kirche jedoch bald feststellen, dass sie das kritische und forschende Denken der Menschen nicht unterbinden konnte und dass allenthalben neue natur- und/oder geisteswissenschaftliche Erkenntnisse zutage traten, die Teile des Glaubensgutes der Kirche in Frage stellten. Wie sehr man den geistigen Wildwuchs fürchtete, zeigt eine Anfrage des Papstes Johannes XXI. an den Bischof von Paris im Jahr 1276, die wichtigsten Lehren der dortigen Universität auf ihre Rechtgläubigkeit zu überprüfen. Die Untersuchung ergab, dass mehr als 200 philosophische und naturwissenschaftliche Lehren gegen irgendwelche Glaubensinhalte der Kirche verstießen. Sofort wurde die weitere Verbreitung per Dekret unter Strafe gestellt. Die wohl berühmteste Auseinandersetzung zwischen Kirche und Wissenschaft, der Fall Galileo Galilei (1564–1642), zeigt exemplarisch, wie vehement sich die Kirche weigerte, ihre biblischen Aussagen an die Erkenntnisse der Naturwissenschaften anzupassen. Galilei entwickelte das heliozentrische Weltbild von Nikolaus Kopernikus weiter und bewies mit seinen astronomischen Forschungen, dass sich die Erde um die Sonne dreht und nicht umgekehrt. Damit war die Erde als Mittelpunkt des Weltalls und der Schöpfung entthront. Galilei wurde vor das Tribunal der römischen Inquisition zitiert, jahrelang verhört und schließlich gezwungen, auf demütigende Art und Weise seiner Lehre öffentlich abzuschwören. Er wurde zu lebenslanger Haft verurteilt, die man später zu Hausarrest abmilderte, seine Bücher wurden eingezogen und verboten. Wieder einmal hatte die Kirche einen Etappensieg gegen die Wissenschaften errungen, wieder einmal hatte sie, unter Aufbietung all ihrer Machtmittel, den Fortschritt der Menschheit verhindert. Erst im Oktober 1992 (!), 350 Jahre nach seinem Tode, wurde Galileo Galilei auf den Druck der Öffentlichkeit hin von der katholischen Kirche rehabilitiert. Nicht nur 'Gottes Mühlen mahlen langsam', auch die der Katholischen Kirche. Andere Abweichler und Querdenker kamen nicht so 'glimpflich' davon. Giordano Bruno (1548–1600), ein ehemaliger Dominikanermönch, wurde nach achtjähriger Haft und Folter lebendig auf dem Scheiterhaufen verbrannt, weil er es ebenfalls wagte, sich zum heliozentrischen Weltbild des Kopernikus zu bekennen und noch einen Schritt weiterging, indem er bereits die Unendlichkeit des Weltalls postulierte.

Verbrechen gegen die Menschheit im Namen Gottes

In der Verbreitung und Verteidigung ihrer Glaubenslehre ist die katholische Kirche lange Jahrhunderte hindurch nicht nur rücksichtslos, sondern geradezu menschenverachtend vorgegangen. Die Botschaft des christlichen Evangeliums „Friede den Menschen auf Erden und ein Wohlgefallen" muss in den Ohren der Zwangsbekehrten wie Hohn geklungen haben, hatten sie doch gerade am eigenen Leib erfahren müssen, mit wie viel brutaler und nackter Gewalt die Lehre der Nächstenliebe des neuen Gottes verbreitet worden war. Sicher wurde der Wert des menschlichen Lebens im Mittelalter geringer geachtet als heute, aber es scheint fast so, als wäre die Kirche über diese allgemeine Missachtung von Leib und Leben noch erheblich hinausgegangen. In der starken Jenseitsorientierung des christlichen Glaubens, im geringen Wert des irdischen Lebens gegenüber dem ewigen Leben, im Unwert des sterblichen Leibes gegenüber der unsterblichen Seele, in der Herabwürdigung des irdischen Lebens als Durchgangsstation zur ewigen Glückseligkeit war die Geringachtung von Leib und Leben des Menschen geradezu angelegt. Gemäß dem Motto: Was zählen tausend Leben, wenn eine Seele verloren geht? Oder anders: was zählt der Mensch, wenn es um Gott geht?

Die Zwangsmissionierung (Taufe oder Tod)

Die Zwangsmissionierung der so genannten „Heiden" ist eines der dunklen Kapitel der Kirche! Wie kann die Lehre eines 'Gottes der Liebe und Nächstenliebe' mit Gewalt verbreitet werden? Welche Perversion der ursprünglichen und zentralen Glaubensbotschaft muss hier stattgefunden haben? Auf welch schwachen Füßen muss eine Religion stehen, wenn sie nicht durch ihre Botschaft, sondern mit Feuer und Schwert „überzeugen" muss? Oder standen noch ganz andere Interessen im Hintergrund? Wurde der Auftrag zur Missionierung in Wirklichkeit missbraucht, um Eroberungskriege führen zu können, die nicht nur das Ziel hatten, das Wort Gottes zu verbreiten, sondern die Macht und den Reichtum der Kirche zu mehren? Oder war es nur noch die skrupellose persönliche Bereicherung, beispielhaft am unersättlichen Goldrausch der spanischen Konquistadoren, die den großen Kulturvölkern Mittel- und Südamerikas zuerst die Taufe und gleich darauf den Tod und die vollständige Ausrottung brachten?

Mit welch unerhörter, menschenverachtender Arroganz dabei vorgegangen wurde, verdeutlicht die sog. „Konquistadorenproklamation", die den Indianern in einer Sprache, die sie nicht verstehen konnten, von den spanischen Eroberern vorgelesen wurde: „Gott der Herr hat dem Petrus und seinen Nachfolgern die Gewalt über alle Völker der Erde übertragen, so dass alle Menschen den Nachfolgern Petri gehorchen müssen. Nun hat einer dieser Päpste die neu entdeckten Inseln und Länder (Amerikas) mit allem, was es darauf gibt, den spanischen Königen zum Geschenk gemacht, so dass also ihre Majestäten kraft jener Schenkung Könige und Herren dieser Inseln und des Festlandes sind. Ihr werdet nunmehr aufgefordert, die Heilige Kirche als Herrin und Gebieterin der ganzen Welt anzuerkennen und dem spanischen König als eurem neuen Herrn zu huldigen. Andernfalls werden wir mit Gottes Hilfe gewaltsam gegen euch vorgehen und euch unter das Joch der Kirche und des Königs zwingen, wie es sich rebellischen Vasallen gegenüber gehört. Wir werden euch euer Eigentum nehmen und euch, eure Frauen und Kinder zu Sklaven machen. Zugleich erklären wir feierlich, dass nur ihr an dem Blut und an dem Unheil schuld seid, das dann über euch kommen wird."(J. Kahl, S. 32*)

Und das Unheil, das dann über die nichts ahnenden Ureinwohner hereinbrach, war so unbeschreiblich, dass sich sogar der mitreisende Dominikanermönch Las Casas mit Entsetzen abwandte und in seiner Niederschrift der verübten Gräuel ein vernichtendes Dokument gegen die Kirche verfasste: „Die Christen

---

* Joachim Kahl: Das Elend des Christentums. rororo 1968

drangen unter das Volk, schonten weder Kind noch Greis, weder Schwangere noch Entbundene, rissen ihnen die Leiber auf und hieben alles in Stück, nicht anders, als überfielen sie eine Herde Schafe. Sie wetteten miteinander, wer unter ihnen einen Menschen auf einen Schwertstreich mitten voneinander hauen, ihm mit einer Pike den Kopf spalten oder die Eingeweide aus dem Leibe reißen könne. Sie machten auch breite Galgen, so, dass die Füße beinahe die Erde berührten, hingen zu Ehren und zur Verherrlichung des Erlösers und der zwölf Apostel je dreizehn und dreizehn Indianer an jedem derselben, legten dann Holz und Feuer darunter und verbrannten sie alle lebendig. Da nun alles was fliehen konnte, sich in den Gebirgen versteckte und auf die steilsten Felsen klimmte, um diesen grausamen, gefühllosen, den Raubtieren ähnlichen Menschen zu entrinnen, so richteten diese Würger, diese Todfeinde des Menschengeschlechts, ihre grimmigen Jagdhunde dergestalt ab, dass sie jeden Indianer, dessen sie nur ansichtig wurden, in kürzerer Zeit als zu einem 'Vater Unser' erforderlich ist, in Stücke zerrissen; die von größerem Schlage fingen die Indianer wie wilde Schweine und fraßen sie auf." K. Deschner, S. 210 ff.*

Man schätzt heute, dass in diesem 'goldenen Zeitalter' Spaniens und Portugals mehr als zwanzig Millionen Ureinwohner Lateinamerikas umgebracht wurden. Damit im Zusammenhang wurden alle Hochkulturen dieses Kontinents unwiederbringlich vernichtet. Die unermesslichen Kulturschätze der Inkas, Mayas und Azteken, ihre prunkvollen Geschmeide, ihre Goldmasken und Götterfiguren wurden eingeschmolzen, um den Transport zu erleichtern. Nur der pure Goldwert zählte.

Persönliche Anmerkung des Autors: Auf einer Reise durch Peru und Ecuador fiel mir wiederholt die Gold strotzende Pracht der katholischen Kirchen auf, die letztlich alle mit dem eingeschmolzenen Gold der Ureinwohner ausgeschmückt worden waren. In einer dieser menschenleeren Kirchen, in einem kleinen Städtchen im Andenhochland, beobachtete ich eine barfüßige, sehr ärmlich gekleidete Indiofrau, die nach ihrem Gebet ein Geld-

---

* Karlheinz Deschner: Opus Diaboli. rororo Sachbuch 2001

stück in den Opferstock warf. Die Ironie, ja geradezu Absurdität dieses Vorgangs berührte mich augenblicklich. Diese arme Frau in Lumpen, mit hungernden Kindern zuhause, spendete einer immens reichen Kirche ihren letzten Groschen und dies angesichts eines prunkvollen Gotteshauses, das mit dem Gold ausgestattet wurde, für das ihr Volk hingemordet wurde. – Und die Kirche nimmt auch dieses Opfer an!

Die 'besondere' Art der Kolonialisierung und Christianisierung Lateinamerikas stellt mitnichten einen Einzelfall dar. Alle neu entdeckten Länder in der großen Seefahrerepoche Spaniens und Portugals wurden nominell vom Papst in Besitz genommen, an die christlichen Herrscher weiterverteilt und zur Ausbeutung und Missionierung freigegeben. Auf diese Weise brauchte die Kirche den unangenehmen, blutigen Teil der Bekehrungsarbeit auch nicht selbst zu verrichten. Es mag für Kenner der Geschichte wie böse Ironie klingen, wenn Papst Johannes Paul II. bei seinem Besuch auf der Insel Haiti im Jahr 1979 verkündet: „Ich danke Gott, dass er mir gestattet, dies Stück amerikanischer Erde zu betreten; hierher zu kommen, auf dem Weg, den die ersten Glaubensboten nach der Entdeckung des Kontinents einschlugen." Man hätte dem Papst vielleicht den Bericht von Las Casas als Gastgeschenk überreichen sollen.

Die Kreuzzüge

Im Rahmen der sog. Glaubenskriege kommt den Kreuzzügen (1095–1271) eine besondere Stellung zu, die Papst Urban II. mit dem Aufruf eröffnete „Christus befiehlt es". Sie dokumentieren in besonderer Weise die Verbindung weltlicher Eroberungsinteressen mit christlichem Macht- und Vorrangstreben. Schon der Auslöser des ersten Kreuzzugs ging auf eine eher weltliche machtpolitische Bedrohung zurück: der oströmische (christliche) Kaiser Alexios I. rief seine weströmischen Glaubensgenossen gegen die ihn bedrohenden Seldschuken zur Hilfe (1085). Papst Urban ging hierauf willig ein, da er in der Hilfeleistung eine gute Möglichkeit sah, den Rivalen in Byzanz zu entmachten und die beiden gerade getrennten west- und oströmischen Kirchen wieder zu vereinigen, natürlich unter der Führung Roms. Auf dem Konzil in Clermont nutzte Urban die Anwesenheit aller wichtigen Fürsten des Frankenreiches zu seinem Aufruf, Jerusalem und das Heilige Land von den Ungläubigen zu befreien, ohne dabei seine persönlichen Absichten deutlich zu machen. Den Kreuzzugteilnehmern stellte er die Tilgung ihrer gesamten Sündenschuld in Aussicht sowie die Inbesitznahme der eroberten muslimischen Gebiete. Die Fürsten folgten der doppelten Verlockung bereitwillig.

Standen beim ersten der insgesamt sieben großen Kreuzzüge die religiösen Ziele zumindest noch mit im Vordergrund, so waren die weiteren Kreuzzüge nur noch Kriege zur Eroberung und zum Machtausbau. Schon unmittelbar nach der ersten Inbesitznahme Jerusalems hatten christliche Heerführer das Königreich Jerusalem ausgerufen und eigene Fürstentümer in Edesse, Tripolis und Antiochia gegründet, denen in den späteren Kreuzzügen zahlreiche weitere räuberische Landnahmen folgten. Wie stark das wirtschaftliche Interesse an diesen sog. Heiligen Kriegen wurde, zeigte sich auch daran, dass die großen westlichen Handelsmetropolen Genua, Pisa und Venedig mit eigenen Flottenverbänden in diese Kriege eingriffen und damit die Grundlage ihrer Jahrhunderte langen Vorherrschaft im Orienthandel und ihres späteren unerhörten Reichtums schufen. Obwohl die nachfolgenden Kreuzzüge sehr wechselhaft verliefen und teilweise auch mit vernichtenden Niederlagen endeten, so insbesondere der 3. Kreuzzug gegen Saladin, riefen die Päpste immer wieder zu neuen Kriegen gegen die 'Ungläubigen' auf.

Wieder einmal erweist die Kirchengeschichte, wie wenig Menschenleben für sie zählen. Selbst vor dem Leben von Kindern wurde nicht Halt gemacht, wie der besonders tragisch verlaufene sog. Kinderkreuzzug (1210) dokumentiert, wo mehrere tausend Kinder, nahezu ausnahmslos aus armen Familien vom Niederrhein, in Richtung Genua und Marseille aufbrachen, um sich von dort nach Jerusalem einschiffen zu lassen. Sie kamen dort jedoch nie an; entweder wurden sie, völlig entkräftet, schon von Genua aus wieder nach Hause geschickt oder – weit häufiger – unmittelbar in die Sklaverei verkauft. Unvorstellbar sind auch die Gräuel, die christliche Herrscher und Heerführer in Namen ihres Gottes an den sog. Ungläubigen verübten. Hierzu ein kurzer Auszug aus dem Bericht eines Augenzeugen bei der ersten Eroberung Jerusalems im Jahr 1095, festgehalten in den 'Gesta Francorum': „Bald flohen die Verteidiger von den Mauern durch die Stadt und die Unsrigen folgten ihnen, trieben sie vor sich her, sie tötend und nieder säbelnd, bis zum Tempel Salomons, wo es ein solches Blutbad gab, dass die Unsrigen bis zu den Knöcheln im Blut wateten. Bald durcheilten die Kreuzfahrer die ganze Stadt und rafften Gold, Silber, Pferde und Maulesel an sich; sie plünderten die Häuser, die mit Reichtümern überfüllt waren. Dann, glücklich und vor Freude weinend, gingen die Unsrigen hin, um das Grab des Erlösers zu verehren."

Die Bilanz der Kreuzzüge war letztlich nur unter handelspolitischen Interessen erfolgreich, in religiöser und sozialer Sicht hingegen ein einziger Misserfolg: die Kluft zwischen Muslimen und Christen vertiefte sich dauerhaft, Jerusalem konnte nicht gehalten werden und die Spaltung der Ost- und West-Kirche blieb bestehen. Und nicht zuletzt: Hunderttausende Menschen kamen auf schlimmste Art ums Leben, betrogen von ihren weltlichen, vor allem aber von ihren geistlichen Führern.

Die Ketzerverfolgung

Als Ketzer bezeichnete die katholische Kirche alle Personen oder Gruppen, die von der offiziellen Lehre abwichen. Sie wurden entweder unter Zwang wieder in die 'rechtgläubige Kirche' zurückgeführt oder von der Kirche ausgeschlossen, von der Inquisition verfolgt, gefoltert und hingerichtet. Zu den wichtigsten Gruppierungen dieser Art gehören:

Die Albigenser oder Katharer, gegen die Papst Innozenz III. 1209 zum 'Kreuzzug' aufrief. Er beschwor die ganze Christenheit, alle nicht reuigen Ketzer zu verbrennen, und erlaubte dem Adel die Inbesitznahme deren Güter. „In einem an Gräuel überreichen Ausrottungsfeldzug, der 120 Jahre dauerte, wurden daraufhin die europäischen Lande verheert. Selbst nach dem Friedensschluss war es für den Papst noch nicht genug; er setzte für jeden weiteren lebend oder tot herbeigebrachten Ketzer eine Prämie von zwei Silbermark aus" (Kahl, S.46). Die Albigenser, die zu ihrer Zeit die führende politische und intellektuelle Elite Südfrankreichs darstellten, wurden brutal vernichtet, Südfrankreich nahezu völlig verwüstet. „Schon damals nahmen Mütter ihre Kinder an die Brust und verhüllten ihnen die Augen, ehe man sie zusammen ins Feuer stieß – nicht anders als später in den Gaskammern von Auschwitz" (Deschner, S. 29).

Nicht sehr viel besser erging es den Waldensern (Ende des 12. Jh.), die sich lediglich erlaubten, die zahlreichen Dogmen und Konzilsbeschlüsse der Kirche nicht anzuerkennen und es vorzogen, streng nach den Evangelien und in völliger Armut zu leben. 600 Jahre lang waren sie den Verfolgungen Roms ausgesetzt. Die Kirche verfolgte jedoch nicht nur Glaubensabweichungen. Die Nichterfüllung von Abgabenleistungen gegenüber der Kirche wurde genauso konsequent und grausam geahndet. So ließ Gregor IX. im Jahr 1234 die 'Stedinger Bauern' verfolgen, „weil sie dem Bremer Erzbischof die drückenden Abgaben verweigerten. 5000 Männer, Frauen und Kinder wurden erschlagen und ihre Höfe durch kirchliche Neusiedler besetzt". (Deschner, S. 30)

Zu Beginn des 15. Jahrhunderts machten die Päpste gegen die Hussiten mobil, „wobei es diesmal auf beiden Seiten zu blutigen Gräueln kommt, man Katholiken Kreuze, Hussiten Kelche in die Stirne schneidet, Priester in Pechfässern brät oder am Altar ersticht" (Deschner S. 31). Unter den vier Forderungen der Hussiten: freie Predigt nach der Heiligen Schrift/ das Abendmahl in beiderlei Gestalt (Brot und Wein) auch für Laien/ ein Leben in Armut, war es wohl vor allem die letzte Forderung, die Rückgabe der Pfründen der Kirche an die Bevölkerung, die die Kirche über alle Maßen erzürnte, und zur Verbrennung des Jan Hus auf dem Scheiterhaufen (1415) sowie zur Verfolgung seiner Anhänger führte. 1538 ging Papst Paul III. noch einen deutlichen Schritt weiter, indem er das ganze abgefallene England zu Ketzern erklärte und im Jahr 1568 über die drei Millionen Niederländer den gleichen Bannfluch verhängte. Zu einem der schlimmsten Exzesse kam es jedoch in der sog. 'Bartholomäusnacht' im Jahr 1572, wo auf Anordnung von Papst Pius V. und der katholischen Katharina von Medici in einer einzigen Nacht mehr als zwanzigtausend Hugenotten (in Frankreich lebende Protestanten) niedergemetzelt werden. Der Papst und der katholische Adel und Klerus erhofften sich dadurch eine Eindämmung des Protestantismus in Frankreich.

Schließlich entluden sich die schon lange schwelenden Konflikte zwischen Katholiken und Protestanten im 30-Jährigen Krieg (1618–1648), einem der schlimmsten und barbarischsten Gemetzel, die auf europäischem Boden je stattfanden, und dem mehr als die Hälfte der gesamten Bevölkerung der beteiligten Staaten zum Opfer fiel. Trotz des unermesslichen Elends der Bevölkerung und der totalen Agonie, in die Europa nach dreißig verheerenden Kriegsjahren gefallen war, wollten weder die Protestanten noch der Papst den letztlich erreichten Friedensschluss akzeptieren. Offensichtlich können so viele Menschen gar nicht sterben, wie es der Fanatismus der Religionen fordert.

Die Inquisition

Um eine systematische und dauerhafte Verfolgung von Ketzern zu ermöglichen, wurde die 'Inquisition' ins Leben gerufen, eine Einrichtung der katholischen Kirche, die dem Papst unterstand und von den Dominikanermönchen getragen wurde. Ihr Ziel war es, auch die letzten und bisher unerkannt gebliebenen Ketzer aufzuspüren und auszumerzen. Gregor IX. erließ 1231 die sog. 'Ketzerdekrete', in denen das 'Verbrennen des Leibes um die Seele zu retten' als übliches Strafmaß bestimmt wurde, welches durch die weltlichen Behörden auf Anordnung der Kirche hin vollzogen werden musste. Mit der meist grausamen Vollstreckung wollte sich die Kirche ihre Hände ebenso wenig beschmutzen, wie mit den vor geschalteten Foltermaßnahmen, um die notwendigen Schuldeingeständnisse zu erpressen. (Vgl. Zitat in der Fußnote auf nachfolgender Seite*) Zur Verfolgung und Verhaftung von Ketzern genügten zwei übereinstimmende Zeugenaussagen. Da Papst Innozenz IV. im Jahr 1252 die Folter zum Erpressen von Geständnissen legitimierte, gab es für einmal Denunzierte letztlich keine Chance, Folter und Tod zu entgehen.

J. Kahl (S. 43) schreibt hierzu: „Die Inquisition kündete in der Regel ihren Besuch in jeder Stadt vorher an. Das Verlassen des Ortes war verboten; eine Art Ausnahmezustand war verhängt. Jeder Katholik war zur Denunziation von Irrgläubigen verpflichtet. Eltern mussten ihre Kinder, Kinder ihre Eltern, die Ehegatten sich gegenseitig verraten. Wer es nicht tat, machte sich mitschuldig. Anonyme Zuschriften wurden mit Vorliebe benutzt. Der Ketzerprozess begann mit der Verhaftung. Der Beschuldigte galt von vorneherein als schuldig. Ein Verteidiger war nicht gestattet. Legte der Angeklagte kein Geständnis ab, wurde die Folter angewandt. Drei- und vierstündige Folterungen waren nichts Ungewöhnliches. Während der Tortur wurde die Folter mehrmals mit Weihwasser besprengt. Damit die Folterknechte nicht durch das wahnsinnige Schreien der Gemarterten irritiert wurden, stopfte man dem Opfer ein Tuch in den Mund. Mit solchen Mitteln folterte man die Ketzer stundenlang, bis der Körper eine einzige geschundene, zerquetschte, zerbrochene und blutende Masse war. Die meisten Ketzer gestanden, übermannt von unsäglichen Schmerzen, halb irrsinnig vor Qualen, alle beliebigen Auskünfte, welche die Inquisitoren nur zu hören begehrten."

Während die Folterung in dunklen Verliesen ablief, erfolgte die Verbrennung in der Öffentlichkeit und wurde im Laufe der Zeit ein beliebtes Schauspiel für die Bevölkerung. Für die guten Plätze musste man sogar bezahlen. Die Verurteilten wurden auf Karren zum Richtplatz gefahren, von den Folterknechten auch hier noch misshandelt und von der Masse bespuckt und verhöhnt. Wer Holz für den Scheiterhaufen brachte, erhielt Ablass seiner Sünden. Die Verbrennung erfolgte bei lebendigem Leibe,

---

* Hierzu ein Zitat aus 'Bild der Wissenschaft, 3/2005: Die dunkle Seite des Menschen, S.62: „Wenn große Gruppen morden, wird die Verantwortung oft so lange aufgeteilt, bis sich der Einzelne nur noch als Rädchen im Getriebe fühlt, das kaum persönliche Verantwortung trägt. Zu Zeiten der *spanischen Inquisition* erstellten die Kirchenleute in ihren eigenen Augen lediglich theologische Gutachten, wer als Ketzer zu gelten hatte. Für die anschließende Folter und Exekution waren die weltlichen Stellen zuständig. Deren Schergen wiederum konnten sich darauf berufen, dass sie nur ausführten, was die Heilige Kirche entschieden hatte. Die Nationalsozialisten perfektionierten dieses Wechselspiel mit ihrem weit verzweigten Apparat von Schreibtischtätern und Henkern."

das Stöhnen und Schreien der Opfer mischte sich mit dem Gesang der Menge: Großer Gott wir loben Dich.

In Spanien wurde unter dem in ganz Europa gefürchteten Großinquisitor Torquemada die Inquisition erweitert und nicht nur auf Ketzer, sondern auch auf 'verdächtige' Juden und bekehrte Moslems erweitert. Auch gegen die Protestanten wurde dieses Verfolgungsinstrument eingesetzt. Torquemada brüstete sich damit, zu seinen Lebzeiten mehr als zehntausend Menschen auf den Scheiterhaufen geschickt zu haben und mehr als hunderttausend auf die spanischen Galeeren, was zur damaligen Zeit einem Todesurteil gleichkam.

Die Hexenprozesse

Als Hexerei bezeichnete die katholische Kirche alle Arten von Häresie, in denen der, oder meist die, Betroffene 'mit dem Teufel paktierte'. Mit der berühmten 'Hexenbulle' von Innozenz VIII. im Jahr 1484 begann eine der grausamsten und lang anhaltendsten Menschenjagden der Weltgeschichte. Zwei deutsche Dominikanermönche formulierten schon drei Jahre später den so genannten 'Hexenhammer', eine Art Anleitung zur Führung von Hexenprozessen, letztlich ein Dokument abgründigen Frauenhasses (Frauen sind 'unvollkommene Tiere'). In der Durchführung von Hexenprozessen kumulierten denn auch alle nur denkbaren Perversionen, vom fehlgeleiteten religiösen Wahn bis zum voyeuristischen Masochismus und zur sexistischen Frauenverfolgung. Wie lief ein Hexenprozess ab? J. Kahl (S.56):

„Eine etwas zu lange Nase, ein Buckel, rote Haare, aber auch außergewöhnliche Schönheit oder überraschende Klugheit reichten aus, um als Hexe verdächtigt zu werden. Die verdächtige Person wurde ins Gefängnis geworfen und angekettet. Als erstes fragte der Inquisitor, ob sie an Hexerei glaube. Verneinte sie, galt ihre Antwort als unmittelbarer Beweis für das vermutete Verbrechen. Bejahte die Angeklagte die Frage des Richters, wurde sie ins Kreuzverhör genommen. Was sie vor dem Gewitter im Felde zu tun gehabt habe, weshalb sie in den Stall des Nachbarn gegangen sei usw. Führte das Verhör nicht zu der gewünschten

Selbstanklage, wurde die Frau nach Hexenzeichen abgesucht. Sie wurde nackt ausgezogen und der Henker rasierte ihr die Haare an allen Körperteilen ab, um an irgendeiner versteckten Stelle das Mal zu finden, das der Satan seinen Dienerinnen aufdrückte. Leberflecke und Warzen galten als sicheres Anzeichen für Teufelsbuhlschaft. Wurde nichts gefunden, dann wurde das Opfer gefoltert, um ein Geständnis zu erpressen und Namen von Mithexen zu erfahren. So gab manche Frau unter unbeschreiblichen Qualen ihre eigene Mutter, Schwester oder Tochter als Mitschuldige an. Die halb tot gemarterten Frauen – 'Du sollst so dünn gefoltert werden, dass die Sonne durch dich scheint', lautete eine Hexenformel – wurden in feuchten unterirdischen Verliesen auf Holzkreuze gebunden, wo sie Ratten und Mäusen ausgeliefert waren. Oder man hing sie an Ketten im Hexenturm in die Luft, wo sie Frost und Hunger erdulden mussten, um abschließend in langsamem Feuer gebraten zu werden".

Auf dem Höhepunkt der Hexenverfolgung, die sich insgesamt über mehrere Jahrhunderte erstreckte, wurden jährlich viele Tausend so genannter Hexen verbrannt. Manche Bischöfe brüsteten sich buchstäblich mit der Zahl der von ihnen aufgespürten und zu Tode gebrachten Frauen, verschwiegen aber tunlichst den beträchtlichen Vermögenszuwachs, den das Bistum durch die beschlagnahmten und eingezogenen Besitztümer der Hingerichteten erzielte.

Nun darf man nicht alle diese Gräuel nur der katholischen Kirche anlasten. Der angeblich aufgeklärte und reformierte Martin Luther sowie andere protestantische Führer wie Calvin unterstützten die Hexenjagd aus voller Überzeugung. In protestantischen Gebieten starben kaum weniger Hexen als in katholischen Bistümern.

Die Judenverfolgung

Die historische Eskalation der Judenverfolgung bis hin zum Holocaust Hitlers hat eine lange Vorgeschichte. Schon seit dem 13. Jahrhundert mussten Juden in Europa in Ghettos wohnen, Judensterne tragen, Diskriminierungen hinnehmen und ständige Pogrome befürchten. In vielen Fällen ging die Diskriminierung von der katholischen Kirche aus und ist im Grunde schon mit der Geburtsstunde des Christentums verbunden. In den Evangelien wird die Schuld am Tode Jesus nicht den Römern zugesprochen, die als verantwortliche Besatzungsmacht das Todesurteil gefällt haben, sondern den Juden, „über die und über deren Kinder dann auch das Blut des Herrn kommen solle" (Matthäus-Evangelium). Und Paulus schreibt in seinem ersten Thessalonikerbrief: „Sie (die Juden) haben den Herrn Jesus und die Propheten getötet und haben uns verfolgt und gefallen Gott nicht und sind gegen alle Menschen feindselig" (2,15f.). So ist es nicht verwunderlich, dass die Feindseligkeit gegen die Juden zur Tradition der christlichen Kirche gehört. Die Verleumdung und Diskriminierung nahm im Laufe der Zeit immer schärfere Züge an, führte zu zunehmender Enteignung und Rechtlosigkeit und endete in den schlimmsten Pogromen; dies alles schon während des Mittelalters! Insbesondere im Gefolge der Kreuzzüge und nach der großen Pestepidemie in Europa (1347–49), für die man die Juden verantwortlich machte, kam es zu ungezügelten Massenverfolgungen und Massakern in nahezu allen Staaten Europas. Geschürt und legitimiert wurden diese von den Laterankonzilen im 13. und 14. Jahrhundert. In zunehmend verschärfter Form wurde hier gegen die Juden polemisiert und eine Reihe antijüdischer Dekrete erlassen. So durften die Juden nicht mehr mit Christen zusammenleben, mit ihnen keine Ehen eingehen und keinen Geschlechtsverkehr ausüben, keine öffentlichen Ämter übernehmen, sie mussten Sondersteuern zahlen, durften an Ostern das Haus nicht verlassen und vieles mehr. Die ständige Verteufelung der Juden führte bis zum Vorwurf des Hostienmissbrauchs und des Ritualmordes von Kindern. Die vielen Pogrome, die in Folge der Laterankonzile über die Juden hereinbrachen, führten zu ihrer beinahe völligen Vernichtung in Westeuropa und zur Vertreibung der wenigen Überlebenden in die Staaten Osteuropas.

Auch in diesem traurigen Kapitel standen die Protestanten ihren katholischen Glaubensbrüdern nicht nach. Luther erwies sich als treulicher Judenhasser, der ein Verbot ihres Gottesdienstes und ihrer Schriften forderte und das Niederbrennen ihrer

Häuser, Schulen und Synagogen verlangte. Ein delikater Vorgriff auf die Geschichte: die Jesuiten verlangten schon vom Jahr 1540 an von jedem ihrer Mitglieder den Nachweis eines judenfreien Stammbaums bis in die fünfte Generation! Und damit schließt sich die Brücke zur Gegenwart: „Adolf Hitler war katholischer Christ, er trat nie aus der Kirche aus und wurde auch nie exkommuniziert. Sein Buch 'Mein Kampf' erschien nie auf dem 'Index librorum prohibitorum', auf den bis vor kurzem alle Schriften gesetzt wurden, die in Glaubens- und Sittenfragen der katholischen Lehre widersprechen. Offensichtlich widersprachen Hitlers politische Anschauungen nicht der katholischen Sittenlehre" (J. Kahl, S. 40). Der von Hitler betriebene Holocaust, der größte Völkermord aller Zeiten, kostete mehr als sechs Millionen Juden das Leben.

Armer Jesus – reiche Kirche

Das Armutsideal ihres Gründers hat die katholische Kirche rasch und nachhaltig vergessen. Schon ab dem 5. Jahrhundert zählt der Papst in Rom, dank geschickter Zusammenarbeit mit den weltlichen Herrschern, zu den größten Grundbesitzern im gesamten Römischen Reich. Ein Jahrhundert danach wird in allen christianisierten Ländern der 'Kirchenzehnt' eingeführt, der sich bis ins 19. Jahrhundert erfolgreich hielt und unter dem vor allem die arme Bevölkerung extrem zu leiden hatte. Durch die Aufteilung der Länder und Liegenschaften der eroberten 'heidnischen Völker' zwischen den siegreichen christlichen Fürsten und dem Papst wuchs das Vermögen der Kirche ins Unermessliche. Die Kirche war sich auch nicht zu gut, das Vermögen aller der von ihr verfolgten und getöteten oder vertriebenen Ketzer, Hexen und Juden zu konfiszieren. Pecunia non olet. Doch auch dies genügte der unstillbaren Macht- und Geldgier der kirchlichen Würdenträger noch nicht. Sie erwiesen sich als äußerst erfindungsreich in der Schaffung immer neuer Steuern, Erbpachtzahlungen und Zinsen, was schon in kurzer Zeit zu einem überbordenden Reichtum der Kirche und ihrer Würdenträger führte. Man lebte in Luxus und ließ sich prunkvolle Residenzen, Kirchen und Klöster bauen, die den profanen Palästen der weltlichen Fürsten in nichts nachstanden. Ihren Höhepunkt erreichte die unersättliche Geldgier der Kirche im Ablasshandel, wo sie sich das göttliche Recht anmaßte, Sündenvergebung gegen schnöden Mammon zu verkaufen. Welche Perversion des Vorbildes Jesus, der Armut predigte, die Armen als die Seligen bezeichnete und die Geldverleiher aus dem Tempel in Jerusalem vertrieb!

Trotz ihres unerhörten Reichtums zeigte die Kirche nur wenig Mitleid mit der wachsenden Zahl der Armen und Ärmsten, insbesondere in den ländlichen Bereichen. Die leibeigenen oder hörigen Bauern, allesamt recht- und besitzlos, wurden von ihren weltlichen und geistlichen Herren gleichermaßen ausgepresst und hatten von ihren kärglichen Erträgen den größten Teil abzuliefern. Es blieb ihnen, trotz härtester Arbeit, nur das absolut Notwendigste zum Überleben. Entlud sich der aufgestaute Zorn der Bauern gegen ihre ausbeuterische Herrschaft in Revolten, so wurden diese – unter Mitwirkung der kirchlichen Würdenträger – auf das Grausamste niedergeschlagen. In einem räumlich begrenzten Bauernaufstand in Frankreich wurden im Jahr 1358 mehr als zwanzigtausend Bauern niedergemetzelt.

Die Kontrastsituation „Reiche Kirche – Arme Menschen" verstärkte sich noch in der beginnenden Neuzeit. Zu Beginn des 19. Jahrhunderts lag die durchschnittliche Lebensdauer eines Arbeiters in den Industrieregionen Englands, nicht zuletzt aufgrund der hohen Kindersterblichkeit, bei knapp über 15 Jahren! Die Kinderfron erreichte ihren unmenschlichen Höhepunkt: bereits vier- bis fünfjährige Kinder wurden in die Fabriken geschickt, ihre neun- bis zehnjährigen Leidensgenossen mussten bis zu 24 Stunden am Stück arbeiten. Und die Kirche schwieg dazu.

Heute verfügt die katholische Kirche noch immer über den größten Grundbesitz in Europa, über namhafte Aktienbeteiligungen an den führenden Unternehmen Europas, über mehr als ein Dutzend eigener Banken und einen unübersehbaren Immobilienbesitz. In Deutschland vereinnahmen die katholische und protestantische Kirche zusätzlich die staatlich festgesetzte Kirchensteuer in Höhe von 8–10 % des privaten Steueraufkommens, ein Betrag, der sich 1992 auf ca. 15 Milliarden DM summierte. Und auch die angeblich defizitären Klöster erwirtschafteten nicht nur im Mittelalter, sondern auch heute wieder gute Erträge, wie das Kloster Einsiedeln in der Schweiz beweist, das einen Jahresumsatz von 100 Millionen Franken erwirtschaftet.* Es bedarf keiner besonderen Erwähnung, dass die Kirche es bis heute nicht nötig findet, auf ihre Einnahmen Steuern zu zahlen. Selbstverständlich braucht auch die katholische Kirche Einnahmen, um ihre vielfältigen Aufgaben zu finanzieren. Wie aber andere Kirchen und Religionen dieser Welt deutlich machen, kann ein bescheidener Auftritt nicht nur große Einnahmen überflüssig machen, sondern auch zu mehr 'Bürgernähe' führen. Die katholische Kirche muss sich also wohl folgenden Fragen gefallen lassen:

- Wie verträgt sich das gelebte und propagierte Armutsideal Jesus mit dem schamlosen Reichtum seiner Kirche?
- Wie konnte eine Kirche der 'Nächstenliebe' ihre Macht- und Geldgier so bedenkenlos auf Kosten der ihr anvertrauten Menschen (gerade der Ärmsten) betreiben?
- Welches Menschenbild hat diese Kirche?
- Was stimmt nicht am Selbstverständnis dieser Kirche?
- Wozu benutzt die Kirche ihren Reichtum? Welcher Anteil fließt in eine pompöse Selbstdarstellung, in eine satte Versorgung ihrer eigenen Organisation sowie in den eigenen Machterhalt und Machtausbau, und welcher Anteil bleibt für soziale Zwecke?

Abschließende Betrachtung: Die Kirche – Gottes Stellvertreterin oder Menschenwerk?

Zugegeben: Die bisherige Darstellung der christlichen Kirche ist einseitig negativ. Natürlich gab und gibt es auch positive Seiten und Erscheinungsformen der Kirche, und natürlich haben nicht alle Christen an den geschilderten Exzessen teilgenommen oder sie gebilligt. Aber sie sind geschehen! Und zwar im Namen der Kirche – oder noch schlimmer, im Namen Gottes! Und allein

---

* Horst Herrmann: Die Kirche und unser Geld, Hamburg

weil es geschehen konnte, müssen auch noch die nachfolgenden kritischen Fragen gestellt werden:

- Wo ist der liebevolle, gütige Gott spürbar in der Geschichte dieser Kirche?
- Wenn es stimmt, dass die Entscheidungen der Kirche vom Heiligen Geist inspiriert werden, wie konnte es dann zu den geschilderten Exzessen kommen?
- Wenn der Papst unfehlbar ist und Gottes Stellvertreter auf Erden, wie erklären sich die eklatanten Fehlentscheidungen in Fragen der Menschlichkeit und das persönliche Fehlverhalten vieler Päpste und Kirchenvertreter (Machtgier, Korruption, orgiastische Lebensführung etc.)?
- Wie ist es möglich, dass eine Kirche sich in ihrem Verhalten so weit von ihren Glaubensinhalten entfernen konnte?
- Wie kann sie (die Kirche) Nächstenliebe, ja sogar Feindesliebe propagieren und gleichzeitig ein Höchstmaß an eigener Intoleranz praktizieren, die bis zur gnadenlosen Vernichtung von Andersdenkenden reicht? Ist der Missionsauftrag der Kirche nicht gleichzeitig ein gnadenloses Toleranzverbot?
- Ist der Kirche die Macht wichtiger als der Mensch?
- Was zählt der Mensch, das menschliche Leben, die Menschenrechte in dieser Kirche?
- Ist für die Kirche nur das jenseitige Leben von Relevanz, und geht sie deshalb so verächtlich mit dem diesseitigen Leben um?
- Ist die Kirche vielleicht gar nicht Gottes Stellvertreterin, sondern schlichtweg ein 'Machwerk' der Menschen, in dem es deswegen so 'menschelt'?
- Und die Abschlussfrage: Hat die Kirche möglicherweise sehr viel mehr Schaden als Nutzen für die Menschen gebracht? Wie sieht die Bilanz der Kirche aus im Hinblick auf 'Menschlichkeit' und 'Lebensglück'?

Die Antworten auf diese Fragen findet man im Grundverständnis und im Anspruch der Kirche. In ihrem

- Missionierungsanspruch
- Unfehlbarkeitsanspruch
- Alleinvertretungsanspruch
- Machtanspruch
- Jenseitsanspruch

Mit Sicherheit ist der Missionierungsanspruch der christlichen Kirche eine der wesentlichen Ursachen für ihr vielfach menschenverachtendes Vorgehen. Es geht dabei nicht nur um die Bekehrung mit 'Feuer und Schwert', die so von Jesus mit Sicherheit nicht in Auftrag gegeben wurde, sondern auch schon um die grundsätzliche Anmaßung, anderen Menschen und anderen Völkern (Kulturen) fremde Überzeugungen aufzuzwingen. Selbst wenn die Kirche in vermeintlich guter Absicht alle Menschen an der neuen Heilsbotschaft teilnehmen lassen möchte, muss sie es akzeptieren, wenn sie abgewiesen wird. Bestenfalls kann sie auf die Überzeugungskraft ihrer Botschaft setzen, nicht jedoch auf Überredung, Druck oder gar Zwang. Bezeichnenderweise hat sich die junge und noch wenig organisierte christliche Gemeinschaft in den ersten beiden Jahrhunderten relativ rasch und ohne jeden Zwang, ja sogar gegen starke äußere Anfechtungen und Verfolgungen, durchgesetzt. Warum verließ sich die Kirche nicht weiterhin auf die ausschließliche Überzeugung durch Vorbild und Lehre? Warum musste nun doch mit Feuer und Schwert und mit allen verfügbaren Macht- und Druckmitteln missioniert werden? Ging es den Mächtigen der Kirche nicht schnell genug? War es ihr zu mühsam und zu zeitraubend, jede einzelne Seele durch Überzeugung zu gewinnen? Jedenfalls hatte die Kirche schon sehr früh verstanden, dass der einfachste und bequemste Weg der Missionierung über die Gewinnung der weltlichen Herrscher lief, da die Untertanen geschlossen – und ohne gefragt zu werden – den Glauben ihrer Fürsten zu übernehmen hatten („Cuius regio, eius religio"). Auch begriff die Kirche rasch, dass die Fürsten eher an machtpolitischen Versprechen interessiert waren als am neuen christlichen Glauben. Das hierzu nötige politische Ränkespiel verstand die katholische Kirche bald meisterlich. Besonders wirksam erwies sich dabei das Versprechen der Kirche an die Fürsten, dass alle zukünftig von ihnen missionierten Gebiete in den eigenen Herrschaftsbereich integriert werden konnten. Das Land den Fürsten, die Seelen der Kirche. Ein genialer Schachzug: die Kirche gewann neue Gläubige, nicht nur in den Untertanen des bekehrten Fürsten, sondern auch in all den von diesem Fürsten späterhin eroberten und missionierten Völkern. So wurde der Missionsauftrag für die weltlichen Herrscher zum Deckmantel für ungezügelte Eroberungskriege und für die Kirche zur schnellen und wirkungsvollen Machtausweitung. An die Stelle der von Jesus vorgelebten 'Überzeugung durch Wort und Tat' war die skrupellose Machtpolitik der Kirche getreten.

Der Unfehlbarkeitsanspruch einer jeden Offenbarungsreligion (Christentum wie Islam gleichermaßen) belastet die Kirchen mit einem Grundsatzproblem: wie kann eine Lehre, die sich auf das unfehlbare Wort Gottes beruft, gleichzeitig jedoch in vielen ihrer Grundannahmen weder beweisbar noch plausibel ist, gegen die zwangsläufig auftretenden Zweifel und Widerstände geschützt und verteidigt werden? Die Kirche half sich aus dieser misslichen Lage unter anderem dadurch, dass sie den Unfehlbarkeitsanspruch Gottes auf ihren höchsten Priester, den Papst, erweiterte. Hierdurch wurde eine Instanz geschaffen, die per Dekret jeden Zweifel aus der Welt schaffen konnte, sei es an den umstrittenen Texten der Evangelien, an den endgültigen Glaubenswahrheiten oder an den im Laufe der Zeit immer häufiger auftretenden Widersprüchen zu den neuen naturwissenschaftlichen Erkenntnissen. Alle diese Entscheidungen (Dogmen) erfolgten unter der Eingebung des Heiligen Geistes und damit unter der Autorität Gottes. Weil sich nun aber die menschliche Vernunft gegen dogmatische Entscheidungen wehrt, die nur durch Autorität und nicht durch überzeugende Argumente gestützt werden, kam die Kritik an vielen Glaubensinhalten nicht zum Schweigen. Und wie immer, wenn dem Kritisierten die Argumente ausgehen, greift er zu Repression und Gewalt. Dies war nicht nur im Mittelalter so, daran hat sich bis heute nichts geändert: die argumentationslose, terroristische Gewalt islamistischer Gruppierungen macht dies gegenwärtig überdeutlich. Somit: Unfehlbarkeitsanspruch führt zwangsläufig zu Argumentationsnot und von dort – in vielen Fällen – zu Gewalt! Um dieser Gefahr vorzubeugen, haben nahezu aller westlichen Demokratien zwei wichtige Passi in ihre Verfassungen aufgenommen, die strikte Trennung von Kirche und Staat sowie die Glaubensfreiheit. Mit der Entkoppelung von Kirche und Staat werden den Glaubensgemeinschaften die Machtmittel entzogen, mit deren Hilfe sie ihre Religion auch gegen den Willen des Einzelnen durchsetzen können, mit der Glaubensfreiheit wird letztlich zum Ausdruck gebracht, dass der Staat den Unfehlbarkeitsanspruch einer Religion nicht unterstützt und die Pluralität unterschiedlicher Glaubensrichtungen ausdrücklich zulässt.

Eine subtilere Art der Gewaltausübung praktizierte die Kirche lange Zeit in der Monopolisierung des Ausbildungswesens. Über viele Jahrhunderte war das gesamte Ausbildungswesen fest in der Hand der Kirche, und gelehrt wurde, was systemkonform war. Wer Ausbildung wollte, musste sich der Indoktrination der Kirche aussetzen. Schlimmer noch: nur ganz wenigen Menschen wurde überhaupt der Zugang zur Bildung gewährt. In erster Linie den kirchlichen Funktionsträgern, partiell dann noch den Angehörigen der Adelsschichten. Ansonsten wachte die Kirche sorgsam über ihr elitäres Wissen und verstand es geschickt, der breiten Menge des Volkes jeglichen Zugang zu Wissen und Bildung zu verwehren. Die christliche Kirche hat sehr früh erkannt, dass Macht das einfachste und wirkungsvollste Mittel ist, um ein System oder eine Organisation am Leben zu erhalten, deren argumentative Überzeugungskraft nicht ausreicht, um die inneren und äußeren Widerstände zu bewältigen. Deshalb verband sie sich von Anfang an mit der weltlichen Macht und nutzte diese erfolgreich für ihre eigenen Zwecke. Beispiele hierfür gibt es genug, sei es der frühe und dauerhafte Pakt mit den weltlichen Herrschern, die ihrerseits rasch erkannten, dass gläubige Untertanen gefügige Untertanen sind, sei es die geschickte Verteilung der Aufgaben in der Rechtsprechung, wo die Kirche in religiösen Angelegenheiten die Urteile fällte, den – oft sehr grausamen – Strafvollzug jedoch den staatlichen Organen überließ, oder sei es im bis heute statt findenden Schweigen der Kirche bei staatlichen Pogromen diktatorischer Regime (von Hitler bis zu den Diktaturen Südamerikas), wenn sie dadurch eine Gefährdung ihrer Machtstellung befürchten musste. Es gibt zu viele Beispiele, wo die Kirche die Lehre ihres Gründers mit Füßen trat, um den eigenen Machterhalt zu gewährleisten.

Ein letzter entscheidender Aspekt muss in diesem Zusammenhang angesprochen werden, die Jenseitsorientierung der Kirche. Schon Jesus predigte die unmittelbare Herankunft des Gottesreiches und betonte in vielen seiner Aussagen und Gleichnissen die alleinige Bedeutung des jenseitigen Lebens. Das Diesseits wurde zum Jammertal erniedrigt, das seinen alleinigen Wert in der Hinführung zur 'ewigen Seligkeit' hatte. Diese Geringschätzung des irdischen Lebens durch Jesus wurde von der Kirche übernommen, gepflegt und wohl auch als sehr praktikabel empfunden, da hiermit ein Eingreifen Gottes auf das Jenseits verschoben werden konnte und Maßnahmen gegen die Linderung von Armut, Not, Ungerechtigkeit und Leid im Diesseits unterbleiben konnten. Als Ausgleich für ein unerfülltes Leben, für Unfreiheit und Ungerechtigkeit wurde dem Menschen die Vision eines jenseitigen Lebens in ewiger Glückseligkeit angeboten. Ein ideales und einfaches Mittel, um eine geknechtete und betrogene Menschheit zu trösten und ruhig zu stellen. In diesem Sinn ist das Jenseitsversprechen nicht nur ein Betrug am Menschen, sondern ein Betrug am Leben selbst. Dieses Leben ist das größte Geschenk, das der Mensch erhält, und er wird es nur einmal bekommen. Die positive Ausgestaltung dieses einmaligen Geschenkes ist denn auch die erste und vornehmste Pflicht des Menschen. Ein erfülltes und gut gelebtes Leben (auch im moralischen Sinn) braucht kein Jenseits.

Fazit: Religionen mit Unfehlbarkeitsanspruch und Missionierungsauftrag scheinen offensichtlich ohne Machtanspruch und (direkter oder indirekter) Gewaltausübung nicht auszukommen. Dies zeigt sich in beiden Offenbarungsreligionen, dem Christentum und dem Islam, gleichermaßen. Während jedoch das Christentum, durch die erzwungene Trennung von Kirche und Staat, einen gemäßigteren Weg geht, zeigt sich im Islam, wo die Gleichsetzung von Staat und Religion nach wie vor gefordert und praktiziert wird, welch katastrophale Auswirkungen sich hieraus ergeben können, insbesondere dann, wenn die Religion – wie so oft – zu politischen Zwecken missbraucht wird. Wie viel friedlicher sich Religionen gebärden, die keinen Missionierungsanspruch verfolgen, wird am Judentum und an den großen östlichen Religionen deutlich. Religionskriege sind sowohl im Judentum wie auch im Hinduismus, Buddhismus oder Taoismus nicht vorgekommen und auch schwer vorstellbar. So muss man den beiden Offenbarungsreligionen, dem Christentum wie auch dem Islam, gleichermaßen vorwerfen, dass sie es nicht vermochten, die Existenz des von ihnen gepredigten gütigen und liebenden Gottes in dieser Welt glaubwürdig zu machen. Im Namen ihres liebenden (Christentum) und allerbarmenden Gottes (Islam) wurden und werden zu viele menschenverachtende Grausamkeiten begangen.

In Bezug auf unsere Hauptfrage nach der Existenz Gottes bleibt somit nur die Schlussfolgerung: Zumindest ein „in der Welt und in seiner Kirche präsenter Gott" wird durch die Kirchengeschichte unglaubwürdig, ja geradezu widerlegt. Es 'menschelt' hier zu sehr, als dass für Gott Platz bliebe. Wo aber ist dann Gott – wenn nicht in seiner Kirche und in dieser Welt? „Wenn aber die Kirchen in ihrer Praxis unglaubwürdig sind – und das sind sie heute für viele – wer soll dann in der breiten Öffentlichkeit der Welt für Gott glaubwürdig eintreten?" (H. Küng, Existiert Gott, S. 366).

Gott im Spiegel kritischen Denkens

Naturgemäß berühren sich Religion und Philosophie in vielen ihrer zentralen Fragen: Worin liegt der Sinn des Lebens? Woher kommt das Leben, der Mensch, die Erde, der Kosmos, das Seiende also schlechthin? Was kommt nach dem Tode, hat der Mensch eine unsterbliche Seele? Gibt es ein übernatürliches Wesen und können wir es erkennen?

So wie wir Philosophie heute verstehen, als Fragen und Infragestellen, als radikales Hinterfragen, das sich weder vom Gegenstand, noch vom Umfang, noch von vorgefassten Meinungen eingrenzen lässt, ist das philosophische Fragen während des gesamten Mittelalters nicht verstanden worden. Bis zum Beginn der Aufklärung* gegen Ende des 18. Jahrhunderts bewegte sich das philosophische Denken nur innerhalb des religiösen Kontexts und bemühte sich nur um die Lösung von Verständnis- und Auslegungsproblemen der christlichen Lehre. Erst durch den neuen Zeitgeist der Aufklärung fassten einige herausragende Denker den Mut, das religiöse Glaubensgut radikal zu hinterfragen, bis hin zur völligen Infragestellung der Existenz Gottes. Vorbereitet durch Kant, Schelling und Hegel, begann vor allem mit Ludwig Feuerbach und seiner revolutionären Schrift „Das Wesen des Christentums" 1849 eine lange Reihe atheistischer Denker, sich mit religionskritischen Fragen neu auseinander zu setzen. Hierzu gehören so große Namen wie Karl Marx, Friedrich Nietzsche, Sigmund Freud, Martin Heidegger, Jean-Paul Sartre, Sigmund Freud, Ernst Bloch, Max Horkheimer, Theodor W. Adorno, Herbert Marcuse und eine große Zahl anderer zeitgenössischer Denker.

---

* „Als Aufklärung bezeichnet man die geistesgeschichtliche Epoche des 18. Jh. in der unter Maßgabe einer Herrschaft der Vernunft, weitreichende philosophische, soziale und politische Veränderungen vor sich gingen." Microsoft Encarta Enzyklopädie. 2004
Immanuel Kant: „Aufklärung ist der Ausgang des Menschen aus seiner selbst verschuldeten Unmündigkeit. Unmündigkeit ist das Unvermögen, sich seines Verstandes ohne Leitung eines anderen zu bedienen. Selbst verschuldet ist diese Unmündigkeit, wenn die Ursache derselben nicht am Mangel des Verstandes, sondern der Entschließung und des Mutes liegt, sich seiner ohne Leitung eines anderen zu bedienen."

Bevor wir jedoch auf das Gedankengut dieser religionskritischen Philosophen näher eingehen, noch ein Wort zur Epoche der 'Aufklärung'. Wie kam es zu dieser Bewegung, wie konnte sich das philosophische und gesellschaftliche Denken aus den Fesseln von Religion und Kirche befreien? Religiöse wie auch politische Ereignisse haben dazu gleichermaßen beigetragen. Die Spaltung der Kirche durch die Reformation Luthers und die darauf folgenden blutigen Kriege haben wohl zum ersten Mal und nachhaltig die bis dahin gültige religiöse Sicherheit beschädigt. Plötzlich gab es nicht mehr nur 'eine' rechtgläubige Kirche. Die starken politischen Umwälzungen durch den Amerikanischen Freiheitskrieg und die Französische Revolution führten zu einer Stärkung des Bürgertums und zu einer Besinnung auf grundsätzliche 'Menschenrechte', zu einer Befreiung des Menschen aus politischer und religiöser Bevormundung. Letztlich hat die zunehmende Entwicklung der Naturwissenschaften dazu geführt, dass religiös-mythische Deutungsversuche zunehmend durch wissenschaftlich gesicherte Erkenntnisse ersetzt werden konnten.

Es begann die Zeit des freien Denkens, der kritischen Auseinandersetzung mit den tradierten Werten, den alten Herrschaftsformen – und auch den Dogmen der Kirche. Der Mensch erkennt sich nun als freies Wesen mit eigenem Wert. Die diesseitige Welt tritt in den Mittelpunkt des Interesses, die Dominanz des Jenseitigen und Absoluten bröckelt. Es gab jedoch schon in einer sehr viel früheren Phase der Menschheitsgeschichte ein aufgeklärtes Zeitalter: im antiken Griechenland. Bereits 500 v. Chr. stellten sich dort die ersten Philosophen Fragen, die weit über das allzu menschelnde hellenistische Pantheon hinausreichten. In Referenz an diese frühen aufgeklärten Denker und ihre beachtlichen Leistungen wollen wir ihre kritischen Überlegungen zu Gott an den Anfang stellen.

Die griechischen Denker

Im alten Griechenland mit seinen großen intellektuellen Freiräumen setzte schon ganz früh die Kritik an den herrschenden religiösen Vorstellungen und Praktiken ein. Meist handelt es sich um

Kritik an dem allzu menschlich geratenen Pantheon, exemplarisch vertreten durch Xenophanes (570–475 v. Chr.) der versuchte, zu einem ontologisch wie ethisch profunderen Gottbegriff vorzustoßen. Obwohl auch schon frühe naturwissenschaftliche Beobachtungen und Überlegungen zu weitergehenden Betrachtungen über Gott führten, konzentrierten sich die Griechen zunächst darauf, sich aus dem schillernden Polytheismus ihres Pantheons zu lösen und zu einer differenzierteren, philosophisch durchdachteren Gottvorstellung zu kommen.

Schon die ersten philosophischen Denker des alten Hellas, Thales und Anaximander, gehen über den bunten und personifizierten Götterhimmel Griechenlands hinaus und definieren Gott als den Ursprung und Urgrund, ohne Anfang und Ende oder auch als das 'Unendliche'. Empedokles führt im griechischen Kulturraum als erster den Gedanken der Wiedergeburt ein, der in den östlichen Religionen so beherrschend werden wird. Nach Protagoras gehört die Religion nicht ursprünglich zum Menschen dazu. Deshalb vertritt er die Ansicht, dass dem Menschen eine gewisse Selbständigkeit gegenüber den Göttern zukommt. Sophokles hingegen stellt die absolute Dominanz und Autorität der Götter wieder her und lässt den allein auf seine eigene Kraft vertrauenden Menschen tragisch scheitern (Drama „König Ödipus"). Anaxagoras beschreibt Gott als 'Geist', der im Körperlichen wirksam ist, sich aber nicht mit ihm vermischt, sondern nur bestimmt, wie er werden soll. Euripides deckt auf, dass die Menschen die Götter nur aus Nützlichkeitserwägungen heraus schaffen und anbeten. Sie wollen sich Vorteile schaffen und sichern. Der Götterglaube ist also rein egoistischer Natur, das Übernatürliche wird materialisiert. Eine sehr intensive Auseinandersetzung mit der Theologie fand dann vor allem bei Platon statt – der übrigens als erster den Begriff der 'Theologie' gebrauchte – und bei Aristoteles. Platon bemüht sich auch als erster Denker um einen positiven Gottesbeweis, bei dem der Begriff und die Existenz der menschlichen 'Seele' eine zentrale Rolle spielt. Aristoteles bezeichnet Gott als 'das erste unbewegte Bewegende" als 'Ursprung und Erstes alles Seienden'. Mit dieser Beschreibung und der Erweiterung des Gottesbegriffs als 'lebendige Vernunft, die alles Wirkliche schafft', nahm dann Aristoteles großen Einfluss auf die weitere philosophische Theologie und vor allem auch auf das spätere christlich-philosophische Denken. Bei Epikur rücken die Götter wieder etwas an die Peripherie. Er bestreitet zwar nicht ihre Existenz, glaubt aber, dass die Götter an den Menschen und an weltlichen Dingen keinen Anteil nehmen. Außerdem formuliert er als erster das 'Theodizeeproblem', das bis heute ein bleibendes Thema der Religionskritik wurde: „Entweder wollen die Götter die Ungerechtigkeit in der Welt abschaffen und können es nicht – dann sind sie schwach; oder sie können es und wollen es nicht – dann sind sie schlecht; oder sie können es nicht und wollen es nicht – dann sind sie schwach und schlecht; oder sie können es und wollen es – warum tun sie es dann nicht?" Im Neuplatonismus (Plotin) wird Gott vor allem als das unbeschreibbare, undefinierbare und begrifflich nicht fassbare 'Eine' verstanden, womit zum Ausdruck gebracht werden soll, dass Gott immer mehr und immer anders ist, als das was von ihm gesagt werden kann. Auch dieses Gottverständnis wird in der späteren philosophischen Theologie unter dem Begriff der 'Negativen Theologie' noch lange weiterleben. Doch nun mit einem großen Sprung von der Antike in die beginnende Neuzeit.

Immanuel Kant (1724–1804)

„Eine Religion, die der Vernunft unbedenklich den Krieg ankündigt, wird es auf die Dauer gegen sie nicht aushalten".

Das Leben Immanuel Kants verlief ohne große Sensationen – er wollte sie auch nicht. Ganz im Gegenteil, er hasste alle Aufregungen und führte ein bürgerliches Leben in äußerster Selbstdisziplin. Sowohl sein Tagesablauf wie auch seine Umgebung waren aufs strengste geordnet. Er stand pünktlich um fünf Uhr morgens auf, frühstückte mit Tee und einer ersten Pfeife, arbeitete in seinem Studierzimmer oder ging zu seinen Vorlesungen. Sein einziger Luxus bestand in regelmäßigen Mittagessen mit Freunden, die er zu sich nach Hause einlud. Pünktlich um zehn Uhr abends ging er zu Bett. Er ging allen Störungen seines geordneten Lebens aus dem Weg und zog sich sofort zurück, wenn er oder eine seiner Lehren angegriffen wurden. So ist sein Lebensweg ebenso schlicht, geradlinig und bürgerlich wie sein Lebensstil. Nach seinem Studium verbringt er Jahre als Hauslehrer bei adligen Familien, erhält erst nach neun Jahren eine Stelle als Privatdozent an der Universität, wo er trotz mehrfacher Eingaben erst fünfzehn Jahre später eine feste Professur erhält. Kant bleibt sein Leben lang unverheiratet und verlässt Königsberg in den achtzig Jahren seines Lebens so gut wie nie. „Blickt man zurück, so muss Kants Leben als ein typisch deutsches Gelehrtendasein erscheinen, pedantisch und pünktlich geführt, altfränkisch und oftmals ein wenig wunderlich. Doch in diesem unscheinbaren Rahmen wird eine der größten Leistungen vollbracht, die die Geschichte der Philosophie kennt. Nachdem er sein Wort gesagt hat, kann nicht mehr im gleichen Sinne philosophiert werden wie vordem. So stellt sein Denken einen der Wendepunkte in der Geschichte des philosophischen Geistes dar." (W. Weischedel: Die philosophische Hintertreppe. München 1987, S.183)

Es wird nicht einfach sein, die Gedanken Kants zu Fragen der Religion auf einigen wenigen Seiten zusammenzufassen. Schließlich handelt es sich bei ihm um einen der bedeutendsten Denker der Philosophiegeschichte, dessen Gedankengänge nicht nur besonders tief greifen, sondern dessen stilistische Ausarbeitung auch dem geduldigsten Leser viel abverlangt. Sein Hauptwerk, die drei 'Kritiken der Vernunft', ist bis heute eine Herausforderung, selbst für den erfahrenen philosophischen Laien. Die große Leistung Kants in philosophischer Hinsicht liegt darin, das selbstbewusste Denken als oberste Instanz intellektueller Mündigkeit rehabilitiert zu haben, gleichzeitig jedoch die Grenzen der Vernunfterkenntnis (in seiner „Kritik der reinen Vernunft") aufgezeigt zu haben. Kants Leitspruch: 'Sapere aude' (Habe den Mut dich deines eigenen Verstandes zu bedienen). Die große Leistung Kants in religionsphilosophischer Hinsicht beruht auf zwei wesentlichen Aussagen:

- Gott und alle anderen metaphysischen Aussagen (Seele, Unsterblichkeit, Jenseits, Freiheit etc.) sind mit den Mitteln der 'reinen Vernunft' nicht beweisbar (allerdings auch nicht widerlegbar).

- Moralisches Verhalten ist auch ohne Gott möglich, rein aufgrund des dem Menschen innewohnenden Sittengesetzes ('Kategorischer Imperativ').

Kants frühe Werke (1754–63) kreisen um naturwissenschaftliche Themen, wobei die Arbeiten Isaac Newtons ihn sehr beeindruckten. Von Anfang an verlässt sich Kant weitgehend auf ein naturwissenschaftlich begründetes Weltbild, wobei die Anlagen und Potenzen der Natur bereits in der Urmaterie angelegt sind und sich in einem unendlichen Kreislauf der Natur verwirklichen. Diese von Gottes Eingreifen unabhängige autonome Natur kann somit nur aus sich selbst heraus und auf der Grundlage wissenschaftlichen Denkens erklärt werden. Ausdrücklich erklärt Kant in seiner Kritik der praktischen Vernunft, dass die Vorstellungen der Religion über Gottes Wirken zur Erklärung von Naturvorgängen nicht tauglich seien und man auf diesem Gebiete mit empirisch fundiertem Wissen weiter käme. Schon früh gelangt Kant zur Erkenntnis, dass wir die Natur nicht erkennen können wie sie ist, sondern nur nach den in unserem Verstand vorgegebenen Normen. Wir sind es, die die Gesetze der Natur definieren, indem wir die Erscheinungen in der Natur gemäß unserer im Verstand vorgegebenen Normen verknüpfen. „Der Mensch ist der Gesetzgeber der Natur", sagt Kant. Und: Wir sind auf die Welt der Erscheinungen beschränkt. Nur von hier aus können wir Natur erklären und verstehen. In diesem Sinn ist es auch unzulässig, vom nur Gedachten auf das Wirkliche zu schließen. Dies gilt auch für die Existenz Gottes: da Gott kein Gegenstand unserer Erfahrung sein kann, diese aber die einzige Möglichkeit ist, die Realität eines Dinges zu erkennen, können wir über Gottes Sein oder Nichtsein keine Aussage treffen. Das gleiche gilt zwangsläufig für alle anderen metaphysischen Ideen, wie Jenseits oder Seele. Diese Ideen sind zwar denkmöglich, aber „nicht weil wir etwas als möglich denken, existiert es, sondern der Schluss ist umzukehren: wir denken etwas als möglich, weil etwas Reales existiert", sagt hierzu Kant. Mit diesen Argumenten entthront Kant die traditionelle Metaphysik, die „als Wissenschaft des Übersinnlichen nur eine Logik des Scheins bewerkstelligt".

Da unser Wissen also beschränkt ist auf die Erscheinungen in Raum und Zeit, ist die Realität eines Dinges nur durch die sinnlich verifizierbare Erfahrung gewährleistet, nicht aber allein durch die Tatsache, dass wir es denken können. Aus nur denkmöglichen Begriffen können wir kein Wissen über diese Gegenstände oder über deren tatsächliche Existenz ableiten. Mit diesen Argumenten enttarnt Kant auch die traditionellen Gottesbeweise, da hier von einem erdachten Begriff, einem Ideal, auf die Existenz eines entsprechenden transzendenten Wesens geschlossen wird. So ist Gott nach Kant ein Ideal, dessen mögliches Dasein sich jeglicher Erfahrbarkeit und Überprüfbarkeit entzieht, aber in seiner Möglichkeit auch nicht widerlegt werden kann. Diese Überlegungen Kants machten ihn bei vielen seiner Zeitgenossen als Atheist und Gottesleugner verdächtig. Die Lage verschärfte sich für Kant, als seine zentrale religionsphilosophische Schrift, 'Die Religion innerhalb der Grenzen der bloßen Vernunft', 1794 erschien und umgehend zu einer harschen Reaktion Friedrich Wilhelms II. führte, der weit weniger aufgeklärt als sein Vorgänger Friedrich der Große war und keine Abweichung von der offiziellen Kirchenlehre zuließ*. Kant, der ein bequemes und möglichst ungestörtes bürgerliches Leben sehr schätzte, gehorchte seinem Regenten und nahm zu religionsspezifischen Fragen erst wieder nach dessen Tode Stellung.

Tatsächlich ist Kants Position zu Gott nicht einfach zu definieren. So sehr er die objektive Beweisbarkeit Gottes in Frage stellt, so deutlich spricht er doch davon, dass „es moralisch notwendig

---

* Brief Friedrich Wilhelms II. an Immanuel Kant: „Von Gottes Gnaden Friedrich Wilhelm, König von Preußen usw. Unseren Gnädigen Gruß zuvor. Würdiger und hochgelehrter, lieber Getreuer! Unsere höchste Person hat schon seit geraumer Zeit mit großem Missfallen erfahren, wie Ihr Eure Philosophie zu Entstellung und Herabwürdigung mancher Grundlehren der Heiligen Schrift und des Christentums missbraucht, wie Ihr dieses namentlich in Eurem Buch 'Religion innerhalb der Grenzen der bloßen Vernunft' getan habt. Wir verlangen des ehesten Eure gewissenhafte Verantwortung und gewärtigen uns von Euch, bei Vermeidung unserer höchsten Ungnade, dass Ihr Euch künftighin nicht dergleichen werdet zuschulden kommen lassen, sondern vielmehr, Eurer Pflicht gemäß, Euer Ansehen und Eure Talente dazu verwenden, dass unsere landesväterliche Intention je mehr und mehr erreicht werde; widrigenfalls Ihr Euch bei fortgesetzter Renitenz unfehlbar unangenehmer Verfügungen zu gewärtigen habt. Sind Euch mit Gnade gewogen."

sei, die Idee eines höchsten Wesens anzunehmen". Er hält eine „recht verstandene Religiosität für ein subjektives, notwendiges, praktisches Bedürfnis", um moralisches Verhalten leichter zu bewerkstelligen. Womit wir bei dem eigentlichen großen Thema Kants sind, seiner Moralphilosophie.

In seiner Moralphilosophie versucht Kant vom Menschen her zu denken, wobei hier nicht mehr die Frage im Vordergrund steht 'Was kann ich wissen? Wie kann ich erkennen?', sondern die Frage, 'Was soll ich tun?'. Diese alles entscheidende Frage wird nach Kant nun nicht mehr von der Religion vorgegeben, sondern durch das dem Menschen 'immanente Sittengesetz'. Hier liegt ein weiterer revolutionärer Denkansatz Kants in Bezug auf die Religion. Nicht mehr Gott oder die Kirche geben das Sittengesetz vor, sondern der Mensch ist als freies Wesen mithilfe seiner autonomen reinen und praktischen Vernunft in der Lage, sein Sittengesetz selbst zu formulieren. In dieser Fähigkeit liegt nach Kant die eigentliche Würde des Menschen. Ausdruck findet dieses Sittengesetz im kategorischen Imperativ, dem wohl berühmtesten Satz von Kant:

Handle so, dass die Maxime deines Willens jederzeit zugleich als Prinzip einer allgemeinen Gesetzgebung gelten könnte!

Wir werden auf diesen Satz noch mehrfach zurückkommen, vor allem im Schlussteil dieses Buches, da er die wichtigste und auf den einfachsten Nenner gebrachte Grundaussage für jede humane Ethik darstellt. So einfach und überzeugend der kategorische Imperativ auch klingt, so lange hat Kant gebraucht, um die Grundlagen hierfür zu erarbeiten. Sehen wir uns deshalb diesen Satz etwas näher an. Auf die Grundfrage, wie sollen wir handeln, folgt zu Beginn die Entscheidung, ob wir unseren Willen durch Gesetze bestimmen wollen, die wir in uns selbst, d.h. in unserer Vernunft finden (Autonomie), oder durch etwas, was außer uns, d.h. außerhalb unserer Vernunft liegt (Heteronomie). Kant legt ausführlich dar, warum ersterem der Vorzug zu geben ist. In der weiteren Entscheidung für das richtige Verhalten wird man praktischerweise von persönlichen eigenen Vorstellungen und Grundsätzen ausgehen, von Kant 'Maxime' genannt. Erweisen sich diese (subjektiven) Maximen als richtig und gültig auch für andere Menschen, so wird daraus nach Kant ein 'praktisches Gesetz'. Ein solches Gesetz der praktischen Vernunft hat einen fordernden, aber nicht zwingenden Charakter, der Mensch kann sich ihm widersetzen. Deshalb verwendet Kant den Begriff 'Imperativ' für ein 'forderndes' praktisches Gesetz. Letztlich unterscheidet Kant noch zwischen den hypothetischen und den 'kategorischen' Imperativen. Erstere stellen zwar eine allgemeingültige Forderung auf (du musst dich bilden, um klug zu werden), wobei sich der Einzelne nicht unbedingt gemäß diesem Ziel verhalten muss, während der kategorische Imperativ nicht nur eine allgemeingültige, sondern eine unbedingte Forderung enthält, der das Individuum auch nachzukommen hat.

Im kategorischen Imperativ stecken verschiedene Aufforderungen. Als erstes spricht Kant vom 'Handeln', nicht vom Denken, nicht vom Vorhaben, sondern vom konkreten Tun. Auf dieses kommt es ihm an, gemäß seinem Leitsatz, Moralität kann sich nur im Handeln zeigen. Als zweites fordert er den Menschen auf, sich über seine eigenen Vorstellungen und Grundsätze (Maxime) klar zu werden und sein Handeln daran zu orientieren. Damit spricht er dem Menschen das Recht zu, sich selbst zum Ausgangspunkt und Maßstab seines Handelns zu machen. Letzter Prüfstein des eigenen Verhaltens ist dann aber doch die Umwelt, der Andere und zwar als 'unbedingte' Forderung, als kategorischer Imperativ. Mein eigenes Verhalten muss zum allgemeinen Gesetz werden können, d.h., dass es jedem Menschen gestattet ist, sich genauso zu verhalten. Dies bedeutet andererseits, dass sich jeder Einzelne sozialverträglich verhalten muss, also keine Sonderrechte in Anspruch nehmen darf, sofern diese einem anderen schaden könnten. Damit wird Kants kategorischer Imperativ zu einer höchst modernen Handlungsanleitung: sie befreit den Menschen aus jeder Fremdbestimmung und Bevormundung und macht ihn in seinem moralischen Handeln einzig sich selbst und seinen Mitmenschen gegenüber verantwortlich. Obwohl der Mensch nach Kant a priori weiß, was gut und böse ist, da es sich hier um Prinzipien der (menschlichen) Gattungsvernunft handelt, die für jedes vernünftige Wesen erkennbar und gültig sind, kann er sich, aufgrund seines freien Willens, dennoch gegen moralisches Verhalten entscheiden. Mit seiner Entscheidung für das Gute trägt er jedoch zur allgemeinen Moralisierung bei. Dabei ist es nach Kant von großer Bedeutung, aus welchem Motiv heraus die sittliche Entscheidung getroffen wird; erfolgt sie in Erwartung einer Belohnung oder aus Angst vor Strafe, so fehlt dieser Handlung die Moralität. Dies gilt auch in Erwartung göttlicher (jenseitiger) Belohnung oder Strafe. „Wird die gute Handlung des Menschen äußerlich, d.h. durch Hoffnung auf Lohn oder Furcht vor Strafe bestimmt – welches bei definitiver Annahme eines uns regierenden Gottes unweigerlich der Fall wäre – so käme nicht nur ein falscher und heuchlerischer Ethikbegriff zustande, ein Frondienst einem höheren Wesen gegenüber, es würde auch jede Sittlichkeit damit aufgehoben."* Mit diesen knappen Worten bringt Kant im Grunde die Moralgebäude aller Religionen zu Fall!

So kann es nicht ausbleiben, dass Kant den traditionellen Offenbarungsreligionen seine eigene Definition von Religion gegenüberstellt, die er mit dem Begriff 'natürliche Religion' umschreibt. Diese beruht nicht auf Offenbarungen Gottes, auf Glauben oder subjektiven Gefühlen, sondern auf dem Wissen des Menschen um das, was moralisch notwendig und der Vernunft des Menschen gemäß ist. Erst diese Gebote kann er dann als göttlich akzeptieren. „Die Moral begründet die Religion und niemals die Religion die Moral", formuliert Kant. Es handelt sich also letztlich um eine 'natürliche Vernunftreligion', von der Kant spricht. Noch etwas anderes ist Kant von größter Wichtigkeit: die natürliche Religion erfüllt nur dann ihren Zweck, wenn sie gelebt wird, d.h. wenn sie sich in tugendhaftem Handeln zeigt. „In der Religion kommt alles aufs Tun an", lautet deshalb ein anderer programmatischer Satz Kants. Nicht die Seligkeit im Jenseits darf das Ziel sein, sondern das moralische Handeln im Diesseits!

---

* Martina Thom: Immanuel Kant, Schriften zur Religion, 1981, S. 44 (Im Wortlaut Kants): „Unter allen Abweichungen von der natürlichen Beurtheilung und bewegenden Kraft der sitten ist die schädlichste, da man die lehre der sitten in eine lehre der religion verwandelt oder auf religion gründet. Denn da verläßt der Mensch die wahre moralische Gesinnungen, sucht die Göttliche Gunst zu gewinnen, abzudienen oder zu erschleichen und läßt allen Keim des Guten unter den maximen der furcht ersterben". Aus: Reflexionen zur Moralphilosophie.

Welch schöne und klare Distanzierung von allem heuchlerischen religiösen Verhalten spricht aus dieser Religionsbestimmung Kants. Sehr viel weniger klar und eher problematisch in seiner Herleitung ist Kants Gottesbegriff. Bis heute streiten sich die Interpreten Kants darüber, ob sein Gottesbegriff eher als Zugeständnis an seine Zeit und auch an die Ungestörtheit seines ruhigen bürgerlichen Lebens zu sehen ist, denn als Resultat seines genuinen philosophischen Denkens. Zumindest lässt sich der Verdacht nicht von der Hand weisen, dass Kants Gott eine Alibikonstruktion ist, um sich selbst aus der Schusslinie des Atheistenvorwurfs zu nehmen. Allzu konstruiert erscheint das sog. 'moralische Postulat Gottes', das Kant letztlich doch noch auf Umwegen formuliert. Kant argumentiert dabei wie folgt: Jedes, auch Vernunft gesteuerte, Wesen dieser Welt strebt nach Glückseligkeit. Obwohl es sich hier um keine ethische Kategorie handelt, ist dieses Streben natürlich. Nun ist nach Kant nur derjenige 'glückswürdig', der sich sittlich verhält. Die Verbindung von Sittlichkeit und Glückseligkeit ist somit ein hohes menschliches Gut. Im faktischen Dasein ist jedoch keineswegs zu beobachten, dass es dem sittlichen Menschen immer gut geht. Es zeigen sich hier Abhängigkeiten und Fremdbestimmungen, die der Einzelne nicht beeinflussen kann. Insofern muss es ein Wesen geben, das diese Übereinstimmung herbeiführen kann, „sei es in diesem oder einem anderen Leben". Auf diesem Denkweg ergibt sich die moralische Annahme Gottes. Gleichzeitig beeilt sich Kant jedoch festzustellen, dass aus diesem moralischen Postulat keine Aussagen über Sein und Wesen Gottes ableitbar sind. Die tatsächliche Existenz Gottes soll mit diesem moralischen Postulat Gottes nicht objektiv-gültig bewiesen werden. Das Postulat des Daseins Gottes bleibt eine subjektive Annahme, von Kant selbst als „moralischer Glaube mit dem Charakter eines Für-wahr-Haltens in moralischer Absicht" bezeichnet. An dieser etwas konstruiert erscheinenden Herleitung Gottes lässt sich unschwer Kritik üben. Sicher ist das Glückseligkeitsstreben der Menschen nicht zu leugnen, aber die notwendige Verknüpfung mit dem sittlichen Verhalten des Einzelnen erscheint doch äußerst fragwürdig. Zu viele Erfahrungen aus dem täglichen Leben sprechen dagegen. Der verständliche moralische Wunsch nach einer notwendigen Verbindung von Glückseligkeit und Sittlichkeit kann durch die Konstruktion Gottes nicht herbeigeführt, sondern nur herbeigesehnt werden. Damit wird aber auch der konstuiert wirkende moralische Gottesbeweis Kants brüchig und anfechtbar.

Noch einmal in Kürze:

- Kant fordert den Menschen zu freiem, kritischem und selbst bestimmtem Denken auf (sapere aude).
- Kant widerlegt die klassischen Gottesbeweise.
- Nach Kant sind metaphysische Annahmen mit den Mitteln der Vernunft grundsätzlich nicht beweisbar, allerdings auch nicht widerlegbar. Das gilt für Gott gleichermaßen wie für das Jenseits, die Seele.
- Auch für die Erklärung der Natur ist Gott nicht nötig. Die Natur erklärt sich aus sich selbst anhand der erkennbaren objektiven Naturgesetze.
- Der Mensch ist auch ohne Religion in der Lage, sich moralisch zu verhalten. Er verfügt über ein immanentes Sittengesetz.
- Moralisch ist eine Tat jedoch nur dann, wenn sie aus überzeugter Einsicht in das Sittengesetz erfolgt, und nicht, weil man sich dafür Belohnung oder Vermeidung von Strafe erhofft, sei sie weltlicher oder göttlicher Art.
- Mit dem 'Kategorischen Imperativ' fordert Kant den Menschen auf, sich selbst und seinen Bezug zu den Mitmenschen als Maßstab sittlichen Verhaltens zu nehmen. Auf dieser Basis ist die Entwicklung einer selbst bestimmten humanen Moral möglich, die keiner göttlichen oder sonstigen fremdbestimmten Vorgaben bedarf.

Kant macht den Menschen frei von Fremdbestimmung (auch religiöser Art) und verpflichtet ihn auf die eigene Vernunft, auf sein eigenes kritisches Denken und auf sein immanentes Sittengesetz!

Ludwig Feuerbach (1804–1872)

„Homo homini Deus est"

Das Todesjahr Kants war das Geburtsjahr eines der bedeutendsten Religionskritikers Deutschlands, Ludwig Feuerbach. Als im Jahr 1841 seine Schrift 'Das Wesen des Christentums' erschien, war erstmals der Versuch unternommen worden, Wesen und Ursprung der Religion schlechthin zu analysieren und zu hinterfragen. Feuerbachs Ergebnis: in der Religion findet eine Selbstentäußerung des Menschen statt. Da der Mensch als unvollkommenes Wesen es nicht wagt, sich zu sich selbst zu bekennen, projiziert er alle seine positiven Eigenschaften auf ein höheres Wesen, auf Gott. Theologie wird auf Anthropologie reduziert.*
„Homo homini Deus est" formuliert Feuerbach die Quintessenz seiner kritischen Betrachtungen**. Feuerbach stellt nicht nur die Religion, sondern Gott selbst radikal in Frage. Seine kritischen Ausführungen zur (christlichen) Religion haben unmittelbaren Einfluss auf Marx und Engels genommen und zeigen dauerhafte Nachwirkungen auf viele Philosophen bis in unsere Zeit. Der eher sanfte und sehr zurückgezogen lebende Feuerbach, der 24 Jahre lang das Turmzimmer im herrschaftlichen Besitz seiner wohlhabenden Frau kaum verließ, studierte zunächst Theologie und wollte eigentlich evangelischer Pfarrer werden. Er brach dieses

---

* So schreibt Hans Küng über Feuerbach („Existiert Gott", 1981, S. 245): „Bei ihm (Feuerbach) liegt definitiv Atheismus vor: zum ersten Mal in der Menschheitsgeschichte ein voll reflektierter, unbedingt entschlossener, sich rückhaltlos zu sich selber bekennender und – auch das ist wichtig – bis zum Ende durchgehaltener programmatischer Atheismus, der sich theologisch auf keinen Fall nachträglich uminterpretieren und vereinnahmen lässt. Dieser konsequente Atheismus stellt eine bleibende Herausforderung an jeden Gottesglauben dar." AaO, S. 36: Zu Feuerbachs Atheismus: „Aber niemand kann es übersehen: es wird hier nur verneint, um zu bejahen. Dieser Atheismus ist alles andere als nur Negation, er ist vielmehr höchste Position. Dieser Atheismus ist der wahre Humanismus! Es soll nicht etwa nur einfach Gott (= das Scheinwesen der Religion) geleugnet, es soll vielmehr das wirkliche Wesen des Menschen (=das wahre Wesen der Religion) bejaht, gelobt, geliebt werden. Ja es soll dem Menschen durch den Atheismus seine wahre göttliche Würde, die ihm der Theismus genommen hat, wiedergegeben werden: besser als 'Atheismus' wäre der Ausdruck „Anthropotheismus".
** Dieses und alle nachfolgenden wörtlichen Zitate Feuerbachs sind entnommen aus der 3. Auflage seiner Schrift: Das Wesen der Christenheit, Leipzig 1849, veröffentlicht in Reclams Universalbibliothek Nr.4571, Stuttgart, 1980.

Studium jedoch schon bald ab und wandte sich als eifriger Student Hegels in Berlin verstärkt der Philosophie zu. „Nicht glauben, sondern denken, nicht faseln und schwärmen, sondern lernen", wird zu seiner neuen Devise. Schon bald gehen ihm aber die Betrachtungen Hegels, die er zunehmend als 'spekulative Philosophie' bezeichnet, nicht weit genug. Trotz der starken Betonung der menschlichen Vernunft, löst sich Hegel letztlich nicht völlig vom alten metaphysischen Standpunkt und bleibt bei der Annahme eines letzten 'Absoluten'. Feuerbach lehnt diesen Standpunkt ab, er möchte nichts Spekulatives, Jenseitiges mehr akzeptieren, sondern nur noch auf das 'wirkliche Sein' setzen, d.h. auf das sinnliche, konkrete Sein, auf die sinnliche Realität, die der Mensch unmittelbar erfahren kann. So formuliert Feuerbach seine intellektuelle Emanzipation wie folgt: „Gott war mein erster Gedanke, die Vernunft mein zweiter, der Mensch mein dritter und letzter Gedanke".

In seiner anonym herausgegebenen Schrift „Gedanken über Tod und Unsterblichkeit" (1830) leugnet Feuerbach die Existenz eines persönlichen Gottes und erteilt dem (egoistischen) Glauben an die Unsterblichkeit eine Absage. Stattdessen möchte er den Menschen auf das Diesseits verpflichten, auf das Leben und auf sich selbst. So werden schon in dieser kurzen Schrift die Grundlagen seiner späteren und umfassenden 'Anthropologischen Religionskritik' gelegt, die den Gottesbegriff durch den Begriff der 'menschlichen Gattung' ersetzen. Wie nicht anders zu erwarten, wird Feuerbachs erste Schrift sofort verboten und eingezogen und ein polizeiliches Ermittlungsverfahren gegen den Autor eingeleitet. Als Folge dessen verbringt Feuerbach ohne feste Anstellung und in gesellschaftlicher Isolierung einige schwierige Jahre, die erst durch seine Heirat mit einer wohlhabenden Fabrikantentochter beendet werden. Von nun an ist es ihm möglich, zurückgezogen und in materieller Sicherheit seine Studien fortzusetzen, die in der – übrigens unter seinem vollen Namen veröffentlichten – zentralen Schrift 'Das Wesen des Christentums' im Jahre 1841 gipfeln.

Wovon geht Ludwig Feuerbach aus, und was will er mit seiner fundamentalen Religionskritik erreichen? Ausgangspunkte lassen sich festmachen am Ungenügen mit dem Philosophischen Idealismus seiner Zeit – und damit auch mit seinem Lehrer Hegel, der ihm immer noch zu idealistisch und spekulativ bleibt und auf die eigentliche und diesseitige Natur des Menschen zu wenig eingeht, sowie auf die Beobachtung, dass die Religion den Menschen zu sehr auf das Jenseits fixiert und ihm das Diesseits entfremdet. Sein Ziel sieht Feuerbach in einer Umkehr der Blickrichtung, nicht mehr nach oben zu Gott, sondern nach der Seite, zu den Menschen. Er möchte den Menschen dem Menschen zurückgeben. Der erste Gegenstand des Menschen ist der Mensch. In Feuerbachs eigenen Worten: „Aber was der Religion das Erste ist, Gott, das ist, wie bewiesen, an sich, der Wahrheit nach das Zweite, denn er ist nur das sich gegenständliche Wesen des Menschen, und was ihr das zweite ist, der Mensch, das muss daher als das Erste gesetzt und ausgesprochen werden. Die Liebe zum Menschen darf keine abgeleitete sein; sie muss zur ursprünglichen werden. Dann allein wird die Liebe eine wahre, heilige, zuverlässige Macht. Ist das Wesen des Menschen das höchste Wesen des Menschen, so muss auch praktisch das höchste und erste Gesetz die Liebe des Menschen zum Menschen sein. Homo homini Deus est – dies ist der oberste praktische Grundsatz – dies ist der Wendepunkt der Weltgeschichte."

Das Bild vom Menschen

Um den oben zitierten Satz richtig verstehen und einordnen zu können, ist es notwendig, Feuerbachs Bild vom Menschen kennen zu lernen. Feuerbach möchte den Menschen aus der abstrahierten Betrachtung der Philosophie als 'nur' Geist- und Vernunftwesen zurückholen in die 'wirkliche Wirklichkeit', in die Betrachtung des Menschen als leibliches, sinnliches, liebendes und in Gemeinschaft lebendes Wesen. Gerade letzteres ist ihm dabei besonders wichtig: der Mensch lebt nicht allein, sondern in enger Beziehung zu seinen Mitmenschen, er wird zu dem, der er ist, nur in Wechselwirkung mit der Gemeinschaft. Aber genauso wie der einzelne Mensch Teil der Gemeinschaft ist, ist er auch Teil der ihn umgebenden Natur. Auch hier besitzt er keine Sonderstellung. Die entscheidende Aufgabe des Menschen liegt also darin, mit sich, den Mitmenschen und der Natur in Einklang zu leben. Da das Individuum jedoch begrenzt und unvollkommen ist, kann es nur in seiner 'Ganzheit', als 'Gattung' zur Vollendung der menschlichen Möglichkeiten aufsteigen. Nur in der Gattung werden alle menschlichen Möglichkeiten realisiert. In der Gattung wird der Mensch zum höchsten Wesen, der Mensch das Maß aller Dinge. Gott ist somit nichts anderes als die Projektion aller guten Eigenschaften der Menschen. Dies ist ein zentraler Gedanke Feuerbachs, der ihn dazu führt, den 'Gattungsbegriff' letztlich an die Stelle Gottes zu rücken.

Das Bild von Gott

Gott ist nach Feuerbach lediglich eine Projektion des Menschen. Besser noch: das Wesen Gottes ist auf das Wesen der Gattung Mensch zu reduzieren. Denn „Gott ist des Menschen entäußertes Selbst". Wie ist diese Aussage, diese 'anthropologische Reduktion Gottes' zu verstehen? Der Mensch projiziert Gott auf mehrfache Weise:

Zum einen aus dem Gefühl der Abhängigkeit heraus. „Denn es ist einsichtig, dass der Mensch das, wovon er sein Leben abhängig weiß oder glaubt, als Gott verehrt", sagt Feuerbach. Zum anderen sind es die Wünsche des Menschen, die ihn ständig begleiten und die er selbst nicht befriedigen kann. „Was der Mensch nicht wirklich ist, aber zu sein wünscht, das macht er zu seinem Gotte oder das ist sein Gott", sagt Feuerbach, und an anderer Stelle: „Der Wunsch ist der Ursprung der Götter, der Wunsch der Ursprung, das Grundwesen, das Prinzip der Religion". So ist auch das universale Glückseligkeitsstreben des Menschen eine weitere wichtige Ursache für die Projektion auf Gott. „Gott ist der in der Phantasie befriedigte Glückseligkeitstrieb des Menschen". Damit noch nicht genug: es gibt noch eine weitere entscheidende Ursache für die Gottprojektion des Menschen: Nach Feuerbach wagt der Mensch nicht, sich zu sich selbst zu bekennen. Er erlebt sich als unvollkommen und begrenzt, übersieht jedoch, dass diese Begrenzung für die 'Gattung' Mensch nicht zutrifft, da diese in ihrer Pluralität alle Möglichkeiten des Menschseins beinhaltet. Stattdessen projiziert er alle seine positiven Eigenschaften aus sich heraus auf ein von ihm getrenntes, selbständiges, vollkommenes Wesen, das er Gott nennt. Auf diesen Gott werden also alle positiven Möglichkeiten des Menschen projiziert, er wird zum verselbständigten Gattungsbegriff des Menschen. In diesem Sinne verkehrt sich der alte Bibelspruch 'Und Gott erschuf den Menschen nach seinem Vorbild' zur neuen Erkenntnis, 'der Mensch erschuf Gott nach seinem Bilde'. „Es ist eine Folge meiner Lehre, dass kein Gott ist, d.h. kein abstraktes, unsinnliches, von der Natur und dem Menschen unterschiedenes Wesen, welches über das Schicksal der Welt und Menschheit nach seinem Wohlgefallen entscheidet", formuliert Feuerbach sein Glaubensbekenntnis.

Die Schädlichkeit der Religion

Konsequenterweise ist Religion nach Feuerbach die Selbstanbetung des Menschen. Die Gefahr der Religion liegt darin, dass sie den Menschen sich selbst entfremdet. Dies geschieht durch die Projektion seines inneren Wesens auf ein angenommenes Wesen außerhalb seiner selbst, auf Gott. Der Mensch entäußert sich seiner Menschlichkeit, seiner wahren eigenen Schätze, er schafft einen reichen Gott und wird ein armer Mensch. Mehr noch: alles Gute geht zu Gott, alles Schlechte bleibt beim Menschen.* Oder wie Feuerbach sagt: „So opfert der Mensch den Menschen Gott auf". Eine besondere Gefahr der Religion sieht Feuerbach auch in ihrem Unsterblichkeits- und Jenseitsversprechen. Der Glaube an ein Jenseits zerstört das Gattungsleben im Diesseits, weil der Mensch die Verfolgung seines egoistischen

---

* „Die Religion, wenigstens die christliche, ist das Verhalten des Menschen zu sich selbst, oder richtiger: zu seinem Wesen, aber das Verhalten zu seinem Wesen als zu einem anderen Wesen. Das göttliche Wesen ist nichts andres als das menschliche Wesen oder besser: das Wesen des Menschen, abgesondert von den Schranken des individuellen, d. h. wirklichen, leiblichen Menschen, vergegenständlicht, d. h. angeschaut und verehrt als ein andres, von ihm unterschiednes, eigenes Wesen – alle Bestimmungen des göttlichen Wesens, sind darum Bestimmungen des menschlichen Wesens." (AaO, S.54)

Zieles, d.h. die Sicherung seines Weiterlebens im Jenseits, den notwendigen altruistischen Zielen (erfülltes Zusammenleben aller Menschen im Diesseits) vorzieht. „Wer sich scheut, endlich zu sein, scheut sich, zu existieren" (AaO, S. 56). In der Kritik des Wunsches nach Unsterblichkeit geht Feuerbach noch einen Schritt weiter. Nach seiner Auffassung liegt hierin das konstituierende Element aller Religionen. Ohne den unstillbaren Wunsch des Menschen nach einem Fortleben im Jenseits gäbe es keine Religion. Dies ist der stärkste Köder, das verlockendste Versprechen, das man den Menschen geben kann. Hiermit kann man sie gefügig machen, kann sie weglocken vom diesseitigen Leben, kann sie zu allem bewegen, zu den größten und zu den furchtbarsten Taten, immer schon und bis heute. Die fundamental-islamistischen Selbstmordattentäter unserer Zeit machen dies mehr als deutlich, wird ihnen doch von ihren religiösen Führern versprochen, dass sie unmittelbar nach ihren furchtbaren und menschenverachtenden Morden direkt ins Paradies Allahs eingehen werden.

Wie wichtig dieser Aspekt seiner Religionskritik Feuerbach war, belegen einige seiner Ausführungen:

„Die persönliche Unsterblichkeit ist eine charakteristische Lehre des Christentums. (AaO, S.266) „Die Unsterblichkeitslehre ist die Schlusslehre der Religion – ihr Testament, worin sie ihren letzten Willen äußert". „Wenn ich nicht ewig bin, so ist Gott nicht Gott, wenn keine Unsterblichkeit, so ist kein Gott" (AaO, S. 270). „Wenn ich nicht unsterblich bin, so glaube ich keinen Gott; wer die Unsterblichkeit leugnet, leugnet Gott; das Interesse, dass Gott ist, ist eins mit dem Interesse, dass ich bin, ewig bin" AaO, S. 269).

Hans Küng fasst die Feuerbach'sche Kritik am Jenseitsversprechen der Religionen in einer Reihe eigener Fragen zusammen: „Verteidigten Kirche und Theologie Gott nicht vielfach auf Kosten des Menschen, das Jenseits auf Kosten des Diesseits? Eine breite dualistische (neuplatonische) Tradition der Natur-, Diesseits- und Leibesabwertung durch die ganze Geschichte des Christentums hindurch; Eine Abwertung gerade des leibhaftsinnlichen Menschen (und besonders der Frau!) zugunsten Gottes? Ein sinnenfeindlicher Spiritualismus, der sich in einer von Jesus selbst nicht gedeckten strengen Entsagung und Erniedrigung des Menschen vor Gott, ja oft in einer Vernachlässigung und Züchtigung des Körpers und einer Ablehnung von Freundschaft, Eros und Sexus äußerte? Alles in allem eher eine Vernichtung des Ich statt der Zuwendung zum Du, eine Askese auf Kosten des Menschlichen und Mitmenschlichen? Schien hier Gott nicht überall nur auf Kosten des Menschen, das Christsein nur auf Kosten des Menschseins möglich zu sein?" (H. Küng: Existiert Gott, S. 247)

Die Quintessenz der Feuerbach'schen Religionskritik lässt sich wie folgt zusammenfassen:

- Er vertritt als erster einen konsequenten Atheismus und bestreitet die Existenz Gottes.
- Gott ist für ihn nur eine Projektion, eine 'Selbstentäußerung" des Menschen; der Mensch macht sich seinen Gott selbst.
- Wenn es keinen Gott gibt, ist der Mensch das Maß aller Dinge („Homo homini Deus est").
- Demgemäß: Atheismus als Humanismus.
- Besinnung auf das Diesseits. Rückführung aller Kräfte auf das diesseitige Leben, das im Einklang mit der Natur und den Mitmenschen geführt werden soll.
- Keine Verschwendung von Kräften an ein imaginäres Jenseits. Das Jenseits stiehlt dem Menschen das Diesseits und entfremdet ihn den Mitmenschen.
- Das Unsterblichkeitsversprechen ist die zentrale Waffe der Religionen; es ist ihr konstituierendes Element. Der Mensch wird damit getäuscht und betrogen.

Wie schon eingangs erwähnt, wird Ludwig Feuerbach mit diesen Gedanken zum Vorläufer und Vordenker vieler großer atheistischer Denker, von Karl Marx über Friedrich Nietzsche, Sigmund Freud, Jean Paul Sartre, Martin Heidegger, bis hin zu zeitgenössischen Philosophen. Der unmittelbare Übergang des Gedankenguts von Ludwig Feuerbach auf Karl Marx findet sich schön illustriert in einem offenen Dankesbrief des Heidelberger Arbeiter-Bildungs-Vereins vom 16. März 1849, anlässlich eines Vortrags von Feuerbach: „Wir sind keine Gelehrten und wissen daher den wissenschaftlichen Wert Ihrer Vorlesungen nicht zu würdigen; soviel aber fühlen und erkennen wir, dass der Trug der Pfaffen und des Glaubens, gegen den Sie ankämpfen, die letzte Grundlage des jetzigen Systems der Unterdrückung und der Nichtswürdigkeit ist, unter welchem wir leiden; und dass Ihre Lehre daher, die an die Stelle des Glaubens die Liebe, an die Stelle der Religion die Bildung, an die Stelle der Pfaffen die Lehrer setzt, einzig die sichere Grundlage derjenigen Zukunft sein kann, die wir anstreben".

Karl Marx (1818–1883)

„Die Kritik an der Religion ist die Voraussetzung aller Kritik". „Die Religion ist das Opium des Volks".

Karl Marx wuchs als Sohn eines konvertierten jüdischen Juristen in einem liberalen religiösen Klima auf. Er studierte ebenfalls Jura, jedoch mit starker Ausrichtung auf Geschichte und Philosophie und orientierte sich anfangs stark am Gedankengut Hegels, von dem er sich später immer mehr absetzte. Nach dem Studium trat er der Redaktion der Rheinischen Zeitung bei, einem bürgerlich-liberalen Blatt, und erwarb sich hier Kenntnisse und Einblicke in die politisch-wirtschaftliche Situation seiner Zeit. Nach dem Verbot des Blattes durch die preußische Regierung ging Marx ins Exil nach Paris, wo er sich mit Friedrich Engels anfreundete und ein Studium der Nationalökonomie begann. Nur unmittelbar nach der Revolution in Deutschland 1848 war es ihm vergönnt, noch einmal für zwei Jahre nach Deutschland zurückzukehren, bevor er erneut und endgültig ausgewiesen wurde. Er ging nach London, heiratete, hatte Kinder, von denen einige starben, nicht zuletzt aufgrund der katastrophalen wirtschaftlichen Verhältnisse, in denen Marx teilweise leben musste. Ohne die regelmäßige Unterstützung seines engen Freundes Engels hätten manche seiner Werke vermutlich nicht erscheinen können. Dieser veröffentlichte auch erst nach Marx' Tod den 2. und 3. Band seiner Hauptschrift 'Das Kapital'.

Marx 'Verhältnis zur Religion ist kühl und distanziert. Er bemüht sich gar nicht, Gottes Existenz zu widerlegen. Er betrachtet „das Thema als eigentlich erledigt", nachdem Feuerbach, in einer für Marx völlig überzeugenden Art und Weise, den Projektionscharakter der Religion (der Mensch macht die Religion) und ihre Rückführung auf einen weltlichen Humanismus, herausgestellt hat. „Für Deutschland ist die Kritik der Religion im wesentlichen beendigt", schreibt Marx. Er identifiziert sich mit den wesentlichen Kritikpunkten Feuerbachs,

- Religion ist nur eine Selbstentäußerung des Menschen, eine Projektion.
- Religion verhindert die Orientierung am Diesseits (verlagert sie ins Jenseits).
- Religion entmündigt den Menschen, unterwirft ihn der Fremdbestimmung.
- An die Stelle der Religion muss der „Gattungsbegriff" treten, als Leitbild für die Diesseitsorientierung und als Potenz aller menschlichen Möglichkeiten.

Nach Marx geht Feuerbach jedoch nicht weit genug in seiner Religionskritik, vor allem aber auch in seinem Menschenbild und Gattungsbegriff. Feuerbach fasst den Menschen nicht konkret genug, er spricht in allgemeiner und abstrakter Form von ihm, er betrachtet ihn nicht in seiner konkreten Lebenssituation, im Kontext seiner Schichtzugehörigkeit und seiner Lebensumstände, und er glaubt auch nicht daran, dass sich die 'idealen Möglichkeiten', die in der Gattung Mensch liegen, in absehbarer Zeit realisieren lassen. Marx jedoch möchte den Menschen in seiner konkreten gesellschaftlichen, wirtschaftlichen und politischen Situation sehen und analysieren und durch eine Veränderung dieser Umstände zu einer besseren Welt vorstoßen. Er verlangt nicht nur eine Theorie, sondern auch eine Handlungsanleitung, er will nicht nur Denken, sondern auch Handeln. „Die Philosophen haben die Welt nur verschieden interpretiert, es kommt darauf an, sie zu verändern", sagt Marx. In einem anderen wichtigen Punkt geht Marx über Feuerbach hinaus. Er fragt nach den 'Ursachen' für die religiöse Selbstentfremdung des Menschen, also danach, wie Religion entsteht. Die Antwort ist für ihn einfach und überzeugend: der Mensch schafft sich nur deshalb die Religion, weil seine Welt nicht in Ordnung ist! Dies betrifft sowohl die sozialen Verhältnisse, vor allem die Rechtlosigkeit und Abhängigkeit der Arbeiterklasse, die entfremdete Arbeit in der industrialisierten Welt, in der die Menschen keinen Sinn und keine Erfüllung mehr erfahren, die entfremdeten menschlichen Beziehungen, die vor allem durch die unwürdigen Arbeitsverhältnisse entstehen, und letztlich die Entfremdung des Menschen von sich und seiner Umwelt (Natur und Gattung). Weil der Mensch also in seiner realen Umwelt, d.h. in seinen sozialen, wirtschaftlichen und politischen Verhältnissen, nicht zurechtkommt, schafft er sich eine göttliche Überwelt. Und genau hieraus ist einer der berühmtesten Sätze von Marx zu verstehen: Die Religion ist das Opium des Volks!

Marx wäre nicht Marx, wenn er sich damit zufrieden gegeben hätte, die Ursache der Religion nach seinem Verständnis herzuleiten. Man muss der Erkenntnis die Tat folgen lassen, die Ursache also ausrotten. Man kann Religion nur überwinden, wenn man ihre Ursache, ihren Ursprung bekämpft, sprich: die sozialen Verhältnisse verbessert. „Die Kritik der Religion endet mit der Lehre, dass der Mensch das höchste Wesen für den Menschen sei, also mit dem kategorischen Imperativ, alle Verhältnisse umzuwerfen, in denen der Mensch ein erniedrigtes, ein geknechtetes, ein verlassenes, ein verächtliches Wesen ist", fordert Marx (Frühschrift, S. 216) und führt damit die Religionskritik Feuerbachs weiter zu seiner eigenen Sozialkritik. Die Hauptkritik Marx an der Religion richtet sich gegen ihre Verbündung mit der herrschenden Klasse! Aufgrund des jahrtausendelangen Bündnisses von Kirche und Macht sowie Kirche und Kapital ergab sich eine perfekt funktionierende Symbiose zwischen Religion und herrschender Klasse. Die Kirche sanktioniert, ja weiht geradezu die Herrschaftsansprüche der führenden Klasse (Fürsten von Gottes Gnaden) und schützt und legitimiert ihre Privilegien, an denen sie selbst nicht zuletzt reichen Anteil nimmt. Die benachteiligten unteren Schichten – und damit die breite Masse des Volkes – werden von der Kirche ruhig gehalten. Sie werden geschickt vertröstet, auf ein Jenseits, in dem auch ihre Bedürfnisse erfüllt werden. Das real existierende Jammertal, durch das sie sich ein Leben lang quälen, wird ihnen versüßt durch ein bloßes Versprechen, das wiederum daran gebunden ist, dass sie gegen die bestehenden Verhältnisse nicht aufbegehren, dass sie ihr von Gott verordnetes Schicksal demütig und geduldig hinnehmen. Diese historische Schuld der Kirche setzt sich nach Marx auch in der Neuzeit fort. Die unsägliche Lage der Arbeiterklasse, die er im England seiner Zeit vorfindet, mit den extremen Arbeitszeiten (bis zu 14 Stunden), mit den menschenunwürdigen Arbeitsbedingungen, mit Löhnen, von denen niemand leben konnte, weshalb wiederum selbst die Kinder zu härtesten Frondiensten in den Fabriken gezwungen wurden, die unsäglichen hygienischen Wohnverhältnisse und die sich hieraus entwickelnden Krankheiten, führten keineswegs zu einem Aufschrei oder Veto der Kirche. Wie immer verteilte sie Trostpflästerchen wo die Not am schlimmsten war, aber nach wie vor löste sie ihre Interessensgemeinschaft mit der herrschenden Klasse nicht auf. Wie in ihrer gesamten bisherigen Geschichte zeigte sich die Kirche nicht interessiert an einer Veränderung der bestehenden sozialen Verhältnisse, im Gegenteil, jeder Änderungsversuch wurde als Auflehnung gegen Gottes bestehende Ordnung gebrandmarkt. So ist die Religion für Marx nichts anderes als „der Seufzer der bedrängten Kreatur, das Gemüt einer herzlosen Welt, wie sie der Geist geistloser Zustände ist. Sie ist das Opium des Volks." (Frühschriften, S. 208).

Marx bringt seine Stellungnahmen zur Religion eher kühl und analytisch vor. Nach seiner festen Überzeugung wird sich die Religion mit dem Ende des Kapitalismus und dem Sieg der Arbeiterklasse von selbst auflösen. In einer klassenlosen Gesellschaft, in der die Kirche keinen Rückhalt bei den früheren Herrschenden mehr finden kann, in der sich die Lebensbedingungen der arbeitenden Klasse verbessert haben und die Entfremdung des Menschen zurückgeführt wurde, und in der es auch keine Unterdrückungsmechanismen aus der unheilvollen Verbindung von Macht und Religion mehr geben wird, braucht es auch kein Trostmittel mehr für die betrogenen Menschen. Auf nur knapp zwei Seiten in seiner Einleitung zur 'Kritik der Hegelschen Rechtsphilosophie' vermag Marx in einfachen, klaren, manchmal fast lyrischen Worten zusammenzufassen, worin er die Entstehung und zugleich auch die Abschaffungsmöglichkeit der Religion sieht (AaO, S. 263 ff.): „Für Deutschland ist die Kritik der Religion im Wesentlichen beendigt, und die Kritik der Religion ist die Voraussetzung aller Kritik. Der Mensch, der in der phantastischen Wirklichkeit des Himmels, wo er einen Übermenschen suchte, nur den Widerschein seiner selbst gefunden hat, wird nicht mehr geneigt sein, nur den Schein seiner selbst, nur den Unmenschen zu finden, wo er seine wahre Wirklichkeit sucht und suchen muss. Das Fundament der irreligiösen Kritik ist: Der Mensch macht die Religion, die Religion macht nicht den Menschen. Und zwar ist die Religion das Selbstbewusstsein und das Selbstgefühl des Menschen, der sich selbst entweder noch nicht erworben oder schon wieder verloren hat. Aber der Mensch, das ist kein abstraktes, außer der Welt hockendes Wesen. Der Mensch, das ist die Welt des Menschen, Staat, Sozietät. Dieser Staat, diese Sozietät produzieren die Religion, ein verkehrtes Selbstbewusstsein, weil sie eine verkehrte Welt sind. Die Religion ist der Seufzer der bedrängten Kreatur, das Gemüt einer herzlosen Welt, wie sie der Geist geistloser Zustände ist. Sie ist das Opium des Volks. Die Aufhebung der Religion als des illusorischen Glücks des Volkes ist die Forderung seines wirklichen Glücks. Die Forderung, die Illusionen über seinen Zustand aufzugeben, ist die Forderung, einen Zustand aufzugeben, der der Illusionen bedarf. Die Kritik der Religion ist also im Keim die Kritik des Jammertales, dessen Heiligenschein die Religion ist. Die Kritik hat die imaginären Blumen an der Kette zerpflückt, nicht damit der Mensch die phantasielose, trostlose Kette trage, sondern damit er die Kette abwerfe und die lebendige Blume breche. Die Kritik der Religion enttäuscht den Menschen, damit er denke, handle, seine Wirklichkeit gestalte wie ein enttäuschter, zu Verstand gekommener Mensch, damit er sich um sich selbst und damit um seine wirkliche Sonne bewege. Die Religion ist nur die illusorische Sonne, die sich um den Menschen bewegt, solange er sich nicht um sich selbst bewegt. Es ist deshalb die Aufgabe der Geschichte, nachdem das Jenseits der Wahrheit verschwunden ist, die Wahrheit des Diesseits zu etablieren. Die Kritik des Himmels verwandelt sich damit in die Kritik der Erde, die Kritik der Religion in die Kritik des Rechts, die Kritik der Theologie in die Kritik der Politik." (Zitat Ende).

Würdigung der Religionskritik von Marx

Es sei an dieser Stelle noch einmal betont: Karl Marx beschäftigt sich mit der Religion nur am Rande. Da er sich den religionskritischen Ausführungen Feuerbachs weitgehend anschließt, erachtet er die Kritik der Religion in Deutschland als weitgehend erledigt. Dennoch bringt er einen neuen wesentlichen Aspekt in die Religionskritik ein, indem er die Religion aus den luftigen Höhen metaphysischer (Hegel) oder auch abstrakt humanistischer Betrachtung (Feuerbach) in die Niederungen der real existierenden sozialen und wirtschaftlichen Lebensbedingungen des Menschen holt. Und dies in doppelter Hinsicht: er begründet nicht nur den Ursprung der religiösen Bedürfnisse aus den unbefriedigenden Lebensverhältnissen der Menschen heraus, sondern er konstatiert auch, dass Religion und Kirche zum Erhalt dieser Verhältnisse wesentlich beitragen, indem sie sich mit der herrschenden Klasse verbünden und deren ausbeutenden Herrschaftsanspruch stabilisieren.

So wertvoll diese Erkenntnis von Marx für die arbeitende Klasse seiner Zeit auch war, so einseitig bleibt seine Kritik bezüglich der Religion, wenn sie sich fast ausschließlich darauf bezieht. Zweifellos übersieht Marx – oder er will es nicht sehen – dass Religion nicht nur andere und zusätzliche Ursprünge hat, wie z.B. die immer existenten Sinnfragen, sondern dass sie neben den sozialen und wirtschaftlichen Bedürfnissen auch eine Reihe emotionaler und psychologischer Aspekte zu befriedigen vermag. Sicher konnte Marx nicht voraussehen, dass die von ihm so sehnlich herbei gewünschte Befreiung der Arbeiterklasse von Kapital und Kirche zu einer neuen Verknechtung unter dem Diktat der Kommunistischen Partei führen würde. Nicht ganz zu Unrecht wird man jedoch die Frage stellen müssen, ob die Illusion einer neuen, befreiten und klassenlosen Gesellschaft nur an der

Perversion des Marxschen Gedankengutes durch Lenin und Stalin gescheitert ist, oder ob diese gesellschaftliche Utopie nicht auch deshalb verfehlt wurde, weil Marx zu einseitig auf die Veränderung der sozialen und wirtschaftlichen Verhältnisse setzte und der für tot erklärten Religion kein wirksames neues Moral- und Sinnsystem entgegen zu setzen hatte. In diesem Sinne hatte die Arbeiterklasse ihrer neuen Führung auch nichts entgegenzusetzen, als diese immer mehr zur Despotie ausartete. Denn der Mensch lebt nicht vom Brot allein! Und auch Freiheit ist nur ein relativer Begriff! Ohne ein alternatives, tragfähiges und überzeugendes Moral- und Sinnkonzept wird sich weder die Religion abschaffen, noch die befreite Gesellschaft realisieren lassen. Denkt man an das unendliche Leid, das so vielen Menschen unter den kommunistischen Systemen des 20. Jahrhunderts zugefügt wurde, so bleibt nur die Schlussfolgerung: Die Geschichte bestraft jeden Versuch, mit nicht konsequent zu Ende gedachten Ideologien eine Veränderung der Gesellschaft herbeiführen zu wollen. Und noch etwas: auch das Argument, der Ursprung der Religionen gründe sich ausschließlich auf die unbefriedigenden Lebensbedingungen der Menschen, steht auf tönernen Füßen. Marx übersieht geflissentlich das Bedürfnis der Menschen nach sinnstiftenden Fragen und nach Antworten, die über die täglichen Lebensumstände hinausgehen.

Friedrich Nietzsche (1844 – 1900)

„…dass wir, was als Gott verehrt wurde, nicht als „göttlich", sondern als erbarmungswürdig, als absurd, als schädlich empfinden, nicht nur als Irrtum, sondern als Verbrechen am Leben. Wir leugnen Gott als Gott."

Friedrich Nietzsche wurde als Sohn eines Pfarrers in Sachsen geboren, nahm schon mit 25 Jahren eine Professur für Klassische Philologie in Basel an, die er jedoch nach 10 Jahren wieder aufgab, einerseits wegen seiner lebenslangen schwachen Gesundheit, mehr jedoch wegen der geringen Anerkennung, die er und seine Schriften erfuhren. Er übte den Lehrbetrieb nie wieder aus, lebte von da an zurückgezogen und in bescheidensten Verhältnissen in verschiedenen Orten des Oberengadins (Schweiz) und Oberitaliens. Von den wenigen Freunden, die ihm verblieben, distanzierte er sich immer mehr durch seine kompromisslose und oft verletzende Art, und da er auch nie heiratete, verbrachte er sein Leben in fast völliger Isolation und Vereinsamung. Sein labiler Gesundheitszustand verschlechterte sich endgültig ab dem 45. Lebensjahr, von dem an sein Schaffen weitgehend zum Erliegen kam. Nietzsche starb in geistiger Umnachtung in seinem 56. Lebensjahr.

Nietzsches Schriften, obwohl in kraftvoller, schöner Sprache geschrieben, wurden zu seinen Lebzeiten kaum beachtet, er selbst von wissenschaftlichen Kollegen geschmäht und gemieden. Dies lag sowohl an seinem neuen und ungewohnten aphorismenartigen Schreibstil, der vielfach polemisch und aggressiv daherkam und so gar nicht zum sauberen, nüchternen, analytischen und systematischen Argumentationsstil seiner Zeit passte, zum anderen aber auch daran, dass er sich gar keine Mühe machte, die von ihm angegriffenen 'falschen Wahrheiten' sauber zu analysieren, zu prüfen und zu widerlegen, sondern sie vielfach nur verspottete und in drastischen Tiraden der Lächerlichkeit preisgab. Letztlich war und blieb Nietzsche in seiner ganzen Person und Denkart ein radikaler und kompromissloser Denker und Außenseiter, der sich damit tröstete, 'zu früh gekommen zu sein', 'seiner Zeit um Generationen voraus zu sein'. Rückblickend muss diese Selbsteinschätzung bestätigt werden; die Beachtung, die er zu seinen Lebzeiten nicht erfuhr, wurde ihm in umso größerem Maße nach seinem Tode zuteil. Seine radikale Kritik hat Wahrheiten zutage gefördert, die bis heute die Menschen beschäftigen.

Nietzsches Religionskritik durchzieht sein ganzes Werk, beginnt jedoch mit seiner frühen Negierung allen metaphysischen Denkens, niedergelegt in seiner leidenschaftlichen Schrift „Absage an die bisherige abendländische Metaphysik." Insbesondere die auf Platon gründende und im Christentum fortgeführte Unterscheidung und Teilung einer sog. 'wahren' jenseitigen, ewigen Welt und unserer nur 'scheinbaren' diesseitigen und endlichen Welt lehnte er entschieden ab. Aus dieser angeblich wahren, jenseitigen Über- oder 'Hinterwelt' leitete Nietzsche auch seinen Spottbegriff der 'Hinterweltler' ab, den er gerne und oft für alle Metaphysiker gebrauchte. Nietzsches Vorwurf an die Metaphysik: Unsere diesseitige Welt, die wir mit allen unseren Sinnen erfahren und die das einzige ist, was wir haben, wird durch Metaphysik und Religion in die Bedeutungslosigkeit geredet, zugunsten einer angeblich 'wahren' Gegenwelt, die wir weder erfahren noch beweisen können und deren Ursprung einzig und allein in den Wünschen der Menschen liegt. So stiehlt die Metaphysik dem diesseitigen Leben all die Bedeutung, Kraft und Zuwendung, die alleine diesem zukäme und verlagert und verschwendet sie an eine fiktive jenseitige Welt. „Ich beschwöre euch, meine Brüder, bleibt der Erde treu und glaubt denen nicht, welche euch von überirdischen Hoffnungen reden! Giftmischer sind es, ob sie es wissen oder nicht. Verächter des Lebens sind es, Absterbende und selber Vergiftete." (Zarathustra, Vorrede, 3).

Alle metaphysischen Begriffe (Gott/Jenseits etc.) tragen ihren fiktiven Charakter schon in sich, denn man kann über sie nichts aussagen als ein 'Anderssein'. Die ganze metaphysische Welt „wäre ein Ding mit nur negativen Eigenschaften", sagt Nietzsche, und kann als Negation der Wirklichkeit nicht selber wirklich sein. „Die 'scheinbare' Welt ist die einzige: die so genannte 'wahre' Welt ist nur hinzugelogen", folgert er deshalb. In der Frage nach dem Ursprung der Metaphysik und aller Gedanken an eine jenseitige Welt kommt Nietzsche zu einem ganz ähnlichen Ergebnis wie Marx: dieser Ursprung liegt für beide im Ungenügen des Menschen mit seiner wirklichen Welt. Während Marx jedoch die gesellschaftlichen Verhältnisse dafür verantwortlich macht und die Betroffenen, d.h. die Arbeiterklasse als die eigentlichen Opfer ansieht, wirft Nietzsche allen Menschen Versagen vor, indem sie sich als unfähig erweisen, mit dem Leben, so wie es ist, fertig zu werden. „Leiden war's und Unvermögen – das schuf alle Hinterwelten...schuf alle Götter".

Nietzsche und Gott

„Gott ist tot!" „Requiem aeternam deo"! „Es gibt keinen Gott, denn welcher Denkende hat die Hypothese eines Gottes noch nötig? Gott ist ganz überflüssig". „Die Menschen haben Gott geschaffen". „Gott ist Menschen-Werk und -Wahnsinn". Nietzsches Position als ultimativer Atheist, dem nicht einmal Feuerbach weit genug ging, ist eindeutig. Aber wie begründet er seinen Atheismus? Nach Nietzsche ist Gott nicht erst heute und jetzt gestorben, er war immer schon tot. Er war schon immer der „große Widerspruch des Lebens, ein Fluch auf das Leben". Nur, „die Menschen wussten es bis heute nicht, die meisten wissen es immer noch nicht, obwohl die Zeit angebrochen ist für dieses Wissen". Jetzt in dieser Gegenwart, in einer Welt des zunehmenden Atheismus und Nihilismus begreifen zumindest einige wenige, dass Gott nicht wiederkehren wird. Gott ist tot! Gott bleibt tot! Noch wehren sich die Menschen gegen diese Erkenntnis und erschrecken vor ihr. Nietzsche spricht in diesem Zusammenhang von sich als 'dem zu früh Gekommenen', dem Seher und Ankündiger des Kommenden.

Die Entstehung des Gottesglaubens rührt nach Nietzsche aus einem gleichermaßen erlebten Macht- wie auch Ohnmachtgefühl des Menschen. In den Augenblicken, in denen sich der Mensch als 'machtvoll' erlebt, kommen ihm sofort auch Zweifel an seiner Person und daran, ob diese Macht nicht eher außerhalb seiner selbst, an einer höheren Stelle, an Gott anzubinden ist. Umgekehrt sind die weit häufiger erlebten Ohnmachtgefühle des Menschen, das Erlebnis seiner Grenzen und Möglichkeiten, immer schon Anlass gewesen, außerhalb, d.h. an höherer Stelle Schutz und Hilfe, d.h. Gott zu suchen. Nietzsche lehnt diesen Gott ab, sowohl den, der den Menschen beschneidet und ihm sein Selbstvertrauen und sein Selbstwertgefühl stiehlt, als auch den Gott, den Nietzsche als den „Dienstboten", „Briefträger" oder „Kalendermann" bezeichnet, der „vom Schnupfen kuriert, es zur rechten Zeit regnen lässt oder auch sonst für alle Bittgesuche zuständig ist". Gott als Arme-Leute-Gott, als Kranken-Gott, als Sünder-Gott. Welch ein absurder, welch ein korrupter Gottesbegriff!

Die Annahme eines Gottes führt nach Nietzsche in die Abhängigkeit. Gott ist der 'große Fremdbestimmer', der an die Stelle der menschlichen Autonomie tritt, der vom Menschen die Unterwerfung fordert, der die menschliche Freiheit beschränkt, der diese Welt entwertet indem er dem diesseitigen Leben seine Bedeutung nimmt. Gott ist der Gegensatzbegriff zum Leben, ist die Abkehr vom Leben als der einzigen Wirklichkeit. Im Unterschied zu Feuerbach sieht Nietzsche jedoch auch das Vakuum, das entsteht, wenn man den Menschen Gott und die an ihn gebundenen Moralgesetze nimmt. Der Mensch verliert seine gewohnten Krücken, er muss lernen allein zu laufen. Er muss sich damit abfinden, „ohne Gott und Moral allein zu leben". Es gilt dem 'Nihilismus', dem Nichts, der Auflösung aller Werte ins Auge zu sehen. Doch gerade hierin sieht Nietzsche die Chance des Menschen! Jeder Einzelne ist aufgerufen, sein Leben, seine Moral autonom zu entwerfen, „das Gesetz seines Handelns selbst in die Hand zu nehmen". Der Mensch wird dadurch zum Ursprung der Werte und Normen, er allein ist die sinngebende Instanz.

Moralisch ist alles, was dem Leben dient, was das Individuum fördert, was den Menschen zu sich selbst führt. Der Mensch ist nun in der Lage, ein „spielerisches, experimentelles Leben zu führen", wo er auf der Grundlage der menschlichen Bedürfnisse und Möglichkeiten die Werte neu definiert, die Liebe und Gerechtigkeit neu erfindet. Denn durch den Verlust der bisherigen, aufgezwungenen, metaphysischen Werte „wird das schaffende, wollende, wertende Ich zum Maß und Wert aller Dinge", behauptet Nietzsche. „Man muss neue Werte auf neue Tafeln schreiben". Hierzu braucht es allerdings den neuen, starken Menschen, und es braucht das Bekenntnis zum vollen Leben, zur „vorgängigen Bejahung des Lebens als des Grundes und Bodens der neuen Werte"."Ich lehre das Nein zu allem, was schwach macht, – was erschöpft. Ich lehre das Ja zu allem, was stärkt, was Kraft aufspeichert, was das Gefühl der Kraft rechtfertigt". Auf diesen beiden Voraussetzungen zur Überwindung des Nihilismus (der starke Mensch/Bejahung des Lebens) formuliert Nietzsche die drei Begriffe, die später am häufigsten zitiert und missbraucht werden: die Begriffe des 'Übermenschen', des 'Willens zur Macht' und der

'Mitleidlosigkeit gegen die Schwachen'. Der Wille zur Macht ist nach Nietzsche ein Kennzeichen allen Lebens, allen Seins. Denn: alles Leben strebt über sich hinaus. Alles Leben strebt nach Selbstverwirklichung, ist damit Wille zur Durchsetzung und Selbstbehauptung, ist Wille zur Macht. Wo der Wille zur Macht fehlt, kommt es zum Stillstand, zum Niedergang, zur Erlahmung. Konsequenterweise muss Nietzsche dann auch alles ablehnen, was diesen Willen zur Macht schwächen könnte. So steht er vor allem dem Begriff der 'Nächsten- oder gar der Feindesliebe', wie ihn das Christentum gebraucht, ebenso aber auch der christlichen Forderung nach Mitleid mit den Schwachen ablehnend gegenüber. Er sieht darin vor allem eine Gefahr für den Starken und dessen Lebenskraft. „Man nennt das Christentum die Religion des Mitleidens. Das Mitleiden steht im Gegensatz zu den tonischen Affekten, welche die Energie des Lebensgefühls erhöhn; es wirkt depressiv. Man verliert Kraft, wenn man mitleidet. Durch das Mitleiden vermehrt und vervielfältigt sich die Einbuße an Kraft noch, die an sich schon das Leiden dem Leben bringt. Das Leiden selbst wird durch das Mitleiden ansteckend; unter Umständen kann mit ihm eine Gesamt-Einbuße an Leben und Lebens-Energie erreicht werden." (Der Antichrist, Kap. 7). Nächstenliebe ist denn auch nur eine List der Schwachen. Es ist ihre Waffe, um zu überleben, um nicht unterzugehen. Hier zeigt sich der starke Einfluss des Darwinschen Gedankengutes auf Nietzsche, wonach das Selektionsprinzip bestimmt, dass das Schwache im Überlebenskampf nicht bestehen kann. Durch die List des Mitleid-Appells, den die schwachen Menschen geschickt als moralische Forderung aufstellen, unterlaufen sie den natürlichen Entwicklungsprozess. „Das Mitleiden kreuzt im ganzen Großen das Gesetz der Entwicklung, welches das Gesetz der Selektion ist. Es erhält, was zum Untergange reif ist." (Antichrist, Kap. 7). Die Gefahr des Mitleidens liegt in der Schwächung der Starken, die ihre Kraft für die Erhaltung und Werterhöhung des Lebens bräuchten. Damit wird Mitleid zur lebensfeindlichen Bedrohung. „Nochmals gesagt: dieser depressive und kontagiöse Instinkt kreuzt jene Instinkte, welche auf Erhaltung und Werterhöhung des Lebens aus sind. Mitleiden überredet zum Nichts! Man sagt nicht 'Nichts':

man sagt dafür 'Jenseits': oder 'Gott'. Diese unschuldige Rhetorik aus dem Reich der religiös-moralischen Idiosynkrasie erscheint sofort viel weniger unschuldig, wenn man begreift, welche Tendenz hier den Mantel sublimer Worte um sich schlägt: die lebensfeindliche Tendenz. (Antichrist, Kap.7).

Der von Nietzsche erwartete zukünftige Übermensch hat die Kraft und den Willen zur Macht, um sich selbst (und ohne die Hilfe Gottes) Lebenssinn zu geben, seine eigene Moral zu finden, sein eigener Gesetzgeber zu sein. Er ist der Mensch, der das von Nietzsche geforderte, experimentelle Leben zu leben vermag, der den von Gott befreiten Menschen, den wahrhaft freien Geist verkörpert. Dabei geht Nietzsche davon aus, dass der gegenwärtige Mensch diese Reife noch nicht hat, dass er von einer Utopie spricht, von einem Menschen an den Grenzen der menschlichen Möglichkeiten. Aber dieser Mensch wird kommen, so hofft Nietzsche, und er wird sowohl der wahre Antichrist sein, der Gott bezwungen hat, wie auch der echte Antinihilist, der das darauf folgende Nichts besiegen wird.

Nietzsches Religionskritik lässt sich in folgenden Punkten zusammenfassen:

- In der gesamten bisherigen traditionellen Metaphysik werden die Werte des Diesseits vernachlässigt und das Leben als solches herabgesetzt.
- Unsere diesseitige, die so genannte „scheinbare" Welt ist die einzige: die jenseitige und so genannte „wahre" Welt ist nur hinzu gelogen.
- Die diesseitige Welt wird von der Metaphysik – genauso wie von den Religionen – als substanzlos erklärt und mit einer irrealen Gegenwelt konfrontiert, die ihren Ursprung einzig und allein in den Wünschen der Menschen hat.
- Die Schwäche des Menschen und sein Unvermögen, mit dieser Welt zurecht zu kommen, begründen seine Hoffnung auf eine andere, bessere Welt und schaffen damit die Voraussetzung für Gott und die Religionen.
- Wert und Bedeutung hat jedoch nur der Mensch und sein diesseitiges, gegenwärtiges Leben.

- Dieses Leben hat seine Bedeutung und seinen Sinn einzig darin, die menschlichen Möglichkeiten und Grenzen in spielerischer Form auszutesten, sich allen Gefahren des Lebens auszusetzen und über sich selbst hinauszustreben.
- Aufgabe des Menschen ist es, lebensfördernde Ziele zu entwickeln und Entwürfe für die Weiterentwicklung des Menschen zu tätigen.
- In diesem Sinn kann Religion nur der destruktive Gegenentwurf sein, die Lebensverneinung, die Selbstzerstörung der menschlichen diesseitigen Existenz.
- Auch Gott ist ein Gegensatzbegriff zum Leben; er ist das Nichts der vom Menschen die Hinwendung zu diesem Nichts und die Abwendung von der wirklichen Welt fordert.
- Demgemäß bedeutet das Ende der Religion auch die Rückgewinnung der Freiheit für den Menschen, die Rückkehr zum diesseitigen Leben und die Möglichkeit der Selbstgestaltung dieses Lebens und der Zukunft der Menschen.
- Mit Gottes Tod gewinnt der Mensch seine Identität und seine Kompetenz für eine eigene Lebensgestaltung zurück.

Kritik und Würdigung

Der Zugang zu Nietzsches Denken fällt nicht leicht. Zu radikal erscheinen viele seiner Positionen, zu polemisch seine Argumentationen. Nietzsche will provozieren, empören, verletzen. Ihn schon deswegen abzulehnen, würde seiner Bedeutung nicht gerecht werden. Er hat es sich selbst nicht leicht gemacht in der Radikalität seines Hinterfragens, im allumfassenden Zweifeln an den überkommenen Wahrheiten, die er oft genug entlarven konnte als Halbwahrheiten oder auch Irrtümer. Er hat diesen Kampf ein Leben lang geführt, seine physische und psychische Existenz bis an die äußersten Grenzen getrieben und letztlich mit seinem Leben dafür bezahlt. Er wollte auch für sich kein 'Mitleid' haben.

Sicher muss man nicht alle Gedanken Nietzsches akzeptieren. Es muss als moralisch und sozial bedenklich angesehen werden, wenn Nietzsche den Schwachen das Mitleid versagt, wenn er sich hier zu einer radikalen materialistisch-naturalistischen

Überinterpretation Darwins versteigt und übersieht, dass gerade im Schutz der hilflosen und bedrängten Kreatur eine der großen zivilisatorischen Leistungen der Menschheit liegt. Hier irrt Nietzsche: wirksame Religionskritik kann nicht dadurch entstehen, dass wir ihr das Mitleid mit den Schwachen vorwerfen, sondern wir müssten den Menschen vorwerfen, warum sie diese Aufgabe auf die Religion oder Gott abwälzen und sie nicht selbst wirksamer erfüllen. Gerade durch humanes Mitleid ließe sich eine der Funktionen Gottes ersetzen! Fragwürdig muss auch Nietzsches Konstrukt des 'Übermenschen' erscheinen, zumindest wie er ihn sieht, als elitäres Machtwesen, das sich in seiner selbst entworfenen Moral über alle Mittelmäßigkeit erhebt und sie verachtet und sich selbst außerhalb jedes sozialen Kontextes stellt. Hier ist die Kant'sche Idee des Kategorischen Imperativs sehr viel eher zu akzeptieren, der zwar ebenfalls den Menschen als den Schöpfer seiner eigenen Moral sehen möchte, gleichzeitig aber betont, dass dieser Moralentwurf nur dann tragfähig ist, wenn er auf die Bedürfnisse der anderen Menschen Rücksicht nimmt, und damit eben kein egoistisch 'elitärer Akt' sein darf. Es wäre wünschenswert, und es ist das letzte Ziel eines jeden atheistischen Entwurfes, dass die wesentlichen Aufgaben, die wir bisher an Gott und die Religion delegiert haben, von den Menschen übernommen werden, dass wir alle metaphysischen Fragen nach Sinn und Zweck, Moral und Verantwortlichkeit ausschließlich unter diesseitigen und humanen Gesichtspunkten beantworten und entscheiden. Aber dies vermag nicht der einzelne Mensch zu leisten! Auch nicht der Übermensch Nietzsches. Denn hier irrt Nietzsche erneut: nur in der Gemeinschaft vermag der Mensch die intellektuelle und moralische Kraft und Fähigkeit aufzubringen, diejenigen Ziele zu formulieren, die das Leben aller Menschen auf dieser Erde sinnvoll und lebenswert machen. Gemeinsam ist es zu schaffen, nicht jedoch in der Form egozentrisch und elitär definierter Lebensentwürfe! Andererseits hat Nietzsche Recht, dass jeder Mensch bei sich selbst beginnen muss, um Sinn und Ziel seines Lebens zu definieren, das hat schon Kant gefordert, aber dieser egoistische Lebensentwurf muss an den Grenzen des Anderen halt machen, er muss auf seine 'Sozialverträglichkeit' hin überprüft werden. Nietzsche hat auch darin Recht, den Sinn des Lebens nicht ins Jenseits zu verlagern, sondern im Diesseits zu belassen. Der Sinn des Lebens ist das erfüllte menschenwürdige Leben auf dieser Erde, die optimale Nutzung des einmaligen Geschenks 'Leben', jedoch – anders als bei Nietzsche! – in der ständigen Balance zwischen den eigenen egoistischen Interessen und den Forderungen des Kant'schen Imperativs.

Die religionskritische Leistung Nietzsches liegt nach Hans Küng vor allem darin, dass „er seine Kritik an Gott um des Menschen willen geübt hat: um gegen ein lähmendes Wissen, eine kleinliche moralische Beaufsichtigung, eine erdrückende Liebe Gottes, die menschliche Identität zu bewahren. Entledigte sich also Nietzsche nicht Gottes um des Menschen willen: Gottlosigkeit nicht als Selbstzweck, sondern als Vorkehrung gegen die das Menschsein abwertende Gottgläubigkeit?" (H. Küng: Existiert Gott, S.452).

Nietzsche hat wie kein anderer Denker vor ihm die ungeheuren Möglichkeiten aufgezeigt, die sich einem (von Gott) befreiten Menschen für die Gestaltung des eigenen Lebensentwurfs auftun, gleichzeitig aber auch deutlich gemacht, wie viel Kraft und Verantwortung nötig sind, den entstandenen Leerraum mit einem neuen Konzept zu füllen.

Sigmund Freud (1856 – 1939)

„Wenn es sich um Fragen der Religion handelt, machen sich die Menschen aller möglichen Unaufrichtigkeiten und intellektuellen Unarten schuldig. Kein vernünftiger Mensch wird sich in anderen Dingen so leichtsinnig benehmen und sich mit so armseligen Begründungen seiner Urteile, seiner Parteinahme zufrieden geben".

Sigmund Freud wurde als Ältester von acht Geschwistern in Freiberg (heute Tschechien) geboren. Schon drei Jahre später musste die ganze Familie wegen antijüdischer Ausschreitungen nach Leipzig ziehen und von dort aus nach Wien, wo Freud in eher bescheidenen Verhältnissen aufwuchs. Nach seinem Studium der Medizin in Wien wurde ihm ein Praktikum bei einem der führenden Neurologen seiner Zeit, dem Franzosen Charcot in Paris angeboten, wo er mit den neuesten Forschungen über Hysterie und Hypnose vertraut wurde. Unmittelbar nach seiner Rückkehr eröffnete er eine Privatpraxis für Nervenleiden. Im engen Kontakt mit Josef Breuer, einem der führenden Nervenärzte Wiens, entwickelte er die Theorie, dass körperliche Störungen vielfach von psychischen Problemen verursacht werden, die dem Patienten jedoch nicht bekannt, d.h. nicht 'bewusst' sind, weil sie aufgrund neurotischer Affekte vom Bewusstsein abgewiesen und vom normativen 'Über-Ich' ins 'Unterbewusstsein verdrängt' werden. Durch die Bewusstmachung dieser verdrängten psychischen Probleme konnte vielfach ein überraschender Heilungserfolg erzielt werden. Freud entwickelte nach und nach verschiedene Techniken, um den Zugang zum Unbewussten mithilfe des Patienten zu erreichen, wie die Hypnose, die assoziative Technik, die Analyse sog. Fehlleistungen (versprechen, verschreiben, verwechseln) und vor allem die Traumdeutung, die sich immer mehr als Königsweg ins Unbewusste herausstellte. Freuds Theorien wurden trotz seiner überzeugenden Heilerfolge von seinen Fachkollegen lange Zeit nicht anerkannt, er wurde sogar immer wieder heftig angefeindet. Erst in der zweiten Hälfte seines Lebens gelang es ihm, einen kleinen und elitären internationalen Schüler- und Freundeskreis um sich zu sammeln, so die Österreicher Wilhelm Stekel, Alfred Adler und Otto Rank, den Ungarn Sandor Ferenczi und vor allem die beiden Schweizer Psychiater Eugen Bleuler und C.G. Jung. Alle zusammen gründeten die Internationale Psychoanalytische Vereinigung, die der Psychoanalyse zum weltweiten Durchbruch verhalf. Im Jahr 1938 musste Freud mit seiner Familie nach London emigrieren, wo er ein Jahr später an den Folgen eines seit langen Jahren ertragenen Gaumenkrebsleidens starb.

Freud entstammte zwar einer jüdischen Familie, zeigte jedoch selbst kaum religiöse Interessen oder Bindungen und entwickelte sich während seines Studiums immer mehr zum Atheisten. In der streng rationalen wissenschaftlichen Arbeitsweise der medizinischen Forschung sah er einen unüberbrückbaren Gegensatz zur irrationalen Glaubenswelt der Religionen. Eine dezidierte eigene Kritik an der Religion entwickelte Freud jedoch erst im

Fortgang seiner psychoanalytischen Forschungen. Freud fragte zunächst nach dem Ursprung der Religionen und begann dabei mit den evolutionistischen Prinzipien Darwins, die er auf die Entwicklung der Religion übertrug. In einer geraden Linie vom Animismus der prähistorischen Völker (Ahnen- und Geisterglauben/Allbeseelung/Totemismus) über den Polytheismus der antiken Völker (Assyrer, Griechen, Römer) bis hin zum Monotheismus habe sich Religion entwickelt. Entscheidend war dabei, dass viele der neurotischen Zwangshandlungen seiner Patienten große Ähnlichkeit zu den religiösen Riten, Tabus und Zwangsvorstellungen primitiver Völker und Entwicklungsstufen aufwiesen. Freud schloss daraus, dass erhebliche Teile des primitiven Geistes- und Gefühlslebens bis in die Gegenwart hinein wirksam geblieben sind. Auf die ausführliche Darlegung dieser Zusammenhänge, die Freud in seiner 1912 erschienen Veröffentlichung „Totem und Tabu" vornahm, kann an dieser Stelle nicht eingegangen werden. Es gibt jedoch noch eine Reihe weiterer Ableitungen der Religion aus psychoanalytischen Erkenntnissen. So ist Religion nach Freud ein Destillat zentraler menschlicher Wünsche, wie der Erklärung alles Unerklärlichen in Natur und Umwelt, der Wunsch nach Hilfe bei der Bewältigung der Lebensprobleme, dem Wunsch nach Trost bei allen Leiden und Ungerechtigkeiten sowie der Wunsch nach einem Weiterleben nach dem Tode. Alle Wünsche bündeln sich in dem einen zentralen Bedürfnis des Menschen: glücklich zu sein!* Demnach resultiert Religion nach Freud aus einem der zentralen Triebe des Menschen, dem 'Lustprinzip', und ist damit nichts weiter als eine 'Illusion', ein neurotischer Wirklichkeitsverlust, ein Ausbruch aus der Realität, eine kollektive Zwangsneurose. Die infantile Neigung, aus der Realität auszubrechen und ins Lustprinzip zu flüchten, stellt aber keine adäquate Verhaltensweise gegenüber dem realen Leben dar und wird von Freud gegeißelt mit der Aussage:

---

* „Diese religiösen Vorstellungen, die sich als Lehrsätze ausgeben, sind nicht Niederschläge der Erfahrung oder Endresultate des Denkens, es sind Illusionen, Erfüllungen der ältesten, stärksten, dringendsten Wünsche der Menschheit; das Geheimnis ihrer Stärke ist die Stärke dieser Wünsche." (S. Freud: Werkausgabe von Anna Freud, Bd. 2, Fischer Verlag, 1978, S. 347)

„Die Absicht, dass der Mensch glücklich sei, ist im Plan der Schöpfung nicht vorgesehen".

Dennoch erklärt sich die Macht der Religionen gerade aus ihrem psychologischen Ursprung, d.h. aus der Stärke des Lustprinzips und den damit verbundenen Wünschen. Das Problematische der Religion liegt nach Freud darin, dass der Mensch nicht mehr bereit ist, seine Wünsche an der Realität, d.h. an den Umweltbedingungen einerseits, und seinen eigenen Möglichkeiten andererseits, auszurichten. Vielmehr verlagert er die Wunschrealisierung auf Gott. Religion verhindert somit die aktive Auseinandersetzung mit der Wirklichkeit – sie bewirkt die Flucht aus der Realität in die Illusion. Hierin ist sich Freud, wenn auch aus einem anderen Ansatz heraus, völlig einig mit Feuerbach, Marx und Nietzsche. Freud stellt noch eine andere Parallele zur Religion her: er vergleicht die Religion mit dem 'Über-Ich'! Beide fordern im wesentlichen Triebverzicht und bestrafen eventuelle Übertretungen. Sie operieren mit Angstmechanismen und Bestrafungsandrohungen. Beide führen somit zu neurotischen Reaktionen, da die Menschen den geforderten Triebverzicht nur über Verdrängung ins Unterbewusste leisten können. Die Folge: Angst – Unterwerfung – Zwangsneurosen.

Auch Gott ist für Freud eine psychologische Projektion: die überhöhte Vaterfigur! Jedes Kind lernt den Vater in einer Doppelfunktion kennen, einmal in seiner schützenden, zum anderen in seiner strafenden Rolle. Das Kind reagiert darauf mit einer Mischung aus Respekt und Unterwerfung. Dieses infantile Vaterbild findet sich in der Gottvorstellung der meisten Menschen wieder. Man schuf sich Götter mit Vatercharakter, man suchte Schutz bei ihnen und war im Gegenzug bereit, sich ihnen zu unterwerfen.* Somit konzentriert sich Freuds Religionskritik auf folgende Hauptpunkte:

---

* „Diese Vorsehung kann der gemeine Mann sich nicht anders als in der Person eines großartig erhöhten Vaters vorstellen. Nur ein solcher kann die Bedürfnisse des Menschenkindes kennen, durch seine Bitten erweicht, durch die Zeichen seiner Reue beschwichtigt werden. Das Ganze ist so offenkundig infantil, so wirklichkeitsfremd." (S. Freud, Bd. 2, S. 37)

- Die Entstehung und Entwicklung der Religionen folgt dem soziokulturellen Entwicklungsprozess der Menschheit; sie sind also aus den Bedürfnissen der jeweiligen Entwicklungsstufen heraus erklärbar.
- Teile des primitiven Geistes- und Gefühlslebens dieser frühen Kulturen und Religionen finden sich noch heute in unseren Riten, Tabus und Zwangsvorstellungen.
- Religion vermittelt dem Menschen die Illusion der Wunscherfüllung (Schutz, Trost, Hilfe und ein Weiterleben nach dem Tode).
- Religion fordert rigorosen Triebverzicht unter Androhung von Strafen und fördert damit Zwangsneurosen.
- Gott ist die Projektion einer überhöhten Vaterfigur; man unterstellt sich seinem Schutz und unterwirft sich dafür.
- Die Gefahr der Religion liegt nach Freud darin, dass der Mensch sowohl durch die Illusion der Wunscherfüllung wie auch durch die zwangsneurotischen Probleme aufgrund des eingeforderten Triebverzichts daran gehindert wird, seine Kräfte und Energien auf ein selbst bestimmtes und Realitätsbezogenes Leben zu konzentrieren. Religion hält den Menschen in seiner Infantilität gefangen.

Die starke Anfeindung, die Freud durch seine Zeitgenossen erfuhr, dürfte auch darauf zurückzuführen sein, dass Freuds psychoanalytischen Studien den Menschen in seiner weit reichenden Abhängigkeit vom Unbewussten und seiner starken Triebgesteuertheit aufzeigten und ihm damit den Glanz des reinen Vernunftwesens nahmen. Nach der kosmologischen Entthronung des Menschen als Mittelpunkt des Universums (Kopernikus und Galilei), nach der biologischen Kränkung durch Darwin (der Mensch als Resultat des Evolutionsprinzips), folgte nun auch noch die psychologische Kränkung durch Freud: der Mensch, nicht länger der vernunftgesteuerte Homo sapiens, die Krone der Schöpfung, sondern ein von seinem Unterbewusstsein gesteuertes Triebwesen. Mit dieser erneuten Degradierung des Menschen konnten sich viele Zeitgenossen Freuds nicht abfinden.

Kritik und Würdigung

H. Küng hat in seinem Buch (Existiert Gott, S. 338ff. + 348ff.) eine sehr umfassende kritische Würdigung Freuds vorgenommen, der wir uns anschließen und die wir deshalb in Auszügen zitieren: „Freud hat das epochale Verdienst, herausgearbeitet zu haben, wie sehr das Unbewusste Mensch und Menschheitsgeschichte bestimmt, wie sehr schon früheste Kindheit, erste Eltern-Kind-Beziehungen, das Verhältnis zur Sexualität, auch für die religiösen Einstellungen und Vorstellungen eines Menschen, grundlegend sind. Zu Recht kritisiert Freud die Fehlformen von Religion. Wo Religion auf das 'ganz Andere' konzentriert ist, geht der Kontakt zur Wirklichkeit notwendig verloren: Religiöse Fragen werden so leicht zu Selbsttäuschungen und Fluchtversuchen. Religion wird zu einer infantilen, wirklichkeitsblinden Bindung an ein tyrannisches Über-Ich, Gott zum Verschiebungsersatz. Wo Religion sich allein auf Wunscherfüllung und nicht auf innere Wahrheit stützt, wird sie auf reine Bedürfnisbefriedigung reduziert: Solche Religion ist ohne Frage Rückwendung zu infantilen Strukturen, ist Regression auf kindliches Wünschen. Wo Religion sich in starrer Buchstabentreue, Formeln und Ritualen manifestiert, geraten religiöse Verrichtungen in die Nähe von Ersatzbefriedigung durch kultischen Wiederholungszwang ganz ähnlich dem privaten Zeremoniell (z.B. Waschzwang) des Zwangsneurotikers. Zu Recht kritisiert Freud auch den Machtmissbrauch der Kirchen. Es ist genügend bekannt: Welch eine Fülle von Machtarroganz und Machtmissbrauch in der Geschichte der Kirchen: Intoleranz und Grausamkeit gegenüber Abweichlern, Kreuzzüge, Inquisition, Ketzerausrottung, Hexenwahn, Kampf gegen theologische Forschung... bis heute. Welch eine Über-Ich-Wirkung der Kirchen durch die Jahrhunderte. Welch eine Anzahl ekklesiogener Neurosen: aufgrund von Zwängen des kirchlichen Systems, klerikaler Herrschaft, Beichtpraxis, sexueller Verdrängung, Fortschritts- und Wissenschaftsfeindlichkeit – bis heute. Zu Recht kritisiert Freud das traditionelle Gottesbild, das oft genug nicht ursprünglicher Einsicht und freier Entscheidung, sondern einem vorgeprägten, strafenden oder gütigen, Vaterbild entspringt. Oft genug werden frühkindliche Erlebnisse mit Erwachsenen, die als 'Götter' erscheinen, positiv wie negativ auf Gott übertragen, so dass hinter dem Gottesbild das eigene Vaterbild sichtbar wird (auch Mutterbild – Gottesmutter -Mutter Kirche). Oft genug wird der strafende Vatergott von Eltern bewusst zum Erziehungsinstrument missbraucht. Oft genug sind so Religion und die (von der Religion oft verdrängte) Sexualität von Anfang an derart miteinander verschränkt, dass scheinbar religiöse Konflikte nur Fixierungen an Urerlebnisse der Familienszene sind." (Ende des Zitats)

Zwischenbilanz zur Religionskritik von Feuerbach bis Freud

Trotz aller Unterschiede in Person, Lehre und wissenschaftlichem Standort lassen sich in den religionskritischen Theorien der bisher zitierten namhaften Atheisten (Feuerbach/Marx/Nietzsche/Freud) wesentliche Gemeinsamkeiten erkennen. Sie gehen einheitlich davon aus, dass...

- Religion nur eine Projektion des Menschen ist, entstanden aus...
    - dem Unvermögen, mit den Bedingungen des Lebens zurechtzukommen (Schutz- und Erklärungssuche)
    - der Verlagerung aller positiven Eigenschaften des Menschen auf Gott; Gott ist des Menschen entäußertes Selbst (Humanistische Projektionstheorie Feuerbachs)
    - der Enttäuschung über die Ungerechtigkeit, die Unterdrückung und andere Unzulänglichkeiten auf dieser Welt (Opium-Theorie von Marx)
    - einem immanenten und immerwährenden Glückseligkeitsstreben des Menschen (Illusionstheorie von Freud).
    - der Verlagerung einer überhöhten Vaterfigur auf Gott (ebenfalls Freud)
    - Religion den Menschen bevormundet, ihn daran hindert, ein selbst bestimmtes Leben zu führen.
- Religion das Diesseits entwertet zugunsten eines unbewiesenen Jenseits nach dem Tode.

- Religion den Menschen sich selbst entfremdet und ihn daran hindert, ein ihm gemäßes Leben zu gestalten.

Das Motto Feuerbachs „Homo homini Deus est" wäre sicher von Marx, Nietzsche und Freud genauso unterschrieben worden. Nach ihrer aller Ansicht ist Gott eine Schöpfung (Projektion) des Menschen. Der Mensch schuf sich Gott aufgrund seiner eigenen Unzulänglichkeiten. Er projiziert seine eigene Unvollkommenheit in eine illusionäre Vollkommenheit außerhalb seiner Selbst (Gott). Der Projektionsvorwurf an die Religion zielt dabei vor allem auf die Entwertung des Menschen. In der Menschenliebe der Religionen geht es letztlich nicht um den Menschen, sondern um Gott. Die Menschenliebe wird zur Funktion der Gottesliebe. Sie ist eine abgeleitete Liebe. Die Projektionstheorie als Grundthese des Atheismus wurde von Feuerbach begründet und von Marx in sozial- und gesellschaftskritischer Hinsicht und von Freud in psychologischer Hinsicht erweitert. Bei aller Plausibilität der vorgebrachten Argumente erhebt sich aber die entscheidende Frage: ist damit die Existenz Gottes schlüssig und endgültig widerlegt? Die Antwort: Nein, aber…

Zur Begründung des „NEIN" lassen wir wieder Hans Küng zu Wort kommen: „Gewiss können religiöse Vorstellungen die Erfüllungen der ältesten, stärksten, dringendsten Wünsche der Menschheit sein. Gewiss kann Religion, wie Marx aufzeigt, Opium, ein Mittel sozialer Beschwichtigung und Vertröstung (Repression) sein. Aber: sie muss es nicht. Gewiss kann Religion, wie Freud aufzeigt, Illusion, Ausdruck einer Neurose und psychischer Unreife (Regression) sein. Aber: sie muss es nicht. Gewiss enthält alles menschliche Glauben, Hoffen, Lieben – auf einen Menschen, eine Sache oder auf Gott bezogen – ein Moment der Projektion. Aber: deshalb muss ihr Objekt nicht nur Projektion sein. Gewiss kann der Glaube an Gott stark von der Einstellung des Kindes zum Vater beeinflusst sein: Aber: deshalb kann Gott doch existieren. Psychologisch gesehen weist der Gottesglaube immer Strukturen und Gehalte einer Projektion auf oder kann als reine Projektion verdächtigt werden. Auch jeder Liebende projiziert notwendig sein eigenes Bild auf seine Geliebte. Aber heißt das, dass seine Geliebte nicht existiert oder nicht doch wesentlich so existiert, wie er sie sieht und sich denkt?" (Existiert Gott, S. 339).

Küng hat insofern Recht, als der Projektionsvorwurf der Philosophen den strengen Anforderungen eines Beweises nicht genügt, um die Existenz Gottes zu widerlegen. Aber er macht die Nicht-Existenz Gottes plausibler! Er stellt einen weiteren überzeugenden Baustein in der Plausibilitätskette dar, die Gott als ein vom Menschen geschaffenes Konstrukt erweist – und jeder dieser Bausteine trägt dazu bei, „dass die Hypothese Gott Zentimeterweise ermordet wird und den Tod der tausend Einschränkungen stirbt". (Antony Flew: Theology and falsifications, 1950). Gott wird als 'ein aus der Schwäche und Unzulänglichkeit des Menschen geborenes Konstrukt' enttarnt. Berücksichtigt man den Entwicklungsstand der Menschheit vor zwei- oder dreitausend Jahren, zu dem Zeitpunkt als die monotheistischen Religionen gegründet wurden, so wird verständlich, warum die Idee „Gott" ein so leichtes Spiel hatte. Aus Mangel an anderen Erklärungshilfen mussten sich die damaligen Menschen ein übermächtiges Wesen zur Hilfe holen; wie sonst hätten sie sich in einer Welt zurechtfinden und behaupten können, die voller Rätsel und Gefahren war. Ihr bescheidenes Wissen reichte noch nicht zur Beantwortung der vielen Fragen, die sich ihnen stellten.

Ich möchte jedoch noch einmal auf das oben genannte Zitat von Küng zurückkommen und auf sein Beispiel der 'Projektion des Liebenden auf seine Geliebte' eingehen: Natürlich ist der Projektionsmechanismus ein alltäglicher Vorgang, wir projizieren ständig unsere Vorstellungen und Erwartungen in Dinge hinein, aber es wäre doch ein fataler Trugschluss anzunehmen, dass dann die Dinge auch so sind. Wir wünschen es uns nur, wir hätten es gerne. Und gerade hierin liegt die Gefahr der Projektion: wir gehen stillschweigend davon aus, dass unsere Projektion der Realität entspricht und richten unsere Erwartungen danach aus. Wir erwarten nun vom anderen, zum Beispiel vom Geliebten, dass er so ist, wie wir ihn gerne sehen möchten und reagieren enttäuscht, verärgert oder sogar aggressiv, wenn er sich anders verhält. Projektionen bergen die Gefahr, dass wir auf Scheinrealitäten hin handeln und die Realität nicht mehr sehen.

Betrachten wir das Beispiel von Küng noch aus einer anderen, viel gefährlicheren Perspektive. Gehen wir von einem Suchenden in Sache Liebe aus: er hat seine Geliebte noch nicht gefunden, aber er hat ein Wunsch- und Idealbild von ihr. Er weiß nicht und kann es nicht wissen, ob er die passende Person zu diesem Wunschbild je finden wird, ja ob es sie überhaupt gibt. Die Projektion dieser 'idealen Geliebten' ist somit eine doppelte Projektion: der Liebende projiziert seine Wunscherwartungen nicht auf eine real existierende Person, von der erhofft, dass sie genau so ist wie er es gerne hätte sondern auch noch auf eine illusionäre Person, die er nie getroffen hat und die es aller Voraussicht nach, so gar nicht gibt. Für unseren Liebenden hat diese illusionäre Projektion fatale Auswirkungen: er wird alle realen Partnermöglichkeiten an seinem Idealbild messen und womöglich daran scheitern lassen, da er die Hoffnung nicht aufgeben will, dass es das Ideal vielleicht doch gibt. Er wird an allen Partnermöglichkeiten vorbeigehen, die sich ihm real bieten und läuft damit Gefahr, das wirkliche Leben einer Illusion zu opfern.

Übertragen auf Gott: Auch die Projektion Gottes ist eine doppelte Projektion, eine 'illusionäre Projektion'! Denn auch hier werden Wunscheigenschaften auf ein Wesen übertragen, von dem wir nicht einmal wissen, ob es existiert. Und was für den illusionär Liebenden gilt, gilt auch für den Gottgläubigen: Beide unterliegen der Gefahr, ihr reales Leben einer Illusion zu opfern. Und genau dies ist der zentrale Vorwurf von Feuerbach bis Freud: die Wunschprojektion „Gott" entfremdet den Mensch dem diesseitigen Leben. In diesem Sinne wird die illusionäre Projektion Gottes zum Verhängnis für den Menschen!

Jean-Paul Sartre (1905–1980)

„Gott sieht mich nicht, Gott hört mich nicht, Gott kennt mich nicht. Siehst du die Leere über unseren Köpfen? Das ist Gott. Das Schweigen ist Gott. Die Abwesenheit ist Gott."

J. P. Sartre, einer der profiliertesten Vertreter des philosophischen Nihilismus wurde in Paris geboren, wuchs jedoch, nach dem frühen Tod seines Vaters, weitgehend bei seiner Mutter und seinen Großeltern im Elsass auf, in einem liberalen, aufgeklärten und intellektuellen Umfeld. Nach dem Studium unterrichtete er mit verschiedenen Unterbrechungen als Gymnasiallehrer bis Ende des 2. Weltkrieges, veröffentlichte zahlreiche Romane und philosophische Schriften, die ihm zunehmend Anerkennung und finanzielle Unabhängigkeit brachten. Während des Krieges schloss er sich der Résistance an, veröffentlichte 1943 sein philosophisches Hauptwerk „Das Sein und das Nichts", trat in die kommunistische Partei ein und nach dem Ungarnaufstand 1956 wieder aus, lehnte 1964 den Nobelpreis für Literatur ab und wurde in den späten 60er Jahren ein Sprachrohr der studentischen Unruhen. Bis zu seinem Tod lebte er mit Simone de Beauvoir in freier Partnerschaft.

In seinen philosophischen Schriften definiert Sartre 'Sein' und 'Bewusstsein' auf eine neue Art und Weise. Er stellt nicht die Frage nach dem Sinn des Seienden (die Welt, die Dinge, der Mensch), sondern danach, wie dieses Seiende dem Bewusstsein erscheint, wie es sich also im menschlichen Bewusstsein widerspiegelt. Das Sein des 'Seienden', das Sartre auch als das 'An-Sich' bezeichnet, ist unerklärbar. Es ist an sich und in sich. Es ist unendlich, starr und mit sich identisch. Entscheidend: für das Seiende gibt es auch keinen Ursprung, keinen erkennbaren Plan, keine Idee, keinen Gott. Das Seiende ist einfach was es ist. Man kann lediglich über die Eigenschaften des Seienden etwas aussagen. Diesem Seienden, also allen Erscheinungsformen dieser Welt, steht der Mensch mit seinem 'Bewusstsein' gegenüber. Und genau hier setzt die eigenwillige Interpretation Sartres ein. Im Unterschied zum An-Sich des Seienden ist das Bewusstsein nur ein 'Für-Sich", nur ein Spiegel, der die Welt in begrenzter und ausschnitthafter Weise in den einzelnen endlichen Menschen hineinprojiziert. Insofern ist das Bewusstsein als solches leer, es spiegelt nur das außerhalb des Menschen Seiende ausschnitthaft 'in ihn hinein'. Der Mensch findet zunächst nichts in sich vor. Gerade diese Leere zwingt ihn aber, mithilfe seines beweglichen und nach außen gerichteten Bewusstseins und dem, was er außerhalb seiner selbst im starren und vorgegebenen An-Sich vorfindet, sich selbst zu erschaffen. Der Mensch erfindet und erfüllt sich selbst! Mithilfe seines Bewusstseins trifft er eine subjektive Auswahl aus der ihn umgebenden Welt (dem An-Sich) und gibt ihr erst dadurch Bedeutung. Er schafft sich seine eigene subjektive Welt. In der Auswahl und Einordnung dieser Inhalte ist der Mensch frei, er wird sich dabei von seinen Interessen und Gegebenheiten her leiten lassen, aber nur er allein ist verantwortlich dafür, wie er sich selbst bestimmt und entwirft. Nach Sartre gibt es deshalb auch keine vorgegebene menschliche Natur, sondern nur den jeweils individuellen menschlichen 'Entwurf'. „Die Existenz geht der Essenz des Menschen voraus" sagt Sartre und will damit zum Ausdruck bringen, dass der Mensch in einem eigenen Schöpfungsakt sein Wesen selbst bestimmen muss. Er schafft damit etwas, was noch nicht ist. Diese 'existentielle Freiheit' ist für Sartre ein zentraler Begriff mit mehrdeutigem Inhalt. So ist der Mensch zwar frei, seinen eigenen Selbstentwurf zu tätigen, gleichzeitig ist er jedoch 'zu dieser Freiheit verurteilt', er kann ihr gar nicht entgehen, er muss seine leere und sinnlose Existenz zur Wesenhaftigkeit führen, will er Mensch sein. Die Freiheit, seinen eigenen Lebensentwurf selbst tätigen zu können, setzt voraus, dass der Mensch keine Fremdbestimmung, keine von außen gestellten Forderungen und Wertvorstellungen akzeptieren muss. Wohl aber muss er bei seinem Selbstentwurf *Eigenverantwortung* übernehmen. Denn sich-selbst-entwerfen heißt, die richtige Balance zu finden zwischen der Freiheit von externen Zwängen einerseits und einer verantwortlichen Einbeziehung der eigenen Situation in die sozialen Gegebenheiten andererseits. Konkret: Keine willkürlichen Selbstentwürfe, sondern auf begründeten Werten aufgebaute Entscheidungen, deren Konsequenzen man abschätzen kann und die man dann auch bereit ist zu leben. Denn bei aller Freiheit ist jeder auch dafür verantwortlich, was er aus sich macht. Und mehr noch: Jeder individuelle Lebensentwurf leistet auch einen Beitrag zu dem, was das Wesen der Menschheit ausmacht, hat also einen überindividuellen, einen 'allgemeinen Wert'. J. P. Sartre: „Der Mensch, der sich bindet und der sich Rechenschaft gibt, dass er nicht nur der ist, den er wählt, sondern außerdem ein Gesetzgeber, der gleichzeitig mit sich die ganze Menschheit wählt, kann dem Gefühl seiner vollen und tiefen Verantwortlichkeit schwerlich entrinnen. Man muss sich immer fragen, was würde geschehen, wenn wirklich alle Welt ebenso handeln würde?"(J. P. Sartre, Drei Essays, S. 13, Ullstein Materialien 35001, 1983)

So bedeutet die Freiheit Sartres weder Willkür noch Libertinismus, sondern fordert große Verantwortung sich selbst und den Menschen gegenüber. Obwohl Sartre immer wieder betont, dass es kein allgemeines Sittengesetz gibt, keine verbindliche Ethik, die dem Einzelnen die Art seines Lebensentwurfs vorschreiben würde, meint man dennoch in der von ihm definierten Verantwortlichkeit (vgl. auch o. a. Zitat) von Ferne die Forderung des Kant'schen Imperativs hindurchzuhören. Sartre ist sich darüber im Klaren, dass die von ihm definierte Freiheit vom Einzelnen nicht nur positiv erlebt wird, sondern auch Angst auslöst. Mit jeder freien, eigenen Entscheidung sind Unsicherheiten verbunden, vor allem wenn man auf keine vorgegebenen Wert- und Orientierungsmaßstäbe zurückgreifen kann. Woher soll ich wissen, ob meine Entscheidung die richtige für mein weiteres Leben sein wird, ob ich mich nicht geirrt habe, ob andere Wege mich nicht glücklicher gemacht hätten? Obwohl Sartre dem Menschen das Recht und die Möglichkeit zugesteht, seinen Lebensentwurf jederzeit zu ändern, wird die Angst vor der nächsten Entscheidung vermutlich nicht geringer werden. „In der Angst ängstigt sich die Freiheit vor sich selbst".

Religionskritik

In Sartres radikalem Atheismus finden sich manche Ähnlichkeiten zu Nietzsche. Wie dieser geht er vom ultimativen Postulat aus, dass Gott nicht existiert, und bemüht sich ebenfalls nicht um eine detailliertere inhaltliche Kritik der Religion oder des Christentums. Gewisse Parallelen lassen sich auch erkennen zwischen dem 'Übermenschen' Nietzsches und dem sich selbst entwerfenden und zur existentiellen Freiheit verurteilten Menschen Sartres. Mehr noch als Nietzsche bemüht sich jedoch Sartre, die Konsequenzen aufzuzeigen, die sich aus einer Welt ohne Gott ergeben. Freiheit ist die hieraus resultierende Konsequenz. Frei zu sein von allen vorgegebenen Normen und Werten, frei vom Diktat eines bestimmenden Gottes, frei von externen Gesetzgebern jeder Art, frei von jeglicher Fremdbestimmung.* In dieser totalen Freiheit liegt für Sartre die große Chance des Menschen zur Selbstbestimmung, zum eigenen Lebensentwurf, den er ausschließlich aus sich heraus tätigen muss. Nicht mehr nach oben oder nach außen hat der Mensch seinen Blick zu richten, sondern nur noch nach innen, in sich selbst hinein. Nur hier findet er die Richtlinien und Werte, die für seine eigene Lebensgestaltung Gültigkeit haben. Hieraus entwickelt sich die zweite Konsequenz der existentiellen Freiheit Sartres, die Verantwortlichkeit. Der Mensch ist selbst verantwortlich für sein Leben, für das was er daraus macht. Und er ist verantwortlich für die Konsequenzen, die sich aus diesem Selbstentwurf ergeben.

Religionskritik nach Sartre soll dem Menschen kompromisslos klarmachen, dass es in dieser Welt keinen Sinn und keine Sinngebung gibt, die von außen (oder oben) kommt. Jeglicher Sinn entsteht nur im Menschen und durch seinen eigenen Lebensentwurf. Diesen konsequent und verantwortlich zu leben, ist seine Aufgabe. Sein einziges Habenkonto ist dieses einmalige Leben.

---

* „So ist die Freiheit als die für die Nichtung des Nichts erforderliche Bedingung keine *Eigenschaft*, die unter anderen zum Wesen des menschlichen Seins gehörte. Die menschliche Freiheit geht dem Wesen des Menschen voraus und macht dieses möglich. Was wir Freiheit nennen, ist also unmöglich *vom Sein* der 'menschlichen Realität' zu unterscheiden. Der Mensch ist keineswegs *zunächst*, um *dann frei* zu sein, sondern es gibt keinen Unterschied zwischen dem Menschen und seinem 'Freisein". J. P. Sartre, Das Sein und das Nichts. 1991, S. 84.

Würdigung

Der Existentialismus Sartres, der den Menschen mit einem leeren Himmel und einer Welt ohne Sinn konfrontiert und ihn auf seine nackte Existenz zurückwirft, befreit den Menschen einerseits von jeglicher Fremdbestimmung und eröffnet ihm damit den maximalen Spielraum zur Selbstverwirklichung, fordert aber andererseits ein unerhörtes Maß an Kraft und innerer Stärke, um diesen Lebensentwurf entwickeln und leben zu können. Es stellt sich zu Recht die Frage, wie viele Menschen dies wohl zu leisten vermögen, wie viele kläglich scheitern müssen und wie viele letztlich sogar daran zugrunde gehen werden. Der Entwurf des Übermenschen, den Nietzsche erst in ferner Zukunft und in geringer Zahl voraussieht, wird von Sartre im Grunde schon heute und von jedem normalen Menschen eingefordert. Der entscheidende Einwand gegen Sartres Existentialismus richtet sich vor allem gegen die totale Isolierung, zu der er den Menschen verdammt. Sicher ist es richtig, dass ein konsequent zu Ende gedachter Atheismus den Menschen auf sich selbst zurückwirft, ihn in seine eigene Verantwortung stellt, doch muss dies nicht gleichzeitig bedeuten, dass der Mensch auch in die soziale Isolierung gehen muss. Bei Sartre bedeutet jede Beziehung zu einem anderen Menschen die Gefahr einer erneuten Fremdbestimmung, da die Freiheit des einen die Freiheit des anderen zwangsläufig wieder begrenzt. Oder in den Worten Sartres: „Der Andere ist der versteckte Tod meiner Möglichkeiten." Diese völlige soziale Isolation zugunsten eines nahezu schon 'totalitären' Freiheitsprinzips schafft sicher keine Welt, in der man leben möchte, in der man vielleicht sogar glücklich sein könnte. Und sie verhindert auch die Realisierungschancen des von Sartre geforderten eigenen Lebensentwurfs. Der Einzelne allein wird es ohne die Hilfe anderer kaum schaffen und gegen die anderen sowieso nicht.

So verlockend die Perspektive eines selbst bestimmten und selbst gestalteten Lebens für den Menschen auch sein kann, so sehr ist sie doch abhängig von ihrer sozialen Einbettung, sei es in der Hilfe, die derjenige Mensch erfährt, der seinen Lebensentwurf nicht allein bewerkstelligen kann, sei es im Bewusstsein, dass der eigene egozentrische Lebensentwurf schon früh an den Freiheitsgrenzen der anderen endet oder sei es die Erfahrung, dass ein Leben ohne Wärme, menschliche Nähe und Liebe kaum lebenswert sein wird. Sartre hat Recht, wenn er betont, dass eine Welt ohne Gott den Menschen in einen freien und selbst zu verantwortenden Raum stellt, er hat nicht Recht, wenn er aus diesem Raum auch die Mitmenschen verbannt. Gerade wenn Gott fehlt, braucht der Mensch den Menschen. Und: Freiheit ist kein absoluter Wert! Wenn sie sich als 'totale existentielle Freiheit' gegen den Menschen richtet, indem sie ihn in die Angst, die Isolation und ins Versagen treibt, ist die 'eingeschränkte Freiheit' vorzuziehen, deren Grenzen sich aus dem sozialen Kontext und der 'Wärme des Nächsten' ergeben. Gottes Tod bedeutet nicht konsequenterweise den Tod des Nächsten und den Tod der Liebe.

Die Neomarxisten (Adorno, Horkheimer, Marcuse)

Der Neomarxismus setzte bereits nach dem ersten Weltkrieg ein, mit dem Ziel, die Marxsche Lehre mehr an die Verhältnisse der entwickelten kapitalistischen Gesellschaften anzupassen und sich vom strikten Marxismus-Leninismus sowjetischer Prägung abzusetzen. Vor allem der ungarische Philosoph Georg Lukasz setzte mit seinem Werk „Geschichte und Klassenbewusstsein" 1923 einen Meilenstein in der Weiterentwicklung der Lehren von Karl Marx. In den Nachkriegsjahren gewann der Neomarxismus, vor allem durch die Vertreter der so genannten 'Frankfurter Schule' und ihrer 'Kritischen Theorie', erneut große Bedeutung. Vor allem drei Namen sind es, die jeder Student der 60er- und 70er-Jahre kennt und damit in Verbindung bringt: Theodor W. Adorno, Herbert Marcuse und Max Horkheimer. Alle drei wurden um den Wechsel des vorigen Jahrhunderts geboren, alle drei starben im gleichen Jahrzehnt (1969–79). Alle drei mussten während der national-sozialistischen Herrschaft emigrieren, gründeten zusammen in New York das Institut für Sozialforschung und kehrten nach dem Krieg, mit Ausnahme von Marcuse, der in den USA blieb, nach Deutschland zurück, um über die bereits erwähnte 'Frankfurter Schule' maßgeblichen Einfluss auf die Studentenbewegung der 60er-Jahre zu nehmen.

Die Kritische Theorie

Die gesellschaftliche und wirtschaftliche Situation hatte sich seit den Zeiten von Marx nachhaltig verändert. Während einerseits die wirtschaftlichen und gesellschaftlichen Schwächen des 'real existierenden Sozialismus' immer mehr zutage traten, konnten die kapitalistischen Länder andererseits der arbeitenden Klasse immer mehr Wohlstand und verbesserte Arbeitsbedingungen anbieten. Trotz der offensichtlichen Fortschritte in den Lebensbedingungen oder vielleicht gerade deshalb, so argumentieren die Neomarxisten, lässt sich die arbeitende Klasse einlullen und darüber hinwegtäuschen, dass sie in eine neue Form der Unterdrückung gerät, diesmal nicht durch Gewalt und Terror, sondern durch ein perfektioniertes System der materiellen Bedürfniserfüllung. Nach Marcuse zerstören diese neuen gesellschaftlichen und wirtschaftlichen Verhältnisse die Freiheit des Menschen, weil sie alle anderen menschlichen Bedürfnisse vernachlässigen und den Menschen 'eindimensional' auf Konsum und materielle Bedürfnisbefriedigung festlegen. Alle Vernunft wird nur noch zum Ausbau des wirtschaftlichen und technischen Fortschritts eingesetzt, die notwendigen moralisch-politischen Veränderungen werden nicht gleichermaßen mit vollzogen. Die Vernunft wird zum ausschließlichen Diener des wirtschaftlichen Fortschritts und der Mensch zu seinem willenlosen Sklaven. Der Mensch gerät in eine neue Form der Unfreiheit, er ist nicht mehr willens, die reichhaltigen in ihm steckenden Möglichkeiten zu realisieren und aus der Eindimensionalität auszubrechen. Er hat verlernt, seine konkrete Situation kritisch zu hinterfragen und die Gefahr der eindimensionalen und repressiven Konsum- und Güterwelt zu erkennen. Er ist ihr verfallen.

Mit ihrer Kritik an einer ausschließlich Konsum orientierten Welt verbinden die Neomarxisten auch die Kritik an der Ausbeutung von Natur und Umwelt, die eine maßlose Güterproduktion zwangsläufig zur Folge hat. Längst ist der Mensch über eine sinnvolle und maßvolle Nutzung seiner Umwelt hinausgegangen; er hat sie sich rücksichtslos 'verfügbar' gemacht und auf ihre fortschreitende Zerstörung nicht geachtet. Ziel einer neuen sozialistischen 'Kritischen Theorie' müsste somit die Hinterfragung des gegenwärtigen wirtschaftlich-gesellschaftlichen Systems sein, um über die Eindimensionalität des Konsums hinauszugelangen, um zu umfassenderen sinnvolleren Lebensbezügen zu kommen, um einen Freiheitsraum zu ermöglichen, der die Entfaltung der vielen menschlichen Bedürfnisse zulässt und letztlich: um eine Aussöhnung von Mensch und Natur zu erreichen.

Religionskritik

In ihren Aussagen zur Religion unterscheiden die Philosophen der Frankfurter Schule sehr sorgfältig zwischen dem, was sich über Religion und Gott erkennen und aussagen lässt, und dem, was Religion bewirkt (ihrer Funktion). Endgültige (wahre) Aussagen können weder über die Inhalte der Metaphysik noch der Religion getroffen werden. Aussagen über Transzendentes lassen sich mit unseren erkenntnistheoretischen und begrifflichen Möglichkeiten nicht bewerkstelligen. Wir können über Gott, wie über jeden anderen Begriff der Transzendenz, nichts erkennen und nichts aussagen. In diesem Sinn erscheint die Forderung des Judentums richtig, den Namen Gottes nicht aussprechen und sich von ihm kein Bild machen zu dürfen. Damit ist aber auch jeglicher Anspruch der Religion auf objektive Gültigkeit oder Wahrheit zunichte. Religion ist und bleibt Illusion. Bezüglich ihrer Funktion ist Religion ambivalent zu bewerten: Sie stellt einerseits eine Gefahr dar, insbesondere dann, wenn sie sich auf die Seite der Herrschenden stellt und zur Aufrechterhaltung von bestehenden Verhältnissen missbraucht wird. Sie ist andererseits in „ihrer Sehnsucht nach dem ganz Anderen" (Horkheimer) eine mächtige Kraft, um die Unzulänglichkeiten dieser Welt aufzudecken, indem sie ihr die Vision einer vollkommenen anderen Welt entgegenstellt. Aus der nicht zu stillenden Sehnsucht des Menschen nach einer vollendeten Welt und vor allem nach einer vollkommenen Gerechtigkeit kann die Kraft zum Widerspruch gegen das (unvollkommene) Bestehende erwachsen. Entscheidend: die unbestreitbare Sehnsucht des Menschen 'nach dem ganz Anderen', nach einer Transzendierung dieser Welt beinhaltet nicht die gleichzeitige reale Existenz dieser vollkommenen, transzendenten Wunschwelt. Zwar betont Horkheimer ausdrücklich, dass die uns bekannte Wirklichkeit nicht die letzte Wirklichkeit sein muss, aber „was das mögliche Absolute ist und worin es besteht, vermögen wir nicht zu bezeichnen".

Ernst Bloch (1885–1977)

Ernst Bloch nimmt in mancherlei Hinsicht eine Sonderstellung unter den Neomarxisten ein. Obwohl Zeitgenosse der Philosophen der Frankfurter Schule, gehörte er diesem Kreis nie an. In Ludwigshafen geboren, emigrierte er während des 1. Weltkriegs in die Schweiz und während des 2. Weltkriegs in die USA und übernahm nach Kriegsende, als überzeugter Marxist, einen Lehrstuhl in Leipzig. Nach seiner Zwangsemeritierung ging er 1961 nach Westdeutschland und unterrichtete von da an in Tübingen, wo er auch starb.

Bloch ist der große 'Hoffnungs-Philosoph' der marxistischen Denker. Der Mensch ist für ihn *frei* und auch durch den geschichtlichen Prozess nicht festgelegt. Die von Marx vorhergesagte klassenlose Gesellschaft ist demgemäß kein notwendiges Endziel, der Proletarier nicht der einzige Gesellschaftsträger der Zukunft. Vielmehr ist jeder Mensch aufgerufen, durch aktives zielgerichtetes Handeln die in der Welt und dem Menschen vorhandenen Möglichkeiten weiterzuentwickeln. Denn die Welt ist unfertig und unabgeschlossen – es gibt in ihr viele noch nicht verwirklichte Möglichkeiten.* Bloch spricht in diesem Zusammenhang von 'Prozessmaterie' oder von 'Materie nach vorwärts' und will damit zum

---

* „Der Mensch fühlt sich als nicht festgestelltes Wesen, als eines, das zusammen mit seiner Umwelt eine Aufgabe ist und ein riesiger Behälter voller Zukunft." E. Bloch: Prinzip Hoffnung I, S. 135

Ausdruck bringen, dass Mensch und Welt auf Vervollkommnung ausgerichtet sind. Um diese zu erreichen, muss sich der Mensch von den Zwängen und Einschränkungen des Gegebenen befreien, genauso wie er es vermeiden muss, sich in einem allzu bequemen und selbstzufriedenen Leben dauerhaft einzurichten. Vielmehr muss sich der Mensch ständig fragen, wie die Welt und das Leben in ihr verbessert werden könnte. In seinem Hauptwerk 'Prinzip Hoffnung' 1954 prägt Bloch unter anderem den Begriff des 'Hoffnungshandelns', worunter er ein Denken und Handeln versteht, das über die jeweiligen Gegebenheiten hinaus zu einer bisher noch nicht realisierten Zukunftsmöglichkeit führt.

'Denken ist Überschreiten'!

In dieser Aussage, die auch den Gedenkstein an Blochs Grab ziert, steckt die Handlungsanleitung für eine neue, vom Menschen gestaltete Welt, für ein 'befreites Diesseits'. Die Weltschöpfung beginnt erst mit der Entwicklung der in der Welt enthaltenen Möglichkeiten durch den Menschen. „Der geschichtliche Akteur ist der Mensch. Er nimmt die offene Stelle im Seinsprozess ein!". Ziel dieser neuen Welt, des befreiten Diesseits wäre nach Bloch eine Welt ohne Leid, Not und Erniedrigung, eine Welt der Menschenwürde, Selbstbestimmung und Solidarität, eine Welt, in der die Selbstentfremdung des Menschen aufgehoben ist.

Religionskritik

Auch Bloch bewertet Religion überwiegend unter ihrem funktionalen Aspekt. Dabei interessiert ihn vor allem der 'Hoffnungsaspekt', der allen Religionen innewohnt: die Hoffnung auf eine bessere Welt.* In diesem Aspekt vermögen sich Marxismus und

---

* E. Bloch: „Das Ziel aller höheren Religionen war ein Land, wo Milch und Honig so real wie symbolisch fließen: das Ziel im inhaltlichen Atheismus, der nach den Religionen übrig bleibt, ist genau das gleiche – ohne Gott, aber mit aufgedecktem Angesicht unseres Absconditum und der Heils-Latenz in der schwierigen Erde." (Prinzip Hoffnung, S. 1550)

Christentum durchaus zu treffen, nur mit dem entscheidenden Unterschied, dass Bloch, ebenso wie die anderen Neomarxisten, diese hoffnungsvolle Erwartung ohne Gott stattfinden lässt. Zwar gefällt ihm ein Jesus, den er als den „ersten christlichen Ketzer" bezeichnet, der sich gegen Konventionen stemmt, der dem Menschen eine bessere Welt verspricht, der den Menschen aus seiner Erniedrigung befreien möchte, ihm Hoffnung gibt und Perspektiven aufzeigt. Zwar gefallen Bloch die Propheten des Alten Testaments, die sich immer wieder mit Jahwe, ihrem Gott, anlegen, wie auch ein israelisches Volk, das immer wieder gegen seinen Gott rebelliert. Sie alle sind nicht bereit, sich mit dem Gegebenen abzufinden, sie alle drängen nach vorne, verändern und stellen in Frage. Aber entscheidend ist für Bloch, dass Menschen die Träger und Erfüller dieser Hoffnung sind und sein müssen. Denn es gibt keinen Gott und es gab ihn auch nie! Der Himmel ist leer! Die Menschen müssen die Realisierung ihrer Hoffnung auf eine bessere Welt selbst in die Hand nehmen. Sie sollen „die an den Himmel verschleuderten Schätze zurückholen" und sich und der Erde nutzbar machen. Die Menschen sind die Gestalter ihrer gegenwärtigen und die Schöpfer ihrer zukünftigen Welt. Sie erschaffen sich ihre Welt selbst und werden in diesem über sie hinausweisenden Akt ihre eigenen Götter.

Würdigung

Die Existenzphilosophen und Neomarxisten bringen eine neue Dimension in die Religionskritik. Sie bemühen sich nicht mehr primär um einen Nachweis der Nichtexistenz Gottes, sondern sie setzen diese bereits voraus und fragen sich nun konsequenterweise, was dies für den Menschen und die menschliche Gemeinschaft bedeutet. Während im Nihilismus Sartres, Jaspers und Heideggers das 'Nichts' an die Stelle Gottes tritt und die Verlorenheit des Einzelnen deutlich wird, der sich nicht mehr in der (illusionären) Geborgenheit eines schützenden Gottes weiß, sondern seiner nackten Existenz mit eigener Gestaltungskraft begegnen muss ('Existentielle Freiheit'), stellen die Neomarxisten weniger die Verlorenheit des Menschen heraus, als vielmehr seine neue Chance, mit den religiösen Fesseln auch gleich die gesellschaftliche Bevormundung abzustreifen. Gleichzeitig weisen sie vehement auf eine neue Gefahr hin: in den Verführungen des Güterwohlstands, die der moderne Kapitalismus vielen Menschen gebracht hat, verbirgt sich eine neue Art der Unfreiheit und Abhängigkeit.

Der Mensch mutiert vom willenlosen Diener Gottes zum willfährigen Sklaven einer repressiven und eindimensionalen Konsum- und Güterwelt. Damit läuft der Mensch Gefahr, die eine Fremdbestimmung (die der Religion) gegen eine andere Fremdbestimmung (die des Kapitalismus) einzutauschen.

Alle diese Philosophen sind sich jedoch einig, dass der von Gott und der Religion befreite Mensch die große und erstmalige Chance hat, ein selbst bestimmtes Leben zu führen, ja mehr noch, seinen eigenen Lebensentwurf zu tätigen – und damit das eigentliche und volle 'Menschsein' zu verwirklichen. Diese Freiheit wird als Verpflichtung verstanden, sowohl gegenüber dem Geschenk des Lebens (man muss sich ihm würdig erweisen), als auch gegenüber der Um- und Mitwelt (man muss sich ihr verantwortlich erweisen). In diesem Sinne bringt das Geschenk der neuen Freiheit auch die Last einer neuen Verantwortung und Verpflichtung mit sich. Und sie muss verteidigt werden, gegen jede Art und jeden Versuch einer neuen Fremdbestimmung.

Schöpfung ohne Schöpfer !?

Teil I: Entstehung des Kosmos und der Erde

„Am Anfang schuf Gott Himmel und Erde" Genesis, Kap.1.1

Prolog von Harald Fritzsch: „Am Anfang war das Nichts, weder Zeit noch Raum, weder Sterne noch Planeten, weder Gestein noch Pflanzen, Tiere und Menschen. Ursprünglich glaubte der Mensch, er befinde sich im Mittelpunkt des Alls, und die gesamte Welt sei nur für ihn gemacht. Er erfand Götter, die nach seinen Vorstellungen die Welt beherrschten und dem menschlichen Dasein seinen Sinn gaben. In der Mitte des zweiten Jahrtausends menschlicher Zeitrechnung, etwa 15 Milliarden Jahre nach der Geburt des Weltalls, begann der Mensch seine Umwelt und sich selbst systematisch zu erforschen. Kurz vor dem Ende des zweiten Jahrtausends erkennt der Mensch, dass die Vielfalt der Welt sich auf einfache Weise erklären lässt. Die Materie im Weltall, eingeschlossen er selbst, besteht aus zwei Arten von kleinsten Bausteinen: den Quarks und Teilchen der Atomhülle, den Elektronen. Er erkennt, dass er sich nicht im Mittelpunkt des Alls befindet, sondern am Rande einer recht unauffälligen Galaxie. Auch hat der Mensch erkannt, dass er das Produkt eines zwar komplizierten, aber rational erfassbaren Entwicklungsprozesses ist, geprägt durch den Lauf der Geschichte und durch das Wechselspiel zwischen Zufall und Notwendigkeit. Er versteht, dass er in Zukunft ohne Götter leben muss und dass er für sein Schicksal selbst verantwortlich ist. Er beginnt zu ahnen, dass das Weltall für sein Fragen nach dem Sinn des Lebens keine Antwort bereithält, sondern dass er sich diese Antwort selbst geben muss. Er begreift, dass der Sinn seines Daseins in seiner eigenen Existenz zu finden ist und in seiner ständigen Suche nach der Antwort auf eine Frage, auf die es keine allgemein gültige Antwort geben kann." (H. Fritzsch: Vom Urknall zum Zerfall, Prolog, München 2000).

Prolog in eigener Sache: Zwei Dinge haben mich schon sehr früh an Gott zweifeln lassen: die Enttäuschung über den Charakter und das Verhalten von angeblich besonders gläubigen Menschen – und der Blick in den Sternenhimmel. Schon als Kind und noch ohne genaue Vorstellungen über die wahren Dimensionen des Alls, stellte sich mir die naive Frage: wo in diesem Sternenraum sitzt Gott? Mittendrin, frei schwebend oder lokalisierbar, dahinter, darüber? Später, als ich von den wahren Dimensionen des Universums erfuhr, kamen andere Fragen hinzu: wie können wir als Bewohner des Planeten einer Sonne, von der es allein in unserer eigenen Galaxie (der Milchstraße) noch 100 Milliarden weitere und teilweise noch größere gibt, und diese unsere Galaxie wiederum nur eine von mehr als 100 Milliarden anderer Galaxien darstellt, die mit unvorstellbar großen Abständen im Universum driften, wie können wir dann glauben, dass dies alles von einem Gott erschaffen wurde? Und selbst wenn man dies annehmen möchte, wie kann man dann so grenzenlos selbst verliebt sein zu glauben, dass dieser Gott gerade unserem Planeten, einem unauffindbaren Staubkorn im All, seine besondere Aufmerksamkeit schenkt und diese auch noch jedem einzelnen Menschen zukommen lässt? Als ich dann von den neuesten Erkenntnissen der modernen Astrophysik erfuhr, die uns erlauben das Alter des Kosmos und seinen Entstehungszeitpunkt zu berechnen, seine bisherige Entwicklung aufzuzeigen und auch seinen weiteren Verlauf und sein wahrscheinliches Ende vorherzusagen, stellten sich wiederum neue Fragen: wozu brauchen wir einen Schöpfergott, wenn die Entstehung und das Funktionieren des Universums aus physikalischen Prozessen heraus erklärbar ist und ein Eingreifen einer göttlichen Instanz in diesen autonomen Prozess weder beobachtbar noch notwendig ist? Und: wie können wir die Vorstellung der eigenen Unsterblichkeit aufrechterhalten, obwohl wir heute wissen, dass alles vergänglich ist und dass selbst Sterne in der Größenordnung unserer eigenen Sonne täglich im Weltall verglühen und auch unsere Erde und unsere Sonne, genauso wie das gesamte Universum, in berechenbarer Zeit 'sterben' werden? Sodass wir letztlich zur alles entscheidenden Frage kommen: Machen die naturwissenschaftlichen Erkenntnisse der modernen Kosmologie Gott als „Schöpfergott" und als „Erste Ursache" entbehrlich – und was bleibt dann noch von diesem Gott? Welche Bedeutung hat er dann noch für den Menschen?

Der nachfolgende Ausflug in die moderne Kosmologie ist bewusst sehr ausführlich gehalten. Er soll zeigen, welche enormen Fortschritte diese Wissenschaft in den letzten Jahren und Jahrzehnten gemacht hat und welchen großen Beitrag sie zur Erklärung und zum Verständnis unseres Universums zu leisten vermag. Ziel dieser Ausführungen ist es, das moderne astrophysikalische Weltbild dem biblischen Schöpfungsmythos gegenüber zu stellen. Nach der Lektüre dieses Abschnitts wird der Leser dann selbst in der Lage sein, die Plausibilität beider Erklärungsmodelle gegeneinander abzuwägen. Die nachfolgenden Ausführungen stützen sich auf eine Vielzahl von aktuellen Publikationen namhafter Astrophysiker (vgl. hierzu Literaturangabe am Ende dieses Kapitels), sind jedoch so allgemeinverständlich gehalten, dass sie ohne physikalische oder mathematische Vorkenntnisse zu lesen sind. Folgen Sie also einer spannenden Reise ins All.

Dimensionen des Kosmos

Die Maßeinheit

Die Dimensionen des Kosmos sind so gewaltig, die Entfernungen so unvorstellbar, dass wir mit den auf unserer Erde gewohnten Maßeinheiten nicht mehr zurechtkommen. Mit Metern oder auch Kilometern ist nicht mehr gedient, wir brauchen eine Entfernungseinheit, die nicht mehr den irdischen, sondern den kosmischen Gegebenheiten gerecht wird. Da sich nichts schneller bewegt als Licht, schien es naheliegend, die Entfernungen im All mit der Lichtgeschwindigkeit in Verbindung zu bringen. Diese ist bekannt und beträgt rund 300.000 km pro Sekunde. Diese Entfernung entspricht bereits dem siebeneinhalbfachen Erdumfang (ca. 40.000 km) oder anders ausgedrückt: während der Dauer eines Wimpernschlages umrundet das Licht die Erde mehr als siebenmal! Wenn Sie von Deutschland nach Neuseeland fliegen wollen, der größten Entfernung auf unserem Globus, sind Sie mit einem modernen Langstreckenflugzeug mehr als zwanzig Stunden unterwegs – und dann haben Sie die Erde gerade ein halbes Mal umrundet. Da die Astronomen gleich klare Verhältnisse schaffen wollten, gaben sie sich mit Lichtsekunden erst gar nicht ab, sondern bestimmten das sog. 'Lichtjahr' als Maßeinheit des Universums. Ein Lichtjahr ist also die Entfernung, die das Licht in einem Kalenderjahr zurücklegt, und es entspricht exakt 9.460.000.000.000 km (= 9,46 Billionen km). Eine unvorstellbare Zahl, eine unvorstellbare Entfernung – und doch gerade groß genug um die Entfernung zwischen den Sternen und den Galaxien überhaupt noch in Zahlen ausdrücken zu können.

Die Dimensionen

Wie sehen denn nun die Entfernungen aus, die wir im Kosmos mit Lichtjahren messen? Beginnen wir dabei mit unserem eigenen Sonnensystem. Die Entfernung zwischen der Erde und dem Mond beträgt gerade einmal eine Lichtsekunde, zwischen der Erde und der Sonne acht Lichtminuten und zwischen der Sonne und ihrem am weitesten entfernten Planeten Juno gerade mal fünf Lichtstunden. Wir bleiben also, solange wir uns innerhalb unseres eigenen Sonnensystems bewegen, noch weit entfernt von der astronomischen Dimension eines Lichtjahres. Verlassen wir unsere Sonne und ihre Planeten, so werden die Entfernungen schlagartig größer. Zum nächsten Stern, also zur nächsten benachbarten Sonne mit Namen 'Alpha Centauri' sind es nun schon 4,3 Lichtjahre. Dazwischen ist leerer Raum im wahrsten Sinne des Wortes, nur gelegentliche Atome und Staubkörner würden einem Raumschiff begegnen.

Dabei haben wir nur einen ersten Schritt in unserer eigenen Galaxie, der so genannten 'Milchstraße' gemacht, die wir bei klarem nächtlichem Himmel als lang gestrecktes Band mit bloßem Auge erkennen können. Was wir nicht sehen ist, dass es sich in Wirklichkeit nicht um ein Band handelt, sondern um einen spiralförmigen

Sternhaufen, wobei sich unsere Erde nicht im Zentrum, sondern eher am Rand dieser Spirale befindet. Von uns bis zur Mitte der Milchstraße sind es rund 26.000 Lichtjahre, dort verdickt sich die linsenförmige Spirale auf ca. 10.000 Lichtjahre; ihr gesamter Durchmesser beläuft sich auf 120.000 Lichtjahre. Insgesamt beherbergt die Milchstraße mehr als 100 Milliarden Sonnen, die teilweise deutlich größer sind als unsere eigene Sonne.

Wiederum Zahlen, die zunächst nur abstrakt im Raum stehen. Erinnern wir uns daran, dass das Licht zum Mond gerade mal eine Sekunde benötigt, die erste menschliche Rakete zum gleichen Ziel aber 36 Stunden brauchte. Noch deutlicher werden die Relationen, wenn wir die Zeiträume betrachten, die die amerikanischen Raumsonden Voyager 1+ 2 auf ihrem Erkundungsflug durch unser Sonnensystem benötigten und noch benötigen: Start im Jahr 1977, Erreichen des Jupiters im März 1979, des Saturn im August 1981, des Uranus im Januar 1986, des Neptun im August 1989 und voraussichtliches Verlassen unseres Sonnensystems und Eintritt in den interstellaren Raum im Jahr 2015. Was dann passiert, ist ungewiss. Zeitvergleich: das Licht braucht für diese Distanz nur 6 Stunden, die Raumsonden benötigen dafür mehr als 40 Jahre. Würden sich die Raumsonden mit gleich bleibender Geschwindigkeit weiter durch den interstellaren Raum bewegen, so würden sie mehr als 250.000 Jahre benötigen um nur zu unserem Nachbarstern Alpha Centauri zu gelangen. Und noch immer hätten wir keine nennenswerte Entfernung in unserer eigenen Galaxie, geschweige denn im Kosmos zurückgelegt.

Denn erst jetzt beginnen die wahren Dimensionen des Weltalls. Erst wenn wir unser Milchstraßensystem, also unsere eigene Galaxie verlassen und den Weg zum nächsten Sternhaufen suchen, der sog. 'Andromeda-Galaxie', machen wir die ersten wirklich kosmischen Schritte. Jetzt geht es nicht mehr um einzelne Lichtjahre, sondern um Millionen von Lichtjahren. Ziemlich genau 2,4 Millionen Lichtjahre liegen zwischen diesen beiden benachbarten Galaxien im Weltraum: 22.704.000.000.000.000 Kilometer. Noch immer keine dramatische Entfernung im All, denn immerhin können wir die Andromeda-Galaxie noch mit bloßem Auge erkennen, zwar nicht mehr als Ansammlung vieler einzelner Sterne, aber doch als hell strahlenden Fleck. Dieser intensiv leuchtende Punkt am Firmament beherbergt – ähnlich wie die Milchstraße – ebenfalls rund 100 Milliarden Sonnen.

Alan Guth verdeutlicht diese Zahl an einem eindrucksvollen Beispiel: „Um sich die tatsächliche Größe dieser Zahl zu vergegenwärtigen, stelle man sich vor, die Sterne zählen zu wollen. Bei einer Zählgeschwindigkeit von einem Stern pro Sekunde würden wir und unsere Nachfahren volle dreitausend Jahre hindurch Zahlen herunterbeten, bevor auch der allerletzte Stern der Milchstraße erfasst wäre. Würden wir hundert Milliarden Bogen Papier aufeinander legen, so würde dieser Stapel zehntausend Kilometer in die Höhe ragen."

Die Milchstraße und der Andromeda-Nebel bilden zusammen mit weiteren 30 Galaxien die sog. 'Lokale Gruppe'. Diese Bezeichnung verdeutlicht, dass die Galaxien im Kosmos nicht gleichmäßig verteilt sind, sondern Haufen bilden, mit größerer Nähe untereinander und größeren Abständen zu den nächsten Galaxiengruppen. Wenn wir hier von 'Nähe' reden, darf nochmals an die oben zitierte Zahl erinnert werden, die den Abstand zwischen zwei Galaxien verdeutlicht.

Und dazwischen ist Leere! Eine unvorstellbare Leere von 22,7 Trillionen Kilometer. Aber nicht nur zwischen den Galaxien, sondern auch innerhalb der einzelnen Galaxie herrscht nicht gerade Gedrängel. Stellen Sie sich vor, wir würden unsere Sonne auf die Größe eines Tischtennisballs verkleinern, dann wäre der nächste Stern rund zweihundert Kilometer von ihr entfernt. Und nun stellen Sie sich vor, dass in einer Galaxie mehr als einhundert Milliarden solcher Tischtennisbälle im Abstand von jeweils 200 km verstreut sind. Dies mag Ihnen eine Vorstellung über Raum- und Größenverhältnisse im Kosmos geben. Aber noch geht die Reise weiter durch den intergalaktischen Raum: die uns nächste Galaxiengruppe ist der 'Virgo-Haufen' im Sternbild der Jungfrau, gegen den sich unsere 'Lokale Gruppe' wie ein Zwerg ausmacht. Der Virgo-Haufen besteht nicht mehr nur aus 30 Galaxien, sondern bereits aus mehr als eintausend Galaxien. Aber selbst Galaxienhaufen klumpen sich wieder in loser Form zusammen und bilden damit die größten Einheiten im Kosmos: so zum Beispiel die 'Große Mauer', die viele Galaxienhaufen im Gesamtdurchmesser von einer halben Milliarde Lichtjahre umfasst. Mithilfe modernster Teleskope, die längst nicht mehr nur auf der Erde stationiert sind, wie z.B. das Hubble-Weltraumteleskop, ist es gelungen, bis an den Rand des Universums vorzudringen und Galaxien ausfindig zu machen, die mehr als 13 Milliarden Lichtjahre von uns entfernt sind. Um die ganze Dimensionalität des Kosmos zu erfassen, möchte ich Sie nun bitten, die Reise durch das All noch einmal rückwärts zu unternehmen! Nur so können wir uns den wahren Stellenwert unserer Erde bewusst machen, eines winzigen Planeten einer Sonne im Umfeld von 100 Milliarden Sonnen in einer einzigen Galaxie, von der es wiederum mehr als 100 Milliarden vergleichbarer Galaxien im Kosmos gibt!

Bevor wir uns diesen gewaltigen Kosmos näher ansehen, müssen wir noch einmal auf das 'Lichtjahr' zurückkommen. In diesem Begriff steckt nämlich nicht nur ein Entfernungsmaß, sondern auch ein Zeitmaß. Wenn wir davon sprachen, dass der Stern Alpha Centauri 4,3 Lichtjahre von uns entfernt ist, so haben wir bisher nur die Entfernungsangabe (9,46 Billionen km x 4,3) vor Augen gehabt, nicht jedoch den Zeitfaktor, d.h. die Tatsache, dass das Licht, das von Alpha Centauri ausgestrahlt wird, 4,3 Jahre braucht, bis es uns auf der Erde erreicht. Diese schlichte Feststellung ist von größter Bedeutung für die astronomische Forschung: wir sehen die Objekte im Weltall nicht zeitgleich, sondern immer zeitlich versetzt. Wir sehen Alpha Centauri also nicht, wie er jetzt ist, sondern wie er vor 4,3 Jahren war – und der Astronom sieht mit seinem Teleskop die Sterne in der Andromeda-Galaxie nicht wie sie jetzt sind, sondern wie sie vor rund 2,4 Millionen Jahren aussahen. Eine Entfernungsreise im Weltraum ist immer auch eine Zeitreise! Eine Reise zurück in die Vergangenheit. Welche Bedeutung diesem Phänomen zukommt wird sofort klar, wenn wir den Blick auf die am weitesten entfernten Galaxien richten. Wenn sich deren Distanz mit ca. 13 Milliarden Lichtjahren misst, so bedeutet dies gleichzeitig, dass wir auf einen Zeitraum im Kosmos zurückblicken, der 13 Milliarden Jahre zurückliegt und uns damit einen Blick in die frühesten Entwicklungsphasen des Weltalls erlaubt, dessen Alter heute recht einheitlich auf rund 15 Milliarden Jahre festgelegt wird. Die Analyse einer Galaxie, deren Licht 13 Milliarden Jahre gebraucht hat, um uns zu erreichen, gibt uns heute darüber Aufschluss, wie der Kosmos in seinem Frühstadium ausgesehen hat. Was sich die Menschheit immer wünschte, wird damit Wirklichkeit: wir können bis an die Entstehung allen Seins zurückblicken!

Vorbemerkung:

Die folgenden Ausführungen zu den beiden nächsten Kapiteln „Messmethoden" und „Messgeräte" sind bewusst recht ausführlich gehalten und mögen den einen oder anderen Leser ermüden. Sofern dies der Fall ist, kann er diese Seiten getrost überspringen. Für unser Thema (Gott als 'Schöpfergott') sind sie nur deshalb von Belang, weil mit ihnen aufgezeigt werden soll, mit welcher forscherischen Akribie und wissenschaftlichen Genauigkeit bei der 'Vermessung' des Weltalls vorgegangen wird. Es soll damit dem Eindruck vorgebeugt werden, dass es sich bei den Entfernungs- und Altersangaben in Bezug auf den Kosmos um unbewiesene Annahmen oder gar um Spekulationen handelt. Sie sollen als kritischer Leser Einblick in die Arbeitsweise der Astronomen und Astrophysiker erhalten, damit Sie selbst die Glaubwürdigkeit der dadurch erzielten Forschungsergebnisse abschätzen können. Dies ist wichtig, weil es am Schluss unserer Ausführungen zur Kosmologie die zentrale Frage zu beantworten gilt: Wie plausibel ist es, dass dieses Weltall von einem Gott geschaffen wurde und von ihm weiterhin gelenkt wird? Denn wir sprechen hier von einer unabdingbaren Wesenheit Gottes: wenn er das Universum nicht geschaffen hat, ist er nicht der Gott den uns die Religionen verkünden!

Die Messmethoden

Die Messung von Distanzen im Kosmos ist eine der ältesten und wichtigsten Bemühungen der Astronomen. Insbesondere seitdem wir über die Distanzen in unserem eigenen Sonnen- und Planetensystem hinausgekommen sind und uns auch um die Entfernung zwischen den Galaxien bemühen, ja sogar die Gesamtausdehnung des Kosmos erfassen können, ist die Vermessung des Weltalls zu einer wichtigen Grundlage unseres modernen naturwissenschaftlichen Weltbilds geworden. Obwohl schon die Griechen mit der Entfernungsmessung im Weltraum begonnen hatten, kam es zum eigentlichen, dann aber rasanten Durchbruch erst zu Beginn des zwanzigsten Jahrhunderts. Bis zur Bahn brechenden Entdeckung von Edwin Hubble im Jahr 1923 – auf die wir noch zu sprechen kommen – war man sich noch nicht einmal sicher, ob es außerhalb unserer Milchstraße noch andere unabhängige Galaxien gibt. Der entscheidende Durchbruch gelang durch drei rasch aufeinander folgende Entwicklungen: der nachhaltigen Verbesserung der optischen Beobachtungsgeräte (Teleskope), der Entwicklung der Radioastronomie und -spektographie sowie letztlich der Nutzung der Satellitentechnik, um die Beobachtungsgeräte außerhalb der störenden Erdatmosphäre einsetzen zu können. Allein die atemberaubende Entwicklung der Satelliten- und Raumfahrttechnik in den letzten dreißig Jahren sowie die gleichzeitige ständige Leistungssteigerung in der Messtechnik machen deutlich, dass die wahren Dimensionen unseres Kosmos erst in jüngster Zeit erfasst und zuverlässig bestimmt werden konnten.

Lange Zeit, genau gesagt mehr als zweitausend Jahre lang, gab es nur eine Methode, Entfernungen im All zu messen, die sog. 'trigonometrische Parallaxenmessung', die vom Griechen Hipparchos (190–125 v. Chr.), dem Entdecker von Cosinus, Sinus und Tangens entwickelt worden war. Zur Bestimmung der Distanz zwischen Erde und Mond suchte er sich zwei möglichst weit voneinander entfernte Messpunkte auf der Erde, bestimmte die Entfernung zwischen diesen beiden Punkten und errechnete den genauen Winkel von jedem der Messpunkte zum Mond. Mithilfe der trigonometrischen Funktion konnte er die Mondentfernung mit rund 380.000 Kilometern bereits erstaunlich genau angeben. So einfach und pragmatisch diese Messmethode auch ist, so begrenzt war lange Zeit ihr Einsatzbereich. Sie eignete sich bis ins vorige Jahrhundert hinein nur zur Messung naher Himmelskörper wie der Planeten in unserem eigenen Sonnensystem, nicht aber zur Bestimmung entfernter Sterne oder gar Galaxien. Dies liegt vor allem daran, dass bei gleich bleibender Basislänge, also der Entfernung zwischen den beiden Messpunkten auf der Erde, der Parallaxenwinkel immer kleiner wird, je entfernter der Himmelskörper ist, den wir vermessen wollen. Bei doppelter Entfernung halbiert sich der Messwinkel. Man kann dieses Problem nur dadurch lösen, dass man die Basis entsprechend vergrößert und/oder die Winkelmessung so verfeinert, dass man auch noch Bruchteile von Bogensekunden erfassen kann. Beides war den Astronomen früherer Zeiten nicht möglich. Zumindest für die Verlängerung der Basis fand man jedoch bald eine intelligente Lösung: man nutzte die Erdumdrehung und den Zeitfaktor. Dazu war es nicht mehr erforderlich, von zwei verschiedenen Punkten der Erde aus zu messen, sondern man konnte am gleichen Standort verweilen und brauchte die Vermessung des Objekts nur zwölf Stunden später nochmals vorzunehmen. Durch die zwischenzeitliche Drehung der Erde verschiebt sich das Beobachtungsobjekt um eine gewisse Distanz, die man wiederum aus der geographischen Breite des Standorts und der vergangenen Zeit zwischen den Messungen genau berechnen kann. Bei einem Messintervall von zwölf Stunden, in dem sich die Erde ein halbes Mal um ihre Achse gedreht hat, entspricht die Länge der Messbasis immerhin schon dem Erddurchmesser von mehr als zwölftausend Kilometern. Ein intelligenter Trick der frühen Astronomen.

Nutzt man nicht nur die Eigenrotation der Erde, sondern auch die Umdrehung der Erde um die Sonne, so kann man die Basis für die Parallaxenmessung von 12.700 Kilometer (Erddurchmesser) nun bereits auf beachtliche 150 Millionen Kilometer (= Abstand zwischen Erde und Sonne) verlängern. Damit ließ sich dann auch schon die Entfernung bis zu den nächsten uns benachbarten Fixsternen messen. Den Radius der Erdbahn um die Sonne haben die Astronomen auch zur Normbasis für die Parallaxenmessung im Weltall festgelegt und bezeichnen sie als 'Astronomische Einheit' (AE). Leider bleiben wir mit dieser Art der Entfernungsmessung immer noch auf den kosmischen Nahbereich, d.h. auf einen sehr begrenzten Ausschnitt unserer eigenen Galaxie beschränkt. Selbst mit den besten optischen Messgeräten, die heute auf Astronomiesatelliten eine Bogenauflösung von 0,002 Bogensekunden erreichen, lassen sich nur Entfernungen bis zu 1.500

Lichtjahren messen, sofern man nicht andere Methoden mit einbezieht. Eine dieser weiterreichenden Messmethoden ist die so genannte 'Spektroskopische Parallaxe'. Man sucht sich zunächst einen Stern mit großer Leuchtkraft, bestimmt seine absolute Helligkeit und analysiert sein Licht mithilfe eines Spektroskops. Aus der spezifischen Anordnung seiner Spektrallinien lässt sich die Charakteristik dieses Sterns exakt festlegen. Diesen Stern erklärt man zum 'Normstern' und sucht nach anderen, weiter entfernten Sternen, die das gleiche Spektrum aufweisen. Bei allen kann man davon ausgehen, dass sie die gleiche Temperatur, Masse und vor allem die gleiche absolute Helligkeit haben, ganz gleich wo sie sich im Weltraum befinden. Da die Helligkeit eines Sterns umgekehrt zur Entfernung im Quadrat abnimmt, kann man aus der Kenntnis der absoluten Helligkeit eines Sterns seine Entfernung genau berechnen. Mit dieser Messmethode haben wir nun schon einen entscheidenden weiteren Schritt im Weltall gemacht, es ist uns damit möglich, nahezu alle Objekte unserer Milchstraße zu vermessen – immerhin Entfernungen bis zu einhunderttausend Lichtjahren.

Der entscheidende Sprung zur nächsten Galaxie – und damit auch der Beweis, dass es außer unserer Milchstraße noch weitere Galaxien im Kosmos gibt – wurde erst im Jahr 1912 eingeleitet mit der Entdeckung von Sternen, den sog. *Cepheiden,* die regelmäßige Helligkeitsschwankungen aufweisen. Durch genaue Messungen konnte festgestellt werden, dass es eine eindeutige Beziehung zwischen der absoluten Helligkeit eines Cepheiden und seiner Periodenlänge (= zeitlicher Abstand zwischen seiner stärksten und geringsten Helligkeit) gab. In Zukunft genügte es, die Helligkeitsschwankungen beliebig weit entfernter Cepheiden zu messen, daraus die absolute Helligkeit zu berechnen und aus dem Vergleich zur gemessenen scheinbaren Helligkeit seine Entfernung zu berechnen. Auf diese Weise gelang es erstmals Edwin Hubble im Jahr 1923 die Entfernung eines Cepheiden in einer anderen Galaxie, und zwar im sog. 'Andromedanebel', mit ca. 900.000 Lichtjahren zu bestimmen. Obwohl seine Messung noch ungenau war, die richtige Entfernung beträgt ca. 2,2 Millionen Lichtjahre, so war doch erstmals klar bewiesen, dass dieser Cepheid außerhalb unserer eigenen Milchstraße liegen muss (Durchmesser = 100.000 Lichtjahre) und damit der Andromedanebel eine eigenständige Galaxie sein musste. Es ist einleuchtend, dass sich Sterne mit besonders hoher Strahlkraft gut zur Entfernungsmessung eignen, weil sie ihr Licht auf weite Distanzen aussenden können. Solche Sterne fanden die Astronomen nicht nur in den Cepheiden, sondern in noch viel extremerer Form in den sog. 'Supernovae', einer Art Lichtblitze mit kaum vorstellbarer Intensität, die an verschiedenen Stellen im Kosmos in unregelmäßiger Folge aufleuchteten und meist nur für zwei bis drei Wochen zu beobachten waren. Heute weiß man, dass es sich dabei um sog. 'Weiße Zwerge' handelt, d.h. um den Rest eines ausgeglühten Sterns, den wir aufgrund der nicht mehr vorhandenen Strahlung gar nicht wahrnehmen könnten, würde er nicht unter gewissen Umständen zu neuem Leben erweckt. Gelegentlich geschieht es nämlich, dass solche weißen Zwerge einem anderen noch aktiven Stern, der ihm zu nahe gekommen ist, so lange Energie und Masse entzieht (aufgrund seiner wesentlich höheren Schwerkraft), bis der weiße Zwerg eine kritische Eigenmasse überschreitet, die bei exakt dem 1,44-fachen unserer Sonnenmasse liegt. Genau an diesem Punkt werden die Druck- und Temperaturverhältnisse im weißen Zwerg so groß, dass er in einer einzigen unvorstellbar gewaltigen Explosion verbrennt und vollständig zerstört wird. Die dabei entstehende so genannte Supernova entwickelt eine kurzzeitige Leuchtkraft, die die aller Sterne einer ganzen Galaxie übertrifft, also heller ist als 100 Milliarden Sterne! Da Supernovae immer bei der gleichen kritischen Masse eines weißen Zwerges entstehen, haben sie auch immer die gleiche Leuchtkraft und eignen sich deshalb vorzüglich als neuer 'Normstern'. Mit ihnen ist es nun bereits möglich, Entfernungen bis zu einer Milliarde Lichtjahre zu messen!

Wie aber kommen wir bis ans Ende des Kosmos? Wie können wir die Entfernungen zu den entferntesten Galaxien erfassen? Kann es denn im Weltall noch etwas geben, das selbst die ungeheure Strahlkraft von Supernovae übertrifft? Erstaunlicherweise ja! Es ist also an der Zeit, von den größten und unheimlichsten Phänomenen im Weltall zu sprechen, von den geheimnisvollen

'Schwarzen Löchern' oder auch 'Quasaren'. Man ist sich heute ziemlich sicher, dass es im Zentrum nahezu aller Galaxien sog. Schwarze Löcher gibt. Aber worum handelt es sich dabei? Zur Beantwortung dieser Frage müssen wir in die frühe Entwicklungsgeschichte unseres Kosmos zurückblicken. Bei der Entstehung von Galaxien kam es in ihrem Zentrum zur Bildung von teilweise sehr großen Sternen, die ein Vielfaches der Masse und Energie unserer Sonne hatten. Diese besonders massereichen Sterne verglühten relativ rasch und wurden zu extrem dichten Neutronensternen. Hierbei handelt es sich um die verglühten Sternenreste, deren Masse durch die Gravitationskraft extrem verdichtet wurde. Ein kleines Stückchen eines solchen Neutronensterns, nur eine halbe Streichholzschachtel groß, würde ca. drei Milliarden Kilogramm wiegen. Im vergleichsweise engen Raum der frühen Galaxien zogen sich mehrere benachbarte Neutronensterne aufgrund ihrer enormen Gravitationskraft immer mehr an, verdichteten dabei ihre Massen noch mehr und kollabierten schließlich in einem „Schwarzen Loch". Dessen Dichte und Gravitationskraft übersteigt nun alle Vorstellungen und setzt auch alle physikalischen Gesetze außer Kraft. Alles was in seine Nähe gelangt, wird von ihm 'verschlungen' und kann nicht wieder entkommen. Das Schwarze Loch saugt alle Energie und Materie in seinem Umkreis wie ein gigantischer Staubsauger in sich hinein und lässt sie nicht wieder frei. Selbst Licht kann diesem Gefängnis nicht mehr entkommen, deshalb die Bezeichnung „Schwarzes Loch". Aber wie oder woran kann man dann ein schwarzes Loch erkennen? Was verrät uns die Existenz eines Schwarzen Lochs, wenn nichts aus ihm austreten kann?

Und wie kommt es zu den unglaublich hellen Quasaren am Rand dieser Schwarzen Löcher? Man geht heute davon aus, dass die Schwarzen Löcher im Zentrum der Galaxien nicht nur alle verfügbaren Gas- und Materiewolken in sich einsaugen, sondern sich auch von ganzen, noch aktiven Sternen 'ernähren', die ihnen zu nahe kommen. Deren Strahlung und Materie wird kontinuierlich abgesogen und immer näher ans Zentrum des Schwarzen Lochs herangeführt. Bei besonders großen Schwarzen Löchern entsteht dabei eine zunehmend schnellere Rotation der abgesogenen Materie, die am Ende beinahe Lichtgeschwindigkeit erreicht. Bevor die abgesogene Masse endgültig in das Schwarze Loch hineinfließt, setzt sie noch einen großen Teil ihrer Energie in Strahlung um, die dann in extrem gebündelten Gasstrahlen, die nahezu Lichtgeschwindigkeit erreichen, Millionen von Lichtjahren ins All hinausgeschleudert werden. Die Leuchtkraft eines solchen Quasars ist nochmals einhundert Mal größer als die Leuchtkraft einer Supernova und damit auch hundertmal heller als die Strahlkraft einer ganzen Galaxie mit ihren einhundert Milliarden Sternen!! Somit lassen sich Quasare selbst in den am weitesten entfernten Galaxien unseres Universums ausmachen und zur Entfernungsmessung heranziehen.

Abschließen möchten wir das Kapitel 'Entfernungsmessung im All' mit einer Entdeckung des genialen Edwin Hubble im Jahr 1929, die die astronomische Forschung aus mehreren Gründen revolutionierte und eine erstaunlich einfache Methode zur Messung der Distanzen weit entfernter Galaxien darstellt. Bei der vergleichenden spektroskopischen Analyse verschiedener Galaxien fiel Hubble eine charakteristische, aber unterschiedlich starke Rotverschiebung in deren Lichtspektrum auf. Hieraus schloss er folgerichtig, dass sich die Galaxien von uns entfernen und dies mit unterschiedlicher Geschwindigkeit. Denn je höher die Rotverschiebung, desto höher ist die Fluchtgeschwindigkeit dieses Objekts. Schon diese Entdeckung revolutionierte die Astronomie, denn sie bewies erstmals, dass sich das Weltall ausdehnt. Hubble gab sich jedoch mit dieser einen Ableitung aus der Rotverschiebung der Galaxien nicht zufrieden. Nachdem es ihm gelungen war, die Entfernung einiger von ihm analysierter Galaxien zu bestimmen, stieß er auf eine zweite überraschende Erkenntnis: je weiter die Galaxien von uns entfernt sind, desto schneller fliegen sie von uns weg! Letztlich gelang es Hubble auch noch, die Konstante zu berechnen, die zwischen der Fluchtgeschwindigkeit und der Entfernung der Galaxien besteht und formulierte damit eines der wichtigsten Gesetze der modernen Astronomie: die Fluchtgeschwindigkeit der Galaxien im Universum wächst proportional zu ihrer Entfernung. Diese Konstante bezeichnete man zukünftig als 'Hubble-Konstante'. Ihr Wert wurde über Jahrzehnte immer wieder neu vermessen und präzisiert und wird heute bei ca. 60 km/s pro Megaparsec festgelegt. In anderen Worten: eine Galaxie, die sich zu uns im Abstand von einem Megaparsec befindet (= 3,26 Millionen Lichtjahre) entfernt sich von uns mit einer Geschwindigkeit von 60 Kilometern pro Sekunde. Für die Entfernungsmessung bedeutet dies: allein durch die Messung der Rotverschiebung einer beliebigen Galaxie und mithilfe der Hubble-Konstanten lässt sich die Entfernung dieser Galaxie auf einfache Art berechnen.

Die Messgeräte

Lange Zeit waren die Astronomen auf die Himmelsbeobachtung mit bloßem Auge angewiesen. Es war der von der Kirche so geächtete Galileo Galilei, der 1609 das erste einfache Teleskop entwickelte, das zwar im Laufe der Jahrhunderte ständig verbessert wurde, aber erst mit der Entwicklung optischer Gläser durch J. Fraunhofer zu Beginn des 19. Jahrhunderts eine spürbare Leistungssteigerung erfuhr. Es dauerte wiederum ein Jahrhundert, bis in den Jahren 1908 und 1922 die ersten stationären Riesenteleskope mit einem Spiegeldurchmesser von 1,5 und 2,5 Metern auf dem Mount Wilson in Kalifornien aufgestellt wurden. 1948 folgte ein neu entwickeltes Teleskop mit einer nochmals verdoppelten Spiegelgröße (5 Meter) auf dem Mount Palomar und rund fünfzig Jahre später (1994) ein 10m-Teleskop auf Hawaii. Den vorläufigen Abschluss bilden zwei gerade fertiggestellte Superteleskope. Die Europäische Südsternwarte stellt gerade das Very Large Telescope (VLT) in der Atacamawüste in Chile in Betrieb. Dabei werden 4 Spiegel mit je 8 m so zusammengeschaltet und mit ausgeklügelten Computerprogrammen gesteuert, dass es mit ihnen möglich ist, einen einzelnen Menschen auf dem Mond zu erkennen oder eine Lichtquelle mit der Strahlungsintensität einer Kerze noch in 50.000 Kilometern zu erfassen. Nahezu zeitgleich nimmt eine amerikanisch-deutsch-italienische Projektgruppe in Arizona mit dem 'Large Binocular Telescope' (BLT) die Arbeit auf, das aus zwei Parabolspiegeln mit je 8,40 m Durchmessern besteht, die wie ein Fernglas fest miteinander verbunden sind. Dieses Doppelauge verfügt über eine zehnmal höhere Auflösung als das legendäre Hubble-Weltraumteleskop, und es wäre damit möglich, das Licht einer Kerze noch in sechsfacher Mondentfernung zu erkennen. Die einzigartige Besonderheit dieses Teleskops liegt jedoch nicht darin, Sterne auffinden zu können, sondern deren zugehörige Planeten. Dies scheiterte bisher immer daran, dass der Planet vom Licht seiner Sonne so sehr überstrahlt wird, dass er selbst nicht mehr zu sehen ist. Mit dem LBT ist es nun möglich, das Licht der Muttersonne mit beiden Spiegeln so wechselseitig zu überlagern, dass es aufgehoben wird. Damit wird der Stern ausgeblendet und sein Planet wird sichtbar. Die Astronomen machen sich damit erstmals Erfolg versprechend auf die Suche nach einer zweiten Erde.

Es ist kein Zufall, dass alle leistungsfähigen Teleskope auf hohen Bergen oder in Wüsten aufgestellt werden. Man versucht damit die Störungen, die durch die Luftschichten der Erdatmosphäre entstehen, möglichst gering zu halten. Dabei führen die Astronomen einen immer hoffnungsloseren Kampf gegen die zunehmende globale Luftverschmutzung, die den Blick in den Weltraum auch an den entlegensten Orten ständig schwieriger macht. So ist es nicht verwunderlich, dass der eigentliche Durchbruch in der astronomischen Forschung erst mit der Entwicklung der Raumfahrt erfolgte. Außerhalb der Erdatmosphäre gelang es nun erstmals, einen wirklich 'ungetrübten Blick' ins All zu werfen. Plötzlich waren Bilder von nicht gekannter Schärfe möglich. Moderne Messsatelliten können die Parallaxen von Sternen messen, die bis zu dreitausend Lichtjahre von uns entfernt sind. Die Messgenauigkeit ist so groß, dass sie von München aus erkennen könnten, ob ein Parkbesucher in Chicago auf seiner Parkbank einen Platz weiter rückt.

Fast noch entscheidender war es jedoch, nun endlich auch diejenigen Lichtquellen erschließen zu können, die bisher von der Atmosphäre abgeschirmt wurden. Es handelt sich dabei vor allem um die Röntgen- und Gammastrahlung sowie um Strahlung aus dem ultravioletten und infraroten Bereich, die viele Sterne und Galaxien aussenden. Licht, das nicht nur durch die Erdatmosphäre abgehalten wird, sondern das auch außerhalb des für uns sichtbaren Lichtspektrums liegt und demgemäß auch nicht mit den gebräuchlichen optischen Teleskopen aufgefangen werden kann. Völlig neue Messgeräte mussten also entwickelt und mit Raketen ins All transportiert werden.

Der deutsche Röntgensatellit ROSAT, der 1990 in eine Erdumlaufbahn geschickt wurde, erfasst seitdem täglich eine beachtliche Zahl neuer Sterne und Galaxien, die vor allem Röntgenstrahlung aussenden und für uns deshalb interessant sind, weil es sich bei ihnen um extrem energiereiche Objekte handelt, die in der Lage sind, ihr Licht über viele Milliarden Lichtjahre zu versenden. Wir erfassen also hiermit besonders alte und weit entfernte Galaxien am Rande unseres Kosmos. Mithilfe von Satelliten, die die Gammastrahlung messen können, gelang es, die bereits beschriebenen und für die Astronomen so interessanten 'Quasare' zu analysieren, die einerseits die einzige Auskunftsquelle über die Schwarzen Löcher sind und andererseits Entfernungsmessungen bis zu den Galaxien am Rande des Kosmos erlauben. Aufgrund der enormen Kosten der Satellitenforschung versucht man, die Messinstrumente immer noch mehr zu verfeinern. Um zum Beispiel die schwache Infrarotstrahlung erfassen zu können, die bei eher energieschwachen Vorgängen im All, wie der Geburt von Sternen aus Staub- und Gaswolken entsteht, wurden die Messgeräte des hierfür entwickelten, europäischen Satelliten ISO in einen Behälter gepackt, der auf -270 Grad abgekühlt werden konnte. Nur damit ließ sich das Problem umgehen, dass die Eigenwärme der Geräte und des Satelliten die schwache Infrarotstrahlung der Sternengeburt überdecken würde.

Mit großen Erwartungen fieberte die Wissenschaft auch dem Start der amerikanischen Raumfähre Discovery entgegen, die im April 1990 das sog. 'Hubble-Weltraumteleskop' in eine Erdumlaufbahn in 500 Kilometer Höhe brachte. Ausgestattet mit den modernsten und präzisesten Teleskopen und Spektrographen, arbeitet diese Raumfähre bis heute mit äußerster Präzision und soll bis 2010 in Betrieb bleiben. Die Ergebnisse, die das Hubble-Teleskop liefert, überraschen immer aufs Neue: so konnte durch eine zweiwöchige Ausrichtung des optischen Teleskops auf eine winzige dunkle Stelle im Sternbild des Großen Wagens und mithilfe von über dreihundert Einzelaufnahmen mit verschiedenen Filtern ein mehrere Quadratmeter großes Foto zusammengesetzt werden, auf dem über 1.500 Galaxien in einer bisher noch nie gemessenen Entfernung von zwölf Milliarden Lichtjahren zu erkennen sind.

Die Entstehung des Universums

Die Urknalltheorie

Über die Größe und damit auch über das Alter des Universums haben wir bereits gesprochen (ca. 15 Milliarden Jahre), nicht jedoch darüber, wie all dies entstanden ist. Gab es das Weltall schon immer? War es immer so, wie es jetzt ist? Wenn nicht: woraus ist es entstanden und wie? Um es kurz zu sagen: alles entstand aus einem einzigen unvorstellbaren Urknall! Das ganze Universum entwickelte sich explosionsartig aus einem unendlich kleinen, heißen und dichten Anfangszustand, der mit den uns bekannten Gesetzen der Physik (noch) nicht zu beschreiben ist und dehnte sich in Sekundenbruchteilen zu unserem Weltall aus.

Die theoretische Voraussetzung für diese Entstehung des Universums lieferte bereits Einsteins Allgemeine Relativitätstheorie. Die empirischen Beweise wurden nachgeliefert: der erste relativ rasch von Edwin Hubble im Jahr 1923, mit dem er ein sich ausdehnendes Universum nachwies, der zweite sehr viel später von Penzias und Wilson im Jahr 1964 mit dem heute noch nachweisbaren Nachhall dieses Urknalls. Erinnern wir uns daran, wie Edwin Hubble im Jahre 1923 herausfand, dass sich alle Galaxien im Universum voneinander entfernen, und zwar umso schneller, je weiter sie voneinander entfernt sind, sowie an die sich hieraus ergebende Schlussfolgerung, dass sich das Universum von Anbeginn bis heute kontinuierlich ausdehnt. Etwas was sich ausdehnt, muss früher enger zusammen gewesen sein, etwas das sich kontinuierlich ausdehnt, muss – wenn wir die Entwicklung zurückverfolgen – ursprünglich sehr nahe beieinander gewesen sein. Die Ausdehnung muss auch von irgendwoher ihren Ursprung und ihre Kraft gewonnen haben. Die Physik lehrt uns: wenn ein Objekt immer mehr verkleinert wird, erhöhen sich der Druck, die Temperatur und die Dichte dieses Gegenstands kontinuierlich und führen im Extremzustand zur völligen Auflösung aller Strukturen. In Bezug auf die 'Rückwärtsbetrachtung' unseres sich ausdehnenden Universums bedeutet dies: wenn die Sterne und Galaxien immer mehr zusammenrücken, wird die zunehmende Gravitationskraft bewirken, dass sie letztlich ineinander fallen und unter den dann herrschenden enormen Druck- und Temperaturverhältnissen in ihre Atome zerfallen. Damit ist jedoch der Verdichtungs- und Zerfallprozess noch nicht beendet; auch die Atome lösen sich in ihre Bestandteile, die Protonen, Elektronen und Neutronen auf, unter Abgabe enormer Energiemengen, die wiederum bewirken, dass selbst die Atombestandteile in die allerletzten Elementarteilchen, die Quarks und Neutrinos zerfallen. Im letzten Stadium dieser Verdichtung ist unser Universum unendlich klein, heiß und dicht. Die geltenden Naturgesetze sind in diesem Zustand außer Kraft gesetzt, man spricht von einer 'Singularität'. Von dieser nahm das Universum in einer gewaltigen, unvorstellbaren Explosion seinen Ausgang. Obwohl die Urknalltheorie seit der Entdeckung von Hubble als eine mögliche Art des Weltenbeginns diskutiert wurde, war sie unter den Wissenschaftlern noch lange Zeit umstritten.

Erst eine zweite entscheidende Entdeckung im Jahre 1964 beendete diese Diskussion. Heute ist die Urknalltheorie die gängige wissenschaftliche Erklärung zur Entstehung des Weltalls und wird von keinem ernstzunehmenden Kosmologen mehr angezweifelt. Mehr oder weniger per Zufall stießen die beiden Radioastronomen Arno Penzias und Robert Wilson bei der Ausrichtung einer Radioantenne auf ein eigenartiges Rauschen, das aus allen Richtungen des Weltalls mit gleicher Intensität zu kommen schien. Genauere Vermessungen ergaben, dass diese Strahlung von einem Körper mit einer Temperatur von circa 6–11 Grad Kelvin ausgehen muss, also nur knapp über dem absoluten Nullpunkt liegt (0 Grad Kelvin entspricht -273 Grad Celsius). Diese Entdeckung, die zunächst ohne große Beachtung blieb, gewann schlagartig an Bedeutung, als sie mit einer Theorie in Verbindung gebracht wurde, die von dem namhaften russisch-amerikanischen Astronomen George Gamow bereits 1948 veröffentlicht worden war. Dieser schrieb damals in der amerikanischen Zeitschrift Physical Review einen Artikel, in dem er die Ansicht vertrat, dass die nach einem Urknall des Universums entstandenen Photonen immer noch vorhanden sein müssten und heute, nach 15 Milliarden Jahren der kontinuierlichen Abkühlung, eine Temperatur von ca. 10 Grad Kelvin aufweisen müssten. Aus den vielen zwischenzeitlich vorgenommenen Überprüfungen der von Wilson und Penzias entdeckten Radiostrahlung geht eindeutig hervor, dass es sich dabei tatsächlich um die bereits von Gamow theoretisch vorhergesagte Nachstrahlung des Urknalls handelt, die man heute auf genau 2,7 Grad Kelvin festlegen kann. Wir können also heute noch den Nachhall des Urknalls hören – und wir alle können davon ganz einfach Zeuge werden: das gleichmäßige schwarz-weiße Flimmern, das man sieht, wenn man das Fernsehgerät einschaltet und keine Antenne anschließt, ist nichts anderes als das Hintergrundrauschen des einstigen Urknalls, der Geburt unseres Universums.

Was wissen wir heute über diesen geheimnisvollen Urknall, aus dem heraus unser Universum entstand? Wie kam es zu dieser gewaltigen Explosion, was löste sie aus? Man geht heute von einem gewissen Paradoxon aus. Normalerweise müsste die zentrale Kraft des Universums, die Schwerkraft, in dem unendlich dichten Raum, den unser Universum zu Beginn darstellte, unendlich groß sein und eine Expansion oder gar Explosion dieses Gebildes auf alle Ewigkeit verhindern. Wir haben dieses Phänomen bereits in den sog. Schwarzen Löchern kennen gelernt. Die dort 'eingesammelte' Energie und Materie wird von der extremen Schwerkraft des Schwarzen Lochs auf immer festgehalten. Die Astronomen gehen nun davon aus, dass es bei der noch größeren Schwerkraft des zentrierten frühen Universums zu einem instabilen Spannungs- und Druckzustand gekommen ist, der die Richtung der Schwerkraft umkehrte: aus einer anziehenden wurde eine abstoßende Kraft, ein negativer Druck – der letztlich zur Explosion führte und das inflationäre Universum auslöste, von dem heute die Kosmologen mehrheitlich ausgehen.

Die Entwicklung des Weltalls nach dem Urknall

Die Theorie des Urknalls sagt uns also wenig über den Zeitpunkt 'Null', in dem das Universum in einem einzigen unendlich kleinen, dichten und heißen Punkt konzentriert war, da – wie bereits erwähnt – unsere physikalischen Gesetze hier außer Kraft gesetzt sind, sie sagt uns jedoch eine Menge über die weitere Entwicklung des Kosmos in den 15 Milliarden Jahren seit seinem Beginn. Mit den uns bekannten Gesetzen der Elementarteilchen-Physik und den Forschungsmethoden der modernen Astronomie ist es uns möglich, die Entwicklung des Kosmos, so wie wir ihn heute kennen, nachzuzeichnen. Der Blick zurück reicht dabei bis an zwei Grenzen: die erste Barriere erreichen wir bei einem Zeitpunkt von ca. 300.000 Jahren nach dem Urknall, wo das Universum noch 'undurchsichtig' war, weil sich das Licht, genauer gesagt die Photonen, aus denen Licht besteht, nicht geradlinig ausbreiten konnten. Vor diesem Zeitpunkt war das Universum noch so heiß, dass es zu einer ständigen Wechselwirkung zwischen den freien Elektronen (die sich noch nicht an die Protonen gebunden hatten) und den Photonen kam und damit zu einer Störung der Lichtstrahlung führte. Fazit: wo kein Licht ist, versagen auch unsere besten optischen Instrumente. Die Astronomen können auch mit den leistungsfähigsten Teleskopen nicht weiter vordringen. Erst nach diesen 300.000 Jahren konnte sich das Licht geradlinig ausbreiten, das Universum wurde durchsichtig.

Die zweite Barriere liegt noch viel näher am Urknall, sogar unvorstellbar nahe: 10^{-43} sec nach der Auslösung. Dies ist die Grenze, die uns die Kernphysik vorgibt. Es ist der kleinste raumzeitliche Abstand, der für uns darstellbar ist, nämlich die Zeitspanne, die das Licht braucht, um die kürzeste mögliche Entfernung auf der sog. Planck-Skala (=10^{-32} cm) zu durchlaufen. Kleiner und schneller geht es in der Physik nicht. Es sind dies die Grenzen, die uns die Lichtgeschwindigkeit sowie die kleinsten Bausteine der Materie, die Elementarteilchen, vorgeben. Zur Verdeutlichung: der Durchmesser eines Atoms beträgt immerhin beträchtliche 10^{-8} cm, im Vergleich zur kleinsten Länge auf der

Planck-Skala also ein 'Riesenkörper'. Außerhalb der Grenzen, die uns diese sog. Naturkonstanten setzen (Lichtgeschwindigkeit/kleinste theoretische Länge) werden die Raum- und Zeitdimensionen unscharf, sie 'verschmieren', wie die Kernphysiker sagen. Man kann Ereignisse in zeitlicher und räumlicher Hinsicht nicht mehr festmachen. Ein Vorher und ein Nachher sind nicht mehr trennbar! Der früheste mögliche Zeitpunkt, ab dem wir mit der Beschreibung des Universums beginnen können, liegt also bei dieser magischen Grenze: 10^{-43} sec nach dem Urknall! Er markiert die Grenze unserer derzeitigen physikalischen Erkenntnisfähigkeit.

Lassen Sie uns also hier beginnen. Was geschah unmittelbar nach der Auslösung des Urknalls, nach den ersten 10^{-43} sec? Es geschah vieles, unerhört vieles – und in ganz kurzer Zeit. Man kann sagen, dass sich in den ersten dreißig Tagen nach dem Urknall bereits die wesentlichen Bestandteile des Universums herausgebildet hatten. In Anbetracht der 15 Milliarden Jahre, die darauf folgten, ein Wimpernzucken der Ewigkeit. Unmittelbar nach dem Urknall folgte die so genannte Vakuum-Ära, in der in unvorstellbar kurzer Zeit das Universum bereits zu enormer Größe anschwoll. Die damals herrschende negative Schwerkraft des Vakuumraums war die Ursache für diese enorme Ausdehnung, die in Bruchteilen von Mikrosekunden erfolgte und die im Übrigen dafür verantwortlich ist, dass sich das Universum bis heute kontinuierlich ausdehnt. Wie ungeheuer schnell die Ausdehnung des Universums erfolgte, wird am eindrucksvollsten durch die 'Inflationstheorie' von Alan Guth (1979) beschrieben, wonach die Vakuumenergie (= negative Schwerkraft) das Universum in weniger als 10^{-34} sec aus der Singularität entstehen ließ.

In der unmittelbar folgenden 'Strahlungs-Ära' und immer noch innerhalb der ersten Sekunde nach dem Urknall treten zwei entscheidende Ereignisse auf: die ursprüngliche Vakuumenergie wandelt sich in die uns vertrauten Lichtquanten, die Photonen und die negative (abstoßende) Schwerkraft wandelt sich in die uns vertraute anziehende Schwerkraft. Das Universum hat sich zwar mittlerweile abgekühlt, ist aber mit 10^{15} Grad noch immer unvorstellbar heiß. Fast zur gleichen Zeit bildet sich eine 'Ursuppe' aus

Elementarteilchen, den Quarks und Elektronen, wobei für den weiteren Fortgang des Universums entscheidend ist, dass sich ein winziger Überschuss gegenüber den gleichzeitig auftretenden Antiquarks und Antielektronen gebildet hat. Denn allein aus diesen 'überschüssigen' Quarks, die später über die Protonen und Neutronen zu den Kernbausteinen der Atome wurden, entwickelte sich der Urstoff aller Materie und damit aller Sterne und Galaxien unseres Universums, die sog. 'Baryonische Materie'. Ein weiteres wichtiges Ereignis ist rund eine Sekunde nach dem Urknall zu verzeichnen: die Herausbildung von Protonen und Neutronen im Verhältnis 7:1, woraus zu erklären ist, dass unser Universum überwiegend aus Wasserstoff besteht. Rund 100 Sekunden nach dem Urknall hat sich die Temperatur auf rund eine Milliarde Grad und damit bereits soweit abgekühlt, dass sich Protonen und Neutronen in einer ersten Kernverschmelzung zu Heliumkernen verbinden konnten. So hatten sich also bereits nach wenigen Minuten die beiden wichtigsten Bestandteile unseres Universums, die Wasserstoff- und die Heliumkerne, herausgebildet. Ungefähr ein Monat nach dem Urknall und nach immer weiterer Ausdehnung und Abkühlung des Universums kam es zu einer ersten und allmählichen Entkopplung von Materie und Strahlung. Der Übergang zur Epoche der Materie wurde hiermit eingeleitet.

Die eigentliche 'Ära der Materie' und damit die Epoche der großen Zeiträume beginnt ungefähr 10.000 Jahre nach dem Urknall und leitet die Entwicklung des Universums ein, in dem wir heute leben. Zu Beginn dieser Zeit herrschte noch immer eine Temperatur von rund 30.000 Grad, in der es zwar zu ersten Schwankungen in der bis dahin homogenen Massendichte kommt, die aber noch immer keine freie Ausbreitung des Lichts zuließ. Zu dieser kommt es erst 300.000 Jahre später, als die bis dahin auf nur noch 3.000 Grad abgekühlte Strahlung im Weltall die Verschmelzung von Protonen und Elektronen zulässt. Erst dann war es den Wasserstoff- und Heliumkernen möglich, mit je einem bzw. zwei Elektronen zu fertigen Atomen zu verschmelzen. Die an die Atomkerne gebundenen Elektronen standen nun einer freien Ausbreitung der Lichtwellen (Photonen) nicht länger im Wege. Materie und Strahlung waren von nun an endgültig entkoppelt. Der bis dahin undurchdringliche Kosmos wurde lichtdurchlässig. Wie bereits erwähnt, markiert diese Epoche auch die Grenze, bis zu der wir mit unseren Teleskopen vorstoßen können. Fast eine Milliarde Jahre dauerte es dann, bis sich aus den Gaswolken die ersten großen Galaxienhaufen herausbildeten mit ihren Billionen Sonnen, Planeten und rasch verglühenden Quasaren. Und erst 10 Milliarden Jahre nach dem Urknall formte sich aus einer großen Staub- und Gaswolke innerhalb einer Galaxie, die wir heute Milchstraße nennen, unsere Sonne mit ihren Planeten, von denen einer unsere Erde ist.

Die Entwicklung unseres Sonnensystems

Unsere Sonne ist ein relativ junger Stern. Sie entstand vor ungefähr viereinhalb Milliarden Jahren und somit zu einer Zeit, als das Weltall bereits zehn Milliarden Jahre alt war. Ihrer Geburt ging der Tod eines viel größeren Sterns in unmittelbarer Nachbarschaft voraus. Durch die Explosion einer Supernova wurde die ruhende Gas- und Staubwolke, aus der unsere Sonne entstehen sollte, etwas zusammengedrückt und damit ihre Dichte erhöht. Dies wiederum war der Auslöser für eine immer weiter zunehmende Gravitationswirkung, wodurch immer mehr Gas und Materie angezogen wurde, bis sich eine kugelförmige Gaswolke bildete, die überwiegend aus Wasserstoff- und Heliumkernen bestand. Durch den weiter wachsenden Druck und die massiv ansteigenden Temperaturen kam es zu fortlaufenden Kernreaktionen, wobei Wasserstoff in das schwerere Element Helium umgewandelt wurde. Heute besteht die Sonne aus rund 73 Prozent Wasserstoff, 25 Prozent Helium und 2 Prozent schweren Elementen. Die in der Sonne ablaufenden Kernfusionen mit ihrer extremen Energieproduktion machen unsere Sonne zu dem glühenden Gasball, der mit seiner Strahlung alles Leben auf unserer Erde ermöglicht. In ihrem Inneren, ihrem 'Kernreaktor' also, hat die Sonne eine Temperatur von mehreren Millionen Grad, an ihrer Oberfläche immer noch beachtliche 5.800 Grad Kelvin. Übrigens: Alle Sterne unseres Universums haben sich auf die gleiche Art und Weise gebildet – und somit ist jeder Stern eine Sonne wie unsere Sonne, nur etwas größer oder kleiner. Meistens größer! Unsere Sonne befindet sich im interstellaren Vergleich bestenfalls im unteren Mittelbereich, es gibt Sterne mit der 120-fachen Größe unserer Sonne und einer Leuchtkraft, die die unserer Sonne millionenfach übersteigt. Wir sollten darüber nicht traurig sein: unsere Sonne – und damit auch unsere Erde – wird wesentlich länger leben als ihre großen Vettern, die ihren größeren Wasserstoffvorrat aufgrund ihrer ungeheuren Leuchtkraft in viel kürzerer Zeit verbrennen. Während die größten Sterne bereits nach rund 10.000 Jahren wieder erlöschen, ist unserer Sonne eine Gesamtlebensdauer von acht bis neun Milliarden Jahren beschieden. Es verbleiben ihr also noch tröstliche viereinhalb Milliarden Jahre Zukunft. Trotzdem ist auch die Masse und Leuchtkraft unserer Sonne nicht unbeträchtlich. In jeder Sekunde verbrennt sie rund 600 Millionen Tonnen Wasserstoff zu Helium – und das seit viereinhalb Milliarden Jahren. Die Größe unseres Zentralgestirns zeigt sich auch in der Relation zu seinen Planeten: die Sonne vereinigt auf sich allein 99 Prozent der Gesamtmasse, für ihre neun Planeten verbleibt nur ein spärliches Prozent. Soviel zur Sonne.

Wie aber kam es zur Entstehung ihrer Planeten? Bei der Verdichtung des Gasballs, aus dem unsere Sonne entstand, bildeten sich auch dünnere Gas- und Staubringe, die sich der Anziehungskraft der werdenden Sonne entzogen und in unterschiedlicher Entfernung und Geschwindigkeit um die Sonne rotierten. Durch leichte Unregelmäßigkeiten in diesen Scheiben kam es zu Verdichtungen, aus denen sich dann, im Laufe von vielen Millionen Jahren, unsere Planeten herausbildeten. Die der Sonne näher liegenden Planeten Merkur, Venus, Erde und Mars konnten dabei alle eine feste Oberfläche aus Gesteinen und Metallen entwickeln (die 'terrestrischen' Planeten), während die der Sonne ferner liegenden Planeten Jupiter, Saturn, Uranus und Neptun zu den 'Gasplaneten' zählen, deren Oberfläche sich nicht verfestigt hat und aus einer Wasserstoff- und Helium-Gasschicht besteht.

Die Entwicklung der Erde

Auch die terrestrischen Planeten – und damit unsere Erde – waren nicht von Beginn an fest. Die frühe Erde war heiß und flüssig, kühlte allmählich ab und bildete eine dünne Kruste, die den extremen Belastungen von innen und außen nicht standhielt und immer wieder aufplatzte, sei es durch die enormen Temperaturen und Schmelzprozesse in ihrem Innern oder durch den Aufprall gewaltiger Meteoriten, die die Erde zusätzlich aufheizten. Die schweren Elemente sanken ins Zentrum, die leichteren Siliziumverbindungen wurden nach außen gedrängt und bildeten die Erdkruste aus zunächst flüssigem und sich zunehmend verfestigendem Gestein. Der flüssige Eisenkern im Zentrum der Erde bildete ein starkes Magnetfeld aus, das die lebensfeindlichen, energiereichen Teile der Sonnenstrahlung abzuschirmen vermag. Durch die unaufhörlichen Vulkanausbrüche und die austretenden Dämpfe und Gase bildete sich nach und nach ein Atmosphäre-Schutzschild, der die Erde vor der Kälte und den schädlichen Strahlungen des Universums abschottet. Die Herausbildung dieses Atmosphäre-Schutzschildes bewirkte gleichzeitig, dass die Gase und Wasserdämpfe nicht mehr in den Weltraum entweichen konnten, wodurch es zu sintflutartigen und unaufhörlichen Regenfällen kam. In jener Zeit bildeten sich die Meere und Seen, die heute rund 71 % der Erdoberfläche bedecken; die verbleibende Landmasse zerbrach in die ersten Kontinente, die sich im Laufe der weiteren Erdgeschichte vielfach veränderten und verschoben. Nach und nach entwickelte sich die Erde zu dem Planeten, der in unserem Sonnensystem als einziger die Voraussetzungen für künftiges Leben bot.

Voraussetzungen für Leben auf der Erde

Obwohl es eigentlich müßig ist, darüber zu spekulieren, warum gerade auf unserem Planeten Leben entstehen konnte, bewegt diese Frage die Menschen bis heute. Natürlich wissen wir, dass dies nur durch das perfekte Zusammenspiel vieler Faktoren möglich wurde und dass die Veränderung kleinster Parameter unser Leben sofort gefährden oder vernichten würde. Wir wissen, dass die Sonne genau die richtige Größe hat, um die richtige Menge Energie lange genug abgeben zu können und so wiederum die langwierige Entwicklung von Leben über einen Zeitraum von drei Milliarden Jahren sicherzustellen. Wäre unsere Sonne beispielsweise zehnmal so groß, so hätte sie nur eine Lebenszeit von rund zehn Millionen Jahren, die bei weitem nicht ausreichen würden, um menschliches Leben auf der Erde entstehen zu lassen. Auch die Umlaufbahn, d.h. die Entfernung der Erde von der Sonne, stimmt genau, wie wir unschwer an unseren Nachbarplaneten Venus und Mars erkennen können. Beide sind nur geringfügig näher bzw. weiter von der Sonne entfernt und dennoch genügt es, dass das Licht der Sonne die Venus nur zwei Minuten früher trifft, um das ursprünglich auf ihr vorhandene Wasser allmählich verdunsten zu lassen, was wiederum dazu führte, dass sich die Wasserstoffatome in den Weltraum verflüchtigten und sich der verbleibende Sauerstoff mit Kohlenstoff zu einer verhängnisvollen Atmosphäre von Kohlendioxid verband. So bildeten sich auf der Venus absolut lebensfeindliche Verhältnisse heraus, mit einer Oberflächentemperatur von 470 Grad Celsius und einem Atmosphärendruck, der neunzig Mal so hoch ist wie auf der Erde. Die etwas größere Entfernung des Mars von der Sonne führt zum gegenteiligen Problem. Auf seiner Oberfläche herrschen eisige Temperaturen.

Neben der Sonne hat jedoch auch unsere Erde selbst einiges dazu beigetragen, um Leben auf ihr zu ermöglichen. Vom Aufbau eines wirksamen Magnetfeldes mithilfe des glühenden Eisenkerns in ihrem Innern sowie einer schützenden Atmosphäreschicht durch die Bildung von Gasen und Wasserdampf haben wir bereits gesprochen. Beide schützen vor den schädlichen Anteilen der Sonnen- und Weltraumstrahlung. Weiterhin befinden sich auf der Erde genau die richtigen Elemente in der richtigen Zahl, um die notwendigen Substanzen aufzubauen, aus denen Leben entstehen konnte. Und man könnte diese Liste noch lange fortsetzen. Sogar unser Mond trägt seinen bescheidenen Anteil bei. Er hat genau die richtige Masse und Entfernung von der

Erde, um mit seiner Schwerkraft die Umlaufbahn der Erde zu stabilisieren. Ohne Mond wäre die Erde ein 'wackliges' Gebilde. Wie bereits gesagt, man könnte die Aufzählung aller Bedingungen, die unsere Erde erfüllt, um Leben hervorbringen zu können, beliebig ausweiten. Man könnte sich auch unaufhörlich wundern, wie es zu einer so perfekten Feinabstimmung kommen konnte. Und natürlich kann man sich auch fragen, ob eine so komplexe Feinabstimmung im Universum einzigartig ist oder ob sie sich auf einem anderen Planeten wiederholen kann, ob es also noch anderes Leben im Weltraum gibt? Doch wozu dienen solche Fragen? Welche Antworten wollen wir hören? Ist es nicht ganz einfach so, dass wir eine Entwicklung, die sich über einen extrem langen Zeitraum streng und konsequent aus physikalischen, chemischen und biologischen Abläufen ergeben hat, a posteriori analysieren und dann staunen, wie wunderbar sich alles gefügt hat? Wäre es jedoch andererseits nicht so gewesen, würde es uns heute einfach nicht geben, und wir würden diese Fragen nicht stellen. Und dass uns die Erde so perfekt erscheint, liegt wohl in erster Linie daran, dass das Leben in einer über drei Milliarden Jahre dauernden Evolution genügend Zeit hatte, sich auf die Gegebenheiten dieser Erde einzustellen. Wir Menschen sind eine von vielen Erscheinungsformen dieser Erde, wir sind ein Produkt dieser Erde, wir sind so, wie es die Erde zulässt – und würde sich eine ihrer Gegebenheiten ändern, so gäbe es uns nicht (mehr) – oder wir wären vielleicht völlig andere Lebewesen. Vermutlich wäre die Feinabstimmung zur Entwicklung von Leben völlig anders erfolgt, wären die Voraussetzungen auf der Erde andere gewesen. Die Erde ist nicht so wie sie ist, damit sie (menschliches) Leben hervorbringen konnte, sondern sie ist so, weil sie aufgrund ihrer kosmologischen Entstehungsgeschichte so sein muss! Wir Menschen neigen dazu, alles aus unserem Blickwinkel zu betrachten und vergessen dabei, dass wir nicht fragen könnten, warum die Erde so perfekt abgestimmt ist, weil es uns gar nicht gäbe, wenn sie nicht so wäre wie sie ist. Die Kosmologen sprechen in diesem Zusammenhang von einer 'anthropischen' Betrachtungsweise.

Anderes Leben im Universum

Viel interessanter als die etwas philosophische Frage, warum gerade unsere Erde Leben trägt, ist die Frage, ob dieser winzige Planet in den unermesslichen Weiten des Alls wirklich als einziger dazu in der Lage ist. Vorher sollte man jedoch klären, ob man Leben nur in menschlicher beziehungsweise menschenähnlicher Form, oder auch in jeglicher anderen Erscheinungsform zulassen möchte. Erwarten wir menschliches Leben, so müssen die Gegebenheiten dieses anderen Planeten denen unserer Erde weitgehend entsprechen. Da jedoch die Grundbausteine des Universums überall die gleichen sind, kommt es letztlich nur darauf an, ob sich eine Sonne mit ähnlicher Größe und Entstehungsgeschichte findet, die von einem Planeten in ähnlichem Abstand umkreist wird und eine ähnliche Zusammensetzung hat wie die Erde. Da es allein in unserer Galaxie mehr als 100 Milliarden Sterne (Sonnen) gibt, ist also die Wahrscheinlichkeit für eine solche Annahme nicht gleich von der Hand zu weisen. Berücksichtigen wir weiterhin, dass unsere Galaxie nur eine von mehr als 100 Milliarden anderer Galaxien ist, von denen jede einzelne ebenso viel Sterne enthält wie unsere Milchstraße, so ist es rein statistisch gesehen in hohem Maße wahrscheinlich, dass unser Sonnensystem sich in analoger Form irgendwo im Weltall wieder findet – und dass dort genauso Leben entstanden ist wie auf unserem Planeten. Da wir nur Leben kennen, wie es auf der Erde vorkommt, definieren wir Leben in diesen uns bekannten Kategorien. Wir können jedoch nicht ausschließen, dass extraterrestrisches Leben in ganz anderen Erscheinungsformen auftritt, anderer Voraussetzungen bedarf und anderen Gesetzmäßigkeiten folgt. Diese Lebewesen, so es sie gibt, wären möglicherweise nicht in der Lage, auf unserer Erde zu leben – und wir nicht auf ihrem Planeten. Und dennoch würde es sich um eine Form des Lebens handeln.

Bei all diesen spannenden Fragen sollte uns jedoch bewusst bleiben, dass wir aufgrund der enormen Entfernungen im Universum kaum je in der Lage sein werden, diesem anderen Leben persönlich zu begegnen. Selbst wenn wir eines Tages mit nahezu Lichtgeschwindigkeit reisen könnten – eine sehr theoretische Annahme – so würde schon das begrenzte Lebensalter des Menschen nicht ausreichen, um entferntere Sterne unserer eigenen Galaxie erreichen zu können; von einer Reise in andere Galaxien wollen wir erst gar nicht sprechen. Möglicherweise gelingt es uns eines Tages, zumindest Signale extraterrestrischer Lebewesen aufzufangen, ob wir sie dann verstehen werden, ist eine andere Frage. Mit diesen kosmischen Spekulationen wollen wir dieses Kapitel abschließen. Dem Thema „Leben" und „Entwicklung des Lebens" werden wir uns im nächsten großen Abschnitt (Evolutionstheorie) noch ausführlich zuwenden.

Zuvor kehren wir jedoch noch einmal in den großen Weltenraum zurück und widmen uns zwei letzten großen Fragen:

- Wo stehen wir gegenwärtig in der Entwicklung unseres Kosmos? Und: Wie wird es in naher und ferner Zukunft weitergehen?
- Und letztlich: Wie wird alles enden? Wird das Universum, wird unsere Erde 'ewig' bestehen? Oder wird eines Tages alles vergehen? Wann und auf welche Weise?

Status quo – und wie es weitergeht im Universum

Nachdem wir uns lange mit der Entstehung des Weltalls beschäftigt haben, wollen wir unseren Blick nun auf die Gegenwart und die nahe Zukunft richten. Welche weiteren Entwicklungen erwarten uns auf der Erde, womit haben wir zu rechnen? Werden die Verhältnisse im Sonnensystem konstant bleiben, oder hat die Erde und die Menschheit von hieraus mit Bedrohungen zu rechnen? Und letztlich, was tut sich im Weltall, wie geht es hier weiter und welche Entwicklungen gibt es, die uns Menschen in irgendeiner Form betreffen werden? Vorab: es ist zweifellos schwierig, die Entwicklungen im Kosmos und deren Zeitspannen mit dem kurzen Auftritt des Menschen in Zusammenhang zu bringen. Berücksichtigt man, dass sich unsere allerersten Vorfahren erst vor rund 6 Millionen Jahren aus der Gruppe der Primaten (Menschenaffen) entwickelt haben und dass der Homo sapiens erst seit 200.000 Jahren auf der Erde wandelt und die ersten menschlichen Hochkulturen (Ägypter/Sumerer) gerade einmal 5.000 Jahre alt sind, so erscheinen diese Zeiträume verschwindend gering im Vergleich zu den Jahrmilliarden, mit denen wir im Kosmos umgehen. Um es gleich vorweg zu nehmen, die weiteren Entwicklungen im Weltall werden uns kaum berühren. Ob es uns in einer Million Jahre, einem Zeitraum, in dem sich im Kosmos nicht viel ändern wird, überhaupt noch gibt, darf zumindest infrage gestellt werden. Aber geben wir uns optimistisch und sehen uns die weiteren Entwicklungen im All an. Beginnen wir dabei mit dem uns nächstliegenden Ort, unserer Erde.

Weitere Entwicklung der Erde

Unsere Erde ist an das Leben der Sonne gebunden. Solange sie existiert und ihre Strahlung und Konstellation nicht wesentlich verändert, wird es auch die Erde geben und Leben auf ihr grundsätzlich möglich sein. Da die Sonne noch rund viereinhalb Milliarden Jahre ihre Leuchtkraft behalten wird, droht uns von dieser Seite keine aktuelle Gefahr. Wohl aber von anderer Seite. Zunächst von unserem freundlichen und so harmlosen Trabanten, dem Mond. Er entfernt sich nämlich von uns, zwar langsam mit nur vier Zentimetern pro Jahr, aber diese Geschwindigkeit wird sich mit abnehmender Erdanziehung erhöhen und im Laufe von vielen Jahrmillionen zu gravierenden Auswirkungen führen. Die Gezeiten werden sich dadurch ändern und damit auch die Küstenlinien auf der Erde, die Erdachse wird sich verschieben und damit zu dramatischen Klimaänderungen führen, die stabilisierende Wirkung des Mondes wird nachlassen und die Erde wird ins Trudeln geraten, sodass sich Eiszeiten und tropische Bedingungen in relativ kurzen Zeiträumen ablösen werden. Die Erdrotation wird sich erhöhen und zu heftigen und pausenlosen Stürmen führen.

Der Mond, so lange ein stabilisierender und lebensbegünstigender Freund der Erde, wird sich zu ihrem Feind entwickeln. Auch Meteoriteneinschläge können das Leben auf der Erde bedrohen. Es wäre nicht das erste Mal. Nach gesicherten Forschungsergebnissen beendete ein gewaltiger Meteorit mit ca. zehn Kilometer Durchmesser vor 65 Millionen Jahren die Epoche der Dinosaurier, als er auf der Halbinsel Yucatan in Mexiko einschlug und einen Krater von 180 Kilometern hinterließ. Welch unerhörte Energie und Verwüstungskraft Meteoriten haben können, wurde vor kurzem präzise erfasst. Astronomen beobachteten im Jahr 1994, wie beim Einschlag eines Kometen mit nur rund drei Kilometer Durchmesser auf dem Jupiter, eine Fläche von über 26.000 Quadratkilometern auf diesem Planeten zerstört wurde und dabei eine Energie freigesetzt wurde, die der von 800 Millionen Hiroshima-Atombomben entsprach.

Weitere Entwicklung der Sonne

Alle Sterne haben ein endliches Leben, so auch unsere Sonne. Noch steht sie aber in der Blüte, d.h. in der Mitte ihres Lebens und wird noch einmal rund viereinhalb Milliarden Jahre weiter strahlen. Für die Erde verbleibt jedoch nur die Hälfte dieses Spielraums, da die Sonne ihre Kernbrennzone kontinuierlich ausweitet und nach rund zwei Milliarden Jahren ihre Leuchtkraft auf das Doppelte gesteigert haben wird. Spätestens dann wird die Erde so stark aufgeheizt sein, dass Leben auf ihr nicht mehr möglich ist. So entgeht uns also das unerhörte Schauspiel, mit dem die Sonne ihren eigenen Tod zelebriert. Im Laufe ihrer letzten beiden Jahrmilliarden wandelt sich die Sonne zu einem so genannten 'Roten Riesen'. Sie bläht sich auf das einhundertfache ihres bisherigen Durchmessers auf und 'verschluckt' dabei den Planeten Merkur. In einem letzten entscheidenden Aufglühen, verbrennt sie ihren restlichen Heliumvorrat im Kern und ihren letzten Wasserstoffvorrat in der brennenden Schale um den Kern und weitet sich noch weiter aus. Sie wird zum 'Roten Überriesen' und reicht nun bis zur Erde heran und verschluckt auch noch die Venus. Mehr als ein Drittel der Sonne wird in gewaltigen Sonnenwinden ins All geschleudert und bildet einen neuen planetarischen Nebel. Nachdem auch der Rest ihres Brennstoffs verbraucht ist verwandelt sich die Sonne in einen so genannten 'Weißen Zwerg', mit hoher Masse und extrem geschrumpftem Durchmesser. Über viele weitere Milliarden Jahre kühlt auch der verbliebene Weiße Zwerg völlig aus und verwandelt sich in einen kläglichen toten Aschehaufen.

Weitere Entwicklung des Weltalls

Das Universum wird sich vom Sterben der Sonne und vom vorherigen Untergang der Erde nur wenig berührt zeigen. Das Vergehen und auch wieder Entstehen von Sternen ist ein alltäglicher Vorgang im All. Da es Sterne gibt, die nur wenige Millionen Jahre leben, herrscht ein ständiges Kommen und Gehen; der Kosmos befindet sich im ständigen Wandel. Genauso wie unsere Sonne aus dem Sterben eines anderen Sterns heraus entstand, wird aus dem von ihr verbleibenden planetarischen Nebel möglicherweise ein neuer Stern hervorgehen.

Wird dies auf ewig so weitergehen? Ist das Universum ohne zeitliches Ende, wird es 'ewig' leben? Nach unseren neuesten Erkenntnissen: Nein! Doch darüber ausführlich im nächsten Kapitel. Zurück also zur Gegenwartsbetrachtung des Alls, was tut sich so um uns herum, was geschieht außerhalb unseres Sonnensystems, möglicherweise auch außerhalb unserer Galaxie? Zunächst: jeder befindet sich auf der Flucht vor jedem und alle flüchten immer schneller. Seriös gesagt: unser Weltall dehnt sich kontinuierlich aus, alle Galaxien entfernen sich zunehmend voneinander und zwar umso schneller, je weiter sie voneinander entfernt sind. Wir erinnern uns, dass Edwin Hubble schon 1923 dieses Phänomen wissenschaftlich nachwies. Wie nicht anders zu erwarten, hat diese Tatsache gravierende Auswirkungen auf die weitere Entwicklung des Universums. So wird der Kosmos zwangsläufig immer 'leerer'. Durch seine zunehmende Ausdehnung werden die Abstände zwischen den Galaxien ständig größer, der Raum dazwischen also immer leerer. Wie leer der Kosmos heute schon ist, wird deutlich am riesigen Abstand zwischen den einzelnen Sternen in einer Galaxie, den G. Staguhn wie folgt veranschaulicht: Reduziert man die Größe unserer Sonne, eines Sterns durchschnittlicher Größe, auf das Maß einer Glasmurmel, so wären die Abstände zwischen den einzelnen Sternen unserer Milchstraße mit jeweils rund 200 Kilometer anzusetzen – und zwar in jeder Richtung. 100 Milliarden Glasmurmeln im Abstand von jeweils 200 Kilometern zueinander! Und dazwischen ist nichts – oder so gut wie nichts. In einem Kubikkilometer des kalten und dunklen interstellaren Raums irren gerade einmal 3 Atome umher.

Über andere „alltägliche" Ereignisse in unserem Kosmos haben wir schon berichtet, wie das spektakuläre Sterben besonders großer Sterne, die als sog. Supernovae verglühen und ihr Licht noch aus den entferntesten Galaxien zu uns schicken. Oder die Entstehung der gespenstischen Schwarzen Löcher, die in ihren Schwerkraftfallen ganze Sterne und unerhörte Mengen an Energie 'verschlingen' und nie wieder freigeben. All dies sind normale Ereignisse im Weltenraum, gegen deren Ungeheuerlichkeit das Sterben unserer Erde und ihrer Sonne nichts anderes wäre als das Erlöschen einer Kerze inmitten eines Vulkanausbruchs.

Die Zukunft des Universums

Die Zukunft unseres Universums wird im Wesentlichen bestimmt durch seine ständige und zunehmend schnellere Ausdehnung. Damit im Zusammenhang stehen einige wesentliche Fragen, die über das weitere Schicksal des Alls entscheiden:

- Wird sich das Universum auf alle Zeiten ausdehnen oder irgendwann zum Stillstand kommen?
- Wird sich die Ausdehnung weiterhin beschleunigen, oder wird sie durch die Schwerkraft zunehmend abgebremst?
- Wenn das Universum zum Stillstand kommen sollte, wird es sich dann aufgrund seiner Masse und Schwerkraft wieder zusammenziehen bis zu einer neuen Singularität und eines fernen Tages in einen neuen Urknall münden?
- Wenn es sich aber weiterhin ausdehnt, wohin dehnt es sich aus – und kommt diese Ausdehnung nie zu einem Ende?
- Was geschieht mit einem Universum, dessen Ausdehnung nie zu Ende geht?

- Wie und welche dieser Fragen können wir beantworten – und mit welcher Sicherheit?

Das sich ausdehnende Universum

Wie bereits mehrfach erwähnt, wissen wir seit den Messungen der Rotverschiebung im Lichtspektrum entfernter Galaxien, die Edwin Hubble 1923 entdeckte und die seitdem auf verschiedensten Wegen wissenschaftlich abgesichert wurden, dass sich das Universum ausdehnt und zwar umso schneller, je weiter die Galaxien voneinander entfernt sind. Dies brachte Albert Einstein in beträchtliche Probleme, da er fest an ein statisches Universum glaubte und deshalb kurz vor Hubbles Entdeckung in seine Allgemeine Relativitätstheorie, die eigentlich eine Ausdehnung des Universums nahe legte, eigens eine mysteriöse 'Konstante' einbrachte, die diese Ausdehnung wieder aufhob. Diese 'Kosmologische Konstante' wurde nach der Entdeckung Hubbles von Einstein als seine größte Eselei bezeichnet und von ihm selbst, wenn auch schweren Herzens, zurückgenommen. Seine ursprüngliche Gravitationsgleichung wurde wieder hergestellt und damit die Ausdehnung des Weltalls wieder in Kraft gesetzt. Erst sehr viel später merkte man, dass Einsteins 'Kosmologische Konstante' doch noch einmal gebraucht werden würde – und zwar zur Erklärung des Phänomens, dass sich das Universum nicht mit gleichmäßiger Geschwindigkeit ausdehnt, sondern seine Expansion zunehmend beschleunigt. Diese Tatsache konnte nicht mehr mit der Annahme eines leeren Raums, eines Vakuums im herkömmlichen Sinne erklärt werden, da dann die Ausdehnung des Alls, die durch den Urknall initiiert worden war, zunächst in gleichmäßiger und dann, bei entsprechender Gegenwirkung der Schwerkraft, in allmählich verlangsamter Form vonstatten gehen müsste. Wenn sich aber das Universum immer schneller ausdehnt, muss irgendeine Kraft im Vakuum vorhanden sein, die den Raum nach außen drängt. Erst die Quantenphysik konnte hierauf eine Antwort geben: das Vakuum, in das sich die Galaxien hinein ausdehnen, ist keineswegs vollkommen leer, sondern weist eine beträchtliche Energiemenge auf, die so genannte 'Vakuumenergie', die für die zunehmend beschleunigte Expansion des Universums verantwortlich ist. Die Art und der Ursprung dieser Energie können zwar bis heute noch nicht erklärt werden, machen jedoch Einsteins Kosmologische Konstante erneut notwendig.

Geschlossenes oder offenes Universum

Doch kehren wir zurück zu den Fragen, die sich mit der Zukunft des Alls befassen. Was geschieht mit einem Universum, das sich ständig ausdehnt? Grundsätzlich sind zwei Optionen möglich: die Ausdehnung wird allmählich abgebremst und kommt irgendwann ganz zum Stillstand, oder sie setzt sich für alle Zeiten fort. Die erste Option setzt voraus, dass im Universum so viel Masse in Form von Sternenmaterie enthalten ist, dass die Gravitationskraft dieser Masse ausreicht, um die Ausdehnung langfristig abzubremsen und eines Tages gänzlich zum Erliegen zu bringen. Nach Erreichen dieses Stadiums wird die Gravitation weiterwirken und zu einer Umkehrung des Prozesses führen. Das Universum zieht sich also wieder zusammen, die Galaxien nähern sich einander wieder an und fallen schließlich zusammen, die Temperaturen und der Druck steigen, die Sterne und Planeten werden zerstört und bei den dann herrschenden Druck- und Temperaturverhältnissen zerfällt das gesamte Universum wieder in die Elementarteilchen. Am Ende dieses Kontraktionsprozesses stehen wir genau wieder dort, wo alles angefangen hat, eine neue Singularität hat sich gebildet, aus der wieder ein neuer Kosmos entstehen könnte. Die Astronomen sprechen hierbei von einem geschlossenen, endlichen Universum.

Es könnte jedoch auch ganz anders kommen, nämlich dann, wenn die im All enthaltene Masse nicht ausreicht, um über deren Gravitationskraft eine weitere Ausdehnung des Kosmos zu verhindern. In diesem Fall würde die Ausdehnung des Universums zwar nach und nach verlangsamt, jedoch nie zum völligen Stillstand kommen. Das All würde sich auf ewig ausdehnen. Die Astronomen sprechen hier von einem offenen Universum. Die Sterne werden solange weiter leuchten, bis sie ihren Wasserstoffvorrat aufgebraucht haben, um dann als Rote Riesen zu explodieren und als Weiße Zwerge zu erlöschen. Eine Zeitlang werden sich neue Sterne aus den Gaswolken bilden und den gleichen Weg gehen wie ihre Vorgänger. Spätestens nach zehn Billionen Jahren werden die Temperaturen der Gaswolken nicht mehr ausreichen, um neue Sterne gebären zu können. Das All erkaltet immer mehr, bis es bei einem Grad Kelvin seinen absoluten Tiefpunkt erreicht hat und am Ende nur noch aus Sternruinen und Schwarzen Löchern besteht. Nach einer neuen Theorie von Stephen Hawking werden sich selbst die Schwarzen Löcher am fernen Ende in Gammastrahlung auflösen. Dies wird allerdings erst in 10^{100} Jahren passieren. Berücksichtigt man die vergleichsweise kurze Lebensspanne von ein bis zwei Milliarden Jahren (10^9 Jahre), die der Erde noch verbleibt, so brauchen wir uns um die weitere Entwicklung des Alls nicht zu sorgen. Nichts im Kosmos wird mehr auf die Erde und ihre Bewohner hindeuten, wenn sich dieser selbst auf seine lange Sterbereise begibt.

Dies sind also die Theorien zum Ende des Universums, wie sie seit Hubbles großartiger Entdeckung im Umlauf waren. Lange Zeit wurde das Modell des Geschlossenen Universums bevorzugt; es entsprach eher den Kategorien des Entstehens und Vergehens, wie sie den Menschen geläufig sind. Ein langsam erkaltendes und in ewiger Inaktivität dahin driftendes Weltall schien den Menschen nicht zu gefallen. Da die kritische Frage, an der beide Theorien des Weltendes hingen, nämlich die Frage nach der tatsächlich im Universum enthaltenen Masse, bis vor kurzem nicht beantwortet werden konnte, hing es eher von der persönlichen oder philosophischen Einstellung ab, welcher Theorie man zuneigte. Doch dann, gegen Ende des zwanzigsten Jahrhunderts, wurden nahezu zeitgleich eine Reihe neuer wissenschaftlicher Erkenntnisse veröffentlicht, die eine Beantwortung dieser Frage erlauben – sehr zur Freude der Anhänger eines 'Offenen Universums'!

Das Universum ohne Wiederkehr

Saul Perlmutter hatte sich 1987 mit Hilfe eines von ihm selbst entwickelten computergesteuerten Superteleskops die Aufgabe gestellt, ferne Galaxien nach Supernovae zu durchforsten, um mit deren Hilfe die Beschleunigung ferner Galaxien zu messen. Er wollte auf diese Art die bis dahin gültige These der Expansionsverlangsamung des Universums wissenschaftlich nachweisen. Seine Ergebnisse waren so überraschend und ungewöhnlich, dass er mit der Veröffentlichung lange zögerte, und immer wieder Kontrolluntersuchungen in unterschiedlich weit entfernten Galaxien vornahm. Am Schluss gab es keinen Zweifel mehr: das Universum verlangsamte seine Expansion nicht, sondern beschleunigte sie noch! Als besonders verwirrend erwies es sich, dass zunächst unterschiedliche, einander widersprechende Ergebnisse vorlagen: Galaxien, die älter als sieben Milliarden Jahre alt waren, verlangsamten ihre Expansion tatsächlich, während Galaxien jüngeren Alters an Tempo deutlich zulegten. Offensichtlich hatte das frühe Universum aufgrund seiner größeren Dichte und Schwerkraft seine Ausdehnung zunächst verlangsamt, dann aber aufgrund der abnehmenden Materiedichte diese Bremswirkung nicht beibehalten können. Nach ungefähr sieben Milliarden Jahren gewann die Expansion deutlich an Fahrt, deren Tempo bis heute zunimmt. Nach Abschluss aller Forschungsarbeiten im Jahr 1999 bestand für Perlmutter und sein Team kein Zweifel mehr daran, dass sich das Universum immer schneller ausdehnt und seine Expansion auf 'ewig' fortsetzen wird. Mit diesen Ergebnissen wird auch Einsteins Kosmologische Konstante wieder in vollem Umfang rehabilitiert. Keine andere Kraft als die geheimnisvolle Vakuumenergie, die in Einsteins genialer, und durch die Kosmologische Konstante erweiterten, Feldgleichung steckt, kann die sich beschleunigende Ausdehnung des Universums bewirken. Es gibt einen der Schwerkraft entgegen wirkenden negativen Druck im Weltall.

Fast zeitgleich arbeitete an der Princeton-University ein Team um die begabte Astrophysikerin Neta Bahcall an einer völlig anders gearteten Beweisführung für die These des Offenen Universums: sie versuchten, die Gesamtmasse der Materie im Universum zu berechnen, um festzustellen, ob die Massedichte den kritischen Wert erreicht, der notwendig ist, damit die Gravitationskraft die Expansion des Weltalls verlangsamen und schließlich umkehren kann. Um sicher zu gehen, arbeitete das Team mit mehreren unabhängigen Methoden, die alle zum gleichen Ergebnis führten: die Materiemasse im Universum beträgt nicht mehr als zwanzig Prozent der Dichte, die nötig wäre, um seine Expansion aufhalten und umkehren zu können!

Der Mai 1998 ist sicher ein Datum von besonderer Bedeutung für die moderne Kosmologie. In diesem Monat fand am Fermilab, einem Forschungsinstitut in Illinois, eine von Paul Steinhardt einberufene Konferenz internationaler Wissenschaftler statt, um die beunruhigenden Forschungsresultate zu diskutieren, die aus verschiedenen Quellen kurz vorher veröffentlicht worden waren. Hierzu gehörten die gerade zitierten Arbeiten von Saul Perlmutter und Nata Bahcall, aber auch Arbeiten von Paul Steinhardt selbst, der ebenso wie eine Arbeitsgruppe des Harvard-Smithsonian Centers for Astrophysics zu Ergebnissen gekommen war, die letztlich alle darauf hinausliefen: das Weltall dehnt sich aus und beschleunigt seine Expansion kontinuierlich seit mehr als sieben Milliarden Jahren. Die Gravitationskraft kann aufgrund zu geringer Materiedichte im Universum die gegen gerichtete expandierende Kraft der Vakuumenergie nicht aufhalten. Die Expansion des Universums wird ewig dauern!

Doch wie kann man sich das vorstellen – ein ewig expandierendes Universum? Wie wird es aussehen? Zunächst: ewig expandierend bedeutet nicht ewig existierend! Auch das Universum ist endlich, wenn auch in unvorstellbarer Ferne. Zunächst wird es im Kosmos so weitergehen wie bisher. Sterne werden erlöschen, neue werden wiedererstehen. Das Universum wird sich weiterhin ausdehnen, einige Galaxien werden auf Kollisionskurs kommen und verschmelzen, so wie unsere Milchstraße und ihre Nachbargalaxie, der Andromedanebel. Irgendwann ist der Gasvorrat in den Galaxien erschöpft, es werden die letzten Supernovae explodiert sein und neue Sterne werden sich nicht mehr bilden können. In etwa 100 Billionen Jahren wird die endgültige Dunkelheit im Universum einziehen, es gibt dann nur noch erloschene Neutronensterne, Schwarze Löcher und Sternenstaub. Die erloschenen, kalten Galaxien werden noch lange Zeit im Kosmos kreisen, die massereichen Sternleichen werden von Zeit zu Zeit kollidieren und sich aus der Galaxie schleudern und in

10^{20} bis 10^{30} Jahren werden sich auch die Galaxien weitgehend aufgelöst haben und ihr Rest wird in einem großen Schwarzen Loch verschwinden. Doch noch immer ist kein Ende erreicht. Nach den Annahmen der Quantenphysiker zerfallen nach ca. 10^{30} Jahren auch die verbleibenden Protonen, so dass am Ende alle Materie aufgelöst ist. Das Universum besteht nur noch aus riesigen Schwarzen Löchern und Strahlung. In einem Kosmos der unendlichen Zeit werden jedoch auch die Schwarzen Löcher nicht bestehen können. Nach der unvorstellbaren Dauer von 10^{100} Jahren werden sich auch die letzten Schwarzen Löcher in einem Feuerwerk aus Gammastrahlen auflösen; dann gibt es im dauerhaft kalten und leeren Universum nur noch elektromagnetische Strahlung in Form von Photonen und Neutrinos. Haben wir dann die Ewigkeit erreicht? Sind 10^{100} Jahre das Zeitmaß der Ewigkeit? Für unser Universum ja, für mögliche andere bestehende Universen, oder zukünftig neu entstehende Universen jedoch...??

Persönliche Anmerkung

Man soll sich nicht mit fremden Federn schmücken. Auch ich möchte das nicht tun. Die moderne Kosmologie ist ein umfassendes, interdisziplinäres Forschungsgebiet, in dem Astronomen, Physiker, Astrophysiker, Kernphysiker und Mathematiker in den letzten einhundert Jahren und noch einmal in besonderem Maße in den letzten zwanzig Jahren zu vielen Bahn brechenden Forschungsergebnissen und Erkenntnissen vorgestoßen sind. Dieses Gebiet kann man – noch dazu als Laie – nur dann einigermaßen authentisch darstellen, wenn man sich auf die neueren und allgemeinverständlichen Publikationen von namhaften Wissenschaftlern und Wissenschaftsautoren stützt. Da auch deren Werke überwiegend auf öffentlich zugänglichen Forschungsergebnissen basieren, erschien es mir nicht zwingend, mit ständigen Quellenhinweisen zu arbeiten. Die ohnehin schwierige Lektüre dieses und auch des nachfolgenden Kapitels wäre dadurch noch mehr kompliziert worden. Dennoch möchte ich es nicht versäumen, den Autoren zu danken und ihre Werke klar zu benennen, die ich zur Abfassung der Kapitel 6 und 7 (Kosmoslogie und Evolutionsbiologie) in besonderer Weise herangezogen habe. Sie alle sind im Literaturverzeichnis mit **Fettdruck** hervorgehoben. Zur vertiefenden Lektüre seien sie dem interessierten Leser auch nachdrücklich empfohlen.

Abschließende Betrachtung: Biblische Genesis kontra wissenschaftliche Kosmologie

Das wissenschaftliche Bild vom Kosmos

Nach all den nüchternen Ausführungen über die wissenschaftlichen Grundlagen der modernen Kosmologie wollen wir zu Gott zurückkehren und die Frage stellen, ob dieser Kosmos, so wie wir ihn heute kennen und verstehen, tatsächlich das Werk jenes transzendenten Wesens ist, das die Religionen mit „Gott" bezeichnen. Diese Frage ist 'naturgemäß' von größter Bedeutung in der Auseinandersetzung mit Gott, schon allein deshalb, weil der Schöpfungsakt in allen Religionen als zentrale Funktion Gottes definiert wird. Verliert Gott seine Schöpfungsfunktion, so stellt sich die Frage, was von Gott bleibt, ob Gott dann noch Gott ist? Desweiteren behaupten die Religionen, dass Gott das Universum in einem bewussten und willentlichen Akt geschaffen hat und in seiner Schöpfung auch weiterhin präsent ist. Hier wäre die Frage anzuschließen, welcher Art diese Präsenz ist, wenn unterstellt werden kann, dass dieser Kosmos selbstregulierend, nach den bekannten physikalischen Gesetzen, entstanden ist und abläuft – und nirgendwo ein willkürlicher Eingriff Gottes erkennbar ist. Wozu also noch eine zweite Erklärungsursache (Gott) einführen, wenn wir bereits über eine hinreichende (Naturgesetze) verfügen?

Bevor wir uns diesen Fragen im Einzelnen widmen, wollen wir uns noch einmal die wichtigsten Erkenntnisse der modernen Kosmologie ins Gedächtnis rufen:

- Wir kennen heute die Geschichte des Universums, von seinem Beginn bis zu seinem vorhersehbaren Ende – und wir wissen bereits recht genau, wie es 'funktioniert'. Wir kennen die zugrunde liegenden Naturgesetze und deren Wirkungsweisen, und wir verfügen über plausible und immer stärker abgesicherte Theorien, wie das Universum entstand und wie es eines Tages enden wird. Sicher birgt es auch noch eine Reihe großer Geheimnisse, wie die sog. 'Singularitäten' (Urknall/Schwarze Löcher), die ‚Dunkle Materie' oder die Frage möglicher Paralleluniversen,, aber wer sagt uns, dass wir nicht auch diese eines Tages entschlüsseln werden. Die moderne Kosmologie hat ihre Arbeit gerade erst aufgenommen.

- Das Universum ist selbstregulierend! Es funktioniert streng und ausschließlich nach den uns bekannten physikalischen Gesetzen, ohne einen 'Eingriff von außen' erkennen zu lassen. In den 15 Milliarden Jahren seiner Entwicklung folgte das Universum konsequent den vorgegebenen Naturkonstanten.

- Das Universum ist vergänglich! Nichts in ihm ist beständig, alles ist von begrenzter Dauer, alles entsteht und vergeht, die Erde mit all ihren Lebewesen genauso wie unsere Sonne, alle anderen Sterne und letztlich das ganze Universum selbst. Aber: nichts davon geschieht willkürlich, auch in seinem Sterben folgt das All den physikalischen Gesetzmäßigkeiten. In diesem Sinne ist das Universum – von seinem Anfang bis zu seinem Ende – 'berechenbar'.

- Das Universum ist in zeitlicher und räumlicher Hinsicht von ungeheurer Dimensionalität. Ein Universum mit 100 Milliarden Galaxien, von denen jede einzelne wiederum aus 100 Milliarden Sonnen besteht, das vor mehr als 15 Milliarden Jahren seinen Anfang genommen hat und sich seitdem – und bis zu seinem Ende – weiter ausdehnt, in dem unaufhörlich Sterne in der Größenordnung unserer Sonne erlöschen und neu entstehen, relativiert die Bedeutung des Standorts 'Erde' und des darauf befindlichen Lebens.

- Unsere Erde ist nur ein 'Anhängsel' einer Sonne, von der es unzählige Milliarden in diesem Universum gibt. An ihrer Entstehung und ihrem vergleichsweise baldigen Ende ist weder etwas Außergewöhnliches noch etwas Geheimnisvolles zu erkennen; die Erde folgt den gleichen physikalischen Gesetzen, wie alle anderen Objekte im Kosmos. Ausgezeichnet allenfalls durch einige spezifische Konstellationen, die die Entwicklung von Leben zuließen. Schon aufgrund der Vielzahl von Sternen im Kosmos und der sich hieraus ergebenden unendlichen Konstellationsmöglichkeiten, ist mit großer Wahrscheinlichkeit anzunehmen, dass die Erde nicht der einzige Planet ist, der die Entwicklung von Leben zulässt, sodass ihr nicht einmal in dieser Hinsicht eine Sonder- oder Alleinstellung zukommt.

Das Postulat eines „Schöpfergottes"

Jeder Zweifler an der Idee eines 'Schöpfergottes' steht vor dem gleichen grundsätzlichen Problem: er kann zwar mit den zunehmenden naturwissenschaftlichen Erkenntnissen die Entstehung und Entwicklung des Universums immer besser erklären, aber er kann Gottes Einfluss solange nicht widerlegen, solange er irgendeine Frage offen lassen muss. Das Spiel der Gottesbefürworter ist dabei ganz einfach: Gott wird immer weiter nach 'hinten' verlagert, sein Schöpfungsakt wird ausgeweitet! Solange man Blitz und Donner nicht erklären konnte, solange vermutete man Gott dahinter oder setzte ihn damit gleich. Solange die Erde als Mittelpunkt der Welt erschien, war diese der wesentliche Schöpfungsakt Gottes, und die ersten Naturwissenschaftler, die beweisen konnten, dass die Erde nicht der Mittelpunkt des Universums ist, wurden mit dem Scheiterhaufen bedroht. Immer dann, wenn die Beweiskraft neuer Erkenntnisse zu drückend wurde, gaben die Kirchen trickreich nach: Gottes Schöpfungsakt wurde ganz einfach erweitert. So wurde Gott vom Blitzeschleuderer nach und nach zum Schöpfer eines immer größeren Universums. Gott rückte einfach eine Stufe nach hinten – oder nach oben – ganz wie man will. Die Kirche passte sich an, wenn auch meist sehr zögerlich, so wenn Papst Johannes Paul II. erst 1992 Galileo Galilei rehabilitierte oder 1996 endlich die Evolutionstheorie Darwins akzeptierte, wenn auch mit der Einschränkung, dass zwar der menschliche Körper aus dem evolutionären Prozess hervorgegangen sei, nicht jedoch die Seele des Menschen. Diese komme, nach wie vor, unmittelbar aus Gottes Hand. Auf diese Art lässt sich für jede wissenschaftliche Erkenntnis ein Hintertürchen finden, durch das Gott seinen Einfluss auf die Schöpfung behält. Heute, wo wir das Universum in seiner ganzen Größe und Komplexität kennen und naturwissenschaftlich erklären können, und wo nur noch die Singularität einer Erklärung bedarf, sagen uns die Religionen, dass hinter diesem Rätsel wiederum Gott steht, dass er die Singularität ist. Doch was dann, wenn die Wissenschaft eines Tages auch dieses Rätsel enttarnt hat? Rücken wir dann Gott wieder eine Stufe nach hinten?

Aber wohin dann? Und was dann, wenn dieses Universum am Ende nur noch ein toter, erkalteter Raum ist, mit einer dünnen Reststsrahlung aus wenigen Photonen? Wo ist dann Gott? Und wo seine Schöpfung? Wo sind dann wir 'unsterbliche' Menschen, die zu jenem Zeitpunkt bereits seit 10^{99} Jahren mitsamt ihrer Erde untergegangen sind? Auch Hans Küng konstatiert diesen ständigen Rückzug der Theologie vor den Erkenntnissen der Wissenschaften: „Es ist nicht übertrieben, wenn man die Geschichte des Verhältnisses von Theologie und Naturwissenschaft als Geschichte einer ständigen Abschirmung, eines ständigen Rückzugs der Theologie beschreibt. Man kann dies am Beispiel der Kosmologie schematisierend so illustrieren: Früher sah man in Gott den für alles Unerklärliche unmittelbar Zuständigen; Wetter und Schlachtensiege, Krankheit und Heilung, Glück und Unglück wurden durch sein unmittelbares Eingreifen erklärt. Als die Dinge des Alltags aber immer mehr wissenschaftlich erklärt werden konnten, musste man den Rückzug antreten: Gott blieb immerhin noch nötig für die Lenkung der Planetenbahnen. Als weiter die Planetenbahnen durch Gravitation erklärt werden konnten, zog man sich wiederum zurück: Wenigstens zur Erklärung der noch nicht erklärten Abweichungen war Gottes Eingreifen weiterhin erfordert (so selbst der große Isaac Newton): Als dann der 'Newton Frankreichs', Pierre-Simon Laplace, auch diese Abweichungen naturwissenschaftlich erklären konnte und Gott zumindest für die Erklärung des gegenwärtigen Universums als überflüssige

Hypothese erschien, konzentrierte man sich auf den Anfang der Welt und verteidigte noch gegen die Entwicklungstheorie von Charles Darwin vehement ein wörtliches Verständnis der biblischen Schöpfungstexte. Von der unmittelbaren Erschaffung der ganzen Welt durch Gott zog man sich zurück auf die unmittelbare Erschaffung des Lebens und des Menschen, dann auf die der Menschenseele, um endlich – so scheint es heute – auf einen unmittelbaren übernatürlichen Eingriff Gottes in die Entwicklung der Welt und des Menschen gänzlich zu verzichten." (Im Anfang war (k)ein Gott. S. 232ff. Hrsg. T.D. Wabbel, Patmos Verlag 2004).

Kehren wir zurück zu den Fakten und insbesondere zu einer Erkenntnis, die mittlerweile auch von der christlichen Kirche nicht mehr geleugnet wird: die 'kosmische Selbstorganisation'. Seit dem Urknall folgt die Entwicklung des Universums konsequent den bekannten Naturgesetzen, auf deren Basis sich eine eigene, komplexe innere Ordnung gebildet hat. Alle bisher beobachteten Vorgänge im Kosmos lassen sich mithilfe dieser strengen inneren Gesetzmäßigkeit erklären. Zu keiner Zeit und an keinem Ort des Universums lässt sich ein willkürlicher Eingriff erkennen. Die Selbstorganisation des Universums wurde zu keinem Zeitpunkt gestört. Sollte Gott also dieses Universum geschaffen haben, so lässt sich zumindest konstatieren, dass er auf seine weitere Entwicklung keinen Einfluss nimmt. Gott ist in diesem Universum nirgendwo festzustellen. Im besten Fall hat er es also in Gang gesetzt, dann aber sich selbst überlassen! Betrachten wir diese Hypothese näher und untersuchen, welches Bild eines Schöpfergottes sich daraus ergibt.

Was bleibt vom 'Schöpfergott' der Religionen?

Geht man also weiterhin von der Grundannahme der Religionen aus, dass Gott das Universum in einem willentlichen Akt geschaffen hat, so muss er es, da kein späterer Eingriff mehr erkennbar ist, von Anfang an mit einem kompletten Entwicklungsplan ausgestattet haben, in dem nicht nur die Galaxien mit ihren vielen Milliarden Sternen, sondern auch der spezielle Planet Erde vorgesehen war, der irgendwann Leben und noch sehr viel später den Menschen hervorbringen sollte. Das Weltall wurde also nicht in einem grandiosen Schöpfungsakt als fertiges Produkt geschaffen, sondern auf einen äußerst langwierigen und komplexen Entwicklungsprozess hin angelegt, in dessen Verlauf Milliarden von Sternen entstehen und auch wieder vergehen mussten, um endlich nach langer Zeit eine kleine Sonne zu gebären mit einem noch viel kleineren Planeten, auf dem Gott wiederum eine eigene Evolutionsgeschichte vorbereitet hatte, die nach weiteren Jahrmilliarden und unzähligen Zufallsentwicklungen in einem intelligenten Lebewesen namens 'Mensch' ihre Vollendung (?) finden sollte. Auch bei seiner angeblich wichtigsten Schöpfung, dem Menschen, schuf Gott also kein fertiges und perfektes 'Produkt', sondern er plante eine Evolution vorweg, in deren mehrere Milliarde Jahre dauerndem Ablauf ein zufälliges Ausleseprinzip munter auf den Mensch zusteuerte. Wie wir im nachfolgenden Kapitel (Evolutionstheorie) noch sehen werden, ist der Mensch nicht aus einem geradlinigen und gezielten 'Schöpfungsakt' entstanden, sondern aus einer endlosen Folge von Zufällen, Mutationen und Sackgassen, in denen sich das Leben über fast vier Milliarden Jahre hinweg von anorganischer (unbelebter) Materie über die ersten Einzeller bis zum Menschen entwickelte. Gott hat also in seinem Entwicklungsplan auch den Zufall angelegt, er hat ihn sozusagen mit eingeplant, er hat das Paradoxon des 'determinierten Zufalls' geschaffen. Er wollte offensichtlich keine schnelle, klare, saubere Schöpfung, er wollte die unendlich langsame Entwicklung, das Chaos von Entstehen und Vergehen, von Fehlentwicklungen und Sackgassen. Sieht so ein grandioser göttlicher Schöpfungsakt aus? Hat Gott es nötig, eine so umständliche Schöpfung zu inszenieren, eine so unsinnige Verschwendung an Material, Raum und Zeit zu betreiben, wenn es ihm nur um den Menschen ging?! Einhundert Milliarden mal einhundert Milliarden Sonnen für eine Menschheit, die auf einem winzigen Planeten einer dieser Sonnen ein sehr kurzes Gastspiel gibt und es vermutlich nie schaffen wird, auch nur den nächsten Stern in der eigenen Galaxie zu erreichen? Erkennen wir in der Geschichte des Alls nicht eher die verschachtelten Abläufe eines sich selbst regulierenden Universums, das die lange Zeit seiner Entwicklung brauchte, um all die Prozesse zu durchlaufen, die ihm die Naturgesetze vorschreiben? Nach einem grandiosen göttlichen Schöpfungsakt mutet das nicht an. Warum geht Gott einen so komplizierten Weg, wenn er den Menschen und die für ihn nötige Welt doch viel einfacher schaffen könnte? Warum braucht er dazu ein ganzes Universum? Und warum kümmert sich Gott – angeblich – in so besonderer Weise um den Menschen, wo er doch das übrige Universum sich selbst überlässt? Wir Menschen fragen so viel nach dem Sinn unseres Lebens, vergessen dabei aber ganz, nach dem Sinn des großen Universums zu fragen. Wollen und können wir denn wirklich glauben, dass dessen Sinn ausschließlich darin liegt, uns möglich zu machen?

Und noch etwas: dieser gewaltige Gott, der es vermag, einen solch komplexen Weltenplan zu entwickeln und in Gang zu setzen, und der viele Milliarden Jahre lang zusieht, wie sich dies alles entwickelt, dieser Gott offenbart sich dann den Menschen so armselig, wie es uns die verschiedenen Religionsgründer erzählen? Warum hat Gott es überhaupt nötig, sich dem Menschen nachträglich zu offenbaren, warum hat er dem Menschen das Gottesbewusstsein nicht von Anfang an 'eingepflanzt'? Wie wenig glaubwürdig erscheint eine solche Schöpfungsgeschichte im Vergleich zur plausiblen Annahme, dass das Weltall nicht nur in seiner Entwicklung den vorgegebenen Naturkonstanten folgt, sondern diesen auch seine Entstehung verdankt? Zugegebenermaßen kennen wir die Gesetze noch nicht, die im Zustand der Singularität herrschen – aber auch die Gesetze für die Entwicklung des Weltalls haben wir bis vor kurzem nicht gekannt. Warum sollen uns die Gesetze des Urknalls auf ewig verborgen bleiben? Ich verweise dabei auf die erheblichen Erkenntniszuwächse, die die Kosmologie allein in den letzten hundert Jahren und noch einmal speziell in den letzten zwanzig Jahren erzielt hat, und auch auf den Hinweis von Stephen Hawking, wonach das Potential der Informationsspeicherung und -verarbeitung nicht nur im Bereich der elektronischen Datenverarbeitung exponentiell ansteigen wird, sondern auch durch die Möglichkeit, unsere eigene Erbsubstanz durch gentechnische Eingriffe rascher voranzubringen, als dies im Rahmen der langatmigen biologischen Evolution bisher geschah.

Niemand kann genau vorhersehen, über welches Wissen die Menschheit in hundert oder tausend Jahren verfügt – aber es wird ungeheuer viel größer sein als heute. Und was sind tausend Jahre, wenn wir vom Weltall sprechen? Wie auch immer die Entwicklung des Menschen weitergeht, sein Wissen wird wachsen, und je mehr wir von der Entstehung des Weltalls natürlich erklären können, umso mehr beschneiden wir Gott. Spätestens dann, wenn die Kosmologen die Voraussetzungen für den Urknall mathematisch beschreiben können, läuten sie den endgültigen Tod Gottes ein. Zumindest desjenigen Gottes, den uns die Religionen bis heute verkünden.

Lassen Sie uns noch auf zwei andere Aspekte eingehen, die mit der Vorstellung eines Schöpfergottes schwer vereinbar erscheinen: Alle Religionen gehen letztlich davon aus, dass dem Menschen eine besondere Rolle, eigentlich die zentrale Rolle im Schöpfungsprozess Gottes zukommt. Er hat ihn nach seinem Ebenbild erschaffen, er steht ihm bei und kümmert sich um ihn, er sagt ihm, was gut und richtig ist und beurteilt ihn danach – und vor allem, er verspricht ihm – als Einzigem in seiner Schöpfung – die Unsterblichkeit. Nun sagen uns aber die Kosmologen, dass der Mensch nur ein kurzes Gastspiel in diesem Weltall geben wird, sein Auftritt nur eine winzige Episode im langen Leben des Universums ist. Stellt sich nicht auch hier die Frage der Relation: warum misst Gott seiner wichtigsten Schöpfung eine so kurze Existenz zu? Und warum schafft er mit dem Weltall eine Bühne, die für den Menschen umso vieles zu groß ist und die ihn so lange überleben wird?

Man kann sich auch fragen, welches Interesse der Schöpfergott eines so gewaltigen Universums daran haben kann, einem von ihm geschaffenen Wesen Regeln vorzuschreiben und darauf zu achten, dass diese befolgt werden? Wie passt diese 'Spielerei', diese kleinliche Aufsicht über ein abhängiges Wesen zu einem so gewaltigen Gott? Ist Gott am Ende ein Puppenspieler? Ist der Mensch für ihn ein Spielzeug, das ihn nur für kurze Zeit interessiert und das er dann wieder weglegt? Wird er sich neue Spielzeuge machen? Raum und Zeit dafür hätte er genug auf seiner großen Bühne. Noch schwerwiegender werden diese Fragen, wenn wir sie nicht nur auf die Endlichkeit des Menschen, sondern auf die Endlichkeit des Universums beziehen. Gottes Schöpfung ist von endlicher Dauer! Dieses Universum wird zwar lange, aber nicht ewig bestehen. Was dann? Wird Gott – wiederum in einem bewussten Willensakt – ein neues Universum schaffen, wird er es wieder mit einem Lebewesen ausstatten, von dem er Gehorsam verlangt? Und was fängt er mit den Menschen aus dem alten toten Universum an, denen er Unsterblichkeit versprochen hat? Vielleicht verfügt Gott auch über mehrere Paralleluniversen, bei denen er ebenfalls gelegentlich mal vorbeischaut, und vielleicht experimentiert er dort mit ganz anderen Lebewesen?

Diese Fragen sind bewusst provokant formuliert, aber nicht um die Idee Gottes oder diejenigen zu verunglimpfen, die daran glauben, sondern um auf die zentrale Frage hinzuführen: Ist der „Schöpfungsgott" letztlich genauso ein Konstrukt des Menschen wie der „Helfergott"? Brauchen wir ihn, weil wir es nicht ertragen können, nur ein Zufallsprodukt dieses Universums zu sein, ohne hervorgehobene Stellung und genauso endlich wie alles in diesem Kosmos? Wollen wir uns mit dem 'Schöpfergott' eine privilegierte Stellung im Universum mit verbürgter Unsterblichkeit sichern, beides Versprechen, die uns der Schöpfergott der Religionen gibt und die uns das Universum verweigert? Ist der Schöpfergott letztlich die gleiche Hilfskonstruktion wie der Helfergott, nur auf einer höheren intellektuellen Ebene?

Der Gottbegriff der Kosmologie

Es gibt Kosmologen, die zwar nicht an den Gott der Religionen glauben, aber dennoch von ehrfürchtigem Staunen über die perfekte Abstimmung dieses gewaltigen Universums erfüllt sind. Sie schließen eine ordnende Kraft hinter dem perfekten Zusammenspiel der Naturkonstanten nicht aus. Auch Albert Einstein äußert sich, wenn auch etwas verklausuliert, in diesem Sinne. Bei den Spekulationen über die Art der Religiosität von Einstein darf jedoch nicht übersehen werden, dass er selbst den Begriff 'Gott' weitgehend vermieden hat und lieber von einer religiösen Ergriffenheit angesichts der wundervollen Abstimmung im Kosmos sprach. Die Vorstellung eines persönlichen Gottes konnte und wollte er mit seinem Weltbild nicht vereinen. Es war ihm auch nicht wichtig, ob man bei der Betrachtung des Universums von einem Schöpfergott ausgehen muss oder nicht. Er beschrieb sein Verständnis von 'Religiosität' mit einem großen Staunen über die 'Feinabstimmung der Naturkräfte'. Harald Fritzsch[*] bringt dieses 'religiöse Gefühl' für sich – und stellvertretend für viele Kosmologen – wie folgt zum Ausdruck: „Wenn ich von Religiosität spreche, so meine ich in erster Linie, aber nicht ausschließlich, jene kosmische, von der Spinoza und Einstein sprachen. Diese Religiosität bejaht die Einheit des Seienden und sieht das menschliche Individuum eingebettet in die Gesamtheit der Natur. Eine so verstandene Religiosität hat keinen Platz für einen persönlichen Gott, der belohnt und bestraft. Sie ist ein Bestandteil unseres geistigen Universums, ist also wie Musik und Malerei, eine menschliche Schöpfung, ein Produkt unserer Kultur".

Es mutet in gewisser Weise erstaunlich an, dass viele Kosmologen, meist Mathematiker oder Physiker, die selbst dazu beigetragen haben, das Universum mit nüchternen mathematischen Formeln zu enträtseln, sich selbst nicht freimachen können von der Vorstellung einer zugrunde liegenden Ordnungskraft. Zu groß scheinen ihr Staunen und ihre Ehrfurcht vor diesem gewaltigen und doch so unendlich fein abgestimmten Kosmos. Obwohl der gebräuchliche Gottesbegriff meist abgelehnt wird, unterbleiben jedoch auch konkretere Hinweise darauf, wie man sich die Art dieser geheimnisvollen 'übergeordneten Kraft' vorzustellen hätte. Nur gelegentlich und in sehr allgemeiner Form spricht man dann vom 'Wirken der Natur', von den 'Physikalischen Grundgesetzlichkeiten', von der 'kosmischen Grundenergie' oder dem unendlichen Vakuumraum. Manchmal drängt sich geradezu der Eindruck auf, dass die in Zahlen und Formeln denkenden Naturwissenschaftler eine gewisse Scheu davor empfinden, diesem so schwer zu definierenden religiösen Empfinden nachzuspüren, das sie überkommt, wenn sie über die perfekte 'Feinabstimmung' des Universums staunen. Bevor wir uns also zwangsläufig um eine

---

[*] Harald Fritzsch: Vom Urknall zum Zerfall, München 2000, S. 341. H. Fritzsch ist Professor für Theoretische Physik an der LMU München.

eigene Definition dieser übergeordneten kosmischen Kraft bemühen, wollen wir näher darauf eingehen, was in der Kosmologie unter dem Begriff 'Feinabstimmung' zu verstehen ist und welche Rückschlüsse hieraus auf einen Gottesbegriff möglich sind.

Exkurs zur 'Feinabstimmung' des Universums:

Vom Begriff 'Feinabstimmung' sprechen die Kosmologen in zweierlei Hinsicht: zum einen verstehen sie darunter die perfekte Justierung der Naturkonstanten, die zur Entwicklung genau dieses Universums geführt hat, in dem wir heute leben – zum anderen sehen sie darunter all die spezifischen Bedingungen, die unsere Erde erfüllen musste, um die Entwicklung von Leben zu ermöglichen. Denn: wäre auch nur eine dieser Voraussetzungen geringfügig anders, so wäre Leben nicht möglich geworden.

Genau dieses spezifische Design des Kosmos ist für manche Naturwissenschaftler der Hinweis auf eine ordnende Kraft im Universum. Dabei wird jedoch vielfach übersehen, dass wir beim Staunen über die Feinabstimmung des Universums den Verführungen des so genannten 'Anthropischen Prinzips' erliegen. Dieses besagt in seiner 'weichen' Form, dass die Gesetze des Universums genau so beschaffen sind, dass sie menschliches Leben zulassen, und in seiner 'harten' Form, dass menschliches Leben zwangsläufig daraus entstehen musste.

Dass es sich dabei um eine Tautologie handelt, wird von den Anhängern des anthropischen Prinzips gerne übersehen: es gibt uns nun einmal, und da es uns gibt, müssen die Gesetze des Universums uns zugelassen haben. Wir könnten gar nicht danach fragen, warum das Universum so fein abgestimmt ist, weil es uns dann gar nicht gäbe, wenn es nicht so wäre. Da uns dieses Universum möglich gemacht hat, können wir nur Fakten finden, die im Einklang mit unserer Existenz stehen. Wäre es nicht zur Feinabstimmung des Universums gekommen, so gäbe es niemanden, der sich darüber wundern könnte. Gerade weil es im Kosmos Leben gibt, mussten die Naturkonstanten genau so aufeinander eingestellt sein wie sie es sind, sonst hätte ihr Zusammenwirken kein Leben ermöglicht. Lassen Sie uns also nachfolgend näher untersuchen, warum die Feinabstimmung des Universums kein ausreichender Grund ist, eine übergeordnete steuernde Kraft im Universum zu postulieren:

- Die anthropische Betrachtungsweise ist zutiefst im Menschen verankert. Wir gehen wie selbstverständlich davon aus, dass alles so ist wie es ist, damit es uns gibt. Zu dieser unbescheidenen Betrachtungsweise werden wir von den Religionen legitimiert, die uns zur Krone der Schöpfung erklären.
- Tatsache hingegen ist, dass es uns gibt, weil die Konstellation unseres Planeten Erde alle notwendigen Bedingungen erfüllt, um Leben zu ermöglichen. Jeder Planet in diesem gigantischen Universum, der vergleichbare Bedingungen erfüllt wie die Erde, kann Leben gebären.
- Also: nicht die Erde wurde so gemacht, um Leben zu ermöglichen, sondern die Erde entwickelte sich gemäß der im Kosmos geltenden Gesetze so wie sie ist. Die Summe der Konstellationen auf diesem Planeten begünstigten dann eine Evolution des Lebens, die unter Millionen anderer Lebewesen schließlich auch den Menschen hervor brachte.
- Wie im nachfolgenden Kapitel der 'Evolutionstheorie' nachgewiesen wird, ist der Mensch nicht das Ergebnis einer gezielten und geplanten Feinabstimmung ('Intelligent Design'), sondern das Resultat einer mühsamen und über viele Zufälle und Sackgassen hinweg erfolgten biologischen Entwicklung.
- Wir wissen nicht einmal sicher, ob wir die letzte Stufe dieser Entwicklung sind. Es ist durchaus möglich, dass durch zukünftige Einwirkungen aus dem All, z.B. einem großen Meteoriteneinschlag oder durch selbstverschuldete Katastrophen, das Lebewesen Mensch ausgelöscht wird und die Evolution in der ihr verbleibenden Zeit auf der Erde (immerhin noch ein bis zwei Milliarden Jahre) nochmals ganz andere Lebensformen entwickelt.
- Letztlich können wir auch nur ein Zwischenstadium einer Lebensform auf diesem Planeten sein, das irgendwann zu

Ende geht. Eine Episode (oder Laune) der Evolution, von der es vor uns bereits viele gegeben hat. Unzählige Arten sind im Laufe der Erdgeschichte wieder ausgestorben, entweder weil sie sich auf Dauer als nicht überlebensfähig erwiesen (z.B. die Neandertaler) oder weil sie durch kosmische 'Katastrophen' ausgelöscht wurden (z.B. die Dinosaurier durch einen gewaltigen Meteoriteneinschlag).

- Ähnlich wie mit der Feinabstimmung der Erde verhält es sich mit der Feinabstimmung des gesamten Kosmos. Auch dieser entwickelt sich gemäß den vorgegebenen Naturkonstanten – und man muss sich nicht wundern, dass die Dinge so ablaufen wie sie ablaufen; sie laufen so ab wie sie ablaufen müssen. Eher mag schon das Wundern Einsteins verwundern, war er es doch selbst, der zur Entschlüsselung der Grundgesetze dieses fein abgestimmten Universums und damit zur Entzauberung Gottes wesentlich beigetragen hat. Warum dann eine neue, ominöse Kraft an deren Stelle setzen?
- Letztlich kann man sich auch fragen, ob die „Fein"abstimmung wirklich so fein ist. Die Abläufe im Kosmos sind gekennzeichnet durch ein unaufhörliches Werden und Vergehen, das viele Grausamkeiten und Katastrophen zulässt. Das 'alltägliche' Sterben von Sternen, die zerstörerischen Explosionen von Supernovae, die Schwarzen Löcher, die alles in ihrer Umgebung einsaugen und nie wieder freigeben, und letztlich das vorhersehbare Sterben des gesamten Kosmos lassen eher das Wirken 'gnadenloser' Naturgesetze erkennen als das Wirken eines dem Leben und dem Menschen wohl gesonnenen Schöpfergottes.
- Müsste eine vollkommene göttliche Schöpfung nicht völlig anders aussehen? Warum kein einmaliger, perfekter Entwurf eines Kosmos, der keine Katastrophen braucht und nicht sterben muss? Warum muss zerstört, verändert und mühsam entwickelt werden, was ein allmächtiger Gott in einem einzigen Augenblick, in harmonischer Perfektion und auf 'ewig' schaffen könnte? Warum einen riesigen Kosmos schaffen, wenn es nur darum geht, auf irgendeinem Planeten irgendeiner Sonne irgendeiner Galaxie kurzzeitiges Leben zuzulassen? Wel-

che Verschwendung von Schöpfung für das bisschen menschliche Leben?
- Sollten wir Menschen uns also nicht doch damit abfinden, dass wir kein vor geplantes Schöpfungsprodukt sind, für dessen begrenztes Leben ein ganzer Kosmos geschaffen werden musste, sondern ein kurzlebiges Zufallsprodukt auf einer zufälligen Sternkonstellation. Der Kosmos wird von all dem keine Notiz nehmen, weder von der Geburt der Gattung Mensch, noch von deren Tod, weder von der Entstehung unserer Sonne und ihres Trabanten, noch von deren Verglühen – unbedeutende Ereignisse in der Geschichte des Universums.

Fazit

Fassen wir zusammen: Die Schöpfungsgeschichte der Religionen, wonach Gott dieses Universum und den Menschen in einem bewussten Willensakt geschaffen hat und auf diese seine Schöpfung weiterhin Einfluss nimmt, erscheint auf dem Hintergrund der modernen Kosmologie als nicht plausibel:

- Wir können heute den Kosmos auf der Basis der Naturkonstanten und der aus ihnen abgeleiteten mathematisch-physikalischen Gesetze verstehen und erklären. Das ganze Universum folgt in strenger Konsequenz diesen Naturgesetzen. Wozu also eine 'übernatürliche' Erklärung bemühen wollen, wenn eine ausreichende 'natürliche' Erklärung vorliegt?
- Das Universum ist selbst regulierend! In seiner gesamten bisherigen Entwicklung ist kein 'übernatürlicher' Eingriff zu erkennen, es folgt ausschließlich den bekannten Naturgesetzen.
- Da sich Gott also in diesem Universum nicht präsent zeigt, kann er – sofern man die Schöpfungsthese weiterhin aufrecht erhalten will – bestenfalls der 'Planer', nicht aber der Lenker dieses Kosmos sein, der sich nach vollzogenem Schöpfungsakt aus diesem wieder zurückgezogen hat.
- Wenn aber Gott seine gesamte Schöpfung (Universum) sich selbst überlässt, erscheint es wenig plausibel, dass er nur beim Menschen eine Ausnahme macht.

- Es erscheint auch wenig plausibel, dass ein übernatürliches Wesen eine so gewaltige Bühne geschaffen hat, wie sie der Kosmos darstellt, nur um fünfzehn Milliarden Jahre später, auf einem winzigen Planeten einer einzigen Sonne, dem Menschen einen episodenhaft kurzen Auftritt zu gewähren? Die Annahme, dass ein transzendentes Wesen (Gott) das gesamte Universum geschaffen hat, nur um den Menschen zu ermöglichen, ist wohl die größte Anmaßung des Menschen.
- Die Kosmologen erklären uns, dass im Universum alles einem Werden und Vergehen unterworfen ist, alles in ihm endlich ist, letztlich auch es selbst. Wenn Gottes gesamte Schöpfung auf Endlichkeit angelegt ist, wie plausibel ist dann das Unsterblichkeitsversprechen, das er den Menschen angeblich gibt?
- Wenn man Gott strikt auf die reine Planungsfunktion reduziert, kommt man der Betrachtungsweise derjenigen Kosmologen nahe, die mit Begriffen wie 'Feinabstimmung' und 'Ordnungsprinzip' ihrer Verwunderung über das perfekte Ineinanderspielen der Naturgesetze Ausdruck verleihen. Der 'Gott', der nur noch die großen Weichen stellt und dann alles seinem 'natürlichen Gang' überlässt, hat allerdings nur noch wenig zu tun mit dem religiös definierten Begriff des 'Schöpfergottes'.
- Der Gott, der sich im Universum nicht mehr präsent zeigt, kann nicht der Gott sein, der auf den Menschen und seine Geschicke Einfluss nimmt, der Hilfe leistet, der moralische Vorgaben macht und Gehorsam fordert, der belohnt und bestraft und dem Menschen Unsterblichkeit verspricht.
- Mehr noch: ein metaphysisches Wesen, wie immer wir es benennen wollen, das keinerlei Beziehung zu Welt und Mensch aufnimmt, ist wie nicht vorhanden. Ein nicht in Erscheinung tretendes Wesen ist aber letztlich irrelevant.
- Nicht zuletzt besteht der Verdacht, dass die 'anthropische' Betrachtungsweise wieder einmal siegt. Wir verabschieden uns zwar vom Gott der Religionen, wollen aber auf eine andere versteckte Sinngebung noch immer nicht verzichten.

- So rücken wir 'Gott' also wieder einmal eine Stufe nach hinten, er ist dann nicht mehr der kleine Helfergott und auch nicht mehr der große Schöpfergott, sondern ein neues geheimnisvolles, im Universum wirkendes 'Höheres Ordnungsprinzip'.
- Wenn wir auch diesem Schritt nicht folgen wollen, so bleibt uns nur die plausibelste aller Annahmen, es gibt kein transzendentes Wesen, das in willentlichen Schöpfungsakten Universen schafft, lenkt und wieder vergehen lässt, wohl aber gibt es eine 'unverursachte Ursache', aus dem heraus sich alles Werden und Vergehen erklärt. Nur müssen wir dieses 'aus sich selbst Seiende' nicht Gott nennen, sondern wir können es mit weit größerer Plausibilität Natur nennen oder Kosmische Energie, die in zeitloser Abfolge immer wieder Neues (auch neue Universen) aus sich heraus schafft. Der entscheidende Vorteil dieser Betrachtungsweise: wir bleiben damit auf dem Boden beobachtbarer (realer) Phänomene und müssen kein unerklärbares, transzendentes Konstrukt (Gott) einführen.

Diese Einsicht zwingt uns zu Bescheidenheit, lässt uns aber auch etwas Stolz! Bescheidenheit, indem wir nicht unterstellen, dass das ganze Universum nur darauf ausgerichtet ist, den Menschen hervorzubringen, gleichzeitig jedoch auch Stolz darauf, dass es uns kurzlebigen Spätankömmlingen in diesem Universum schon weitgehend gelungen ist, viele der komplexen Gesetzmäßigkeiten ausfindig zu machen, denen dieses Universum und wir unsere Existenz verdanken. In dieser stolzen Bescheidenheit brauchen wir auch nicht Gott, um unsere Herkunft zu verstehen, wir brauchen nur unsere Einbettung in die geregelten Abläufe der Natur und des Kosmos zu akzeptieren. In dieser stolzen Bescheidenheit sollte es uns auch möglich sein, die uralte Wunschvorstellung des Menschen nach der 'helfenden Hand Gottes' abzulegen, des Gottes, der uns im Leben leitet und beschützt, der uns vorgibt, was richtig und falsch ist, und der uns über das begrenzte Leben hinaus Unsterblichkeit verspricht. Wir sollten nicht länger Mythen bemühen, um uns und das Universum verstehen zu wollen, sondern dankbar dafür sein, dass wir in einer Zeit leben, die Mythen durch Wissen ersetzen kann. In diesem Sinne sollten wir die Erkenntnis akzeptieren, dass dieses Universum nicht von einer übernatürlichen Kraft geschaffen wurde und geleitet wird, sondern alles Entstehen und Vergehen in diesem Kosmos durch die der Natur immanenten Gesetze bestimmt wird und dadurch auch erklärbar und verstehbar wird. Wir sollten es hinnehmen, dass wir keine hervorgehobenen Gottesgeschöpfe sind, denen in diesem Universum eine besondere Rolle und Bedeutung zukommt, sondern dass wir Teil dieser Natur sind. Nicht weniger, aber auch nicht mehr. Deshalb werden wir genauso wenig unsterblich sein, wie alles in diesem Kosmos; die Pflanzen, die Tiere, die Menschen, die Erde und ihre Sonne, die Galaxien und letztlich das uns bekannte Universum werden vergehen, und bleiben wird nur das, was die Urkraft allen Entstehens und Vergehens ist: die kosmische Energie! Wer diese mit Gott gleichsetzen will, der möge es gerne tun. So erübrigt es sich auch, nach einem anderen Sinn unseres Lebens zu fragen, als dem, den wir aus unserer Einbettung in die Natur und dem Geschenk unseres Lebens ableiten können: ein verantwortungsbewusster Umgang mit diesem Geschenk, zu dem die Gestaltung eines erfüllten eigenen Lebens genauso gehört, wie der Schutz und die Achtung aller anderen Lebensformen und unseres gesamten Lebensraumes.

Der Sinn des Lebens ist das Leben!

Fragen zur Selbstreflektion

Bei der Beantwortung der nachfolgenden Fragen, sollten Sie dreierlei versuchen. Beantworten Sie die Fragen auf dem Hintergrund all dessen, was Sie in den vorausgegangenen Kapiteln über das Universum erfahren haben, versuchen Sie möglichst vorurteilsfrei an die Fragen heranzugehen und prüfen Sie abschließend, welche Auswirkungen diese Fragen und Ihre Antworten auf Ihr bisheriges Gottesbild haben.

- Halten Sie es für möglich, dass ein Wesen, wie immer wir es nennen wollen, per willentlicher Entscheidung in der Lage ist, ein Universum von 100 Milliarden mal 100 Milliarden Sonnen zu schaffen?
- Halten Sie es gleichzeitig für wahrscheinlich, dass sich dieser gewaltige Schöpfer um ein einzelnes Staubkorn in diesem Universum (unsere Erde) und den auf ihr vorkommenden Lebewesen (insbesondere den Menschen) in besonderer Weise kümmert?
- Glauben Sie dies auch noch dann, wenn sich der gleiche Gott um seine restliche Schöpfung nicht zu kümmern scheint, sondern deren Entwicklung freien Lauf lässt?
- Glauben Sie daran, weil die Religionen behaupten, dass Gott dem Menschen eine besondere Stellung und Bedeutung im Kosmos eingeräumt hat – ihn möglicherweise sogar nach seinem Vorbild geschaffen hat?
- Glauben Sie dann auch daran, dass Gott dieses gewaltige Universum nur für den Menschen geschaffen hat? Auch dann, wenn Sie sich die Größe des gesamten Kosmos noch einmal vor Augen halten und berücksichtigen, dass es womöglich neben unserem auch noch andere Universen gibt?
- Wie verträgt sich diese extreme Hervorgehobenheit des Menschen mit der Tatsache, dass er in diesem Universum so bedeutungslos erscheint? In der Geschichte des Universums wird sein kurzes Gastspiel auf diesem winzigen Planeten, sein gesamtes Werden und Vergehen, nicht verzeichnet sein.
- Glauben Sie daran, dass der Schöpfer dieses Universums dem Menschen wirklich Unsterblichkeit versprochen hat, wo er doch seine gesamte Schöpfung auf Endlichkeit angelegt hat? Unsere Erde, die Sonne und der ganze Kosmos werden eines Tages nicht mehr bestehen. Wo werden wir dann sein? Wie stellen Sie sich die versprochene Unsterblichkeit vor?

- Und wo wird Gott selbst sein, wenn sein Universum nicht mehr besteht? Wird er ein anderes schaffen oder verfügt er jetzt schon über Paralleluniversen? Wenn ja, glauben Sie dann immer noch an die herausgehobene Stellung des Menschen?·Wird Gott irgendwann müde, immer wieder neue Universen zu schaffen, oder muss er es tun, weil er ohne diese Manifestation gar nicht existieren würde? Ist Gott also zu unaufhörlicher Schöpfung verdammt – und wo liegt dann noch der freie, willentliche Akt seiner Schöpfung?
- Braucht dieser Gott – sofern man ihn sich so vorstellen will – notwendigerweise den Menschen, um seine Existenz vorführen zu können? Sind wir sein Alibi?

Schöpfung ohne Schöpfer !?

Teil II: Die Entstehung des Lebens und des Menschen

„Und Gott schuf den Menschen, ihm zum Bilde" (Genesis, Kap.1,27)

Vorbemerkung

Natürlich wollten wir es immer schon wissen, es war von Anfang an eine der drängendsten Fragen der Menschheit: Woher kommen wir? Wer sind wir? Spekulationen hierüber gab es, seitdem der Mensch zu denken begann, die Antwort fiel meist recht einfach aus: Gott schuf den Menschen! Nur einige griechische Denker konnten sich von dieser ebenso einfachen wie überzeugenden Idee befreien und alternative Schöpfungsideen entwickeln. Berücksichtigt man den geringen naturwissenschaftlichen Kenntnisstand jener Zeit, so muss es heute erstaunen, mit welcher Phantasie und Vorstellungskraft intelligente und originelle Entstehungstheorien entwickelt wurden. Anaximander beschreibt in seiner Schrift 'Über die Natur' die Entstehung der Erde und der Lebewesen aus den Gegensätzen von feucht/trocken und warm/kalt, wobei sich auf der ursprünglich flüssigen Erde erste Lebewesen aus dem Feuchten entwickelt hätten und der Mensch aus primitiven Lebewesen, nämlich den Fischen, hervorgegangen sei. Man möchte Anaximander fast unterstellen, er hätte die modernen Entwicklungstheorien unserer Zeit schon gekannt und sie seinen Zeitgenossen nur auf einfache Art erklärt. Heraklit überlieferte programmatische Aussagen, wie: 'Kämpfen ist Leben' oder 'Alles fließt'. Auch dies könnten Aussagen moderner Evolutionstheoretiker sein. Aristoteles erstellte eine erste zoologische Systematik und sprach von einer Stufenleiter mit fließenden Übergängen, beginnend bei der unbelebten Materie über die Pflanzen bis zu den Tieren und Menschen. Leider mussten alle diese genialen Vordenker der Menschheit die Beweise für ihre Aussagen schuldig bleiben – und es sollte noch zweitausend Jahre dauern, bis die modernen Naturwissenschaften diese nachliefern konnten.

So ist es nicht verwunderlich, dass sich die Menschen jener Zeit lieber den Schöpfungsmythen zuwandten, die ihnen ihre jeweiligen Religionen anboten. Gottes willentlicher Schöpfungsakt brauchte keine komplizierten Theorien und bot zugleich die erwünschte Geborgenheit unter einer schützenden und allmächtigen Instanz. Gott nicht nur als Schöpfer, sondern auch als Beschützer der von ihm geschaffenen Kreatur. Was sollten die Menschen mehr verlangen? Lange Zeit nichts – aber es wurden ihnen auch keine Denk- oder Entscheidungsalternativen geboten. Die Kirchen hielten Jahrhunderte lang das wenige Wissen zurück, das auf naturwissenschaftlichem Wege über die Erde und den Kosmos gewonnen worden war, denn sie befürchteten die Bedrohung eines Eckpfeilers ihrer Lehre. Und den wenigen Menschen, die davon erfuhren, schien es recht so, denn die Erkenntnisse der Naturwissenschaften demontierten nicht nur die Lehren der Kirche, sondern auch ihre eigene eitle Selbstgefälligkeit, die Erde als 'Mittelpunkt des Kosmos' und sich selbst als 'Krone der Schöpfung' sehen zu wollen.

Hinzu kommt, dass die Wissenschaften zwar einige rudimentäre Erkenntnisse über die Erde und den Kosmos gewonnen hatten, aber keinerlei Aussagen zur Herkunft des Menschen machen konnten. Bis zur Mitte des 19. Jahrhunderts glaubte die Menschheit noch uneingeschränkt an die göttliche Schöpfung und damit an eine übernatürliche Erschaffung der Erde und des Menschen. Und mehr noch: in diesem Weltbild durfte der Mensch zu Recht, das heißt durch religiöse Legitimation, eine Sonderstellung einnehmen, war er doch nach dem Ebenbild Gottes erschaffen und mit dem Recht ausgestattet worden, sich die Erde untertan zu machen. Selbst die aufgeklärten Menschen jener Zeit orientierten sich noch an der Schrift des englischen Theologen William Paley „Natural Theology" (1802), in der die Auffassung vertreten wurde, dass die komplexe Ausstattung höherer Lebewesen und ihre wundervolle Anpassung an die Natur ('Intelligent Design') nicht zufällig entstanden sein können, sondern auf einen intelligenten Designer (Schöpfer) hinweisen. Ein intelligenter Schöpfer dieser Art, so Paley, kann nur ein übernatürliches Wesen sein, kann nur Gott sein. Wen mag es da verwundern, dass die erste wirklich wissenschaftliche Abhandlung zu diesem Thema, die Schrift „Die Entstehung der Arten" von Charles Darwin, die im Jahre 1859 auf dem gerade geschilderten Hintergrund (Intelligent Design) veröffentlicht wurde, wie eine Bombe einschlug und sofort vehement aus allen Richtungen bekämpft wurde.

Zum ersten Mal wurde eine vollständige Theorie zur Entstehung der Lebewesen bis hin zum Menschen vorgelegt, die naturwissenschaftlich vernünftig war und die die Entstehung der Lebewesen (Artenvielfalt) nicht als Schöpfungsakt Gottes erklärte, sondern als natürlichen und nachvollziehbaren Evolutionsprozess. Nach gründlichen naturwissenschaftlichen Studien nahm Darwin Abschied von der göttlichen Schöpfungsgeschichte und dem Kreationismus Paleys und behauptete eine Abstammung aller Lebewesen aus einer einzigen Urform und eine Entwicklung komplexerer Arten aus einfachen Formen über sehr lange Zeiträume hinweg nach dem Prinzip der 'Natürlichen Zuchtwahl' und des 'Selektionsprinzips'.

Darwin ahnte, welchen Sturm der Empörung er auslösen würde, und hatte es deshalb fünfzehn Jahre lang nicht gewagt, sein fertiges Manuskript zu veröffentlichen. Trotz heftigster Anfeindungen aus allen Richtungen hat sich die Evolutionstheorie Darwins durchgesetzt. Gemäß des von ihm postulierten 'Prinzips der natürlichen Selektion' (survival of the fittest) konnten sich diejenigen Lebewesen erfolgreich weiterentwickeln, die sich am besten an ihre jeweilige Umwelt anzupassen vermochten. Andere Linien (Arten) starben wieder aus. Als Darwin dann noch einen Schritt weiterging und zwölf Jahre später (1871) seine Schrift 'Die Abstammung des Menschen' vorlegte, in der er behauptete, dass der Mensch eine Weiterentwicklung des Affen sei, brach endgültig ein Sturm der Entrüstung los.

* T. Dobzhansky: „Evolution als Prozess, der seit Anbeginn der Erde abläuft, kann nur von jenen angezweifelt werden, die die Fülle an Beweisen ignorieren, verursacht durch emotionale Schranken oder naive Gottesgläubigkeit".
D.C. Dennett: „Wenn ich einen Preis für die beste Einzelidee aller Zeiten vergeben sollte, würde ich ihn Darwin verleihen, noch vor Newton und Einstein und allen anderen. Die Idee von der Evolution durch natürliche Selektion vereinigt mit einem Schlag das Gebiet von Leben, Sinn und Zweck mit den Bereichen von Raum und Zeit, Ursache und Wirkung, Mechanismus und physikalischem Gesetz."

Dennoch konnte die Entwicklung dieser Ideen und Erkenntnisse nicht mehr aufgehalten werden. Generationen nachfolgender Wissenschaftler, angefangen beim Benediktinermönch Gregor Mendel mit seiner Vererbungslehre bis hin zu den Arbeiten vieler namhafter Forscher des 20. Jahrhunderts aus den Bereichen Paläontologie, Zoologie, Biochemie, Zytologie und Biogenetik, bis hin zur modernen heutigen Evolutionsbiologie, haben die Richtigkeit von Darwins Theorien bestätigt und die anfänglich noch vorhandenen Lücken mit einer großen Zahl an wissenschaftlichen Befunden geschlossen.

Heute gilt Darwin als Begründer der modernen Evolutionsbiologie und seine Theorien zur Entstehung der Arten, die noch in vielen Details präzisiert und (bis hin zur Entstehung des ersten Lebens) ausgeweitet wurden, werden heute von keinem ernst zu nehmenden Wissenschaftler mehr in Frage gestellt.* Wohl aber nach wie vor von fundamentalistischen Kreisen innerhalb der christlichen Kirchen wie auch im Islam. Insbesondere in den USA finden zurzeit wieder heftige öffentliche Diskussionen darüber statt, ob die Evolutionstheorie Darwins an den öffentlichen Schulen unterrichtet werden darf oder nicht. In mehreren amerikanischen Bundesstaaten ist der Lehrplan dahingehend revidiert worden, dass die Evolutionstheorie nicht mehr alleiniger Lehrgegenstand sein darf, sondern ergänzt werden muss durch die Lehre der sog. 'Kreationisten' oder des 'Intelligent Design', die im Wesentlichen wieder die zweihundert Jahre alten Theorien William Paleys aufgreifen. Dies geschieht zwar gegen den heftigsten Widerstand der amerikanischen aufgeklärten Öffentlichkeit und aller wissenschaftlichen Organisationen, aber mit stillem Einverständnis des amtierenden US-Präsidenten G.W. Bush. Diese ganze Bewegung mit ihrem Rückfall ins ausgehende Mittelalter erscheint umso absurder, als selbst die römische Kirche – wenn auch wieder einmal mit 150 Jahren Verspätung – durch eine Erklärung von Papst Johannes Paul II. im Jahr 1996 die Evolutionstheorie anerkannt und als vereinbar mit dem katholischen Glauben bezeichnet hat.

So erscheint es mir absolut notwendig, die Erkenntnisse der modernen Evolutionsbiologie auch und gerade in diesem Buch darzustellen, um den letzten Zweifel daran auszuräumen, dass der Mensch genauso ein Produkt der natürlichen Entwicklung ist, wie alle anderen Lebewesen auf dieser Erde, und dass wir uns alle aus einer gemeinsamen Wurzel ersten Lebens entwickelt haben. Sofern dieser Nachweis überzeugend gelingt, erübrigt es sich auch, eine 'übernatürliche Schöpfung' anzunehmen, gemäß des „Satzes nach dem zureichenden Grund", den schon William Occam im Jahr 1349 formuliert hat: „Man unterlasse es, unnötige und überflüssige Hypothesen in die Welt zu setzen. Wo eine einzige Annahme genügt, ist es nicht erforderlich, mehrere Annahmen einzuführen".

So wollen wir nachfolgend die drei grundsätzlichen Fragen untersuchen:

- Wie entstand erstes Leben?
- Wie kam es zur Entwicklung der Artenvielfalt?
- Wie entwickelte sich der Mensch?

Vorbedingungen des Lebens

Die Erde vor der Entstehung des Lebens

Wir wissen heute bereits viel über unsere Erde. Wir können sagen wie alt sie ist (ca. 4,5 Milliarden Jahre), wie sie entstand, wie groß und schwer sie ist, aus welchen chemischen Elementen sie besteht (überwiegend aus Sauerstoff, Silizium, Eisen, Aluminium, Calcium, Natrium, Kalium und Magnesium) und wir können auch ihre gesamte Entwicklungsgeschichte relativ genau rekonstruieren. Mit Ausnahme der ersten 600 Millionen Jahre! Für diesen frühesten Zeitraum der Erdgeschichte fehlen uns sozusagen die Beweisunterlagen. Es gab nämlich noch keine feste Erdkruste und deshalb auch noch keine Gesteine, die bis in unsere Gegenwart erhalten geblieben wären. In den Gesteinsschichten der Erde jedoch ist die Entwicklung unseres Planeten aufgeschrieben, sie beherbergen alle Zeugen der verschiedenen Erdzeitalter, sei es durch ihre eigene Zusammensetzung oder durch die Konservierung der in ihnen vorgekommenen Lebensformen. Doch zurück zu den ersten 600 Millionen Jahren: Wie kommen wir überhaupt auf diese Zahl? Da wir das Alter der Erde kennen (4,5 Milliarden Jahre), die ältesten bisher gefundenen Gesteinsproben aus dem Nordwesten Kanadas und Grönlands jedoch nicht älter sind als 3,9 Milliarden Jahre, nimmt man an, dass der Erdmantel in der ersten Phase dieser Zeitspanne noch weitgehend glutflüssig war, sich dann nach und nach verfestigte, aber durch die enorme Vulkantätigkeit immer wieder aufgerissen und aufgeschmolzen wurde. Unnötig zu erwähnen, dass sich zu dieser Zeit auch noch kein Leben entwickeln konnte. Sehen wir uns trotzdem dieses früheste Erdzeitalter etwas näher an, denn es wurden hier, trotz des lebensfeindlichen Gesamtumfeldes, eine Reihe unabdingbarer Voraussetzungen geschaffen für die spätere Entstehung des Lebens.

Auf der frühen Erde ging es lange Zeit sehr ungemütlich zu. Es herrschten enorme Temperaturen, die durch den Verdichtungsprozess der Erdmaterie entstanden und durch den unaufhörlichen Einschlag riesiger Meteoriten noch verstärkt wurden. In dieser Phase wurde übrigens auch der Mond durch die Kollision der Erde mit einem Mars-großen Körper buchstäblich aus ihr herausgerissen und in eine eigene Umlaufbahn geschleudert. Auf der Erde schmolz das reichlich vorhandene Eisen und sank aufgrund seines Gewichts in das Zentrum des Erdballs ab, wo es bis heute den glutförmigen Kern unseres Planeten bildet. Die Erde kühlte sich langsam ab und bildete einen allmählich sich verfestigenden Erdmantel, der jedoch noch lange Zeit durch die Eruption gewaltiger Vulkane immer wieder aufgerissen wurde. Auch die damals noch sehr dünne Erdatmosphäre war absolut lebensfeindlich, sie bestand überwiegend aus Kohlendioxid und hatte nur einen minimalen Sauerstoffanteil, der sich für das spätere Leben als so wichtig erweisen sollte. Erst im Lauf von mehreren hundert Millionen Jahren bildete sich eine verfestigte Erdkruste, und durch den vulkanischen Ausstoß von Wasserdampf entstanden allmählich die riesigen Meere. So war also die erste Epoche der Erde ein einziges, unvorstellbares Chaos. Meteoriteneinschläge, Vulkanausbrüche, schwerste Regenfälle mit gewaltigen elektrischen Entladungen, unerträgliche Temperaturen und eine Atmosphäre ohne Sauerstoff schufen ein absolut lebensfeindliches Umfeld. Und dennoch waren alle notwendigen Voraussetzungen für die Entwicklung von Leben bereits vorhanden; sie waren nur noch nicht im richtigen Gleichgewicht.

Definition von Leben

Bei der nachfolgenden Begriffsbestimmung von 'Leben' wollen wir uns auf eine rein biologische Definition begrenzen und alle philosophischen oder religiösen Betrachtungen außer Acht lassen. Fragt man nach den Eigenschaften und Merkmalen, die allen Lebewesen zugrunde liegen und sich demgemäß auch in der einfachsten Form des Lebens wieder finden, so ist es sinnvoll, die biologische Zelle als kleinste Einheit des Lebens näher zu untersuchen. Bei Einzellern laufen alle lebensnotwendigen Prozesse in dieser einen Zelle ab, bei vielzelligen Lebewesen übernehmen die einzelnen Zellen unterschiedliche und spezialisierte Funktionen. Immer bleibt die Zelle jedoch die kleinste biologische Einheit. Was macht sie lebensfähig? Wodurch unterscheidet sie sich von anorganischer Materie? Konzentriert man sich auf die elementarsten und wesentlichsten Grundfunktionen des Lebens, so muss man keinen großen Katalog aufstellen; fünf Eigenschaften genügen:

Stoffwechsel bezeichnet die Fähigkeit jeder lebenden Zelle, Energie aufzunehmen und umzuwandeln, um damit ihre Funktionstätigkeit und ihr Wachstum zu bewerkstelligen. Leben ist immer Aktivität und diese erfordert Energie. Die einfachste Form der Energieaufnahme vollziehen die Pflanzen durch die Umwandlung von Sonnenenergie in Kohlenhydrate, Proteine und Fette. Da die Pflanzen wiederum eine wichtige Nahrungs- und Energiequelle vieler Tiere und auch der Menschen darstellen, kann man zu Recht sagen, dass alles Leben von der Sonne abhängt.

Fortpflanzung und Vermehrung ist eine weitere zentrale Fähigkeit aller Lebewesen. Sie erfolgt bei den Einzellern schlicht durch eine Zellteilung, also einer identischen Reproduktion ihrer selbst und bei den komplexeren Lebewesen durch die geschlechtliche Fortpflanzung, bei der es zu einer Vermischung der genetischen Erbinformation beider Elternteile kommt. Jedes Leben kann also neues Leben gebären und damit für die Erhaltung und Verbreitung seiner Art sorgen.

Selbstorganisation umschreibt die Fähigkeit eines Organismus, Untereinheiten in der Zellstruktur zu bilden, die spezielle Aufgaben erfüllen, sei es die Reparatur der eigenen Zelle, wenn diese beschädigt wurde, oder sei es der Aufbau vollständiger Organe bei komplexeren Lebewesen.

Reizbarkeit und Reaktionsfähigkeit sind notwendige Voraussetzungen zur Sicherung des Überlebens. Nur wenn ein Organismus über geeignete Sensoren seine Lebensumwelt wahr nehmen und darauf reagieren kann, ist er in der Lage, sich optimal darauf einzustellen und sich an lebensbedrohende Umweltveränderungen rechtzeitig anzupassen. Leben muss also fähig sein, auf seine Umgebung zu reagieren.

Individualität oder Abgeschlossenheit ist eine letzte wichtige Voraussetzung für Leben. Nur wenn sich ein Organismus durch eine Außenhaut von seiner Umgebung abgrenzen und schützen kann, vermag er sich als 'individuelle Einheit' zu erhalten. So verbindet die Evolutionsbiologie den Beginn des Lebens mit dem Zeitpunkt, zu dem die ersten organischen Zellgebilde eine Außenhaut (Zellmembran) bildeten.

Mit diesen wenigen Bestimmungsmerkmalen lässt sich die einfachste Form des Lebens, die 'organische Zelle', hinreichend definieren. Es mag uns überraschen, dass wir in diesen Grundvoraussetzungen des Lebens letztlich auch den Zyklus des Lebens wieder erkennen, wie wir ihn heute noch tagtäglich erfahren. Der Vorgang des Werdens (Geburt), des Wachsens durch Nahrungsaufnahme (Stoffwechsel), der Individuation durch Lernen und Weiterentwicklung, des Reagierens auf Umweltsituationen und letztlich der Weitergabe unseres Lebens durch die Fortpflanzung (Reproduktion) kennzeichnet auch den Kreislauf des menschlichen Lebens; er ist in dieser Form schon in der kleinsten Zelle angelegt.

Die Entstehung des Lebens

Vorbemerkung: Die Entstehung des Lebens galt lange als das große Geheimnis der Evolution. Die Bibel erzählt uns, dass Gott die Erde und alles Leben erschaffen hat, bis hin zum Menschen als Krone seiner Schöpfung. Abgesehen davon, dass diese Vorstellung der Eitelkeit des Menschen sehr schmeichelte, erschien das Wunder des Lebens auch zu gewaltig, um es außerhalb Gottes anzusiedeln. Der Unterschied zwischen Leben und unbelebter Materie schien unüberbrückbar, die Möglichkeit, dass sich das eine aus dem anderen entwickeln könnte, unvorstellbar. Wie hätte man sich einen Prozess auch vorstellen sollen, in dem aus unbelebter Materie Lebendiges hervorgeht, wie hätte man wissen können, dass sich alles Leben aus wenigen chemischen Elementen zusammensetzt? Wie hätte man ahnen können, dass die Natur aus einem unendlichen Zeitvorrat schöpfen kann und volle zwei Milliarden Jahre nur darauf verwandte, um einzellige Lebewesen zu entwickeln, wo man doch bis zum ausgehenden Mittelalter annahm, dass die Erde nicht älter als 8.000 Jahre sei? Es ist auch noch nicht lange her, dass uns die Wissenschaften den Blick öffnen konnten, Schritt für Schritt, indem die Geologen das wahre Alter der Erde bestimmten und ihre einzelnen Entwicklungsstadien nachzeichneten, die Paläobiologen Überreste (Fossilien) der ersten Lebewesen ausgruben, analysierten und einordneten, die Evolutionstheoriker uns erklärten, wie sich die verschiedenen Lebensformen (Arten) auf unserem Planeten entwickelt haben, und zuletzt die Biochemiker und Genetiker die Vererbungsmechanismen aufdeckten, die Grundbausteine des Lebens bestimmten und anfingen, den genetischen Code des Menschen zu entschlüsseln.

Sicher nehmen auch heute noch viele Menschen ungern Abschied von der liebgewordenen Vorstellung, Gottes bevorzugtes Geschöpf zu sein, und vielleicht spürt auch mancher Leser eine innere Abwehr gegen den Gedanken, aus reiner Materie zu bestehen und aus einfachsten Lebensformen hervorgegangen zu sein. Um neben den religiös bedingten Widerständen auch noch diese emotionale Schwelle des menschlichen Selbstwertgefühls zu überwinden, brauchte es viele überzeugende Argumente und Nachweise – früher genauso wie heute – um der Evolutionstheorie zum Durchbruch zu verhelfen. Sehen wir uns also an, was die moderne Evolutionsbiologie zu sagen hat und ob sie uns mit ihren Erkenntnissen zu überzeugen vermag.

Der erste Schritt zum Leben: Die chemische Evolution

„An den Lebewesen gibt es nichts, was den Gesetzen der Chemie und Physik widerspricht" (Microsoft Encarta Enzyklopädie).

Lange Zeit glaubte die Wissenschaft, dass organisches Leben auf irgendeine Art spontan entstanden ist, sozusagen in einem „qualitativen Sprung" von unbelebter zu belebter Materie. Letztlich war dies jedoch nur das Eingeständnis, hierzu noch nichts Konkretes sagen zu können. Heute sind wir weiter und können, gestützt auf die Forschungsbefunde der modernen Biowissenschaften, von folgenden drei verbindlichen Annahmen ausgehen. Erstens: Leben gab es auf der Erde nicht schon immer, es ist entstanden. Zweitens: Leben entwickelte sich aus unbelebter Materie. Drittens: Der Übergang von unbelebter zu belebter Materie ging auf natürlichem Wege vonstatten, er ist naturwissenschaftlich erklärbar und bedarf keiner zusätzlichen, übernatürlichen Schöpfungshypothese.

Die Frage, die Laien und Wissenschaftler in der gesamten Evolutionstheorie am meisten bewegte, war die Entstehung des Lebens, war der Übergang von anorganischer (unbelebter) in organische (belebte) Materie. Wie kann sich ein solcher Vorgang auf natürliche Weise vollziehen? Wie ‚kann aus etwas so Totem wie einem Stein, etwas so Lebendiges wie ein Käfer entstehen', fragte sich der Laie, während der Wissenschaftler etwas präziser formulierte, wie konnten sich die elementarsten Grundbausteine organischen Lebens, die man mittlerweile identifiziert hatte (Eiweiße und Nukleinsäuren), auf chemischem Wege bilden und zu einer ersten lebensfähigen Zelle zusammenfinden?

Bei dem Versuch, dieser Frage auf den Grund zu gehen, ging man von folgenden Überlegungen aus: die kleinste funktionsfähige Einheit des Lebens ist die Biozelle, deren Grundbausteine bekannt sind und sich auf wenige chemische Verbindungen zurückführen lassen, wie Wasser, Kohlenhydrate, Fette und vor allem die für alles Leben unerlässlichen Proteine und Nukleinsäuren. Alle diese komplexen chemischen Verbindungen bestehen wiederum aus nur sechs chemischen Grundelementen, die in unserem Sonnensystem und damit auch auf unserer Erde häufig vorkommen, aus Wasserstoff, Sauerstoff, Kohlenstoff, Stickstoff, Schwefel und Phosphor. Die Baumaterialien waren also bekannt und es gab auch reichlich davon, man musste 'nur noch' herausfinden, ob und wie sich aus den einfachen chemischen Elementen, unter den Bedingungen der frühen Erde, die lebensnotwendigen Proteine und Nukleinsäuren bilden konnten. Dem Ehrgeiz der Forscher, diesen Nachweis möglichst auf experimentellem Wege zu liefern, stand lange Zeit das Problem entgegen, die Bedingungen der Uratmosphäre nicht genau zu kennen, um sie im Labor reproduzieren zu können. Woher sollte man wissen, wie sich die Uratmosphäre der Erde vor rund vier Milliarden Jahren zusammensetzte? Man versuchte, die Lösung auf doppeltem Wege zu finden, indem man sowohl die Atmosphären anderer Planeten unseres Sonnensystems untersuchte, wie auch die ältesten Gesteinsschichten unserer Erde. Die Atmosphäre des Jupiters, in der es wie auf der frühen Erde so gut wie keinen Sauerstoff gibt, enthält andererseits hohe Anteile an Ammoniak, Methan und Wasserdampf. Von diesem Modell einer Uratmosphäre gingen die Forscher in den frühen Fünfziger Jahren aus und unternahmen erste Versuche, die Entstehung des Lebens im Labor nachzuvollziehen.

Im Jahr 1953 führten der Nobelpreisträger Harold Urey und sein Doktorand Stanley Miller an der Universität von Chicago ein denkwürdiges Laborexperiment durch. Sie griffen dabei auf das 'Ursuppen-Modell' zurück, das schon dreißig Jahre früher von den Biochemikern Haldane und Oparin veröffentlicht worden war und das auf der Hypothese beruhte, dass die starke UV-Einstrahlung auf die Oberfläche der frühen Meere eine Aufspaltung der Moleküle des Wasserstoffs, des Wasserdampfs und des Methans bewirkte, die dann in tiefere Wasserschichten absanken, dort vor weiterer Zerstörung durch die UV-Strahlung geschützt wurden und sich zu neuen, auch organischen Verbindungen zusammenfinden konnten. Bill Bryson beschreibt in seinem Buch „Eine kurze Geschichte von fast allem" dieses Experiment lapidar wie folgt: „Im Jahr 1953 nahm Stanley Miller, Doktorand an der Universität Chicago, zwei Flaschen in die Hand. Die eine enthielt ein wenig Wasser, das einen Ur-Ozean darstellen sollte, die andere Methan, Ammoniak und Schwefelwasserstoff, ein Gasgemisch, mit dem er die Atmosphäre der Erdfrühzeit nachahmen wollte. Er verband beide Flaschen mit Gummischläuchen und ließ darin elektrische Funken als Ersatz für Blitze überspringen. Nach wenigen Tagen hatte sich das Wasser in den Flaschen grün und gelb verfärbt – es war zu einer kräftigen Brühe aus Aminosäuren, Fettsäuren, Zuckern und anderen organischen Verbindungen geworden. Millers Chef, der Nobelpreisträger Harold Urey, erklärte begeistert: Wenn Gott es nicht so gemacht hat, hat er eine gute Gelegenheit ausgelassen." Wie auch immer man dieses Experiment bewerten will, es wurden immerhin zwei wichtige Bausteine des Lebens erstmals unter Laborbedingungen erzeugt: Aminosäuren als Grundlagen der Eiweißstoffe und Fettsäuren als Grundlage der Lipide, die wiederum zum Aufbau der Zellmembran erforderlich sind. In der Begeisterung, die diesem Experiment folgte, übersah man aber allzu gern, dass diese wenigen organischen Grundbausteine bei weitem nicht ausreichen, um Leben zu gewährleisten. Es fehlten so wichtige Bestandteile wie die Basen Adenin, Guanin, Thymin und Cytosin, die für den Aufbau der DNS unbedingt erforderlich sind, und es fehlten auch die Kohlenhydrate für den Aufbau der RNS. Von der künstlichen Erzeugung wirklichen Lebens sind wir also noch weit entfernt, heute genauso wie vor fünfzig Jahren. Trotzdem ist dieses Experiment als erfolgreiche Bestätigung der 'Ursuppen-Theorie' zu sehen und zeigt zumindest einen möglichen Weg auf, wie wichtige Grundbausteine des Lebens unter den Bedingungen der frühen Erde auf chemischem Wege entstanden sein können. Richard Fortey schreibt: „Die Grenze zwischen belebter und unbelebter Materie wurde verwischt, und die Barriere ist, was auch immer an Argumenten um die Schöpfung seither vorgebracht wurde, nie wieder aufgerichtet worden".

Wie nicht anders zu erwarten, wurde das Experiment von Miller und Urey später noch mehrmals unter variierenden Bedingungen wiederholt, vor allem dann, als sich neue Erkenntnisse über die Zusammensetzungen der Uratmosphäre ergaben. Da man heute annimmt, dass der Gehalt an Kohlendioxid in der frühen Atmosphäre wesentlich höher war als Urey und Miller unterstellten, wurden in neueren Laborexperimenten entsprechend veränderte Gasgemische aus Kohlendioxid, Kohlenmonoxid, Stickstoff und nur wenig freiem Wasserstoff gebildet und diese wiederum einer starken UV-Strahlung ausgesetzt. Dabei bildeten sich nun Blausäure und Wasser, wobei sich erstere in den basischen Urozeanen problemlos in – die so wichtigen – Aminosäuren umwandeln konnte. Besonders interessant ist jedoch, dass gleichzeitig entstehendes Cyanamid unter weiterer UV-Einwirkung die Aminosäuren miteinander verband und damit die Bildung erster Eiweißmoleküle ermöglichte. Letztlich zeigen diese Laborexperimente also, dass unter der Einwirkung einer starken ultravioletten Strahlung (Sonne) auf die ersten Urozeane (Wasser) die chemische Umwandlung von anorganischer Materie in Grundbausteine des Lebens erfolgen konnte. Der erste Schritt war getan.

Die weiteren Entwicklungsschritte, von den ersten organischen Mikromolekülen bis hin zur ersten vollständigen prokaryontischen Zelle, also bis hin zu den ersten einzelligen Bakterien, seien nur kurz gestreift:

■ Für die weitere Entwicklung des Lebens mussten sich die Mikromoleküle der Aminosäuren und Eiweißmoleküle erst einmal zu Makromolekülen oder Molekülketten weiterentwickeln. Der Biochemiker Sidney Fox wies in einem Experiment nach, dass sich einfache Aminosäuren bei Temperaturen von 170 bis 190 Grad, die bei den häufigen Vulkanausbrüchen der frühen Erde problemlos erzielt wurden, kettenförmig zusammenschließen (Polymere) und erste Proteinvorstufen bilden. Werden diese Polymere langsam und unter geeigneten pH-Werten abgekühlt, bilden sich sog. 'Mikrosphären', die weitere Merkmale belebter Systeme aufweisen, wie eine verhältnismäßig konstante Gestalt, die Ausbildung einer ersten Außenhaut, die Fähigkeit zu Wachstum (Vergrößerung) und zur Abspaltung von Tochtersphären.

■ Im nächsten Entwicklungsschritt mussten sich die beiden Hauptträger des Lebens zusammenfinden, die Nukleinsäuren als Träger des gesamten genetischen Programms und die Proteine als Bauausführer und Baustoff. Der Zusammenschluss erfolgte nach einer Theorie des Nobelpreisträgers Manfred Eigen in Form eines sog. Hyperzyklus, wobei für das Verständnis des Laien nur entscheidend ist, dass dieser Vorgang auf spontane und natürliche Weise vor sich ging ('Selbstorganisation') und zur Bildung der zentralen und wichtigsten Lebenseinheit führte, dem riesigen spiralförmigen Makromolekül der Desoxyribonukleinsäure (DNS). In ihr ist das gesamte Erbgut verschlüsselt, das für den Aufbau und die Steuerung eines Lebewesens erforderlich ist.

- Und doch fehlt noch ein letzter entscheidender Schritt zum ersten Leben: die Individualisierung! Die DNS-Klümpchen hatten nur kurzen Bestand und konnten den zerstörerischen Einwirkungen ihrer Umgebung nicht standhalten. Erst durch eine schützende und Bestand gebende Außenhülle (Membran) wurde ein geschlossener Organismus geschaffen, formte sich das erste eigenständige Lebewesen, entstand das Grundmuster alles späteren Lebens, die Biozelle.

Diese ersten Biozellen, die zwar noch keinen ausgebildeten Kern hatten – die erbguttragende DNS schwamm noch frei in der Zellflüssigkeit – und deswegen *'Prokaryonten'* (griech.: 'vor' dem Kern) genannt wurden, waren jedoch bereits lebens- und fortpflanzungsfähig und stellten über einen sehr langen Zeitraum das einzige Leben auf der Erde dar. Genauer gesagt, über zwei Milliarden Jahre lang! In dieser schier unendlichen Zeitspanne leisteten diese Organismen, die einzelligen Bakterien (Cyanobakterien oder Blaugrünalgen), nur einen einzigen Beitrag zur Evolution, der jedoch von ausschlaggebender Bedeutung für alles weitere Leben war, ja es geradezu erst ermöglichten: die Produktion von Sauerstoff. Irgendwann in ihrer langen Entwicklung gelang es den Cyanobakterien, ihre übel riechende Nahrung aus Schwefelwasserstoff (Ausstoßprodukt der Vulkane) umzustellen auf das reichlich vorhandene Wasser, das sie unter Mitwirkung des ebenfalls reichlich vorkommenden Kohlendioxids und des Sonnenlichts zu einer Kohlenstoffkette und vor allem zu freiem Sauerstoff umwandelten. Die Photosynthese war geboren, der wichtigste biochemische Vorgang überhaupt, zum einen weil er allen zukünftigen Lebewesen den notwendigen Sauerstoff für ihre Atmung bereitstellte, zum anderen weil er sie vor der tödlichen ultravioletten Strahlung der Sonne schützte. Man erinnere sich: bis zu diesem Zeitpunkt betrug der Sauerstoffgehalt der Erdatmosphäre nicht einmal ein Prozent des heutigen Wertes.

Auch unter einem anderen Gesichtspunkt kommt den Cyanobakterien besondere Bedeutung zu: sie sind nicht nur die ersten Lebewesen, sondern sie sind auch die ältesten, denn sie leben immer noch. Und dies nach mehr als drei Milliarden Jahren! 1961 wurde, an der mittlerweile berühmt gewordenen Shark Bay im Nordwesten Australiens, eine Gemeinschaft noch lebender 'Stromatolithen' entdeckt. Es handelt sich dabei um riesige Bakterienkulturen, die in Form von dünnen Matten die Gesteinsschichten an den Meeresküsten überzogen haben. Im oberen Teil dieser Matten, d.h. über der Wasseroberfläche, befinden sich die zur Photosynthese fähigen Cyanobakterien, die mit den unterhalb der Wasseroberfläche lebenden anaeroben Bakterien (die ohne Sauerstoff leben können) eine gemeinsame Nahrungskette bilden. Die Shark Bay ist zu einem beliebten Ausflugsziel geworden, da es letztlich ein besonderes Erlebnis darstellt, den ältesten Lebewesen der Welt zu begegnen, obwohl letztlich nicht viel mehr zu sehen ist, als winzige Luftbläschen, die aus grau überzogenen Steinen aufsteigen. Dennoch haben es die einzelligen Prokaryonten geschafft, im Lauf von zwei Milliarden Jahren den Sauerstoffgehalt der Erdatmosphäre auf über zwanzig Prozent ansteigen zu lassen. Fast die Hälfte der Erdgeschichte wurde für diesen ersten Schritt der Evolution benötigt. Um es gleich vorwegzunehmen: auch der zweite Schritt, der Weg von der einfachsten Biozelle (Prokaryonten oder Bakterien) bis hin zur voll entwickelten Biozelle mit ausgebildetem Zellkern (Eukaryonten), die zur Grundform des gesamten nachfolgenden Lebens wurde, sollte noch einmal eine Milliarde Jahre in Anspruch nehmen. Erst danach, dann aber geradezu explosionsartig, entwickelte sich das Leben in seiner ganzen Artenvielfalt. Damit wir selbst nicht den Überblick verlieren, wollen wir den zeitlichen Ablauf der weiteren Entwicklungen vorwegnehmen und uns etwas genauer ansehen.

Der zeitliche Ablauf der Evolution

Wir erinnern uns: das Alter der Erde wird auf rund 4,5 Milliarden Jahre geschätzt. Die ältesten bisher gefundenen Spuren des Lebens liegen rund 3,8 Milliarden Jahre zurück. Die unwirtlichen Bedingungen der jungen Erde ließen Leben nicht früher zu. Fast zwei Milliarden Jahre lang beherrschten die einzelligen Bakterien den gesamten Planeten, schufen in dieser Zeit jedoch die Voraussetzungen für alle nachfolgenden Lebewesen (durch die Produktion von Sauerstoff). Erst zu diesem Zeitpunkt konnten sich die wesentlich komplexeren, voll funktionsfähigen biologischen Zellen entwickeln, mit ausgebildetem Zellkern und mit 'Subzentren' für spezielle Aufgaben. Die Weiterentwicklung zum mehrzelligen Lebewesen nahm nochmals eine ganze Milliarde Jahre in Anspruch, so dass nur noch knappe 650 Millionen Jahre blieben, um die gesamte weitere – und eigentliche – Evolution der Arten zu bewerkstelligen. In diesem vergleichsweise knappen Zeitraum überschlug sich die Entwicklung von den ersten vielzelligen Gewebetieren, wie Hohltiere und Ringelwürmer (ca. 600 Mio. Jahre), über die Fische und Amphibien (400 Mio. Jahre), die Reptilien (350 Mio. Jahre), die ersten Säugetiere (215 Mio. Jahre), die Dinosaurier (vor 65 Mio. Jahren ausgestorben) und über die Primaten (Affen) bis hin zum ersten Menschen (ca. 6 Mio. Jahre).

Bill Bryson bringt in seinem Buch (S. 425ff.) eine sehr anschauliche Beschreibung dieses Zeitablaufs, indem er die gesamte Geschichte des Lebens auf eine Tag verdichtet: „Stellt man sich die 4,5 Milliarden Jahre der Erdgeschichte zusammengedrängt auf einen einzigen Tag vor, beginnt das Leben schon sehr früh, nämlich um vier Uhr morgens, mit dem Entstehen der ersten Einzeller. Dann aber folgt in den nächsten sechzehn Stunden kein weiterer Fortschritt. Erst gegen halb neun Uhr am Abend, wenn der Tag schon zu achtzig Prozent vorüber ist, hat die Erde gegenüber dem Universum etwas anderes vorzuweisen, als eine Haut aus Mikroorganismen. Jetzt endlich tauchen die ersten Meerespflanzen auf, zwanzig Minuten später gefolgt von den ersten Quallen und den rätselhaften Ediacara-Tieren, die Reginald Sprigg in

Australien zum ersten Mal zu Gesicht bekam. Um 21.04 Uhr erscheinen schwimmende Trilobiten auf der Bildfläche, und mehr oder weniger unmittelbar danach folgen die wohlgeformten Tiere des Burgess-Schiefers. Kurz vor 22.00 Uhr gedeihen an Land die ersten Pflanzen, und kurz danach – vom Tag sind jetzt nicht einmal mehr zwei Stunden übrig – tauchen die ersten Landtiere auf. Nachdem rund zehn Minuten lang warmes Wetter geherrscht hat, ist die Erde um 22.24 Uhr von den großen Wäldern der Karbonzeit bedeckt, deren Überreste uns heute die Kohle liefern, und die ersten geflügelten Insekten sind zu sehen. Die Dinosaurier trampeln kurz vor 23.00 Uhr auf die Bühne, halten sich dort etwa eine Dreiviertelstunde auf und verschwinden dann für immer, womit das Zeitalter der Säugetiere beginnt. Die Menschen tauchen 1 Minute und 17 Sekunden vor Mitternacht auf. Unsere gesamte schriftlich belegte Menschheitsgeschichte (ca. 6.000 Jahre) ist nach diesem Maßstab nur wenige Sekunden lang." (Ende des Zitats)

Halten wir noch einmal fest: die Entwicklung ersten Lebens hat zwar sehr früh eingesetzt, sich dann aber unendlich viel Zeit gelassen, um aus dem Stadium der einzelligen Lebewesen herauszutreten. Rund drei Milliarden Jahre lang beherrschten einzellige Lebewesen das eintönige Leben auf der Erde – oder richtiger: in den Urozeanen - und erst in den letzten 600 Millionen Jahren, seit dem Beginn des Kambriums, explodierte das Leben in einem Feuerwerk der Arten. Heute leben weit mehr als eine Million verschiedener Arten auf der Erde, wobei sie nur den kleinen Restbestand der Lebewesen repräsentieren, die im Laufe dieser stürmischen Entwicklung bereits wieder ausgestorben sind.

Der zweite Schritt zum Leben:
Die biologische Evolution

Die unendlich langsame Weiterentwicklung des einzelligen Bakteriums (ohne festen Zellkern) zur voll ausgebildeten Biozelle, die das Grundmuster alles zukünftigen Lebens bilden sollte, umfasste zwei wesentliche Schritte: erstens die Bildung eines festen, dauerhaften Zellkerns, in dem die gesamte DNS mit ihrer

Erbinformation gebündelt wurde, und zweitens die Integration oder 'Einverleibung' von Bakterien, die sich bereits für bestimmte Aufgaben spezialisiert hatten (Endosymbiose). So entstanden neue Leistungszentren mit erweiterten Zellfähigkeiten. Durch die Integration von Bakterien, die bereits zur Sauerstoffatmung fähig waren (Mitochondrien), konnte eine Zelle ihre Nährstoffverarbeitung verbessern oder sie verleibte sich ein anderes Bakterium ein, das bereits ein erstes Fortbewegungsorgan (Schwimmgeißel) entwickelt hatte (Spirochaeten) und nutzte dieses zukünftig für die eigene Fortbewegung im Wasser.

Eine andere Zellentwicklung erwies sich vor allem für die zukünftige Pflanzenwelt als bedeutsam: die Endosymbiose von Blaubakterien, die zur Photosynthese fähig waren (Chloroplasten), womit ein neuer Zelltyp geschaffen wurde, der die Ernährung der gesamten zukünftigen Pflanzenwelt sicherstellte. Die Sonnenenergie genügt diesen Zellen um anorganische in organische Verbindungen umzuwandeln. So war also Schritt für Schritt ein neuer Kleinstorganismus entstanden, der entscheidende Verbesserungsmerkmale aufwies: Ansätze zu ersten spezialisierten Organen (Organellen), die beispielsweise die Sauerstoffatmung und die Fortbewegung ermöglichten, vor allem aber die Konzentration und Abschottung der gesamten Erbsubstanz in einem geschützten Kern. Die voll funktionsfähige, autonome Biozelle mit eigenem Kern (Eukaryont) war geschaffen, der kleinste gemeinsame Baustein alles pflanzlichen und tierischen Lebens!

Zwischenbemerkung

Da sich schon an dieser frühen Stelle, das heißt mit einer möglichen Spezialisierung der Zellen zur Photosynthese, die Weggabelung zwischen pflanzlicher und tierischer Evolution auftritt, müssten wir ab sofort beide Evolutionsrichtungen getrennt verfolgen. Da uns aber in besonderer Weise das Endziel 'Mensch' interessiert, beschränken wir uns im gesamten weiteren Kontext auf die Darstellung der tierischen Evolution.

Die Fortentwicklung der tierischen Einzeller folgte einem einfachen Prinzip: 'die Gruppe vermag mehr als der Einzelne' oder 'im Team sind wir leistungsfähiger'. Diese Erkenntnis, auf die sich der Homo sapiens so viel zugute hält, war schon der ersten Biozelle aufgegangen, weshalb sie sich auf die Suche nach 'Gleichgesinnten' machte. Der einfachste Weg erschien manchen die Bildung einer Kommune, einer Lebensgemeinschaft zu sein. Die Zellen einiger Algen und Pilze verhielten sich so und verschmolzen einfach zu einem gemeinsamen Zellplasma mit vielen einzelnen Zellkernen. Andere Zellen schienen diesem Lebensmodell von Anfang an zu misstrauen und entschlossen sich, lieber in der 'eigenen Familie' zu bleiben. Alle aus der Zellkernteilung hervorgegangenen 'Tochterzellen' wurden unter Hausarrest gestellt, durften also den Zellverbund nicht verlassen. Vielmehr wurden sie nach und nach zur Erledigung unterschiedlichster Aufgaben erzogen, die sie für die gemeinsame (Familien-) Zelle zu erbringen hatten. Auch in diesem Schritt ging die 'Zellintelligenz' der sehr viel später folgenden Organisationsintelligenz des Homo Sapiens also weit voraus. War die Erziehung erfolgreich, so wuchs ein Zellverbund heran, dessen spezialisierte Zellgruppen sich allmählich zu einzelnen Geweben verdichteten und das erste echte 'Gewebetier' (Metazoon) bildeten.

Die einfachste Tierform war geboren, die so genannten 'Hohltiere', die im wesentlichen nur aus einer Einstülpung des Zellgewebes entstanden, wobei die äußere Schicht einen gewissen Schutzmantel bildete und auch der Fortbewegung diente, während die innere Gewebeschicht die Nahrungsaufnahme und -verwertung übernahm. Hierfür gibt es auch erste archäologische Funde: in den Ediacara-Bergen Südaustraliens wurden 1947 gut erhaltene Sandstein-Abdrücke von fossilen Quallen (Medusen) gefunden, die auf ein Alter von ca. 600 Millionen Jahren datiert werden konnten, und schon vierzig Jahre früher wurde in den so genannten Burgess-Schieferplatten in Britisch-Kolumbien eine nur wenige Quadratmeter große Platte mit versteinerten Meerestieren gefunden, die auf ungefähr 530 Millionen Jahre festgelegt wurden. Die Burgess-Versteinerungen, die von außerordentlicher Qualität sind, wurden in ihrer Bedeutung lange Zeit nicht richtig erkannt und erst vom renommierten amerikanischen Paläobiologen Stephen Jay Gould in den letzten Jahrzehnten richtig eingeordnet.

Mit dem Eintritt der mehrzelligen Tiere in das Reich des Lebens vor rund 600 Millionen Jahren beginnt die sog. 'Kambrische Explosion', von der an die Entwicklung der Arten in vergleichsweise raschem Tempo fortschritt.

Exkurs: Altersbestimmung von Fossilien

Wir reden vom Alter der Erde mit 4,5 Milliarden Jahren, vom Auftreten erster einzelliger Lebewesen vor rund 3,8 Milliarden Jahren, von der kambrischen Explosion der Artenvielfalt vor rund 570 Millionen Jahren, vom Auftritt der ersten Saurier vor 140 Millionen Jahren und deren Aussterben vor rund 65 Millionen Jahren und datieren die Vorläufer des Menschen (Hominiden) auf 6 Millionen Jahre. Wie es scheint, gehen wir sehr sorglos mit diesen weit zurückgreifenden Altersangaben um – woher nehmen wir diese Sicherheit? Handelt es sich wirklich um präzise Altersbestimmungen oder nur um vage Schätzungen? Auch in der Paläontologie entwickelte sich die wissenschaftliche Sicherheit und Verlässlichkeit von Altersangaben, wie schon in der Astronomie, erst im Laufe des zwanzigsten Jahrhunderts und erreichte ihre volle Präzision erst in den letzten Jahrzehnten durch verbesserte und neu entwickelte Analysemethoden und -geräte.

Als Charles Darwin seine revolutionäre Evolutionstheorie vorstellte, verfügte er noch über keine wirklich wissenschaftlichen Methoden zur geologischen Altersbestimmung. Zu seiner Zeit beherrschte noch die Bibel das Vorstellungsbild vom Erdzeitalter, und es kursierten recht abenteuerlich anmutende Angaben. Zur Erinnerung: Bischof Usher errechnete das Erdalter, anhand der Ahnenfolge der biblischen Geschlechter, auf nur 8.000 Jahre. Insofern waren die Berechnungen Darwins, die er aus Studien über die Verfestigung von Sedimentgesteinen ableitete, dass die Evolution des Lebens bereits vor mehreren Hundert Millionen Jahren begonnen haben müsste, eine zeitgenössische Sensation. Selbst große Wissenschaftler, wie der Engländer Lord Kelvin, datierten noch zu Beginn des 20. Jahrhunderts das Alter der Erde auf nur zwanzig bis vierzig Millionen Jahre, Zahlen, die er aus dem Prozess der Erdabkühlung errechnete. Dann aber kam die

Wende. Mit der Entdeckung der Radioaktivität Anfang des zwanzigsten Jahrhunderts begann das wissenschaftliche Zeitalter der Geochronologie, der physikalisch exakten Altersbestimmung von Gesteinsschichten. Ausgehend von der Beobachtung, dass die Atomkerne vieler Elemente instabil sind (Isotope) und mit konstanter Geschwindigkeit zerfallen, war es nahe liegend, diese 'Zerfallgeschwindigkeit' zur Zeitbestimmung von Gesteinsschichten oder von fossilen Knochenresten zu nutzen. Als besonders hilfreich erwies es sich auch, dass man Elemente ausfindig machen konnte, die extrem langsam zerfallen (Uran) und andere, deren Zerfallzeit relativ kurz ist, wie zum Beispiel das Kohlenstoffisotop C14. Erstere eignen sich deshalb besonders gut für die Altersbestimmung lang zurückliegender Epochen (Erdzeitalter), letztere für die umso präzisere Datierung von geologisch eher kurzfristigen Ereignissen.

Ohne auf die komplexen Einzelheiten der radioaktiven Meßmethoden näher einzugehen, sollen die beiden Hauptmethoden, die Uran-Blei-Methode und die Kohlenstoff-Stickstoff-Methode (C14-Methode), kurz vorgestellt werden. Beide Methoden basieren auf dem gleichen chemisch-physikalischen Vorgang, der konstanten Zerfallgeschwindigkeit des radioaktiven Atomkerns (Uran-Isotop-238 bzw. Kohlenstoff-Isotop-14). Genauer gesagt handelt es sich dabei nicht um einen wirklichen Zerfall, sondern um eine Umwandlung des Urans in Blei beziehungsweise des Kohlenstoffs in Stickstoff. Diese 'Zerfallzeit' ist heute für alle gängigen Isotope bekannt, so dass sich z.B. aus dem Verhältnis von noch vorhandenem Uran und schon umgewandeltem Blei in einer Gesteinsprobe genau bestimmen lässt, wie alt dieses Gestein oder das in ihm eingeschlossene Lebewesen ist. So braucht das Uranisotop-238 rund 4,5 Milliarden Jahre bis es sich zur Hälfte in das 'Tochterisotop' Blei verwandelt hat, während das 'Mutterelement' Kohlenstoff-14 nur 5.700 Jahre benötigt, um sich zur Hälfte in Stickstoff umgesetzt zu haben. Man spricht in diesem Zusammenhang von den so genannten „Halbwertszeiten" der jeweiligen Elemente, die zur Meßlatte der radiometrischen Altersbestimmung wurden und die auch deutlich machen, warum sich die Uranmethode besonders gut für lange Zeiträume und die

C14-Methode für Zeiträume bis maximal 100.000 Jahre eignet. Für diese beiden Hauptverfahren der geologischen Altersbestimmung gibt es heute spezialisierte Institute, die u.a. mithilfe modernster Massenspektrometer die genauen Anteilsverhältnisse der Isotope in entsprechenden Gesteinsproben (Uran-Blei-Methode) oder auch in fossilen Pflanzen und in tierischen Gewebe- und Knochenresten bestimmen. Abschließend noch eine kurze Erläuterung der C14-Methode, weil sie das wichtigste Verfahren zur Altersbestimmung von organischen Substanzen (Lebewesen) ist. Pflanzen nehmen über ihre Assimilation radioaktiven Kohlenstoff aus der Atmosphäre auf, den Tiere und Menschen beim Verzehr dieser Pflanzen übernehmen. Alle Lebewesen bilden im Lauf ihres Lebens einen bestimmten und gleich bleibenden Gehalt an Kohlenstoff-14 aus. Erst mit dem Tod des Lebewesens wird kein C14 mehr aufgenommen und dieses zerfällt nun mit der bekannten Halbwertszeit von 5.700 Jahren. Somit ist die C14-Messung vor allem für die Bestimmung von fossilen Funden aus der jüngeren Menschheitsgeschichte von großer Bedeutung.

Die weitere Entwicklung des Lebens: Entstehung der Arten

Wir erinnern uns: nach mehr als drei Milliarden Jahren, die das Leben darauf verwendete sich zu entwickeln, ging die weitere Entwicklung des Lebens relativ zügig voran. Vom Beginn des Kambriums (ca. 570 Millionen Jahre) an, explodierte das Leben in einem wahren Feuerwerk der Artenentwicklung. Sehen wir uns diesen Irr- und Wirrlauf des Lebens an, der in seinem gesamten Ablauf von zahllosen Katastrophen begleitet wurde, die zum teilweisen oder völligen Aussterben vieler Arten führten und dadurch den Lauf der Evolution immer wieder nachhaltig veränderten. Die Entwicklung des Lebens verlief keineswegs so geradlinig und geordnet, wie dies in den nachfolgenden Ausführungen erscheinen mag, sondern wurde durch die geologischen Verwerfungen der noch unstabilen Erde und den hieraus resultierenden dramatischen Klima- und Umweltveränderungen zu einem wirren Zickzackkurs gezwungen. Zusätzlich zu den ungeordneten Verhältnissen auf der Erde erzwangen auch noch extraterrestrische Katastrophen, wie gigantische Meteoriteneinschläge, immer wieder einen Abbruch und eine Neuausrichtung des evolutionären Weges. So erbarmungslos es klingen mag, die vielen Umwälzungen und Katastrophen, die das Leben auf der Erde heimsuchten, erwiesen sich letztlich als entscheidender Motor für den Fortschritt des Lebens. Man schätzt, dass von den vielen Milliarden Arten, die sich seit dem Kambrium (600 Millionen Jahre) entwickelten, mehr als 99,9 Prozent wieder ausgestorben sind. Nicht alle durch die Einwirkung von Katastrophen, die meisten, weil sie den konkurrierenden anderen Arten nicht standhalten konnten, aber immer wieder kam es auch zu einem Massensterben fast der gesamten lebenden Population. Vielen bekannt ist das dramatische Schicksal der Dinosaurier, die fast einhundert Millionen Jahre lang die Erde beherrschten und kaum noch andere Arten neben sich bestehen ließen, bis sie selbst von einem einzigen gigantischen Meteoriteneinschlag vollständig und endgültig ausgelöscht wurden. Und wie schon viele Male vorher, bestätigte sich wieder das eherne Gesetz der Evolution: die Katastrophe des einen wurde zur Chance des anderen. Denn erst jetzt konnte sich eine andere Art aus ihrem Schattendasein hervorwagen, die bis dahin weitgehend unter der Erde lebte und dort Schutz vor den übermächtigen Dinosaurier suchte. Wir sprechen von den frühen Säugetieren, unseren eigentlichen unmittelbaren Vorfahren, die trotz ihrer bescheidenen Größe (vergleichbar unseren heutigen Erd- oder Eichhörnchen) nach und nach die ganze Erde in Besitz nahmen und in einer unübersehbaren Artenexplosion zum größten Erfolgsmodell der Evolution wurden.

Doch erst noch einmal zurück zur frühen Welt der ersten Weichtiere, vor mehr als 600 Millionen Jahren, als das Leben noch ausschließlich im Meer stattfand. Auch in dieser frühen Zeit gab es schon kleine und große Katastrophen, die zum Aussterben vieler Arten führten. So hatte auch die wundervolle Welt der Ediacara-Fauna (benannt nach dem Fundort in Südaustralien) keinen langen Bestand, die mit ihren zarten und exotisch anmutenden Lebewesen vor rund 650 bis 570 Millionen Jahren die Meere bevölkerte, und hätte nicht ein kleiner Erdrutsch einige ihrer Vertreter vorsichtig und kunstvoll in einer Tonschicht konserviert, wir hätten nie etwas von der Existenz dieser flachen, weichhäutigen und in äußerst phantasievollen Formen auftretenden Tiere erfahren, die man am ehesten mit unseren heutigen Hohltieren (Quallen, Ringelwürmer) vergleichen kann. Erst vor wenigen Jahren wurde diese Wunderwelt der frühesten Weichtiere entdeckt, die eine wichtige Zeitlücke schlossen, über die man bisher nichts wusste (das so genannte Präkambrium), und die den wichtigen Übergang zwischen der Welt der Bakterien und dem Beginn der Artenexplosion im Kambrium markierten. Wir wissen auch nicht, warum sie ausgestorben sind, aber es könnte daran gelegen haben, dass sie sich nicht so erfolgreich zu schützen wussten, wie eine parallele Entwicklungslinie von Meerestieren, die eine harte Außenschale, ein Gehäuse, einen Panzer oder Stacheln auszuformen wussten. Diese 'Biomineralisation', worunter man den Aufbau eines verfestigten Außen- oder (später auch) Innenskeletts versteht, erwies sich als neuer und richtungweisender Weg für die gesamte Evolution.

Vor allem die Ausbildung einer Wirbelsäule bestimmte den Fortgang des gesamten weiteren Lebens, da hierdurch der immer komplexer werdende innere Organaufbau die notwendige Stütze erhielt und gleichzeitig die Fortbewegung durch neue skelettgestützte Gliedmaßen revolutioniert werden konnte. Womit wir bei den Wirbeltieren und ihren ersten Vertretern, den Fischen, angelangt wären und auf der Zeitskala bei rund 570 bis 400 Millionen Jahren, der ersten Hälfte des Paläozoikums. In dieser langen Periode geschah eine Menge, wobei sich zwei Entwicklungen als besonders bedeutsam erwiesen: aus einer ersten Verdickung und Längsverfestigung der oberen Körperdecke (chorda dorsalis) bildete sich allmählich eine verknöcherte, aber dennoch biegsame Wirbelsäule heraus, an deren Verknorpelungen sich auch die ersten Gliedmaßen (Flossen) ausbilden konnten, und: die zunächst noch kieferlosen Urfische (Agnatha) bildeten schrittweise einen Ober- und Unterkiefer aus. Obwohl die Wirbeltiere zweifellos die Sieger der bisherigen Evolution waren, wurden sie noch lange Zeit begleitet von einer nahezu unermesslichen Artenvielfalt an Weichtieren und Tieren mit Außenskeletten, die sich jedoch überwiegend als Sackgassen erwiesen. Die berühmten Trilobiten gehören dazu, die damals so häufig auftraten, dass ihre versteinerten Panzer noch heute in fast jedem Mineraliengeschäft zu finden sind, ebenso wie die riesige Kolonie von Weichtieren, die im so genannten 'Burgess-Schiefer' in den Bergen von British- Kolumbien gefunden wurden. Obwohl es sich um eine kleine Fundstätte handelt, übersteigt die Formenvielfalt dieser Weichtierkolonie die Zahl aller Lebewesen in den heutigen Ozeanen. Welch ein gigantisches Experimentierfeld leistete sich das Leben im Lauf seiner Entwicklung.

Wir kehren jedoch wieder zurück zu unseren ersten Wirbeltieren, den Fischen, die sich zur beherrschenden Tierform der Meere entwickelten, und die uns heute noch weitgehend in der Form begegnen, in der sie sich vor vierhundert Millionen Jahren entwickelt haben. Und obwohl die Fische somit eher eine 'Stillstands-Art' sind, haben sich aus ihnen diverse Nebenlinien entwickelt, die den entscheidenden Schritt zur Eroberung des Festlands ermöglichten. Was war geschehen? Eine bestimmte Fischart, der heute noch in wenigen Exemplaren lebende 'Lungenfisch', entwickelte ein bis dahin unbekanntes, raffiniertes Doppel-Atmungssystem. Er konnte Sauerstoff sowohl aus dem Wasser wie auch aus der Luft aufnehmen, zum einen über Kiemen, wie alle anderen Fische, zum anderen aber auch über die erste, rudimentär ausgebildete Lunge. Damit war er in der Lage, seichte und vom Austrocknen bedrohte Brackwasserzonen zu bewohnen, ein Lebensraum, den ihm damals niemand streitig machen konnte. Daneben gab es noch zwei andere wichtige Weiterentwicklungen. Einige Fische gingen dazu über, ihre biegsamen Flossen mit stärkeren Knochenelementen zu stabilisieren, mit denen sich nicht nur paddeln ließ, sondern auf die man sich auch stützen konnte (Quastenflosser). Eine dritte wichtige – und für das Leben auf dem Festland entscheidende – Neuerung wurde von anderen Fischarten eingeleitet: sie stellten eine Verbindung zwischen ihrer Nasen- und Mundhöhle her.

Trotz dieser evolutionären Leistungen hätten die abenteuerlustigen Wasser-Auswanderer ihr Sehnsuchtsziel Land nie erreichen können, wenn ihnen nicht von anderer Seite aus zugearbeitet worden wäre. Ihre weitläufig verschwägerten Verwandten, die Pflanzen, hatten sich schon lange vorher auf die Festlandsreise gemacht und mit ihrer Photosynthese für genügend Sauerstoff in der Atmosphäre gesorgt. Nicht genug damit, stellten sie sich in selbstloser Art und Weise auch noch als Nahrungsquelle zur Verfügung und schufen damit die notwendigen Voraussetzungen für die Landnahme ihrer tierischen Vettern.

Wie sah sie aber aus, die Welt vor mehr als 350 Millionen Jahren, die sich für die ersten Aussiedler aus dem Meer, die Amphibien fein gemacht hatte? Sie war nicht mehr ganz so kahl und unfreundlich wie in den Jahrmilliarden davor. Schon einhundert Millionen Jahre vor der Landnahme durch die Tiere hatten bereits die Algen, Flechten und Pilze begonnen, erstes Leben und erstes Grün auf das Festland zu tragen, das zu dieser Zeit fast nur aus einem einzigen Großkontinent 'Gondwana' bestand, der die heutige Antarktis, aber auch Afrika, Mittel- und Südamerika, Australien, Indien sowie Teile Europas umfasste. Nur Nordamerika, Nordeuropa und Sibirien bildeten eigene Landinseln. Zunächst waren es nur die Küstenregionen sowie andere Feuchtgebiete dieser frühen Kontinente, die von den Urformen des Farns und Bärlapps sowie der Schachtelhalme und der ersten Samenpflanzen besiedelt wurden, doch aus letzteren entwickelten sich die Waldbäume, zunächst wenige und kleine, dann immer mehr und immer größere.

Doch die nächste 'hausgemachte' Katastrophe bahnte sich bereits an: der Riesenkontinent 'Gondwana' nimmt Kurs auf die restlichen kleineren Landmassen und kollidiert mit ihnen. Es kommt zu gewaltigen Bewegungen und Umgestaltungen auf der Erdoberfläche. Weitläufige Gebirge falten sich auf und führen zu dramatischen Klimaveränderungen, die von der Antarktis über Afrika, Indien und bis nach Australien zu weiträumigen Vergletscherungen führen. Kurioserweise gedeihen in West- und Mitteleuropa gleichzeitig riesige Wälder in tropischen Sümpfen, die nicht nur die Landnahme durch die Amphibien ermöglichten, sondern 350 Millionen Jahre später auch die Grundlage für die Industrialisierungsepoche der Jetztzeit-Menschen bildeten (aus den tropischen Wäldern des Karbons entstanden die riesigen Kohleflöze Europas).

Auf diese Welt trafen die ersten Wassergeborenen und „was hier den Fluten entstieg, mühselig an Land kroch, der Ur-Urvorfahre der schaumgeborenen Aphrodite, das war nicht nur ein ziemlich hässliches, ästhetische Gefühle gewiss nicht ansprechendes Wesen. Es war zugleich ein Zwitter, halb noch Fisch, halb aber schon ein vierfüßiges, breitmauliges Amphibium. Das erste bekannte Landwirbeltier, vor etwa 370 Millionen Jahren aus den Quastenflossern hervorgegangen – den Paläontologen unter dem Gattungsnamen 'Ichtyostega' bekannt." (H.K. Erben, S. 204). Der Vorfahr des Lurches, Frosches, Salamanders und der Blindwühle war an Land gegangen, noch halb Wassertier (Eiablage im Wasser/Kiemenatmung im Larvenstadium) und halb schon Landtier (Lungenatmung/Fortsetzung des Lebens auf dem Land). Dieses Leben in beiden Medien, Wasser und Luft, erforderte eine Reihe von Umstellungen und neuen Fähigkeiten. Die Außenhaut musste vor Austrocknung schützen, das Skelett musste stabiler werden, um den Körper auch an Land tragen zu können, die Gliedmaßen mussten nicht nur zum Schwimmen, sondern auch zum Gehen taugen. Viel Entwicklungsarbeit für die kleinen Amphibien, und kaum ist sie geleistet, bahnt sich schon die nächste wichtige Weichenstellung an: der Übergang von den Amphibien zu den Reptilien.

Diese neue Art hatte auch eine neue Trumpfkarte des Lebens zu bieten: die Entwicklung eines Eies mit einer festen Schale und einem ausreichenden Nahrungsvorrat im Innern. Damit waren die Reptilien zu den ersten wirklichen Landtieren geworden, die das Wasser weder zur Eiablage noch zur ersten Aufzucht ihrer Nachkommen benötigten. Die Idee mit dem Ei erwies sich als entwicklungsträchtiges Erfolgsmodell und drängte die Amphibien immer mehr in eine Sackgasse der Evolution. Die Reptilien und ihre unzähligen Art-Varianten, von der Schlange über die Eidechse, die Schildkröte, die Echsen und Krokodile bis hin zu den Dinosauriern bestimmten fast 200 Millionen Jahre lang das Geschehen auf der Erde. Vor allem die Dinosaurier dominierten und terrorisierten alle anderen Lebewesen ihrer Zeit und brachten deren Entwicklung fast völlig zum Stillstand – bis sie selbst der bereits geschilderten Tragödie zum Opfer fielen. Doch hiermit greifen wir zu weit vor, denn lange vor dem Aussterben der Dinosaurier, genauer gesagt, gerade dann als ihre Ahnen, die ersten Reptilien, sich auszubreiten begannen, suchte eine andere Katastrophe die Erde heim, die nahezu alles Leben zu Wasser und zu Lande vernichtete.

Im Übergang vom Paläozoikum zum Mesozoikum, also vor rund 250 Millionen Jahren trafen mehrere unglückliche Umstände zusammen, die zu einem massenhaften Aussterben der damaligen Lebewesen führten. Richard Fortey spricht von „einem Gemetzel in einer Größenordnung, das die Erde bis dahin noch nicht gesehen hatte" und vom „größten Massensterben in der Geschichte des Lebens". Was war geschehen? Durch die Verschmelzung des Urkontinents Gondwana mit den übrigen kleineren Landmassen der Erde entstand ein einziger Riesenkontinent 'Pangäa' (Allerde), der sich in einer geschlossenen Landmasse vom Nordpol bis zum Südpol erstreckte. Die Bildung dieses Superkontinents blieb nicht ohne Auswirkungen, die Meere wichen zurück und ihr Spiegel sank erheblich, wodurch der Lebensraum vieler Flachwassertiere vernichtet wurde. Bei der Zersetzung dieser Organismen wurde Kohlendioxid frei, das als Treibhausgas in der Atmosphäre zu einer starken Erwärmung der Erde führte. Durch die Kollision der Kontinente kam es noch zusätzlich zu gewaltigen tektonischen Verschiebungen und zu riesigen Gebirgsauffaltungen und im Gefolge damit zu starker vulkanischer Tätigkeit. So war also das Leben von beiden Seiten her bedroht, vom Wasser und vom Lande! Man nimmt heute an, dass in dieser doppelten Tragödie zwischen siebzig und neunzig Prozent aller damals lebenden Arten ausgestorben sind – wiederum zum Vorteil der wenigen Überlebenden.

Und zu diesen Gewinnern sollten in erster Linie die Dinosaurier zählen, die sich nach und nach zu den größten Reptilien aller Zeiten entwickelten. Der Name Dinosaurier bedeutet 'schreckliche Echse' und ist zumindest in seinem zweiten Namensbestandteil unrichtig: die Dinosaurier waren keine Echsen! Sie unterschieden sich unter anderem durch eine entscheidende evolutionäre Weiterentwicklung:

ihre Beine waren nun direkt unter dem Körper angebracht und nicht mehr seitlich abgespreizt wie bei den Echsen. Das verlieh ihnen eine wesentlich schnellere Fortbewegungsmöglichkeit. Entgegen allen Vermutungen waren die Dinos also vergleichsweise flinke und bewegliche Tiere. Die ältesten Fossilien datieren 230 Millionen Jahre zurück und zeigen Tiere mit noch deutlich kleinerer Statur. Die Riesensaurier, deren Skelette wir heute mit leisem Schaudern in naturhistorischen Museen oder in Trickmontagen in Hollywoodfilmen bewundern, sollten sich erst später entwickeln. Sie erreichten über dreißig Meter Länge und ein Gewicht von bis zu achtzig Tonnen und waren damit die größten Landtiere aller Zeiten – verständlicherweise waren diese Riesen dann auch nicht mehr ganz so flink und beweglich.

Die Saurier hatten in ihrer langen Herrschaft über die Erde (rund 130 Millionen Jahre) genügend Zeit, eine unüberschaubare Artenvielfalt hervorzubringen, die auf zwei Hauptlinien zurückging: die 'Echsenbecken-Dinosaurier' und die 'Vogelbecken-Dinosaurier'. Erstere stellen die ursprünglichere Form dar. Sie waren Pflanzen- und Fleischfresser, die auf vier Beinen liefen, einen langen Hals mit einem vergleichsweise kleinen Kopf hatten und sich auf ihrem extrem langen Stützschwanz bis zu einer Höhe von zwanzig Meter aufrichten konnten. Neben den riesigen aber vergleichsweise harmlosen Pflanzenfressern gab es bei den Echsenbecken-Sauriern auch fleischfressende Exemplare, die meist deutlich kleiner, dafür aber schneller und wendiger waren. Zu ihnen gehört auch der allseits bekannte 'Tyrannosaurus Rex', der trotz seines furchterregenden Aussehens, mit gewaltigem Kopf und dolchartigen Zähnen, hoch aufgerichtet auf seinen kräftigen hinteren Gliedmaßen, nach neuesten Forschungsergebnissen, nicht mehr als gefürchteter Räuber eingestuft wird, sondern als vergleichsweise harmloser Aasfresser. Experten schließen dies aus seinem hohen Gewicht, das ihn hinderte, ein wirklich schneller Läufer zu sein, sowie aus seinen stark zurückgebildeten vorderen Gliedmaßen, mit denen er sich nach einem Sturz aus schnellem Lauf nicht rasch hätte wieder aufrichten können.

Die Vogelbecken-Saurier hingegen waren ausnahmslos Pflanzenfresser, von beträchtlichen Ausmaßen und teilweise recht abenteuerlichem Aussehen. Massive Panzerplatten auf dem Rücken, Stacheln und spitze Hörner sollten sie vor ihren räuberischen Artgenossen schützen. Alle Dinosaurier legten Eier, meist in recht unordentlichen Nestern. Hunderte von diesen Eiern (teilweise bis zu 20cm groß) wurden kürzlich in China gefunden, teilweise noch mit den mumifizierten Embryos. Wie bereits erwähnt, eroberten die Saurier alle drei Elemente Land, Luft und Meere. Während die Dinosaurier ausschließlich auf dem Land blieben, kehrten einige Saurierarten in die Meere zurück, aus denen ihre Vorfahren, die Amphibien, nahezu hundert Millionen Jahre zuvor entflohen waren. Der 'Plesiosaurier' sah seinen auf dem Land lebenden Verwandten noch relativ ähnlich (langer Hals mit kleinem Kopf, aber statt der Beine vier Flossen), während der 'Ichtyosaurier' schon eher einer großen stromlinienförmigen Fischechse glich, mit großer Rückenflosse und gegabeltem Schwanz, aber einem deutlich reptilhaften Schädel. Der Ichtyosaurier war in gewisser Weise ein Vorläufer der heutigen Meeressäuger (Delphine, Wale), er wurde bis zu zehn Meter groß, musste zum Luftholen auftauchen und brachte lebende Junge zur Welt.

Doch die eigentliche (r)evolutionäre Leistung der Saurier lag in der Eroberung der Lüfte. Diese erfolgte gleich auf zwei verschiedenen Wegen, von denen sich einer als weniger dauerhaft erwies, während der zweite direkt zur Entwicklung der heutigen Vogelwelt führte. Zu Beginn bevölkerten die recht unheimlich aussehenden Flugreptilien (Pterosaurier) die Lüfte, die in ihrem Körperbau mehr einer gewaltigen, überdimensionierten Fledermaus als einem Vogel glichen und auch zusammen mit den Sauriern wieder ausgestorben sind. Von ihrem stark verlängerten vierten Finger spannte sich eine Flughaut zu ihrem Körper, und obwohl ihre Knochen hohl waren und damit zur Gewichtreduzierung beitrugen, bleibt es ein ungelöstes Rätsel, wie sich die größten dieser Flugreptilien, mit einer Flügelspannweite von nahezu fünfzehn Metern ('Quetzalcoatlus'), in die Luft erheben konnten. Welch ein Schrecken mag die Tiere am Boden überkommen haben, wenn ein Schwarm dieser fliegenden Ungeheuer den Himmel über ihnen verdunkelte. Der erste und wirkliche Urahn aller Vögel, der Archaeopteryx, hatte hingegen nur die Größe einer Taube und war doch ein echter Dinosaurier. Er hatte zwar schon erste ausgebildete Federn, aber durch sein vollständiges Gebiss, die kräftigen Krallen an seinen zu Flügeln umgebildeten Vordergliedmaßen und nicht zuletzt durch seinen langen, reptilhaften Schwanz ähnelte er doch sehr einem kleinen Dinosaurier. Dennoch ist er der unbestrittene Urahn der Vogelwelt.

Durch ihre große Artenvielfalt, durch die Besiedelung aller drei Lebensräume (Luft, Wasser, Erde) und nicht zuletzt durch ihre enorme Körpergröße beherrschten die Dinosaurier fast das ganze Mesozoikum, also einen Zeitraum von mehr als 130 Millionen Jahre. Doch dann plötzlich, wie so oft in der Entwicklung des Lebens, beendete eine einzige Katastrophe das Zeitalter der Dinosaurier. Doch diesmal kam der Feind von außen: vor rund 65 Millionen Jahren schlug der größte Asteroid auf der Erde ein, seit sich Leben entwickelt hatte. Mit einem Durchmesser von mehr als zehn Kilometern riss er im Süden Mexikos einen Einschlagkrater von mehr als 180 Kilometern. Die Erdatmosphäre füllte sich mit Staub und giftigen Gasen, die die Sonneneinstrahlung behinderten, die Synthese der Pflanzen beeinträchtigten, sauren Regen auslösten und eine gesamtheitliche Klimaveränderung (Abkühlung) einleiteten. Während sich einige Meerestiere in tiefere Wasserschichten retten konnten und auch manche kleinere Landtiere Nischen zum Überleben fanden, wurde den Dinosauriern ihre Zahl und Größe zum Verhängnis. Die radikal verwüstete Erde bot ihnen nicht mehr genügend Überlebensraum.

Und wieder einmal wurde das Verhängnis der einen Art zum Vorteil der anderen. Das Zeitalter der Säugetiere begann! Schon während der Ära der Dinosaurier hatten sich erste Zwischenformen von kleinen, säugetierähnlichen Reptilien entwickelt, die zwar noch Eier legten, aber bereits Haarwuchs erkennen ließen und auch ihre Körpertemperatur regeln konnten (Merkmale der Säugetiere), aber da sie klein und wenig wehrhaft waren, blieb ihnen unter der Herrschaft der gewaltigen Dinosaurier nur ein Schattendasein. Die Waffen ihres Überlebenskampfes hießen Unauffälligkeit und Zurückgezogenheit; sie flüchteten in versteckte und ungefährdete Lebensräume, lebten teilweise unter der Erde und entwickelten in aller Stille und Bescheidenheit ihre säugertypischen Merkmale weiter. Ihr Haarkleid wurde dichter, ihre Warmblütigkeit konnte durch eine bessere Nahrungsverwertung (Umstellung des Gebisses und der Kaumuskulatur) zunehmend in Gang gebracht werden, sie verfeinerten ihr Gehör und steigerten die Leistungsfähigkeit ihrer Lunge - und vor allem, sie brachten ihre Jungen lebend zur Welt und ernährten sie mit ihrer eigenen Milch. Und doch hätten sie, trotz all dieser stetigen und beharrlichen Entwicklungsarbeit, nie eine wirkliche Chance gegen die überdominanten Dinosaurier gehabt, wäre ihnen nicht die extraterrestrische Hilfe in Form des Meteoriteneinschlags zuteil geworden.

Richard Fortey beschreibt in seinem Buch „Leben" (S. 339ff.) diesen Zeitabschnitt der Evolution sehr anschaulich: „Wie arme Verwandte einer vornehmen Familie, mussten sie (Anm.: die ersten Säugetiere) am Rande der Besitzung leben und sich nach der Decke strecken, bis das Ausbleiben eines Erbfolgers sie zu Herren über Grund und Boden machte. Wir können uns vorstellen, wie sie, mit empfindlichen Schnurrhaaren versehen, zitternd unter einem Palmfarngehölz Schutz suchten, während Sauropoden (Anm.: Dinosaurier) donnernd vorbeistampften; sie warteten auf den Einbruch der Dunkelheit, um sich hastig über die Reste der Mahlzeit des Riesenreptils herzumachen. Mit dem Aussterben der terrestrischen Dinosaurier wurden alle von ihnen genutzten ökologischen Lizenzen frei; sie hatten lange die Spitze der Nahrungskette gebildet. Es war, als würde eine Auswahl an ausgedehnten Festmählern dargeboten, nicht bloß fette Grashüpfer oder wohlschmeckende Maden. Wenn es stimmt, dass die Natur das Leere verabscheut, dann wurde jetzt in größter Eile jede freie Stelle in der belebten Welt mit Kandidaten besetzt, die Erfahrung in einem passenden Gewerbe hatten: Grasfresser und Jäger sowie jede erdenkliche Tätigkeit von Wirbeltieren. Mehrere der Grundtypen von Säugetieren waren zwar schon während der Kreidezeit aufgetaucht, doch erst jetzt nach dem Aussterben der Dinosaurier gerieten sie in eine Art Schöpfungsrausch neuer Typen, der aus kleinen, sogar buchstäblich mit den Füßen getretenen Tieren die größte Vielfalt von Formen entstehen ließ, die je die Erde geschmückt hat. Es waren nämlich die Säugetiere und die Vögel, welche sich die neuen Gelegenheiten zunutze machten. Die anderen, die das große Sterben am Ende der Kreidezeit überstanden, nutzten sie nicht – weder die Eidechsen noch die Krokodile noch die Schildkröten" (Zitat Ende).

Die Säugetiere hatten ihre neu angetretene Herrschaft über die Erde nicht nur dem Aussterben der Dinosaurier zu verdanken. Sie brachten auch eigene Stärken mit, die sich in den kommenden Jahrmillionen, in denen die Erde noch schweren Zeiten entgegengehen sollte, als beträchtliche Selektionsvorteile erwiesen. So waren sie als Warmblüter in der Lage, auch die kalten Regionen der Erde zu besiedeln, die den Reptilien immer verschlossen blieben, und vermochten sogar den Eiszeiten zu trotzen, die die Kontinente in den nächsten sechzig Millionen Jahren mit steter Regelmäßigkeit überzogen. Ihre 'warmblütige Überlebensfähigkeit' hätte ihnen jedoch wenig genützt, wären sie nicht auch in der Lage gewesen, ihre Nachkommenschaft wirksam zu schützen. Durch die Aufzucht des herankeimenden Lebens im Mutterleib und durch die Möglichkeit, das Neugeborene mit selbst produzierter Nahrung (Muttermilch) am Leben zu erhalten, konnte den Nachkommen, auch unter unwirtlichen Bedingungen, das Überleben gesichert werden. Unter all diesen Voraussetzungen ist es nicht verwunderlich, dass sich die Säugetiere (Siegertiere?) explosionsartig auf der fast leeren Erde verbreiteten, und in Rekordzeit eine bisher noch nie erreichte Artenvielfalt entwickelten. In nur zehn Millionen Jahren, also einem erdgeschichtlich sehr kurzen Zeitraum, hatten sich die Säuger in mehr als 130 Gattungen aufgespaltet, von denen noch heute rund neunzig auf der Erde leben (der Rest ist ausgestorben).

Von Anfang an gab es unter den Säugetieren drei unterschiedliche Arten der Geburt und der Säugung. Die so genannten 'Kloakentiere' (honi soit qui mal y pense) bringen ihre Jungen zwar nicht lebend auf die Welt, sondern legen nach wie vor Eier, aber sie säugen ihre lebensunfähigen und frisch geschlüpften Nachkömmlinge. Dazu nimmt sie die Mutter in eine Art Brustbeutel auf, in den sie Milch absondert, die von den Jungen aufgeschleckt wird. Heute leben nur noch zwei Vertreter dieser wenig erfolgreichen Art in Australien, der Ameisenigel und das kurios aussehende Schnabeltier. Weit erfolgreicher erwiesen sich die beiden anderen Wege in der Evolution der Säugetiere, die Beuteltiere und die Placentatiere. Beide Arten brachten von Anfang an lebende Junge auf die Welt, wobei die Beuteltiere ihre winzigen Nachkommen nicht gleich der rauen Wirklichkeit aussetzen wollten und sie deshalb, wie die Kloakentiere, noch eine Zeitlang mit sich herumtrugen und in ihrem Beutel über Milchzitzen ernährten. Jeder kennt das anmutige Bild, wo das kleine Känguru keck aus dem Brustbeutel seiner Mutter herausspitzt und diese sehr spezielle Art familiärer Geborgenheit der Weite Australiens eindeutig vorzuziehen scheint. Australien blieb bis heute der Kontinent der Beuteltiere, denn als sich seine Landmasse vom Allkontinent Pangäa löste und seine Reise in die Unabhängigkeit antrat, nahm er nahezu ausschließlich Beuteltiere mit an Bord, die sich aufgrund mangelnder Konkurrenz ungefährdet entwickeln konnten. Von dem früheren Artenreichtum weiß man allerdings erst seit kurzem, seitdem man im Norden von Queensland eine fossile Fundstätte entdeckte, die eine Vielzahl bisher unbekannter Beuteltiere enthüllte. So gab es im frühen Australien Beutellöwen und Beutelhunde, Beutelratten und unzählige Opossums – und es gab sogar räuberische, fleischfressende Kängurus. Australien belegt somit eindrucksvoll, wie schützend und schöpferisch sich die geographische Isolation auf die Entwicklung der dort lebenden Arten auswirkt. Charles Darwin sollte auf seiner Reise in die Südsee diesem Phänomen noch häufiger begegnen. Letztlich inspirierten ihn diese Beobachtungen auch zu seiner Evolutionstheorie.

Als klare Sieger in der Evolution der Säugetiere gingen jedoch nicht die Beuteltiere, sondern die Placentatiere hervor. Ihre lange Austragung des Fötus im Mutterleib und die Geburt eines schon weitgehend lebensfähigen Jungen erwiesen sich als die erfolgträchtigere Idee. Nach und nach verdrängten die Placentatiere die verschiedenen Beutel- und Kloakentiere und besiedelten die Erde mit den Vorläufern der uns vertrauten Tierwelt, mit Hunden, Katzen, Pferden, Bären, Elefanten und unzähligen anderen Arten – nicht zu vergessen den Affen, unseren unmittelbaren Ahnen. Das vorläufig letzte Kapitel in der Geschichte des Lebens tat sich auf, das Neozoikum, die Neuzeit der Erdgeschichte.

Doch bevor wir den Vorhang zum allerletzten Akt aufgehen lassen, der Entstehung des Menschen, wollen wir einer Frage nachgehen, die wir bisher stillschweigend außer Acht gelassen haben: Wie kommt es zur Entstehung der unterschiedlichen Arten? Nach welchen Regeln und Gesetzen – oder sind es vielleicht nur Launen und Zufälle – entwickelt die Natur die schillernde Artenvielfalt? Auch hierauf vermag die Wissenschaft heute Antwort zu geben – und der erste, der diese undankbare Aufgabe in Angriff nahm, Charles Darwin, wird bis heute dafür angefeindet. Warum? Weil er den Menschen zum Affen machte!

Die Evolutionstheorien

Die Evolutionstheorie von Charles Darwin

Die bisherigen Ausführungen zur Entstehung des Lebens und der unterschiedlichen Arten in diesem Buch beruhen auf den neuesten Forschungsergebnissen und Erkenntnissen der Evolutionsbiologie, die teilweise nicht älter als zwanzig Jahre sind. Charles Darwin aber lebte in der Mitte des 19. Jahrhunderts (1809–82) und hatte von all diesen Dingen noch nichts gehört, als er auf der 'Beagle', einem Vermessungsschiff der königlich-englischen Marine, zu einer mehrjährigen Forschungsfahrt in die Südsee auslief. Darwin war jung und engagiert, geologisch vorgebildet und ein ausgezeichneter Beobachter. Er sammelte und katalogisierte akribisch alles, was ihm auf dieser Reise unter die Hände kam, neue Pflanzen und Tiere, geologische Formationen und Fossilien bis hin zu den Gebräuchen und Besonderheiten der Eingeborenen. Dies alles würde uns heute nicht mehr besonders interessieren, hätte Darwin nicht auch von einer Besonderheit berichtet, die er auf den Galapagos-Inseln beobachtete – und der zunächst niemand große Bedeutung beimaß. Umso wichtiger sollte sie später werden. Einige wenige Finken und Riesenschildkröten, die auf diesen bis dahin völlig unbekannten Inseln im Südpazifik lebten, sollten eine wissenschaftliche Revolution auslösen, wie sie die Welt seit Kopernikus nicht mehr erlebt hatte. Auf dieser mehr als tausend Kilometer vom südamerikanischen Festland entfernt liegenden Inselgruppe hatte sich eine eigene abgeschottete Tierwelt entwickelt, wobei sich Exemplare der gleichen Art – und darin lag das Auffällige – von Insel zu Insel in einigen markanten Einzelheiten unterschieden. Bei näherer Betrachtung stellte sich heraus, dass es sich dabei um Spezialisierungen handelte, die dem Nahrungsangebot der jeweiligen Insel entsprachen. Konkret: die Finken der einen Insel hatten kurze kräftige Schnäbel, um die dort vorhandenen Nüsse knacken zu können, die Finken der anderen Insel hatten lange, gebogene Schnäbel, um das dort vorhandene reichhaltige Nahrungsangebot aus den engen Felsspalten am Meer herauszufischen zu können. Ähnliche inselspezifische Unterschiede fanden sich auch bei den dort lebenden Riesenschildkröten. Diese Beobachtungen führten Darwin zu der Überlegung, ob verschiedene, einander ähnliche Arten aus einer gemeinsamen Urform hervorgegangen sein könnten.

Der Gedanke ließ Darwin nicht mehr los. Nach seiner Rückkehr (1836) beschäftigte er sich weiter mit diesem Thema und formulierte schon zwei Jahre später ein mehr als zweihundert Seiten starkes Manuskript, in dem er seine Gedanken zur Evolution der Arten darlegte. Zwanzig Jahre lang hielt er dieses Manuskript unter Verschluss, zum einen, weil er seine Theorie noch mit weiteren Fakten untermauern wollte, zum anderen aber, weil er sehr wohl ahnte, welchen stürmischen Protest seine Gedanken in Wissenschaft und Gesellschaft auslösen würden. Und er sollte Recht behalten. Als Darwin 1858 sein Buch „On the origin of species by means of natural selection" schließlich doch veröffentlichte, war es noch am gleichen Tag vergriffen, erlebte in kurzer Folge sechs Auflagen und spaltete die Welt in überzeugte Darwinisten und erbitterte Anti-Darwinisten.

Worum ging es in Darwins 'Evolutionstheorie'? Der Kern von Darwins neuer Theorie der Entstehung der Arten ist die Selektionstheorie, die von Darwin selbst noch etwas umständlich als „natürliche Zuchtwahl durch Auslese" bezeichnet und später salopp auf die Formel verkürzt wurde „survival of the fittest". Sie geht von der einfachen Feststellung aus, dass die Mitglieder einer Art nie alle gleich sind, sondern sich mehr oder weniger voneinander unterscheiden. Nun kann es sein, dass ein Individuum aufgrund seiner Besonderheit mit den Bedingungen seiner Umwelt besser zurechtkommt als andere. Damit hat es auch die Chance, stärker, größer, kräftiger zu werden und auch bei der Partnerwahl vermehrt zum Zuge zu kommen. Es wird sich also häufiger vermehren. Ist das besondere Merkmal dieses Individuums erblich, wird es sich von Generation zu Generation mehr durchsetzen, langfristig andere Individuen verdrängen und zu einer neuen, veränderten Art führen. Die Entstehung einer neuen Art muss nicht zwangsläufig zum Aussterben der bisherigen Art führen, sofern diese eine bescheidenere, ihr adäquate Lebensnische findet, die ihr von der neuen Art nicht streitig gemacht wird. Schafft sie auch dies nicht, wird sie den Überlebenskampf verlieren.

Aus der Analyse eigener fossiler Funde, die er von seiner ausgedehnten Forschungsreise mitbrachte, wie auch durch die Auswertung anderer ihm zugänglicher Fossilien hatte Darwin noch zwei weitere Theorien entwickelt: die Theorie der gemeinsamen Abstammung aller Lebewesen und die Theorie der sich verzweigenden Artenentwicklung, womit er zum Ausdruck bringen wollte, dass die Artenentwicklung in einem schrittweisen Prozess von einfachen zu immer komplexeren Formen des Lebens fortgeschritten ist, und im Umkehrschluss das Leben letztlich aus einer einzigen Urform entstanden sein muss. Im Wortlaut Darwins: „...so ist es nicht unglaubhaft, dass sich die Tiere sowohl wie die Pflanzen aus einer solchen tief stehenden Zwischenform entwickelt haben, und wenn wir das zugeben, können wir ebenso wenig die Abstammung sämtlicher Lebewesen, die je die Erde bevölkert haben, von einer einzigen Urform bestreiten". Letztlich wies Darwins in seiner Gradualistischen These noch darauf hin, dass die Artenentwicklung und -veränderung aller Wahrscheinlichkeit nach in kleinsten Schritten und nicht sprunghaft vonstatten ging.

Hatte Darwins Schrift zur 'Entstehung der Arten' schon für genügend Aufregung gesorgt, so sollte seine nächste Schrift den Generalangriff auf die menschliche Würde und die gottgewollte Vorrangstellung des Menschen einleiten. Nur dreizehn Jahre Schonfrist gewährte Charles seinen Zeitgenossen, bis er sie mit einer notwendigen Schlussfolgerung aus seiner ersten Schrift konfrontierte, die er dort zwar schon angedeutet, aber noch nicht näher ausgeführt hatte. Im Jahr 1871 veröffentlichte er sein zweites Werk, die 'Abstammung des Menschen', worin er die Entwicklung der Arten konsequent bis zum Menschen fortsetzt und diesen in direkter Linie aus den Primaten (Menschenaffen) hervorgehen lässt. Da zu Zeiten Darwins nur wenige hominide Fossilien bekannt waren, musste er den wissenschaftlichen Beweis für seine kühne Theorie schuldig bleiben, was ihm das Leben und seiner Theorie die wissenschaftliche Akzeptanz nicht erleichterte. Wie Recht er trotzdem hatte, erwiesen die zahlreichen Funde im darauf folgenden Jahrhundert und bis in unsere heutigen Tage, die mittlerweile eine lückenlose Beweiskette für Darwins Theorie nachliefern. Wir werden darüber im nächsten Kapitel mehr erfahren. Doch Darwin hatte nicht nur für die Abstammungslehre des Menschen erhebliche Beweisnöte, sondern auch für seine Theorie der Artenentwicklung. Wie es zu den unterschiedlichen Merkmalen der einzelnen Individuen kommt, und wie sie über Vererbung weitergegeben werden, konnte er zu seiner Zeit noch nicht erklären. Erst die spätere genetische Forschung lieferte die hierfür nötigen Informationen.

Und doch gab es schon zu Darwins Zeit jemand, der wertvolle erste Erklärungsansätze hätte liefern können – hätten die beiden nur voneinander gewusst. Die Rede ist vom Augustinermönch Gregor Johann Mendel (1822–84), der mehr als eintausend Kilometer von Darwin entfernt in der stillen Abgeschiedenheit seines Brünner Klosters lebte und forschte und seine berühmten drei Regeln der Vererbung aufstellte.

Vom Darwinismus zur modernen Evolutionsbiologie

So sehr Charles Darwin die Gemüter der Öffentlichkeit erregte, so still blieb es um Gregor Mendel. Er war längst gestorben, als seine Arbeiten nahezu fünfzig Jahre nach ihrer Veröffentlichung erstmals Beachtung fanden. Erst ab 1920 begannen sich Mendels Theorien der dominanten und rezessiven Vererbung durchzusetzen und leiteten damit auch die moderne genetische Forschung ein. Mendel kam in seinen langwierigen Züchtungsversuchen mit Erbsen und Bohnen zur Erkenntnis, dass Vererbung nicht über die Vermischung, sondern über die Weitergabe getrennter Merkmale erfolgt. Zu Darwins Zeiten hatte man noch angenommen, dass die Eltern ihre Merkmale gleichmäßig vermischt an die nächste Generation weitervererben. Durch diese ständige Vermischung und 'Verwässerung' hätte sich aber kein 'erfolgreiches Merkmal' rein erhalten und für die weitere Evolution nutzbar machen können. Darwin erkannte dieses Problem, fand jedoch keine eigene Lösung dafür.

Einen anderen wichtigen Beitrag zur Weiterentwicklung von Darwins Theorien leistete August Weismann durch sein berühmtes 'Experiment mit den Mäuseschwänzen' (1892), das heute sicher zu lauten Protesten der Tierschützer führen würde. Er schnitt einer Reihe von Mäusen die Schwänze ab und ließ sie sich untereinander paaren. Die Nachkommen hatten jedoch alle wieder Schwänze. Um sicher zu gehen, wiederholte Weismann dieses Experiment und schnitt insgesamt neunzehn (!) Nachfolgegenerationen immer wieder die Schwänze ab. In der gesamten Versuchsreihe brachte jedoch keine einzige Maus ein schwanzloses Junge zur Welt, womit die Theorie der 'Vererbung erworbener Eigenschaften', die Jean-Baptiste Lamarck schon einige Zeit vor Darwin aufgestellt hatte, zwar drastisch, aber sehr eindeutig und nachhaltig widerlegt worden war. Lamarck hatte die These aufgestellt, dass Lebewesen, die im Laufe ihres Lebens erworbenen Eigenschaften an ihre Nachkommen weitervererben, und es dadurch zu einer Veränderung der jeweiligen Art kommt. Darwin hatte sich zwar zu dieser Theorie nie ausdrücklich bekannt, dennoch blieb sie lange Zeit der einzige Erklärungsversuch für den Artenwandel. Zurück zu Weismann: dieser blieb bei seinem Ausgangsexperiment nicht stehen, sondern entdeckte in mikroskopischen Untersuchungen erstmals den Unterschied zwischen Körperzellen und Keimzellen, wobei er nachwies, dass nur die Keimzellen für die Fortpflanzung von Eigenschaften verantwortlich sind – und sich somit ein Körpermerkmal nicht einfach über Körperzellen vererben kann.

Die Weiterentwicklung von Darwins Evolutionstheorie durch die Erkenntnisse von Mendel und Weismann kennzeichnete im Wesentlichen den Neodarwinismus zu Beginn des 20. Jahrhunderts. In Zeiten größter äußerer Wirren, das heißt mitten im 2. Weltkrieg (1942), erschien die bedeutsame Publikation von Julian Huxley: 'Evolution. The New Synthesis', mit der er die innere Verwirrung im Lager der Evolutionsbiologen weitgehend auflösen konnte. Es gelang ihm die überzeugende Verbindung (Synthese) der Darwinschen Evolutionstheorie mit zwei wichtigen neuen Forschungsdisziplinen der Biologie: zum einen mit der genetischen Forschung, die die Mendel'schen Erbgesetze maßgeblich weiterentwickelt hatte, und zum anderen mit einer ganz neuen Generation von Evolutionsforschern, die über mathematische Verfahren das Fortbestehen oder Verschwinden bestimmter Merkmale in abgegrenzten Populationen untersuchten. Mit seiner Arbeit begründete Julian Huxley die Synthetische Evolutionstheorie, die auf der Basis vieler einzelner Forschungsergebnisse heute zu folgenden Kernaussagen vorgestoßen ist:

- Die Unterschiede zwischen den Individuen entstehen durch zufällige Veränderungen im Erbgut. Diese ergeben sich entweder im Rahmen der sexuellen Fortpflanzung durch die Neukombination der Erbanlagen der Eltern (genetische Rekombination), oder aber auch durch gelegentlich auftretende, zufällige und spontane Änderungen in den Genen selbst (Mutationen). Wie diese zustande kommen, werden wir gleich anschließend näher erläutern.
- Der Vorgang der 'natürlichen Selektion' ist folgendermaßen zu verstehen: die Veränderungen im Erbgut führen zu neuen Merkmalen der Individuen, die sich gelegentlich als Vorteil, manchmal als Nachteil und meist neutral (ohne große Auswirkungen) erweisen. Als vorteilhaft gilt die Veränderung des Erbguts dann, wenn hierdurch eine bessere Anpassung des Individuums an die bestehende Umwelt erreicht wird. Sofern der Vorteil groß genug ist, wird sich dieses Lebewesen besser entwickeln und eine höhere Fortpflanzungschance haben. Damit kann es wiederum seinen Vorteil häufiger an die nächste Generation weitergeben und wird auf diese

Weise die 'weniger erfolgreichen' Artgenossen allmählich verdrängen.
- Somit beruht die Evolution gleichermaßen auf einem zufälligen und einem gerichteten Prozess: der zufallgesteuerten Veränderung des Erbguts einerseits und der richtunggebenden Kraft der Natürlichen Auslese andererseits. Erstere schafft zunächst etwas ungerichtetes Neues, letztere prüft dann unter den realen Umweltbedingungen, ob die Neuerung vorteilhaft ist oder nicht.
- Entscheidend ist dabei die Erkenntnis, dass von einem 'Plan der Evolution' keine Rede sein kann!

Viele Evolutionsbiologen vertreten die Ansicht, dass aus dem Zusammenwirken der beiden Faktoren – zufallsgesteuerte Veränderungen des Erbguts und Natürliche Auslese – die Evolution des Lebens bereits hinreichend erklärt ist. Dies schließt nicht aus, dass es noch einige andere wichtige Prinzipien gibt, die auf das Evolutionsgeschehen Einfluss nehmen:

- Durch die natürliche Selektion wird auch die Überproduktion an Nachkommen in der jeweiligen Art geregelt. Der ungehemmten Ausbreitung einer Art stehen sowohl die immer knapper werdenden Nahrungsressourcen entgegen, wie auch der Konkurrenzdruck anderer Arten, die sich einen neuen evolutionären Vorteil verschaffen konnten.
- Völlig neue Arten entstanden am häufigsten durch Isolation. Entweder durch geografische Trennung (Verdriften von Kontinenten oder Inseln, wie z.B. Australien oder die Galapagos-Inseln), die zu einer ausgeprägten Anpassung der Lebewesen an die dortigen Umweltbedingungen führte, oder durch eine Art selbst gewählter Isolation, indem sich einige Lebewesen in Umweltnischen zurückzogen oder sich auf andere Nahrungsquellen umstellten. Die veränderten Lebensgewohnheiten führten auch häufig zu einer Änderung des Sexualverhaltens, so dass die Fortpflanzung nur noch innerhalb der isolierten Gruppe möglich war.

- Die großen Veränderungen in der Evolution, wie z.B. der Übergang von den einzelligen zu den mehrzelligen Lebewesen, von den Fischen zu den Amphibien, den Reptilien zu den Säugern oder den Dinosauriern zu den Vögeln gingen nur in kleinsten Teilschritten vor sich und erstreckten sich über große Zeiträume. Neue Baupläne des Lebens entstanden nicht ad hoc.
- Die Evolution ist ein linear fortschreitender, nicht umkehrbarer (irreversibler) Prozess. Arten die sich verändert oder neu entwickelt haben, kehren niemals zum Ausgangspunkt ihrer Entwicklung (ihrer Vorfahren) zurück. Dies betrifft auch einzelne Merkmale, die einmal aufgegeben wurden, sie kehren in identischer Weise nicht wieder (Gesetz der Nicht-Umkehrbarkeit der Entwicklung). Dies ist eine für den Menschen sicher tröstliche Erkenntnis.
- Geologische oder extraterrestrische Katastrophen haben das Evolutionsgeschehen nachhaltig beeinflusst. Durch das Massenaussterben großer Populationen und die darauf folgende Ausbreitung neuer Arten kam es immer wieder zu grundlegenden Umwälzungen und Richtungsänderungen in der Entwicklung der Arten.
- Letztlich: verfolgt man den Evolutionsprozess zurück, so ist eindeutig zu erkennen, dass sich die Vielfalt der heutigen Arten aus der einfachsten Grundform, dem einzelligen Lebewesen, entwickelt hat. Über Jahrmilliarden hat die Evolution mit dem Leben experimentiert und dabei unzählige Arten ausgebildet, von denen die meisten längst wieder ausgestorben sind. Damit wurde jedoch immer wieder Raum für neue Arten geschaffen, die sich den veränderten Lebensbedingungen auf der Erde erfolgreich anzupassen wussten.

Diese Kernaussagen werden durch die heutige moderne Evolutionsbiologie, in der die verschiedenen Teildisziplinen der Biologie seit einigen Jahrzehnten zusammenfließen (Molekularbiologie/Zellbiologie/Paläobiologie/Experimentelle Evolutionsforschung), in vielen Einzelresultaten eindrucksvoll bestätigt, so dass die Evolutionstheorie heute als eine der am besten bestätigten wissenschaftlichen Theorien gilt.

Vor allem die Molekulargenetik hat einen unschätzbaren Beitrag zum Verständnis der Evolutionsvorgänge geleistet. Eigentlich wird erst durch sie nachvollziehbar, wie die Veränderung und Entwicklung der Arten vor sich geht. Die zufallgesteuerten Veränderungen des Erbguts durch genetische Rekombination und Mutationen der Gene sind der eigentliche Motor der Evolution. Deshalb wollen wir uns diesen beiden Vorgängen im nachfolgenden Exkurs noch etwas näher widmen.

Evolution und moderne Genetik

Wir erinnern uns:

- Schon im Neodarwinismus hat man erkannt, dass die Unterschiede zwischen Lebewesen nicht aus der Vererbung erworbener Eigenschaften entstehen (Mäuseexperiment von Weismann), sondern aus der Rekombination von Erbanlagen der Eltern.
- Die Molekularbiologie hat festgestellt, dass die Erbinformation eines jeden Lebewesens im Zellkern seiner geschlechtlichen Zellen und dort in den Genen seiner DNS gespeichert ist. Man nennt dies den genetischen Code.

Die Frage, die uns interessiert, bezieht sich vor allem darauf, wie es im Rahmen der grundsätzlich konstanten Erbfolge zu den immer wieder beobachtbaren Änderungen in den Erbanlagen kommt. Die Antwort: es kommt zufällig dazu! Der Zufall, und nichts als der Zufall, ist verantwortlich für die gelegentlich auftretenden Änderungen der Erbsubstanz. Dabei bedient sich der Zufall zweier verschiedener Wege. Vor allem bei der geschlechtlichen Fortpflanzung kommt es zu zufälligen Kombinationen der elterlichen Keimzellen, die eine Änderung der Erbsubstanz zur Folge hat. Man spricht dann von der Genetischen Rekombination von Erbanlagen.

Neben dieser geschlechtlichen 'Neukombination' von Erbanlagen, die den Biologen schon relativ lange bekannt war, bedient sich der Zufall noch eines zweiten Wegs zur Veränderung des Erbguts. Er nutzt die normale Zellvermehrung, wo er bei der Teilung der Zelle und ihres Chromosomenstrangs einen 'Kopierfehler' zwischen alter und neuer Zelle einschleust. Tritt dieser Fehler in einer Geschlechtszelle auf, so ist er erblich und wird auf die nächsten Generationen übertragen. Führt der Fehler in der Erbsubstanz zu einer für das Lebewesen vorteilhaften Veränderung, was keineswegs immer der Fall ist, so wird dieses Lebewesen in seiner Umwelt besser zurecht kommen und sich im Laufe vieler Generationen erfolgreicher durchsetzen können. Vorteilhafte Mutationen erweisen sich somit als der eigentliche Motor der Evolution. Mutationen entstehen zwar immer zufällig, treten jedoch dann gehäuft auf, wenn Lebewesen starken Röntgen- oder UV-Strahlungen, bestimmten Gaskonzentrationen oder hohen Temperaturen ausgesetzt sind, Situationen also, die in den großen Katastrophen der Erde immer wieder auftraten. So erklärt sich, warum gerade nach schlimmen Katastrophen die Evolution oft völlig neue, erfolgreiche Wege einschlug. Zwei wichtige Erkenntnisse lassen sich aus der Rekombination und Mutation der Gene ableiten:

- Das Erbgut einer Art (letztlich natürlich das aller Lebewesen) wird hierdurch bereichert und erneuert. Neben das bereits Erprobte können neue Möglichkeiten treten, kann die Chance zum 'noch Besseren' genutzt werden. Man kann sogar sagen, dass die unaufhörliche Veränderung des Erbguts die Evolution erst ermöglichte, indem sie das Leben von einfachen zu komplexeren Formen führte, die Auffächerung einer immer größeren Artenvielfalt förderte und den Lebewesen die Möglichkeit bot, sich den verändernden Umweltbedingungen anzupassen.
- Da sich Mutationen und Rekombinationen aus inneren und äußeren Zufälligkeiten ergeben (Kopierfehler / Katastrophen), kann von einer 'Zielgerichtetheit' der Evolution keine Rede sein! Vielmehr muss zur Kenntnis genommen werden, dass

die Entwicklung des Lebens prinzipiell ungerichtet und zufällig verläuft. Erst im 'Umwelttest' zeigt sich, ob eine Veränderung des Erbguts ein Vorteil sein wird oder nicht (bessere Anpassung an die Umweltbedingungen), und erst im realen Konkurrenz- und Überlebenskampf (Selektion) wird sich langfristig herausstellen, ob eine genetische Veränderung zu einer neuen und erfolgreicheren Art führt.

Am Beispiel: Elefanten bekamen keinen längeren Rüssel, weil er für sie von Vorteil gewesen wäre. Vielmehr trat bei irgendeinem Elefanten eine zufällige (!) Mutation des Erbguts ein, die zu einem längeren Rüssel führte, was ihm und seinen Nachkommen einen klaren Wettbewerbsvorteil verlieh. Im Verlauf vieler Generationen sorgte dann Darwins Selektionsprinzip für das Zurückdrängen der Elefanten mit kurzen Rüsseln.

Wir können uns gar nicht klar genug vor Augen führen, welche Bedeutung dem Faktor Zufall im Rahmen der Evolution zukommt. Wenn wir den Aussagen der Biologen folgen, dann hätte die Entwicklung des Lebens an vielen Gabelungen auch eine völlig andere Richtung einschlagen können. Gänzlich andere Lebewesen wären dann entstanden, an deren vorläufigem Ende dann – vermutlich – auch nicht der Mensch gestanden hätte. Wir sollten uns also mit der Tatsache anfreunden, dass unsere Existenz nichts Zwangsläufiges hat und die Evolution nicht von Anfang an darauf 'programmiert' war, uns hervorzubringen.

Die unendliche Zahl zufälliger Richtungsänderungen in der Evolution lässt auch die Frage nach einem gezielten Schöpfungsakt des Lebens in neuem Licht erscheinen. Wie kann man den biblischen Schöpfungsbericht verstehen, wonach Gott jedes einzelne Lebewesen schuf und abschließend befand, 'dass alles gut war', wenn die Mehrzahl seiner Geschöpfe längst wieder ausgestorben ist (mehr als 99 Prozent aller je existierenden Spezies), und selbst wenn man sich von der schlichten mythischen Bibelerzählung löst und Gott als den großen 'Designer' und 'Planer' der Schöpfung interpretiert, wie kann man es dann verstehen, dass die Entwicklung neuer Arten im wesentlichen aus blinden, zufälligen Mutationen erfolgt? Würde Gott damit nicht – wie schon bei der Entwicklung des Weltalls, so nun auch bei der Entwicklung des Lebens – zu einem 'würfelnden Gott', zu einem 'Verwalter des Zufalls' und damit zu einem Zerrbild eines allmächtigen und allwissenden Schöpfergottes?

Die Entwicklung des Menschen

Mit diesem Kapitel nehmen wir den Faden der 'Entwicklung des Lebens' wieder auf und wenden uns dem vorläufig letzten Abschnitt der Evolution zu, den letzten 77 Sekunden der Erdgeschichte, wenn wir diese auf einen einzigen Tag verdichten, wodurch besonders deutlich wird, wie kurz die Geschichte des Menschen auf diesem Planeten ist. Wir betreten damit den für uns so magischen Zeitraum, in dem sich aus einer der damaligen Säugetierlinien, den Primaten (Herrentieren), Schritt für Schritt ein nacktes, aufrecht gehendes und zunächst eher hilflos erscheinendes Lebewesen herauslöste: der Mensch.

Die frühe Menschwerdung

Was Darwin schon vor 150 Jahren vermutete, wissen wir heute mit Sicherheit: die Wiege des Menschen stand in Afrika, genauer gesagt in Süd- und Ostafrika - und: der Mensch stammt vom Affen ab. Gehen wir zunächst noch einen Schritt weiter zurück. Vor rund zwanzig Millionen Jahren entwickelte sich aus den kleinen, in Bäumen lebenden Spitzhörnchen (eine Art Eichhörnchen) eine neue Ordnung von Lebewesen, die Primaten. Es handelte sich dabei um die Vorläufer unserer heutigen Affen, also um baumbewohnende Allesfresser, die jedoch für dieses Leben in den Baumkronen einige anatomische Besonderheiten entwickelt hatten, die nicht nur einen großen Evolutionssprung bedeuteten, sondern auch die entscheidenden Übergänge zum Menschen einleiteten. Ihre Augen rückten mehr nach vorne, so dass räumlich-perspektivisches Sehen möglich wurde, an Hand und Fuß bildeten sich spreizbare Finger und Zehen, die die Spezialisierung der Hand einleiten sollten, und vor allem, das Gehirn (Vorderhirn) hatte sich deutlich vergrößert. Lange Jahrmillionen führten Affen in den dichten Urwäldern des Miozäns ein schönes Leben. Sie entwickelten enge Familienbande, in denen die Nachkommen umhegt und umsorgt wurden, sie fanden reichlich Nahrung, konnten sich ihren Feinden durch Flucht in die Bäume entziehen und waren ihren Zeitgenossen nicht nur in körperlicher, sondern auch in geistiger Hinsicht deutlich überlegen. Dann vor rund sechs bis sieben Millionen Jahren kam es zu zwei einschneidenden Ereignissen: die am weitesten fortgeschrittene Primatenart, die Schimpansen, trennten sich endgültig von einer Gruppe, die wir heute als unsere direkten Vorfahren ansehen, den „Hominiden", und nahezu zur gleichen Zeit traten die dichten Wälder aufgrund von Klimaveränderungen immer mehr zurück und wichen großen Savannenflächen. So war es nur folgerichtig, dass sich eine Gruppe von Affen entschied, den knapper werdenden Waldraum zu verlassen und ihr Heil (und ihre Nahrung) in der ungewohnten offenen Steppe zu suchen. Unsere allerersten Ahnen, die frühen Vorläufer der Australopithecinen hatten den Wald verlassen! Die neue Lebensform führte zu einer Reihe neuer Herausforderungen. Die Nahrung musste nun auch auf dem Boden gefunden werden, und da es hier keine Früchte des Waldes gab, wurden auch Kleintiere gejagt oder Aas gefressen. Meist war man jedoch selbst der Gejagte, und da weder Geruchssinn noch Gehör gut ausgeprägt waren, musste der Feind rechtzeitig gesehen werden. Im hohen Steppengras war dies nur durch Aufrichtung möglich, die im kritischen Fall auch eine schnellere Flucht zur nächsten, rettenden Baumgruppe ermöglichte. Daneben gab es aber auch noch eine Reihe anderer guter Gründe, immer mehr zum aufrechten Gang überzugehen.

Exkurs: Körpermerkmale des frühen Menschen

Der aufrechte Gang auf zwei Beinen zählt zweifellos zu den folgenreichsten Schritten in der Entwicklung vom Affen zum Menschen. Die notwendige Anpassung an die veränderte Umwelt erzwang die aufrechte Haltung (Selektionsdruck) aus vielen guten Gründen. Der bessere Überblick und die schnellere Lauftechnik wurden bereits erwähnt, hinzu kam jedoch auch das Freiwerden der Hände zum besseren Ergreifen von Nahrung und zum Transport der Beute, vor allem aber auch zum späteren Werkzeuggebrauch. Denn die Ausdifferenzierung der Hand zu einem zunehmend flexibleren und vielseitigeren 'Arbeitsgerät' ist letztlich eine indirekte Folge des aufrechten Gangs. Ein Vorteil, der sich von unschätzbarem Wert erweisen sollte. Der Mensch wäre jedoch nie wirklich Mensch geworden ohne die geradezu dramatische Vergrößerung seines Gehirns. In der gesamten Entwicklung des bisherigen Lebens auf der Erde gab es keine Entwicklung von vergleichbarer Bedeutung. Das menschliche Gehirn, das heute ein Volumen zwischen 1.300 und 1.500 Kubikzentimeter aufweist, hat sich im Rahmen der Menschwerdung verdreifacht. In dieser wuchernden Großhirnrinde lag – und liegt – die gesamte Entwicklungspotenz des 'Homo sapiens', und der hieraus gezogene Gewinn macht alle anderen Nachteile des 'biologischen Mängelwesens' Mensch mehr als wett. Ein drittes Merkmal der Gattung 'Homo' ist der deutlich verkleinerte Gesichtsschädel (Teil des Kopfes unterhalb der Stirn). Aufgrund der Nahrungsumstellung war das ehemals mächtige Gebiss der Primaten mit ihren großen, dolchartigen Eckzähnen nicht mehr erforderlich, sodass sich der schnauzenartige Gesichtsschädel (heute noch Merkmal der Affen) verkürzte und unter den sich immer mehr vorwölbenden Gehirnschädel zurücktrat.

Wann genau und unter Zugrundelegung welcher Merkmale man die Menschwerdung beginnen lässt, hängt von der Interpretation der einzelnen Biologen ab. Einig ist man sich jedoch darüber, dass die Kette vom Jetztmenschen bis zum Australopithecus lückenlos rückführbar ist (ca. 3,4 Millionen Jahre) und dieser somit ein sicheres Bindeglied zwischen den Menschenaffen und dem Menschen darstellt. In allerletzter Zeit (2000–2002) wurde zwar über einige fossile Funde berichtet, die noch länger zurückliegen, so in Äthiopien der Ardepithecus ramidus mit rund 5,5 Millionen Jahren, in Kenia der Orrorin tugensis mit 6 Millionen Jahren und ein neuester Fund im Tschad mit 6–7 Millionen Jahren. Da alle drei Exemplare schon aufrecht gingen, kann es sich – vorbehaltlich ihrer endgültigen Einordnung – sehr wohl um besonders frühe Formen des Australopithecus gehandelt haben. Der Name 'Australopithecus' hat übrigens nichts mit Australien zu tun, sondern bedeutet ganz einfach 'Südaffe', was nur als Hinweis auf die ersten Fundstätten (Südafrika) zu verstehen ist. Mehr als einhundert fossile Funde wurden mittlerweile getätigt und die meisten davon im südlichen und östlichen Afrika. Man kann sich also ein relativ gutes Bild über unseren Urahn machen, der sich über einen Zeitraum von fast zwei Millionen Jahren Schritt für Schritt weiterentwickelte. Der aufrechte Gang war nun endgültig vollzogen, das Gehirn wuchs zwar langsam, aber stetig weiter, die hinteren Gliedmaßen hatten sich zu echten Stand- und Laufbeinen entwickelt und die großen Eckzähne seiner äffischen Vorfahren bildeten sich gänzlich zurück. Er lebte in kleinen Horden als Jäger und Sammler, verwendete wohl auch schon vereinzelt vorgefundene 'Werkzeuge' (geeignete Steine), war aber noch nicht in der Lage, Werkzeuge (wie zum Beispiel Faustkeile) selbst herzustellen. Er starb vor rund eineinhalb Millionen Jahren wieder aus, nicht ohne vorher eine Seitenlinie hervorgebracht zu haben, die den Weg zum Homo sapiens erfolgreich weiterging.

Auf dem Weg zum Homo Sapiens

'Homo habilis' (geschickter Mensch) benannten die Paläontologen die fossilen Funde, die dem Australopithecus nachfolgten, weil dieser 'geschickte Mensch' eine entscheidende neue Fähigkeit entwickelt hatte: die Werkzeugherstellung! Neben Skelettresten in der Olduvai-Schlucht in Tansania, die über zwei Millionen Jahre alt sind, fand das berühmte Anthropologen-Ehepaar Mary und Louis Leakey im Jahr 1960 die ersten einfachen Steinwerkzeuge, vom Faustkeil zur Erlegung von Wild, bis zu verschiedenartig gearbeiteten Steinklingen, mit denen die Beute zerteilt und damit leichter transportiert und verzehrt werden konnte. Aber nicht nur die Steinwerkzeuge erwiesen sich als bedeutsam, sondern auch die Skelettreste selbst: der Werkzeugmacher hatte ein deutlich größeres Gehirnvolumen als der Australopithecus. Damit wird auch der Zusammenhang zwischen größerer Gehirnkapazität und erweiterten Fähigkeiten deutlich. Der Homo habilis leitet somit die eigentliche Menschwerdung ein. Der Nachfolger des Homo habilis, der Homo erectus (der 'aufrecht gehende Mensch'), wurde zum ersten Kosmopoliten. Er wollte mehr von der Welt sehen als nur Afrika und verließ als erster seine Heimat. Fossilienfunde, die bis zu 1,8 Millionen Jahre zurückreichen, wurden sowohl in Asien (der 'Pekingmensch' in Nordchina oder der 'Javamensch' im heutigen Indonesien), als auch in Europa gefunden. Gerade erst vor kurzem (2002) berichtete ein Forscherteam von Schädelfunden in der Nähe von Tiflis, die 1,7 Millionen Jahre alt sind und belegen, dass der Homo erectus auch in Europa schon viel früher auftrat, als man bisher vermutete. Der 'Aufrechtgeher' war also der erste menschliche Weltbesiedler, der eindrucksvoll unter Beweis stellte, dass das neue Lebewesen Mensch nicht nur unter den angenehmen Klimaverhältnissen Afrikas, sondern auch unter den widrigen Umweltbedingungen des nördlichen Europas und Asiens überleben konnte. Der Homo erectus nutzte als erster das Feuer, stellte wirkungsvollere Steinwerkzeuge her, errichtete erste primitive Behausungen und betrieb vor allem die Weiterentwicklung seines Gehirnvolumens. In den rund 1,5 Millionen Jahren seines Erdenlebens vermochte er dessen Kapazität von 800 auf 1.300 Kubikzentimeter nahezu zu verdoppeln. Damit konnte er seinem Nachfolger, dem Homo sapiens (erster Auftritt vor rund zweihunderttausend Jahren), bereits das leistungsfähige Organ übergeben, das dessen Zukunft bestimmen sollte.

Mit dem Homo sapiens leiten wir das vorletzte Kapitel in der Entwicklung des Menschen ein. Da man seine fossilen Hinterlassenschaften lange Zeit nur in Europa fand, vermutete man auch hier seinen Ursprung und seine erste Verbreitung. Diese Annahme muss wohl revidiert werden, da seit kurzem auch an mehreren Fundorten in Afrika fossile Belege für den Homo sapiens auftauchen, die deutlich älter sind als die Funde in Europa. Dies legt nahe, dass der moderne Mensch doch nicht aus Europa stammt, sondern – wie schon sein Vorfahre, der Homo erectus – aus Afrika eingewandert ist. Wie auch immer, die Entwicklung zum Homo sapiens verlief sowieso nicht eingleisig. Neben der Linie, die zum heutigen Menschen führte (Cro-Magnon-Typ), gab es auch eine berühmte Seitenlinie, die eine Zeitlang 'nebenher lief', sich aber nie mit seinem Vetter, dem modernen Menschen, vermischte und vor rund 30.000 Jahren auch wieder ausstarb. Wir sprechen vom bekanntesten Deutschen der Vorzeit, dem 'Neandertaler', dessen fossile Reste schon Mitte des 19. Jahrhunderts in der Nähe von Düsseldorf gefunden wurden. Sein Bild kennen wir alle, es wurde zur Ikone des Urmenschen: flache niedrige Stirn, starke Überaugenwülste und ein fliehendes Kinn, behaart, gedrungen und muskulös, eine riesige Keule schwingend. Dabei waren die Neandertaler keineswegs so dumm, wie ihnen aufgrund ihres Aussehens unterstellt wird. Ihr Gehirnvolumen lag sogar über dem der Jetztmenschen, sie fertigten Steingeräte von höchster Qualität und bestatteten ihre Toten. Sie waren in ihrer Robustheit und Zähigkeit und nicht zuletzt in ihrer Intelligenz die am besten gerüsteten Lebewesen für eine besonders harte und dramatische Epoche in der Entwicklung der Menschheit – der Eiszeit.

Als die Erde sich wieder erwärmte, wandelte sich ihr bisheriger Vorteil der Robustheit eher zum Nachteil, vor allem gegenüber einem neu auftretenden Konkurrenten, dem 'Cro-Magnon-Menschen', der mit seinem zartgliedrigeren Körperbau gewandter und geschickter war und sich dem Neandertaler in der veränderten Umweltsituation als überlegen erwies. Folgerichtig verloren die Neandertaler nicht nur den Geschicklichkeitswettbewerb, sondern auch den Verdrängungswettbewerb. Der robuste Eiszeitmensch war in eine Evolutionssackgasse geraten, aus der er sich nicht mehr befreien konnte. So wurde er vor dreißigtausend Jahren zu einem der vielen Auslaufmodelle der Evolution.

Der moderne Mensch (Homo sapiens sapiens)

Die unmittelbaren Vorfahren des modernen Homo sapiens sapiens entwickelten sich – nach neuesten Erkenntnissen – nicht aus der Homo-erectus-Linie, die nach Europa und Asien ausgewandert war, und auch nicht aus dem Neandertaler, sondern aus einer Seitenlinie des in Afrika gebliebenen Homo erectus. Bei einer systematischen Untersuchung und Neubewertung aller alten, aber auch der neuen Ausgrabungen, die in Afrika gemacht wurden, ergibt sich folgendes Bild: schon vor circa vierhunderttausend Jahren wurde in Afrika die Grenze zwischen Homo erectus und Homo sapiens mit einer Seitenlinie überschritten, die zunehmend mehr Merkmale eines modernen Menschentyps aufwies. Vor rund 120.000 Jahren, so belegen die Funde, entstand dann in der südlichen Sahara der erste anatomisch moderne Mensch, der sich nach Norden und dann in den Nahen Osten hin ausbreitete und schließlich, vor rund vierzigtausend Jahren, auch in Europa landete. Dort verdrängte er schrittweise die hier lebenden Neandertaler und die letzten Altmenschen aus der europäisch-asiatischen Homo-erectus-Linie. Die vielen archäologischen Befunde für diese Theorie decken sich auch mit DNA-Analysen, aus denen hervorgeht, dass die europäischen Jetztzeitmenschen wesentlich mehr Erbmaterial mit der sapiens-Linie aus Afrika teilen als mit dem europäischen Homo erectus oder Neandertaler.

Wie und wo auch immer herkommend, die moderne Spezies des Homo sapiens sapiens, setzte sich durch und besiedelte nach und nach die gesamte Erde. Von Afrika aus, in den nahen Osten und von hier ins restliche Asien und nach Europa. Als dann in der letzten Eiszeit (vor ca. 15.000 Jahren) eine Landbrücke zwischen Asien und Alaska entstand, erfolgte auch die Besiedelung des amerikanischen Kontinents, sukzessive von Nord nach Süd. Andere Gruppen machten sich auf den Weg über Indonesien und Neuguinea und scheuten sich auch nicht – man fragt sich, auf welchen Booten? – nach Australien überzusetzen (Aborigines). Als die Eiszeit zurückging und die Kontinente wieder getrennt wurden, isolierten sich auch die neuen Völker und bildeten neue Phänotypen. Sie unterschieden sich immer mehr in äußeren Merkmalen wie Hautfarbe und Körperwuchs, Körperbehaarung und Gesichtsschnitt und den vielen genetischen Variationen, bis hin zum bunten Völkerbild unserer Erde.

Die weitere Entwicklung des modernen Homo sapiens verlief rasant. Innerhalb weniger Jahrtausende machte der Mensch mehr Fortschritte als in Jahrmillionen vorher. Die Lebensweisen veränderten sich grundlegend und wechselten vom Sammler- und Jäger-Dasein zu immer sesshafteren Formen. Zunächst vereinzelt und dann immer häufiger wurden die ersten Haustiere domestiziert, weil man damit die Strapazen, die Gefahren und das unsichere Ergebnis der Jagd vermeiden konnte. Mit dem Anbau von kultivierten Nutzpflanzen erreichte man eine weit verlässlichere Nahrungsversorgung als durch das Sammeln wilder Früchte, und letztlich hatte die Anlage von Feldern und festen Unterkünften auch zur Folge, dass die Menschen den 'Zaun' erfanden. Eigentum wollte schon damals abgegrenzt und beschützt sein. Neben dieser verbesserten Absicherung des Lebensalltags, vollzog der Homo sapiens auch seine ersten Schritte ins 'höhere Menschsein', er erbrachte seine ersten kulturellen Leistungen. Die Höhlenmalereien in Lascaux (Frankreich) und Altamira (Nordspanien) zeigen hohe Geschicklichkeit und Sicherheit in der Linienführung und sind von einer solchen stilistischen Eleganz, dass man weit mehr an Picassos genial einfache Zeichnungen erinnert wird, als an Werke früher Menschen. Höhlenmalereien wurden mittlerweile in ganz Europa gefunden und datieren bis über dreißigtausend Jahre zurück. In die gleiche Zeit fallen auch die ersten figürlichen Darstellungen, die sowohl in Höhlen als auch in Gräbern gefunden wurden. Letztere lassen darauf schließen, dass auch erste vorreligiöse Empfindungen auftraten; Bestattungsriten und Grabbeigaben weisen auf beginnende Vorstellungen über Jenseitiges und Überirdisches hin. Magische Riten, die Fertigung und Verehrung von Totems sowie die Durchführung von Ahnenkulten leiten über zu den Religionen der ersten Hochkulturen (Babylonier, Assyrer, Ägypter).

Das Gehirn – die Seele des Menschen

Stellt man abschließend die Frage, was den Mensch im eigentlichen Sinne zum Mensch machte, was ihn also grundlegend von allen anderen Lebewesen auf dieser Erde unterscheidet, so könnte man sehr viele einzelne Differenzierungsmerkmale auflisten. Bei genauer Betrachtung lassen sich jedoch alle Unterschiede auf einen einzigen Begriff reduzieren: die Religionen nennen ihn Seele, die Naturwissenschaften Gehirn. Da letztere den unschätzbaren Vorteil haben, mit einem konkreten Organ etwas vorweisen zu können, wollen wir uns darauf konzentrieren.

Es ist nicht besonders schwierig nachzuweisen, dass und warum das Gehirn des Menschen die Schaltstelle ist, die ihn zu all dem befähigt, was anderen Lebewesen nicht möglich ist:

- Aus dem gesamten Evolutionsprozess des Lebens wird deutlich, dass Fortschritte in der Leistungsfähigkeit der Lebewesen immer auch von einem Wachstum des Gehirns begleitet wurden. Obwohl sich dieser Prozess in kleinsten Schritten vollzog, und Hundertmillionen von Jahren dauerte, ist er dennoch eindeutig zu belegen. Die Revolution in dieser Entwicklung trat jedoch erst mit dem Menschen ein, dessen Gehirnwachstum sich auf geradezu dramatische Weise beschleunigte.
- Und erst mit diesem überlegenen Organ war es dem Homo sapiens sapiens möglich, zu all den Leistungen vorzustoßen, die ihn im eigentlichen Sinne vom Tier unterscheiden und ihn zu dem 'Vernunft-, Kultur- und Sozialwesen' machten, das seinem heutigen Selbstverständnis entspricht.
- Mensch-Natur-Verhältnis: der Mensch ist das einzige Lebewesen, das sich aus dem Diktat der Umweltbedingungen befreien konnte. Obwohl der Mensch im Grunde ein 'biologisches Mängelwesen' ist, das in körperlicher Hinsicht den meisten Tieren unterlegen ist, vermochte er mithilfe seines Verstandes nicht nur seine körperlichen Schwächen zu kompensieren, sondern auch unter widrigen und sehr unterschiedlichen Umweltbedingungen zu überleben. Kein Tier kann das, jedes kann nur in seiner Umweltnische existieren. Nur der Mensch vermochte kraft seines Verstandes, sich überall dort die notwendigen 'Krücken' zu schaffen, wo seine körperliche Ausstattung nicht reichte. Er schuf sich Kleidung und Behausung, um trotz seiner Nacktheit in allen Klimazonen leben zu können, er erfand wirkungsvolle Waffen, mit denen er sich schützen und auch Nahrung beschaffen konnte, und er verstand es, den Reichtum der Natur durch gezielten Anbau zu nutzen und zu mehren.
- Mensch und Kultur: unseren Spieltrieb und unsere ausgeprägte Neugier haben wir mit vielen höher entwickelten Säu-

getieren gemeinsam. Ein Ausflug in den Zoo und eine halbe Stunde vor dem Schimpansengehege wird uns davon überzeugen. Aber nur der Mensch konnte daraus in großem Umfang Gewinn ziehen, indem er den Nutzen zufälliger Ergebnisse erkannte, kreativ weiterentwickelte und auf neue Anwendungsgebiete übertrug. Unser analytischer und kreativer Verstand machte uns zu 'Erfindern'.

- Sprache und Schrift: Nur der Mensch ist in der Lage, mit seinesgleichen umfassend und auf hohem Niveau zu kommunizieren. Die Entwicklung von Sprache und Schrift ist die Voraussetzung aller kulturellen und sozialen Leistungen und natürlich auch aller technischen und wissenschaftlichen Errungenschaften.

- Mensch und Gesellschaft: Der erste Zusammenschluss der Menschen zu kleinen Überlebensgruppen zielte auf mehr Schutz und größeren Jagderfolg. Gemeinschaften dieser einfach definierten Art finden sich auch im Tierreich (Rudeltiere/ Ameisenstaat, etc.), sind also keine spezifisch menschliche Errungenschaft. Während jedoch Tiergemeinschaften nach festen Verhaltensmustern instinktgesteuert funktionieren, können (oder sollten!) menschliche Gemeinschaften ihr Verhalten an vernunftgesteuerten Entscheidungen ausrichten. Sie können bisherige Verhaltensmuster ändern, weiterentwickeln oder ganz aufgeben. Damit sind sie flexibel, anpassungs- und entwicklungsfähig. Und: die Überlegenheit menschlicher Gemeinschaften liegt nicht nur im kollektiven Leistungsvermögen – wie z.B. im Ameisenstaat – sondern gerade in den vielen, auf Verwirklichung drängenden Einzeltalenten und deren egoistischen Durchsetzungs- und Leistungswillen. Es ist der einzelne Genius, der die Menschheit immer wieder einen entscheidenden Schritt vorwärts brachte.

- Mensch und Moral: Das Leben in der Gemeinschaft erforderte auch Gebote und Verbote, Regeln und akzeptierte Verhaltensmuster, sprich eine gemeinsame Moral. In den meisten Gesellschaften wurde der Sittenkodex an die Religion gebunden.

- Mensch und Psyche: Heute wissen wir, dass das Gehirn auch der Sitz zweier anderer, speziell menschlicher Erlebnisfähigkeiten ist: es dient als Steuerzentrale der Gefühle und als Instanz des 'Ich-Bewusstseins'. Zwar erleben auch Tiere Gefühle wie Freude oder Schmerz, Trauer oder Einsamkeit, aber Gefühle des Mitleids, der künstlerischen Ergriffenheit oder des Selbstwertgefühls gehen über die tierische Erlebnisfähigkeit hinaus.
- Im religiösen Begriff der 'Seele' wird die Trennung zwischen Körper und Geist (=Seele) vollzogen, wobei die 'unsterbliche' Seele die Verbindung zu Gott herstellt und damit das Höherwertigere, Edle am Menschen ist, während dem sterblichen Körper nur geringe Bedeutung zukommt. Aus dieser Trennung erklärt sich auch die jahrtausendelange Missachtung alles Körperlichen (einschließlich der Sexualität) in der christlichen Kirche.
- Die Seele ist, im Verständnis der Religionen, aber nicht nur das Bindeglied zu Gott, sondern auch der Sitz aller höheren, menschlichen Regungen und Empfindungen und damit die Inkarnation des menschlichen Seins.
- In den Naturwissenschaften gibt es diese Trennung nicht. Auch das Gehirn, als Sitz des menschlichen Geistes und der menschlichen Empfindungsfähigkeit, ist ein Körperorgan. Es kann ohne den Körper nicht existieren und auch nicht ohne ihn weiterleben. Es darf in diesem Zusammenhang nochmals daran erinnert werden, dass im naturwissenschaftlichen Verständnis alles vergänglich ist.
- Längst konnte im Rahmen der medizinischen Gehirnforschung nachgewiesen werden, dass alle geistigen Leistungen und das gesamte Empfindungsvermögen vom Gehirn gesteuert werden. Wird dieses ganz oder teilweise geschädigt, so werden auch entsprechende Leistungen beeinträchtigt (Lese-, Sprach-, Geh-, Empfindungs-, Gefühls- und Intelligenzstörungen, etc...)
- Ebenso ist seit langem evident, dass das Gehirn auch der Sitz aller höheren menschlichen Empfindungen ist, die man früher ausschließlich der Seele zugeschrieben hat, wie Lie-

be und Leidenschaft, Mitleid, Kunstempfinden, Sittlichkeit, Moral und Verantwortungsbewusstsein etc.
- Kurz: es gibt keine Leistung einer so genannten übernatürlichen Seele, die das natürliche Gehirnorgan nicht zu erbringen vermöchte, außer der Unsterblichkeit – und über die Unhaltbarkeit dieses religiösen Postulats haben wir bereits ausführlich gesprochen.

So reduziert sich das 'Spezifisch Menschliche' auf die evolutionäre Wucherung eines einzelnen Organs, ohne dessen außergewöhnliche Leistungsfähigkeit wir uns vom Tier nicht unterscheiden würden, oder ihm sogar unterlegen wären. Selbst unsere größten geistigen Leistungen und unsere höchsten menschlichen Empfindungen sind auf ein natürliches Organ und die in ihm ablaufenden biochemischen Prozesse zurückzuführen. Auch und gerade in der Entwicklung des Menschen lässt sich kein übernatürlicher Eingriff erkennen. Wir sind Teil der Natur und Ergebnis des in ihr wirkenden Zufalls.

Rückfall in altes Denken: Kreationismus und Intelligent Design

Obwohl die gesamte Wissenschaft, insbesondere die Biologen, an der Bedeutung und Richtigkeit der Evolutionstheorie längst nicht mehr zweifeln und sogar die katholische Kirche, nach langem Zaudern und diversen Rückzugsgefechten, sich schrittweise zur modernen Evolutionstheorie bekennt, gibt es noch immer Gruppierungen, die sie mit aller Macht bekämpfen. Vor allem in christlich-fundamentalistischen Kreisen der USA behauptet sich ein hartnäckiger Widerstand gegen Darwins Lehre. Er begann öffentlich zu werden mit dem berühmt-berüchtigten „Affenprozess" im Jahre 1925, der damit endete, dass in den öffentlichen Schulen der Südstaaten Tennessee, Arkansas und Mississippi jede Lehre untersagt wurde, „welche die göttliche Geschichte, wie sie die Bibel lehrt, verneint und anstelle dessen lehrt, der Mensch stamme von einer niedrigeren Ordnung von Lebewesen ab". Dieses

Gesetz wurde erst 1967 auf Anordnung des Supreme Court aufgehoben, aber sofort (1973) durch ein neues Gesetz unterlaufen, das die Gleichbehandlung der christlichen Schöpfungslehre mit der Evolutionslehre Darwins in den Schulen erzwang. Auch dieses Gesetz wurde vom obersten Gerichtshof der USA als verfassungswidrig erklärt und aufgehoben. Doch damit war der Widerstand derjenigen noch längst nicht gebrochen, die am Schöpfungsbericht der Genesis festhalten wollten, und nicht bereit waren, den Menschen als Ergebnis einer – noch dazu zufallsgesteuerten – biologischen Evolution, zu akzeptieren. In den letzten Jahrzehnten hat sich diese Bewegung neu formiert und versucht, neuen Einfluss zu gewinnen, oft mit dem Beistand oder zumindest der Duldung von einflussreichen Personen des öffentlichen Lebens (z.B. des Präsidenten George W. Bush). Man änderte die Strategie und versuchte nun, unter Vermeidung des Rechtsweges, aber über den massiven Einsatz von Massenmedien, direkten Einfluss auf breite Bevölkerungskreise zu gewinnen. Doch bevor wir auf die beiden Hauptrichtungen, den zuerst aufgetretenen 'Kreationismus' und die daraus hervorgegangene, modernere Theorie des 'Intelligent Design' näher eingehen, wollen wir uns den aktuellen Standpunkt der katholischen Kirche vergegenwärtigen.

Während Papst Pius XII. noch im Jahr 1950 in seiner berühmt gewordenen Enzyklika 'Humani Generis' die Evolutionstheorie als Hypothese bezeichnete und auf dem klaren Primat der Bibel bestand, musste sich Papst Johannes Paul II. rund fünfzig Jahre später (1996) doch der erdrückenden Beweislast beugen, die die Wissenschaft zur Stützung der Evolutionstheorie zusammengetragen hatte. Hierzu einige relevante Aussagen aus beiden Papstbriefen: Pius XII. (Humani Generis, 1950): „Christgläubige dürfen sich nicht der Auffassung anschließen, deren Anhänger entweder behaupten, nach Adam habe es hier auf Erden wirkliche Menschen gegeben, die nicht auf ihn als den Stammvater aller durch natürliche Zeugung zurückgingen, oder Adam bezeichne eine Vielzahl von Stammvätern. Genau wie in den biologischen und anthropologischen Wissenschaften, so durchbrechen auch in der Geschichte einige Gelehrte mutwillig die von der Kirche errichteten Schranken und Vorsichtsmaßregeln." (Zitat Ende).

Johannes Paul II. (in: Christliches Menschenbild und moderne Evolutionstheorien, 1996): „Heute, ein halbes Jahrhundert nach dem Erscheinen der Enzyklika, geben neue Erkenntnisse dazu Anlass, in der Evolutionstheorie mehr als eine Hypothese zu sehen. Es ist in der Tat bemerkenswert, dass diese Theorie nach einer Reihe von Entdeckungen in unterschiedlichen Wissensgebieten immer mehr von der Forschung akzeptiert wurde. Die Offenbarung lehrt uns, dass der Mensch nach Gottes Ebenbild geschaffen wurde. Sie hat daran erinnert, dass der Mensch auf Erden die einzige von Gott um ihrer selbst Willen gewollte Kreatur ist. Der heilige Thomas stellt fest, dass die Ähnlichkeit des Menschen mit Gott vor allem in seiner spekulativen Intelligenz begründet ist. Eben weil sie eine Geistseele hat, besitzt die gesamte menschliche Person einschließlich des Körpers eine solche Würde. Der menschliche Körper hat seinen Ursprung in der belebten Materie, die vor ihm existiert. Die Geistseele hingegen ist unmittelbar von Gott erschaffen. Folglich sind diejenigen Evolutionstheorien nicht mit der Wahrheit über den Menschen vereinbar, die – angeleitet von der dahinter stehenden Weltanschauung – den Geist für eine Ausformung der Kräfte der belebten Materie halten. Die Theorien sind im Übrigen nicht im Stande, die personale Würde des Menschen zu begründen." (Zitat Ende).

Aus beiden päpstlichen Stellungnahmen wird das immer gleiche Verhaltensmuster der katholischen Kirche deutlich: man beugt sich dem Druck wissenschaftlicher Erkenntnisse erst dann, wenn man keine andere Wahl mehr hat, und auch dann betreibt man noch ein Rückzugsgefecht auf Raten. Im konkreten Fall: das Unwichtige, der Körper, gehört der Wissenschaft (und Evolutionstheorie), das Wichtige, die 'Geistseele', der Religion. Auch der zweite Papstbrief geht stillschweigend darüber hinweg, dass die gesamte geistige und psychische Leistung des Menschen von seinem Gehirn ausgeht, einem natürlichen Organ unseres Körpers, das der gleichen Entwicklung, Fehleranfälligkeit und Vergänglichkeit unterworfen ist, wie alle anderen Organe unseres Körpers.

Trotz allem ist die Haltung der Katholischen Kirche noch 'moderner' als die 'Lehren' des Kreationismus und des Intelligent

Design. Worum handelt es sich hier im Einzelnen? Vorab: Beide Bewegungen lehnen die Erkenntnisse der Evolutionstheorie ab und beharren darauf, dass alles Leben, insbesondere der Mensch, von einem übernatürlichen Schöpfer geschaffen (= Kreationismus), oder zumindest geplant wurde (= Intelligent Design).

Der Kreationismus

Kreationisten gehen von einer wörtlichen Auslegung der Bibel und der in ihr geschilderten Schöpfungsgeschichte (Genesis) aus (Scott/Pennock, 2003: „Creationism generally refers to the idea that a supernatural entity created the universe and humankind"). Sie repräsentieren die zeitlich ältere und auch kompromisslosere Gruppierung, die seit dem zitierten 'Affenprozess' (1925) bis heute ihre Anhänger bei fundamentalistischen Christen findet. Noch zu Beginn der 70er Jahre konnte in den USA ein 'Institut für Schöpfungsforschung' (Institute for Creation Research, ICR) gegründet werden, das sich auf die kurz zuvor veröffentlichte Schrift von Morris und Whitcomb stützte (The Genesis Flood), in der die biblische Schöpfungsgeschichten bis hin zur Arche Noah als wissenschaftlich belegte Tatsache dargestellt werden. Hierzu gehört auch die Annahme, dass die Erde nicht älter als sechs- bis zehntausend Jahre ist, ein Datum, das von Bischof Usher schon im 17. Jahrhundert berechnet wurde. Ausgestattet mit reichlichen Spenden, betrieb das Institut einen eigenen Buch- und Zeitschriftenvertrieb, eigene Schulen und Radiosender sowie aktive 'Aufklärungskampagnen', bis diese in den achtziger Jahren, wiederum per Gerichtsurteil, untersagt wurden. Das Gericht stützte sich in seiner Urteilsfindung auf das Gutachten eines unabhängigen Gremiums führender amerikanischer Naturwissenschaftler, die dem ICR jede Wissenschaftlichkeit aberkannten.

Intelligent Design

Es dauerte nicht lange, bis sich aus dem Kreationismus eine neue Bewegung herausbildete. Mit der Veröffentlichung des Buches 'Darwin on Trial' versuchte P. Johnson, ein Juraprofessor aus Kalifornien, den Spieß umzudrehen und zu behaupten, dass die Evolutionstheorie auf ungesicherten Daten und keineswegs auf unbestreitbaren Fakten beruhe. Somit handele es sich bestenfalls um einen 'Glauben an die Evolutionstheorie' und nicht um gesicherte Erkenntnisse. Wieder wurde ein Institut mit hochtrabendem Namen gegründet (US-Center for Science and Culture, CSC), das sich nun auch des Internets bedient, um seine Botschaft zu verbreiten. Diese lautet im Kern: „Der Mensch wurde als Ebenbild Gottes geschaffen. Dies ist die Grundlage der westlichen Zivilisation und hat ihren Ausfluss in alle Bereiche des gesellschaftlichen Lebens, sei es die Demokratie, die Menschenrechte, die Künste oder die Wissenschaften. Diese Grundlagen versuchen gewisse moderne Wissenschaftler zu zerstören, wie Darwin, Marx oder Freud, die den Mensch nicht als moralisch-geistiges Wesen, sondern als Tier oder Maschine sehen, der durch biochemische Prozesse, durch die Umwelt oder durch Triebkräfte gesteuert wird. Somit geht es auch um die Überwindung des Materialismus und seiner kulturellen Implikationen und darum, diese Sichtweise durch ein theistisches Verständnis der Natur zu ersetzen" (Auszug aus dem Manifest des CSC, das im Jahr 2000 im Internet veröffentlicht wurde).

In den Grundannahmen des Intelligent Design hat sich gegenüber dem Kreationismus nichts geändert; die Welt und ihre Lebewesen sind aus einem Schöpfungsakt Gottes hervorgegangen, der von den 'unbewiesenen' Befunden der Evolutionstheorie nicht widerlegt werden könne. Die Bewegung des Intelligent Design gibt sich jedoch einen moderneren Anstrich und versucht sich in einem pseudowissenschaftlichen Auftritt. Erklärtes Ziel ist es, Zweifel an willkürlich ausgewählten Befunden der modernen Biologie zu säen. Das Hauptargument bezieht sich meist darauf, dass die Entstehung von so hochgradig komplexen Organen wie Auge oder Gehirn aus der Evolutionstheorie nicht zu erklären ist und sich nur aus der Einwirkung eines 'Großen Designers' (Gott) verstehen lässt. Die Grundtatsachen der Evolution werden zwar nicht mehr bestritten, beginnend beim tatsächlichen Alter des Kosmos und der Erde, bei der Akzeptanz von Darwins Selektionstheorie und den zufallsgesteuerten Mutationen der Gene, aber all dies könne die Entstehung völlig neuer großer Baupläne, wie sie im Evolutionsgeschehen immer wieder auftreten (z.B. der Übergang von den Meer- zu den Landlebewesen oder vom Primaten zum Menschen), nicht hinreichend erklären. All dies weise unumstößlich auf die Planung einer übergeordneten und übernatürlichen Instanz hin.

Genau besehen, sind die Anhänger der Intelligent Design-Bewegung somit fundamentalistischer als die gegenwärtige Katholische Kirche. Während letztere der Evolutionsbiologie das Spielfeld im materiellen (körperlich-organischen) Bereich überlassen hat und den Anspruch Gottes auf die menschliche Seele reduzierte, versuchen die Design-Strategen weiterhin mit allen Mitteln, Gottes Einfluss auf die Evolution zu erhalten. Im Grunde verstecken sich dahinter noch immer die alten Kreationisten, die nur ihre Waffen gewechselt haben und von den mittlerweile aussichtslosen Gerichtsprozessen zu einer pseudowissenschaftlichen Argumentation übergegangen sind, die vor allem bei breiten und wenig informierten Bevölkerungsschichten verfängt.

Und der Erfolg stellt sich leider auch ein. Blickt man hinter die Kulissen, wird auch verständlich, warum: nicht nur der Präsident der Vereinigten Staaten, George W. Bush stellt sich mehr oder weniger offen hinter diese Bewegung und unterstützt die Forderung, Intelligent Design gleichberechtigt neben der modernen Evolutionstheorie an den Schulen zu lehren, sondern auch eine Reihe anderer mächtiger Repräsentanten des christlich-konservativen Lagers. Sie unterstützen die Bewegung des Intelligent Design mit großen finanziellen Mitteln und ermöglichen damit die Publikation von mehr als 50 Büchern und einer Vielzahl von CDs. Bezeichnenderweise handelt es sich dabei um den gleichen Personenkreis, der schon George W. Bush an die Macht gebracht hat.

Abschließende Betrachtungen: Was bleibt vom Schöpfergott?

Bevor wir die Frage erörtern, ob und in welcher Weise ein übernatürlicher Schöpfer das Leben auf der Erde geschaffen hat, wollen wir noch einmal die wichtigsten Befunde der biologischen Evolutionstheorie zusammenfassen:

- Die chemischen Grundbausteine, aus denen alle Lebewesen bestehen, sind heute bekannt.
- Aus diesen anorganischen chemischen Bausteinen konnte unter den Energieeinwirkungen der frühen Erde präbiotische Materie entstehen. Der Übergang von rein chemischen Elementen zu den ersten Bausteinen des Lebens, den komplexen biologischen Makromolekülen, ist also möglich.
- Diese Vorgänge liefen spontan und selbst regulierend ab.
- Die Entwicklung einfachster Lebensformen (Einzeller) hat sich über riesige Zeiträume erstreckt (rund drei Milliarden Jahre); die Evolution hat sich in ihren ersten Phasen viel Zeit gelassen.
- Demgegenüber erfolgte die Entwicklung vom einzelligen Lebewesen über die vielen uns bekannten Arten bis hin zum Menschen in relativ kurzer erdgeschichtlicher Zeit (rund 600 Millionen Jahre).
- Die zeitliche Abfolge der einzelnen Evolutionsschritte kann mit physikalischen und geo-wissenschaftlichen Methoden nachgezeichnet werden.
- Die Wege der Evolution vom Einzeller bis zum Menschen sind uns heute in großen Zügen bekannt und werden durch ständig neue Funde von fossilen Überresten immer mehr präzisiert.
- Dadurch wird nicht nur unser Bild von der Abfolge der Arten vervollständigt, die auf der Erde gelebt haben, sondern auch unsere Kenntnis über die einzelnen biologischen Entwicklungsstufen, in denen sich die immer komplexeren Lebensformen entwickelten.
- Mehr als 99 Prozent aller Arten, die auf der Erde gelebt haben, sind bereits wieder ausgestorben. Dabei gab es immer

wieder Phasen des Massenaussterbens, bedingt durch Umweltkatastrophen, die meist auch zu einer grundlegenden Richtungsänderung der Evolution führten und neuen Lebensformen neue Chancen eröffneten.
- Arten wurden jedoch nicht nur durch Umweltkatastrophen bedroht, sondern auch durch 'erfolgreichere' andere Arten. Sofern sich eine neue Art besser an ihre Umwelt anzupassen wusste, hatte sie die besseren Überlebenschancen und konnte sich erfolgreicher behaupten und vermehren (Prinzip der Auslese/„survival of the fittest").
- Die Entwicklung neuer Arten geschieht in einem doppelten Prozess: zum einen durch zufällige Veränderungen im Erbgut, die zu neuen Merkmalen dieser Lebewesen führen, und zum anderen durch einen so genannten 'Umwelttest'. In ihm muss sich erweisen, ob das neue Merkmal einen relevanten Vorteil im Überlebenskampf darstellt oder nicht.
- Die Veränderung des Erbguts geschieht in erster Linie durch die Neukombination der Erbanlagen der Eltern im Rahmen der sexuellen Fortpflanzung sowie durch gelegentlich auftretende zufällige Mutationen im Erbgut.
- Entscheidend ist dabei: beide Prozesse sind zufallsgesteuert – von einem Plan der Evolution kann also keine Rede sein!
- Auch der Mensch ist das Ergebnis dieses natürlichen Evolutionsprozesses. Seine stammesgeschichtliche Entwicklung aus den Primaten und seine enge Verwandtschaft mit den Menschenaffen sind heute nicht mehr zu leugnen. Die fossile Beweiskette ist ausreichend gesichert.
- Der entscheidende evolutionäre Vorteil des Menschen gegenüber allen anderen Lebewesen ist die Größe und Leistungsfähigkeit seines Gehirns. In den vier Millionen Jahren seit der Abkoppelung von seinen äffischen Verwandten hat sich sein Gehirnvolumen verdreifacht.
- Erst und ausschließlich aufgrund seiner Gehirnleistung konnte der Mensch zu all den geistigen, technischen, wirtschaftlichen, sozialen und künstlerischen Errungenschaften vorstoßen, die ihn zum dominierenden und beherrschenden Lebewesen auf dieser Erde machten.

- Aus der Genetik, Psychologie und vor allem der modernen Hirnforschung wissen wir heute, dass unser Gehirn nicht nur der Sitz unserer geistigen Leistungsfähigkeit ist, sondern auch der der so genannten höheren menschlichen Gefühle und Empfindungen, wie z.B. des moralischen, künstlerischen oder sozialen Empfindens.

Abschließend: obwohl es noch immer eine Reihe von Erkenntnislücken gibt, kann dennoch behauptet werden, dass die moderne biologische Evolutionstheorie eine der am gründlichsten recherchierten Wissenschaftstheorien unserer Zeit ist, die von einer großen Zahl an Befunden und Belegen aus vielen unterschiedlichen Wissenschaftsdisziplinen gestützt wird.

Zurück zur Frage nach 'Gottes eigener Schöpfung'!
Fasst man die oben zitierten Erkenntnisse der Evolutionsbiologie zusammen, so ist die Entstehung wie auch die weitere Entwicklung des Lebens ein selbstregulierender Prozess, der keinem erkennbaren Plan folgt, sondern nur die sich zufällig ergebenden Änderungen in der Erbsubstanz auf ihre Umwelttauglichkeit hin selektiert. Der Stammbaum des Lebens verzweigte sich millionenfach, und an jeder Weichenstellung hätte das Leben auch andere Optionen gehabt. Jede alternative Option hätte aber auch einen anderen Verlauf der gesamten Evolution nach sich gezogen. Der Mensch war in diesem langen Entwicklungsverlauf weder vorgesehen noch vorhersehbar, genauso wenig wie jedes andere Lebewesen. Ein steuernder Eingriff von 'außen' ist an keiner Stelle des Evolutionsgeschehens erkennbar. Somit bleibt nur eine mögliche Schlussfolgerung: es gibt keinen Schöpfergott! Die biblische Vorstellung eines allmächtigen und ewigen Gottes, der in einem willentlichen Akt den Kosmos und den Menschen erschaffen hat und auf diese seine Schöpfung weiterhin Einfluss nimmt, erscheint als menschliche Projektion, entstanden aus dem rudimentären Wissen vor mehr als zweitausend Jahren und enttarnt vom Wissen unserer Zeit. „Die Hypothese Gott wurde von den Erkenntnissen unserer Wissenschaften zentimeterweise ermordet". Um diese harte Schlussfolge-

rung zu untermauern, möchte ich noch einige abschließende Überlegungen zu drei grundsätzlich möglichen Gott-Hypothesen anfügen, die da lauten:

- Der Kosmos und alles Leben sind von einem allmächtigen und ewigen Gott in einem bewussten Akt aus dem Nichts geschaffen – und er nimmt darauf weiterhin Einfluss *(Der Schöpfergott der Bibel)*.
- Dem Schöpfungsprozess Gottes liegt ein Entwicklungsplan zugrunde, in dem die Entstehung des Lebens und des Menschen vorgesehen ist. In den Ablauf dieses Prozesses greift er selbst nicht mehr unmittelbar ein. Indirekt bedeutet dies, dass die Evolution durchaus so abgelaufen sein könnte, wie die Naturwissenschaften dies heute feststellen *(Der Designer-Gott)*.
- Es gibt keinen Schöpfergott! Sofern man überhaupt die Hypothese Gott aufrechterhalten will, kann man Gott nur verstehen als möglichen Urgrund alles Seienden, als Letztursache, als Grundprinzip des Seins, jedoch ohne erkennbaren Schöpfungswillen oder Schöpfungsakt. *(Gott als Grundprinzip allen Seins)*

Der Schöpfer–Gott: Diese Hypothese deckt sich mit dem Gottbegriff der drei Hochreligionen (Judentum/Christentum/Islam). Sie ist auch weitgehend deckungsgleich mit dem Standpunkt der Kreationisten: Alles Leben geht auf einen Schöpfungsakt Gottes zurück.

Folgende Argumente sprechen dagegen:

- Die einfachsten chemischen Grundstoffe, aus denen alle Lebewesen bestehen, sind auf der Erde und im Weltall reichlich vorhanden.
- Diese Elemente konnten sich allein durch ihre chemischen Bindungskräfte und mithilfe der Strahlungswirkung, die auf der frühen Erde herrschte, zu den ersten komplexeren Grundstoffen des organischen Lebens verbinden.
- Auch die Prozesse, die zur Bildung der ersten Biozellen führten, die wiederum der Baustein allen weiteren Lebens sind, vollzogen sich auf natürlichem Wege, allerdings unter Zu-

hilfenahme eines nahezu unerschöpflichen Zeitvorrats (fast 3 Milliarden Jahre).
- Die darauf folgende, nahezu explosionsartige Weiterentwicklung des Lebens, von den einfachsten Formen bis hin zum Menschen, ist durch fossile Funde nahezu lückenlos dokumentiert und in ihrer biologischen Entwicklung und Abfolge durch die vielen Einzelbefunde der modernen Evolutionsbiologie auch in allen Phasen verständlich und nachvollziehbar.
- So erweist sich die Entstehung des Lebens als autonomer, sich selbst organisierender und selbst regulierender Prozess, der gemäß den bekannten Naturgesetzen ablief und eine 'übernatürliche' Einwirkung weder erkennen noch notwendig erscheinen lässt.
- Somit kann, wie schon bei der Entstehung des Kosmos so auch bei der Entstehung des Lebens, der Satz vom 'zureichenden Grund' in Kraft treten, wonach 'es nicht erforderlich ist, weitere Annahmen einzuführen, wenn eine einzige Annahme zur Erklärung genügt'.

Und wir haben diese Erklärung! Endlich haben wir sie – und wir sollten uns nicht gegen sie verschließen. Wir sind die erste Generation der Menschheit, die in der Lage ist, dem verführerischen Wunschbild 'Gott' ein reales, naturwissenschaftlich begründetes Weltbild entgegenzusetzen. Zum ersten Mal müssen wir nicht mehr schweigen auf die Frage: wer sonst außer Gott soll die Welt und den Menschen erschaffen haben? Heute, zweitausend Jahre nach Christus, hat das Erklärungsmodell 'Gott' ausgedient. Da wir endlich wissen, sind wir nicht mehr gezwungen zu glauben!

Der Designer-Gott: Da sich ein direkter Schöpfungsakt Gottes an keiner Stelle nachweisen lässt und die Entstehung des Lebens auf natürliche Weise hinreichend erklärt ist, weichen immer mehr Theologen auf die Hypothese aus, dass die natürliche Evolution einer vorausgehenden 'Planung' Gottes folgt. Gottes Schöpfung wäre also der Plan, dem die Natur in all ihren Abläufen gehorcht; alles was geschieht und alles was entsteht wurde von Gott so vorgeplant und festgelegt. Diese Betrachtungsweise hat den Vorteil, dass ein direktes, steuerndes Einwirken Gottes auf den Ablauf der Evolution nicht mehr unterstellt werden muss. Gleichzeitig kann damit das Postulat aufrechterhalten werden, dass die so geplante Schöpfung zielgerichtet ist, um letztendlich im Menschen seine Vollendung zu erfahren. Diese Hypothese hat noch einen weiteren wichtigen Vorteil: die wissenschaftlichen Ergebnisse der Evolutionsforschung müssen von den Theologen nicht mehr angezweifelt werden, und umgekehrt ist es den Naturwissenschaftlern nicht mehr möglich, Gottes Einfluss auf das natürliche Evolutionsgeschehen völlig auszuschließen.

Im Grunde wird hier das gleich trickreiche Vorgehen deutlich, das schon im Rahmen der kosmischen Schöpfungsfrage praktiziert wurde: Gott wird einfach eine Stufe zurückgenommen und auf eine Ebene gestellt, die sich dem wissenschaftlichen Zugriff aufs Neue entzieht. Unnötig zu erwähnen, dass man für diese Neudefinition Gottes jeglichen Beweis schuldig bleibt. Die Hypothese des Planungsgottes scheitert von vorneherein an einem mächtigen Gegenspieler, dem Zufall. Fassen wir deshalb die wichtigsten Ergebnisse der Evolutionsbiologie hierzu noch einmal zusammen:

- Dem planenden Gott steht der Zufall des Evolutionsgeschehens entgegen. Wie kann man von einem verlässlichen Schöpfungsplan sprechen, wenn sowohl der Ablauf des Geschehens wie auch sein Ergebnis vom Zufall regiert werden. Die Evolutionsbiologen weisen immer wieder darauf hin, dass der Weg des Lebens einer rein zufälligen Weichenstellung folgt.
- Die Regie des Zufalls betrifft in erster Linie die genetischen Änderungen in unserem Erbgut. Durch die Rekombination der Erbanlagen bei jedem Fortpflanzungsakt werden die Karten des Lebens immer wieder neu gemischt.
- Während bei der geschlechtlichen Zeugung wenigstens noch eine gewisse Konstanz durch das vorgegebene Erbgut der Eltern gewährleistet ist, tritt mit den unkontrollierbaren und unvorhersehbaren Mutationen des Erbguts, die durch Kopierfehler im DNS-Strang entstehen, der pure Zufall in Kraft.

- Heute wissen wir auch, dass diese zufälligen Veränderungen des Erbguts die unabdingbare Voraussetzung für die Entwicklung neuer Arten waren. Die Vielfalt des Lebens und die Existenz einer jeden einzelnen Art (auch des Menschen!) ist ausschließlich darauf zurückzuführen. Ohne die Veränderungen des Erbguts wäre die Entwicklung des Lebens in seinen frühesten und einfachsten Formen stehen geblieben. So schwer uns die Erkenntnis auch fallen mag, der Zufall steht am Anfang einer jeden Veränderung des Lebens!
- Erst an zweiter Stelle kommt dann Darwins Härtetest zum Einsatz, das 'survival of the fittest', in dem sich entscheidet, ob die veränderte Lebensform durchsetzungsfähig ist oder nicht.
- Aber auch hier spielt der Zufall noch immer eine Rolle. Entwickelt sich eine neue Lebensform in einer Region der Erde, deren Bedingungen für diese Form 'zufällig' weniger geeignet sind (z.B. Klima), wird sie möglicherweise zugrunde gehen, obwohl sie sich in einer anderen Region erfolgreich hätte entwickeln können.
- Das gleiche gilt für die Konkurrenzsituation, auf die das neue, genetisch veränderte Lebewesen trifft. Wird es in eine Umwelt mit überlegenen Konkurrenten hineingeboren, wird es sich nicht durchsetzen können. An einem anderen Ort oder zu einem anderen Zeitpunkt hätte es sich vielleicht erfolgreich ausbreiten können.
- Es gibt aber noch ganz andere Zufälle, die in das Evolutionsgeschehen eingriffen und seine Richtung immer wieder maßgeblich veränderten. Man denke dabei an die großen Katastrophen, die die Erde in regelmäßigen Abständen heimsuchten und zu einem Massensterben unvorstellbaren Ausmaßes führten. Nach diesen Phasen nahm die Evolution dann meist einen anderen Verlauf als bisher.
- Der Zufall entschied auch, welche Tiere im Rahmen der Kontinentalverschiebungen in eine schützende Isolation gerettet wurden (Insellagen), wo sie sich ungestört und ohne lästige Konkurrenz entwickeln konnten, während es andere Tiere in eine feindliche Umwelt trieb, die ihnen keine Überlebenschance ließ.

- Auch die Existenz des Menschen ist nur dem Zufall zu verdanken, ob uns dies gefällt oder nicht. Hätte nicht ein gewaltiger Meteorit die gesamte Population der Dinosaurier ausgelöscht, so wäre der rasante Aufstieg der Säugetiere nicht möglich gewesen, aus denen sich nach vielen Jahrmillionen die Gruppe der Primaten herausbildete. Wäre bei diesen nicht ein genetisch bedingter Wachstumsschub des Großhirns eingeleitet worden, gäbe es uns alle nicht.

Letztlich kann man auch die Hypothese vertreten, dass Gott den Zufall vorhergeplant hat. In unserem logischen Verständnis schließt sich dies jedoch aus. Als zufällig bezeichnen wir ein Ereignis, das sich genauso gut nicht oder auch ganz anders hätte ereignen können. Den Zufall kann man nicht planen, dies wäre ein Widerspruch in sich selbst. Wenn aber Gott den Zufall nicht vorweg geplant hat, sondern ihn einfach zulässt, so machen wir ihn entweder zum 'Spieler', der seine Freude daran hat, immer wieder alles in Frage zu stellen, immer wieder etwas anderes auszuprobieren – oder wir stellen seine Allmacht in Frage. Hätte die Frage „Würfelt Gott?" dann nicht seine Berechtigung? So weit und so viel zum Thema 'Planung' und 'Zufall' im Rahmen der Evolution. Es gibt jedoch auch noch andere Überlegungen, die den 'planenden Schöpfergott' wenig plausibel erscheinen lassen:

- Eine Planung ist in der Regel unter zwei Voraussetzungen erforderlich, zum einen, wenn ein komplizierter Prozess nicht auf einmal bewältigt werden kann und er schrittweise ausgeführt werden muss (wie zum Beispiel bei der Produktion eines Automobils), oder dann, wenn noch unklar ist, wie dieser Prozess überhaupt bewältigt werden kann und man sich erst an die Lösung herantasten muss (wie es in der wissenschaftlichen Forschung die Regel ist). Ein Plan ist also ein Hilfsmittel! Man braucht ihn nicht, wenn man das Vorhaben auch ohne ihn durchführen kann. In einem solchen Fall macht ein Plan keinen Sinn. Warum sollte also ein allmächtiger Gott einen Plan für sein Schöpfungsvorhaben benötigen, noch dazu einen so langwierigen, komplizierten und keineswegs geradlinigen Plan? Kann das unsere Vorstellung von einem allmächtigen göttlichen Schöpfer sein? Und entspricht der verschlungene Weg der Evolution, so wie ihn die Wissenschaft heute zweifelsfrei belegen kann, unseren Vorstellungen von einem klaren, grandiosen, göttlichen Schöpfungsakt? Warum sollte Gott einen so zeitraubenden und umständlichen Weg gehen, wenn er das Resultat gleich haben könnte? Warum sollte er all die Sackgassen beschreiten, in die die natürliche Evolution zwangsläufig gehen musste? Warum hat er Zerstörung, Tod und Massensterben eingeplant?

Womit wir zu einem weiteren Einwand kommen: Gottes 'grausame Schöpfung'!

- Die Entwicklung des Lebens und der Arten wird geprägt von einem gnadenlosen Kampf ums Überleben, von einer ständigen Verdrängung der unterlegenen Lebewesen. Darwins 'survival of the fittest' ist eine äußerst zivile Formulierung für den erbarmungslos geführten Verdrängungswettbewerb der überlegenen Arten. Die Natur ist kein friedlicher und gehegter Garten, sondern ein erbarmungsloses Schlachtfeld und ein riesiger Friedhof der unterlegenen Arten. Alles Gottes Wille und Plan?
- Haben Sie schon einmal gesehen, wie ein Löwenrudel eine Antilope schlägt und nach der langen Hetzjagd nicht in der Lage ist, sie schnell zu töten, sondern ihr die furchtbarsten Wunden zufügen muss, bevor das Opfer kläglich verendet? Aber verurteilen Sie nicht die Löwen, sie haben keine andere Wahl, die Evolution (oder Gott?) hat ihnen keine andere Möglichkeit gelassen, um an Nahrung zu kommen und selbst am Leben zu bleiben.
- Warum muss es im Tierreich so viele fleischfressende Lebewesen geben? Warum müssen Lebewesen töten, um zu leben? Und warum so oft auf grausame Weise? Ernährung ist auch anders möglich, wie uns die Pflanzen auf ihre friedvolle Art vor Augen führen. Somit ist das Töten in Gottes Plan wohl vorgesehen.

- Furchtbare Katastrophen haben im Lauf der Erdgeschichte immer wieder zu enormem Massensterben geführt. Bis zu neunzig Prozent aller Lebewesen wurden in manchen Epochen vernichtet. Gottes Plan?
- Welchen Sinn machen die vielen Sackgassen der Evolution in einer göttlich geplanten Schöpfung? Warum mussten 99,9 Prozent aller Arten, die je gelebt haben, wieder aussterben? Handelte es sich dabei nur um wertlose Experimentiermasse für einen unentschlossenen Gott?

Wie auch immer man diese Fragen beantworten möchte: wenn Gott diese Schöpfung so gewollt und so geplant hat, dann ist sie nur schwer mit der Vorstellung eines liebenden Gottes zu verbinden, der Erbarmen mit der von ihm geschaffenen Kreatur hat! So sollten wir uns wohl damit abfinden, dass wir nicht in Gottes Schöpfung leben, sondern in einer Welt, die sich gemäß ihrer natürlichen Gesetze entwickelt hat und unsere menschlichen Vorstellungen von Mitleid und Barmherzigkeit nicht kennt. Und der Mensch? Ist er tatsächlich die 'Krone der Schöpfung', das Meisterwerk Gottes? Kann Gott ihn so gewollt und geplant haben? Zweifellos ist der Mensch das fähigste Lebewesen der bisherigen Evolution, aber auch das böseste und gewalttätigste. Das einzige, das aus niederen Beweggründen tötet und das nicht nur um sich zu ernähren, und das einzige, das rücksichtslos gegen die gesamte Umwelt agiert und sie nachhaltig schädigt, ohne die Interessen anderer Lebewesen zu beachten. Der Mensch ist der größte Feind der Erde. Gottes Plan?

Gelegentlich führen die Anhänger der gottgewollten und vorausgeplanten Schöpfung auch noch ein anderes Argument ins Feld: die 'in der Natur erkennbare, wunderbare Ordnung'. Diese Ordnung weise zwingend auf eine 'planvoll ordnende Instanz' (=Gott) hin. Auch dieses Argument steht auf schwachen Beinen. Ordnung entsteht in der Natur vor allem aus der Einwirkung von Gesetzmäßigkeiten, gelegentlich aber auch durch pure Zufallskräfte, man betrachte dazu nur die wunderschönen und regelmäßigen Muster die Meereswellen am Strand hinterlassen.

Jede Welle ist anders, keine ist in ihrer Kraft, Ausformung und Wirkung vorausberechenbar – und doch schaffen sie gemeinsam ein geordnetes Muster.

So stehen wir also abschließend vor der Frage, ob Gott oder der Zufall die Evolution des Lebens bestimmt? Ob der Plan eines übernatürlichen Wesens alles genau vorherbestimmt hat, oder ob es auch ganz anders hätte kommen können? Ob der Mensch nach dem Willen Gottes die Krönung der Schöpfung ist oder nur das zwangsläufige Endresultat der natürlichen Evolution? Oder ob der Mensch, im schlimmsten Fall, nicht einmal notwendig entstehen musste, sondern nur ein Zufallsprodukt der Evolution ist, weder vorhersehbar, noch ihr Endziel. Spätestens bei der letzten Frage spüren wir alle ein gewisses Unbehagen. Sie berührt nicht nur den Einfluss Gottes auf die Schöpfung, sondern auch den Stellenwert des Menschen und unser eigenes Selbstwertgefühl. Es gefällt uns nicht, ein Zufallsprodukt der Evolution zu sein, eine 'Laune der Natur', eine Existenzform, die es genauso gut auch nicht hätte geben müssen. Wir wollen ernst genommen werden, auch von der Natur, wir wollen unsere Vorrangstellung behaupten, wo wir doch alle anderen Lebewesen so weit überragen und sogar begonnen haben, die Natur zu beherrschen. Wir haben schon schwer genug an unserem tierischen Stammbaum zu tragen, nun sollen wir auch noch unsere gesamte Existenz dem Zufall verdanken? Beunruhigende Fragen, die uns zwingen den Standort des Menschen neu zu bestimmen, die Frage nach der 'spezifischen Menschenwürde' neu zu stellen und den Sinn und den Wert des Lebens neu zu definieren. Wir werden im Abschlusskapitel hierauf zu sprechen kommen. Gleichzeitig wird aber auch deutlich, warum die Evolutionstheorie bis heute auf so viele Widerstände stößt und warum es so viel einfacher und beruhigender ist, die Schöpfung in die Hände Gottes zu legen. Nach diesen langen Erörterungen der Hypothese eines Designergottes wollen wir noch auf die dritte und letzte Gott-Hypothese eingehen:

Gott als Letztursache, als Grundprinzip des Seins: Zu dieser letzten Hypothese ist wenig zu sagen, zumal sie schon im Rahmen der Kosmologie erörtert wurde. Natürlich kann man sich auf eine solch unverbindliche Formel für Gott problemlos einigen. Auch Atheisten werden das Prinzip von Ursache und Wirkung nicht leugnen, und ob man nun die Letztursache mit 'Gott' oder mit 'Natur', 'mit den grundlegenden 'Naturkonstanten', mit 'kosmischer Energie' oder mit welchem Begriff auch immer belegt, mit dem Gott der Religionen hat die so definierte Letztursache nichts mehr zu tun. Und mit dem Gott, den die Menschen suchen auch nicht, denn diese Letztursache ist eine unpersönliche Kraft, bei der die Menschen nicht den Schutz und die Geborgenheit finden, die sie bei ihrem persönlichen Gott suchen, und die ihnen auch nicht das zu geben vermag, was sie sich von Gott am meisten erhoffen: das Ewige Leben.

So kommen wir zu folgendem Ergebnis: Der unmittelbar aus der Bibel entnommene Schöpfergott ist angesichts der naturwissenschaftlichen Befunde der Kosmologie und der Evolutionsbiologie weder plausibel noch notwendig. Die Entwicklung des Weltalls und des Lebens erweist sich als natürlicher Vorgang, der keinen übernatürlichen Eingriff erkennen lässt. Der 'planende Gott' hingegen kann gegenüber dem Schöpfergott von vorneherein nur als 'zweitbeste Lösung' gelten, da sich ein allmächtiger Gott wohl kaum eines umständlichen Planes bedienen würde, wenn er gleichzeitig in der Lage wäre, das von ihm gewünschte Endresultat in einem einmaligen, grandiosen Wurf zu erstellen. Hinzu kommt, dass der Plan (vgl. frühere Ausführungen) eine Reihe erkennbarer Schwächen hat und vor allem auch die Sonderstellung des Menschen in dieser Schöpfung mit einer Reihe von Fragezeichen zu versehen ist. Der planende Gott erscheint somit als Hilfskonstrukt, als Ausrede, als Ersatzlösung, als Flucht nach hinten. 'Gott als Letztursache' wird zum abstrakten Prinzip, das mit beliebigen Begriffen versehen werden kann und weder dem Gottbegriff der monotheistischen Religionen, noch den Erwartungen gerecht wird, die die Menschen mit einem helfenden und schützenden Gott verbinden. Die Leerformel eines solchen Gottbegriffs ist letztlich gleichbedeutend mit der Erkenntnis, dass es den Gott, den sich die Menschen schufen, nicht gibt!

C) Perspektiven für eine Welt ohne Gott

Das Schlussplädoyer gegen die Existenz Gottes

Vorbemerkung

Schon in der Einleitung zu diesem Buch wurde klargestellt, dass weder die Existenz noch die Nichtexistenz Gottes in strengem Sinne beweisbar ist. Wohl aber lassen sich Indizien für die Plausibilität des einen und des anderen Standpunkts sammeln, die nach entsprechender Prüfung ein persönliches 'Urteil' ermöglichen. Dieser Versuch wurde in diesem Buch unternommen, wenn auch mit einseitiger Ausrichtung. Einseitig in dem Sinne, dass ausschließlich Indizien für die Nichtexistenz Gottes zusammengetragen wurden. So ist dieses Buch einem Indizienprozess zu vergleichen, in dem nur eine der beiden Parteien zu Wort kommt und es nur ihr möglich ist, ihre Indizienkette vor den 'Geschworenen' (den Lesern) auszubreiten. Dieses Vorgehen erschien uns gerechtfertigt, weil die 'Gegenseite' ihre Argumente bereits seit zweitausend Jahren mit Nachdruck verbreitet, so dass deren Bekanntheit unter den Geschworenen vorausgesetzt werden konnte. Sofern wir die Parallele zum Indizienprozess weiterführen wollen, wären wir jetzt am Ende der 'Beweisaufnahme' angekommen und könnten zum Schlussplädoyer übergehen. In dieser letzten zusammenfassenden Rede versucht der Anklagevertreter die Geschworenen von der Richtigkeit seiner Annahmen und der Schlüssigkeit seiner Indizienkette zu überzeugen, bevor sich diese zu ihrer abschließenden Urteilsfindung zurückziehen.

Zusammenfassung der Argumente gegen die Existenz Gottes

„Sehr geehrte Damen und Herren,
wir haben einen langen mühsamen Weg hinter uns auf der gemeinsamen Spurensuche nach Gott. Ich danke Ihnen für ihre Geduld und ihre Bereitschaft, an diesem schwierigen Indizienverfahren teilzunehmen. Insbesondere den religiös Gläubigen unter Ihnen möchte ich meinen besonderen Dank aussprechen,

da es Ihnen sicher schon aus emotionalen Gründen nicht leicht gefallen ist, meinen einseitig gegen Gott gerichteten Argumenten zu folgen. Aber berücksichtigen Sie bitte, dass ich gegen mehr als zweitausend Jahre Religionsgeschichte ankämpfen muss, in denen unzählige Priester ihre Glaubensbotschaften in die Herzen der Menschen versenkten, in denen die fähigsten Denker dieser Zeiten ausgeklügelte Rechtfertigungsstrategien für die Gottesidee erarbeiteten und in denen die Kirchen die größtmögliche Macht hatten, ihre Lehren gegen alle Widerstände durchzusetzen. Die Gottesidee hat also einen großen Vorsprung vor diesem Plädoyer. Sicher akzeptieren Sie auch, dass es die Aufgabe des Anklagevertreters ist, sich auf die belastenden Argumente zu konzentrieren; die letzte und entscheidende Urteilsfindung bleibt jedoch in Ihren Händen.

Ich darf also zusammenfassen: Unsere heutigen Religionen entstanden vor langer Zeit. Einer Zeit, in der die Menschen nur wenig wussten über die Welt, in der sie lebten, und ihnen deshalb viele natürliche Vorkommnisse unerklärlich und bedrohlich blieben. So suchten sie Schutz, Hilfe und Erklärung bei einer Macht, die mehr vermochte als sie selbst – sie schufen sich Gott. In einer Zeit, in der man das nicht vorhandene Wissen durch Mythen ersetzte, in der die naive Wundergläubigkeit zum Alltag gehörte und Informationen nur mündlich, von Geschichten- und Märchenerzählern, auf den Märkten weitergegeben wurden, hatten charismatische Religionsgründer ein leichtes Spiel. Betrachten wir noch einen anderen Aspekt der Religionsgründungen, den sogenannten Offenbarungsakt Gottes. Schon der Vorgang als solcher erscheint einem allmächtigen Gott nicht angemessen: immer offenbart sich Gott nur einzelnen Personen, immer unter mystischen Begleitumständen, immer in unkontrollierbaren Situationen. Ist dies der Auftritt eines Gottes, der das Universum geschaffen hat? Und vor allem: warum hat Gott überhaupt eine Offenbarung nötig, warum ist er dem Menschen nicht von Anfang an immanent? Warum macht er unser Wissen über ihn abhängig von den oft sehr zweifelhaften Aussagen einzelner menschlicher Vermittler? Wozu diese komplizierten Umwege? Riecht dies alles nicht sehr viel mehr nach Menschenwerk als nach Gotteswerk?

Wie uns die Geschichte zeigt, gab es zu allen Zeiten verschiedene, parallel auftretende Religionen. Jede beanspruchte für sich, die alleinige Wahrheit, den einzig wahren Gott zu vertreten. Wie ist dies möglich, wenn es nur einen Gott gibt – und geben kann? Ist der Gott der anderen ein falscher Gott – und warum? Wie kann es der 'Eine Gott' zulassen, dass ein Großteil seiner Geschöpfe irrgläubig ist und nicht an seiner Erkenntnis und Gnade teilhat? Warum hat er sich nicht allen gleichzeitig und in unmissverständlicher Deutlichkeit geoffenbart? Und was besonders schwer wiegt: wusste Gott nicht, oder nahm er es in Kauf, dass sich die Menschen um ihrer unterschiedlichen Religionen willen in endlosen und grausamen Kriegen zerfleischen würden? Ist dies nicht ein weiterer Hinweis darauf, dass es den allmächtigen und liebenden Gott, den sich die Menschen so sehr wünschen, gar nicht gibt?!

Es ist auffallend, dass die Geschichte der monotheistischen Hochreligionen, insbesondere des Christentums und des Islams, von Anfang bis heute durch Intoleranz und Gewaltbereitschaft beherrscht wird. Zwei Ursachen lassen sich ausmachen: zum einen der dogmatische Anspruch, den einzigen wahren Gott zu vertreten, zum anderen die verhängnisvolle Verbindung von kirchlicher und weltlicher Macht. Kirche und Staat legitimierten sich gegenseitig und im Namen Gottes, gewaltsam zu missionieren, Ländereien und Besitz der Nichtgläubigen in Beschlag zu nehmen, ganze Völker und Kulturen zu vernichten. Während diese unselige Verbindung von Kirche und Staat zumindest in den westlichen Demokratien deutlich zurückgedrängt werden konnte, zeigt der islamistische Terror der Gegenwart, wie leicht und wie verhängnisvoll Religionen auch heute noch von skrupellosen Machthabern missbraucht werden können. Ich erhebe an dieser Stelle mit Nachdruck die Frage: haben Religionen zum Frieden in der Welt beigetragen, oder sind sie nicht eher die Urheber oder zumindest die Ursache für viele und unsäglich grausame Kriege der letzten zwei Jahrtausende? Haben Religionen somit mehr Hass und Verderben als Liebe und friedvolles Gedeihen in die Welt gebracht? Und gestatten sie mir die zweite Frage: warum lässt der angeblich 'liebende und gütige Gott' dies alles zu – und noch dazu in seinem Namen?

Ich möchte an dieser Stelle das Thema wechseln und auf das grundsätzliche Phänomen des Glaubens näher eingehen. Der 'Glaube' ist die Grundlage aller Religionen! Er ist für die Religionen unersetzlich, weil sie an seine Stelle nichts anderes setzen können. Weder Gott lässt sich beweisen noch die Tatsache seiner Offenbarung noch die angeblich von ihm vermittelten Glaubensbotschaften. Und was die Kirchen uns an weiteren Glaubensinhalten zumuten, die sie ihren ursprünglichen Lehren im Lauf der Jahrhunderte hinzugefügt haben, überfordert die Toleranzbereitschaft jedes halbwegs aufgeklärten Menschen. Es sei nur kurz erinnert an die 'jungfräuliche Empfängnis' Mariens, an die 'leibliche Auferstehung und Himmelfahrt Christi' und an all die sogenannten 'Wunder', die Christus und die ihm nachfolgenden Heiligen vollbracht haben. Nun werden Sie vermutlich einwenden, dass dies nur mythisch überhöhte und symbolhafte Darstellungen sind, die den Kern der religiösen Wahrheit nicht betreffen. Aber wie, so frage ich Sie, verhält es sich dann mit der Glaubwürdigkeit religiöser Kernaussagen, wie beispielsweise dem Versprechen des Ewigen Lebens? Die Wissenschaft – und unsere eigene Erfahrung – sagen uns doch etwas ganz anderes. Wie kann auf dem Hintergrund eines vergänglichen Kosmos das Versprechen von Unsterblichkeit gegeben werden? So möchte ich Sie an dieser Stelle fragen: Glauben Sie persönlich, nach allem was Sie nun wissen, noch an ein Weiterleben nach dem Tode, und wenn ja, glauben Sie dann nicht gegen ihr besseres Wissen und nur einfach deshalb, weil Sie es unbedingt glauben möchten?

Die Religionen haben von Anfang an erkannt, dass das Unsterblichkeitsversprechen ihre wichtigste Waffe ist, mit der sie die Gläubigen nicht nur durch ein attraktives Versprechen binden, sondern auch durch eine furchtbare Drohung willfährig machen können. Denn der liebende Gott verspricht das ewige Leben nicht nur im Himmel, sondern auch in der Hölle. Welch schrecklicher Missbrauch von den Kirchen mit dieser Drohung getrieben wurde, ist uns allen bekannt. Nicht bekannt ist uns jedoch, wie viele Menschen, unter der Furcht vor ewiger Verdammnis, ein traumatisiertes Leben führten und möglicherweise daran zerbrachen. Vielleicht sollten wir auch daran denken, wenn wir vom Paradies Gottes sprechen. Es stellt sich noch eine andere Frage im Zusammenhang mit der Unsterblichkeit: führt eine zu starke Ausrichtung auf das Jenseits nicht zwangsläufig zu einer Abwertung des Diesseits, zu einer Geringachtung oder gar Verachtung irdischen Glücks? Ist es nicht so, dass die Religionen mit der Unsterblichkeit ein unüberprüfbares Versprechen abgeben, für das sie die Verpfändung des Einzigen verlangen, das der Mensch mit Sicherheit besitzt, sein diesseitiges Leben?

Wenn wir von 'Glauben' sprechen, müssen wir auch auf die Glaubwürdigkeit der Heiligen Schriften eingehen. Ich erinnere daran, dass weder Jesus noch Mohammed persönliche schriftliche Aufzeichnungen hinterlassen haben. Sowohl das Neue Testament wie auch teilweise der Koran wurden erst Jahrzehnte nach dem Ableben der beiden Religionsgründer niedergeschrieben bzw. endgültig formuliert. Wie sich der ursprüngliche Gehalt einer Information verändert, wenn sie über längere Zeit nur von Mund zu Mund weitergegeben wird, zeigt ein schlichtes psychologisches Experiment, von dem ich Ihnen berichtet habe: erzählen Sie eine Geschichte von nur fünf Minuten Dauer einem Bekannten und bitten Sie ihn, diese Geschichte nach fünf Tagen einem anderen Bekannten zu erzählen und so weiter, bis die Geschichte bei einer zehnten Person ankommt. Sie werden die Geschichte, die diese letzte Person erzählt, nicht wieder erkennen. Dies zur Authentizität und zum Glaubwürdigkeitsgehalt von religiösen Schriften.

Das Glaubwürdigkeitsproblem der Heiligen Schriften setzt sich fort in der Kirche selbst, die als Hüterin des Wortes Gottes seine Botschaft von Liebe, Nächstenliebe und Toleranz unverfälscht unter die Menschen bringen sollte. Betrachtet man jedoch die Geschichte der katholischen Kirche, so dürfte sich schwerlich eine andere Institution finden lassen, die ihre eigene Grundbotschaft schlimmer konterkarierte. Nur kurz sei erinnert an die grausame Verfolgung so genannter Ketzer und Abtrünniger, an die blutige Missionierung Andersgläubiger, an Hexenverbrennungen und Judenverfolgung, an Kreuzzüge und Inquisition. Und alles im Namen und zur größeren Ehre Gottes. Welch eine Perversion der christlichen Urbotschaft der Nächstenliebe. Ich scheue mich nicht, die Kirche der schlimmsten Verbrechen gegen die Menschlichkeit anzuklagen! Dabei lasse ich auch nicht den möglichen Einwand gelten, dass es sich hier nur um die Verfehlungen des finsteren Mittelalters handelte: wo, wann und mit welchem Nachdruck stellte sich die römische Amtskirche dem Holocaust Hitlers entgegen? Ist dies nicht ein aktueller Beweis dafür, dass die Kirche zu allen Zeiten ihren Machterhalt über das Leben der Menschen stellte, und man sich deshalb fragen muss, welches Menschenbild diese Kirche vertritt? Ich bin mir darüber im Klaren, dass man die Verfehlungen der Kirche nicht als strenges Indiz für die Nichtexistenz Gottes anführen kann. Aber ich frage Sie: Wo war der liebende und gütige Gott in dieser Kirche zu den Zeiten ihrer schlimmsten Verfehlungen? Wird damit nicht der 'in seiner Kirche präsente Gott' mehr als unglaubwürdig, ja geradezu widerlegt? Wo aber ist dann Gott, wenn nicht in seiner Kirche und in dieser Welt? Oder anders gefragt: was sollen wir mit einem Gott anfangen, der nirgendwo zu finden ist?

Die gleiche Frage lässt sich in einem anderen Zusammenhang wiederholen: wo ist Gott angesichts des vielen unverschuldeten Elends auf dieser Welt? Sie erinnern sich an die quälende Frage der Theodizee, 'wie der Glaube an einen allmächtigen und gleichzeitig liebenden Gott aufrechterhalten werden kann, angesichts des Bösen und des vielen Leids in dieser Welt'? Albert Camus hat diese Frage zugespitzt: „Wo ist Gott, wenn diese seine Schöpfung eine Welt ist, in der Kinder gemartert werden?" Und ich möchte ergänzen: in der ein Holocaust stattfinden konnte? Die Antwort auf die Frage der Theodizee, die von der Antike bis heute Gläubige wie Atheisten gleichermaßen bewegte, gab schon Epikur, und da sie konsequenter und logischer nicht zu formulieren ist, reiche ich sie an Sie weiter: „Entweder will Gott das Böse beseitigen und kann es nicht, oder er will es nicht und kann es nicht, oder er kann es und will es. Denn wenn er will und nicht kann, ist er nicht Gott, und wenn er kann und nicht will, so ist er missgünstig, was Gott fremd ist. Wenn er nicht will und nicht kann, ist er missgünstig und schwach und damit ebenfalls nicht Gott. Wenn er aber kann und will, was allein Gott entspräche: woher kommt dann das Böse?" Diese letzte Frage des Epikur quält die Theologen bis heute.

Für die Philosophen der Antike war die kritische Frage nach Gott ein erlaubtes Thema. Dies änderte sich schlagartig mit dem Aufkommen des Christentums. Ab sofort war philosophisches Denken nur noch systemimmanent, das heißt zur Klärung und Auslegung religiöser Detailfragen erlaubt, nicht jedoch zur grundsätzlichen Infragestellung von Kirche und Gott. Sehr viel Geringeres wurde schon als Blasphemie gebrandmarkt und mit dem Tode bestraft. Erst mit der Aufklärung, also 1800 Jahre nach Christus, wurde kritisches und vorurteilsfreies Hinterfragen wieder möglich und von mutigen Denkern auch auf die Existenz Gottes bezogen. Gestatten Sie mir nun, meine sehr verehrten Damen und Herren Geschworene, dass ich Ihnen einige Kernaussagen dieser namhaften Denker noch einmal kurz vor Augen führe:

Immanuel Kant, der große Anwalt der menschlichen Vernunft, wurde nicht müde, zu freiem, kritischem und selbst bestimmtem Denken aufzurufen. „Eine Religion, die der Vernunft unbedenklich den Krieg ankündigt, wird es auf Dauer gegen sie nicht aushalten", war seine erklärte Überzeugung. Mit seinem scharfen logischen Verstand widerlegte Kant auch endgültig die klassischen Gottesbeweise. Er hielt Gott weder nötig für die Erklärung der Natur, da sich diese aus sich selbst erklärt, noch für das moralische Verhalten des Menschen, da dieser über ein immanentes Sittengesetz verfügt. In nur einem einzigen Satz, dem 'Kategorischen Imperativ', vermochte Kant ein bis heute tragfähiges Moralgesetz zu formulieren, das sich nicht auf Gott beruft, sondern auf die menschliche Vernunft und Verantwortung. Kant machte den Menschen frei von jeglicher geistigen Bevormundung – auch und vor allem der religiösen – und verpflichtete ihn allein auf seine eigene Vernunft, seine kritische Denkfähigkeit und sein immanentes Sittengesetz.

Die Stafette Kants, sein Aufruf zur Kritischen Vernunft, wurde in Bezug auf die Religion von niemand konsequenter aufgegriffen als von Ludwig Feuerbach. Er widmete sein ganzes Leben der Frage nach dem Ursprung von Religion und Gott. Ich zitiere nur zwei seiner wichtigsten Aussagen: Gott ist nichts weiter als eine 'Projektion' des Menschen, in der dieser alles das, was er selbst nicht sein kann, auf ein höheres Wesen, d.h. auf Gott überträgt. Die erlebte eigene Unvollständigkeit sowie sein universales Glückseligkeitsstreben veranlassen den Menschen zur Hypothese 'Gott'. In dieser Selbstentäußerung des Menschen liegt die große Gefahr, dass alles, was gut am Menschen ist, auf Gott übertragen wird, und alles, was schlecht ist, bei ihm verbleibt. „So opfert der Mensch den Menschen Gott auf", sagt Feuerbach und versucht verzweifelt, die Blickrichtung des Menschen umzukehren, nicht mehr nach oben zu Gott, sondern seitlich zum Menschen. Der Mensch soll und braucht sich nicht hinter Gott zu verstecken, er soll sich nicht entwerten, sondern sich seiner positiven Eigenschaften und Möglichkeiten bewusst sein. In der Gemeinschaft ist der Mensch zu vielem fähig. 'Homo homini Deus est', sagt Feuerbach, der 'Mensch ist das Maß aller Dinge'. Feuerbach ist auch der erste, der die Gefährlichkeit des Jenseitsversprechens der Religion erkennt. Das Jenseits stiehlt dem Menschen das Diesseits und entfremdet ihn seinen Mitmenschen. So fordert Feuerbach die Rückbesinnung und Konzentration auf das diesseitige Leben, das im Einklang mit der Natur und den Mitmenschen geführt werden soll. In diesen Gedanken, meine sehr verehrten Geschworenen, und in einer so formulierten Gottkritik artikuliert sich ein Humanismus, den wir heute nötiger haben als je zuvor – und mit Sicherheit nötiger haben als aggressive, fundamentalistische Religionen.

Karl Marx schließt sich der Religionskritik Feuerbachs voll umfänglich an. Für ihn ist jedoch die Ursache der Religion nicht nur im Unzulänglichkeitsgefühl des Menschen zu suchen, sondern auch in den desolaten sozialen Verhältnissen, in der Armut, Rechtlosigkeit und Abhängigkeit, in der ein Großteil der Menschheit zu allen Zeiten leben musste. Immer dann, wenn Menschen aus ihrer gesellschaftlichen, wirtschaftlichen und politischen Unterdrückung nicht herausfinden, so argumentiert Marx, flüchten sie sich in eine göttliche Überwelt und führen sich selbst in Entfremdung. Schuld daran trägt vor allem die Kirche. In ihrem Pakt mit der herrschenden Klasse schuf sie ein übermächtiges Instrument der Repression. Sie schützte und legitimierte die Privilegien der Mächtigen und vertröstete den Rest der Menschheit auf das Jenseits. Hierin sieht Marx die historische Schuld der Kirche und in diesem Sinn ist auch sein klassisches Zitat zu verstehen: Die Religion ist das Opium des Volkes.

Ich denke, Sie erinnern sich auch noch an den wütenden Nietzsche, an Friedrich, den Wortgewaltigen, der zwar an wichtige Gedanken Feuerbachs anknüpfte, diese jedoch zu explosiven Sprengsätzen umformulierte. Wo Feuerbach vorsichtig versuchte, die Theologie in eine religiöse Anthropologie zu transformieren, musste Nietzsche zertrümmern, musste er Gott töten. So genügte es ihm auch nicht, nur die Religionen anzuklagen, er erweiterte sein vernichtendes Urteil auch auf die gesamte traditionelle Metaphysik. Beide haben nach seiner Ansicht die reale Welt herabgewürdigt, das Leben herabgesetzt und eine scheinbare, jenseitige Welt 'hinzugelogen'. Nietzsches Vorwurf: Unsere diesseitige Welt, die wir mit allen unseren Sinnen erfahren und die das einzige ist, was wir haben, wird durch die Religion und Metaphysik in die Bedeutungslosigkeit geredet, zugunsten einer angeblich wahren Überwelt (Nietzsche bezeichnete sie boshaft als 'Hinterwelt' und ihre Anhänger als 'Hinterweltler'), die wir weder erfahren noch beweisen können und deren Ursprung einzig und allein in den Wünschen der Menschen liegt. Das Postulat Gottes führt nach Nietzsche in die Abhängigkeit, Gott wird zum großen Fremdbestimmer, der Unterwerfung fordert und die diesseitige Welt entwertet. Gott wird zum Gegenbegriff der Wirklichkeit des Lebens. Ein solcher Gott beleidigt Nietzsches Bild vom Menschen, der stark und selbst bewusst genug sein sollte, seinen eigenen Lebensentwurf zu wagen. Erst mit 'Gottes Tod' gewinnt der Mensch seine Identität zurück, erhält er wieder Kraft und Raum für eine eigene Lebensgestaltung. Sie erinnern sich auch, meine Damen und Herren Geschworenen, dass wir nicht mit allen Gedanken Nietzsches einverstanden waren und seine Mitleidlosigkeit mit den Schwachen und sein übersteigertes Konzept des 'Übermenschen' nicht akzeptiert haben, aber es bleibt das Verdienst Nietzsches, die Würde und Kraft des selbst bestimmten Menschen gegen jede religiöse Bevormundung vehement verteidigt zu haben.

Mit Sigmund Freud, eigentlich einem Quereinsteiger in Sachen Religionskritik, haben wir ganz neue Gedanken kennen gelernt. Der große Psychoanalytiker fand Parallelen zwischen den Zwangsneurosen seiner Patienten und den animistisch-religiösen Tabus und Riten früher Menschheitsgenerationen und schloss hieraus, dass Teile dieses primitiven Geistes- und Gefühlslebens noch immer in uns wirksam sind. In vielerlei Hinsicht, so erklärte uns Freud, befördern die Religionen auch heute noch die Entstehung von Zwangsneurosen, sei es durch die Auslösung von Schuldkomplexen im Zusammenhang mit Sünde und Beichte, oder durch die Auslösung massiver Ängste in Erwartung des Letzten Gerichts und der Ewigen Verdammnis, vor allem aber auch durch ihre rigorose Forderung nach Triebverzicht. Daneben wies Freud auch noch auf eine andere Gefahr der Religion hin. Sie vermittelt den Menschen die 'Illusion' einer allumfassenden Wunscherfüllung; sie verspricht ihm Hilfe und Geborgenheit, erklärt ihm den Sinn des Lebens, tröstet ihn in Leiden und Ungerechtigkeiten und verspricht ihm zu guter Letzt das ewige Leben. Diese Illusion korrespondiert – unglücklicherweise – mit dem zentralen Bedürfnis des Menschen 'glücklich zu sein'. Aus dieser Koppelung bezieht die Religion ihre stärkste Anziehungskraft. Für den Menschen wird dieser Sachverhalt deshalb problematisch, weil er in vielen Fällen mit einem geradezu neurotischen Wirklichkeitsverlust einhergeht. Der Mensch ist nicht mehr bereit, seine Wünsche an der Realität auszurichten und ihre Erfüllung in die eigene Hand zu nehmen; er delegiert sie lieber an Gott. In diesem Verständnis wird die Religion für Freud zur 'Illusion', mehr noch, sie wird zur 'kollektiven Zwangsneurose'. Auch Freud wiederholt somit den Vorwurf, den wir schon von Kant bis Marx gehört haben: Die Religion entmündigt den Menschen (Freud: sie hält ihn in seiner Infantilität gefangen), indem sie ihn hindert, seine Kräfte und Energien auf ein selbstbestimmtes und realitätsbezogenes Leben zu richten!

Mit diesem kurzen Rückblick wollen wir die religionskritischen Ausführungen der modernen Philosophie abschließen und uns den beiden großen Schöpfungsfragen zuwenden: Ist Gott der Schöpfer des Kosmos und des Menschen?

So soll also der Abschluss meines Plädoyers ganz der Schöpfungsfrage gewidmet sein. Der Frage, die den Kern des Gottesbegriffs in allen monotheistischen Religionen betrifft: Ist diese Welt, der Kosmos und alles Seiende in ihm, bis hin zum Menschen, von einem übernatürlichen Wesen aus dem Nichts geschaffen worden? Bis gestern konnte die Menschheit dieser Annahme keine begründ- oder gar beweisbare Alternative entgegenstellen. Wir gehören zur ersten Generation der Menschen, die in der Lage ist, die göttliche Schöpfungstheorie durch einen wissenschaftlichen Gegenentwurf zu entkräften. Zum ersten Mal in der Menschheitsgeschichte sind wir, durch die Erkenntnisse der modernen Kosmologie und Evolutionsbiologie, in der Lage, Glauben durch Wissen zu ersetzen.

Beginnen wir mit dem Kosmos. Voller Staunen haben wir von den ungeheuren Dimensionen unseres Universums erfahren, in dem unsere Erde nur ein verlorenes Staubkorn ist. Unsere Sonne, ohne die es kein Leben auf der Erde gäbe, ist nur eine von einhundert Milliarden Sonnen innerhalb unserer Galaxie, von der es im gesamten Universum wiederum mehr als einhundert Milliarden gibt. Vor rund fünfzehn Milliarden Jahren ist der Kosmos in einer Art 'Urknall' entstanden und dehnt sich seitdem – und in alle weitere Zukunft – aus. Wir kennen jedoch nicht nur die Größe und Geschichte unseres Weltalls, wir wissen auch, wie es 'funktioniert'. Wir können die Entstehung der Sterne und Galaxien nachzeichnen, denn wir kennen die zugrunde liegenden Naturgesetze und deren Wirkungsweisen. Noch heute sind wir die Zeugen dieses gewaltigen Schauspiels, denn unser Kosmos gebiert noch immer neue Sterne, während zur gleichen Zeit andere Sonnen erlöschen, deren Brennstoff zu Ende gegangen ist. In den letzten hundert Jahren vermochten die Astronomen, Astrophysiker und Kosmologen ein schlüssiges, naturwissenschaftlich fundiertes Erklärungsmodell für unser Universum zu erarbeiten. Außer den so genannten 'Singularitäten', wie sie im Urknall und in den Schwarzen Löchern auftreten, birgt das Universum nur noch wenig große Geheimnisse – und auch diese werden wir eines Tages entschlüsseln. Die moderne Kosmologie mit ihren satellitengestützten Forschungsmethoden hat gerade erst begonnen. Und so möchte ich Sie, meine Damen und Herren Geschworene, an dieser Stelle an einen bereits mehrfach zitierten Satz von William Occam erinnern: „Wo eine einzige Annahme zur Erklärung genügt, ist es nicht erforderlich, mehrere Annahmen einzuführen." Und: „Man unterlasse es, unnötige und überflüssige Hypothesen in die Welt zu setzen." In Bezug auf die Schöpfungsfrage bedeutet dies: Wenn wir die Entstehung des Universums auf natürlichem Wege erklären können, bedarf es keiner zusätzlichen 'übernatürlichen' Erklärung mehr!

Zurück zum Kosmos. Bei all ihren Beobachtungen und Analysen konnten die Forscher immer wieder konstatieren, dass die Entwicklung des Weltalls konsequent den physikalischen Gesetzen folgt und auch nicht die geringste Abweichung erkennen lässt. Ein Eingriff 'von außen' ist nirgendwo zu erkennen; er wäre auch gar nicht möglich, denn schon beim geringsten Eingriff in das bestehende Gleichgewicht wäre der Kosmos in seiner Gesamtheit bedroht. Durch den Eingriff eines nichtmateriellen Wesens in diese materielle Welt würden alle Erhaltungssätze der Physik verletzt. In den fünfzehn Milliarden Jahren seiner Entwicklung folgte das Universum konsequent den vorgegebenen Naturkonstanten, und daran wird sich auch in Zukunft nichts ändern. Die 'Selbstregulierung' des Universums ist unbestritten.

Mit dieser Feststellung, meine Damen und Herren Geschworene, kommt jedoch eine zweite wichtige Säule des Schöpfergotts ins Wanken, seine angebliche 'immerwährende und schöpferische Präsenz in dieser Welt'. Eine Aussage, die nicht nur unserer Beobachtung und Erfahrung widerspricht, die nicht nur Erklärungsprobleme schafft, wenn man das Elend und das Böse auf dieser Welt mit der Präsenz Gottes in Einklang bringen will, sondern die auch den elementaren physikalischen Gesetzen zuwiderlaufen würde. Es ist kein Gott in dieser Welt auszumachen, und seine Präsenz wäre weder physikalisch zu erklären noch moralisch zu rechtfertigen! Lassen Sie mich noch auf einen abschließenden Punkt zu sprechen kommen. Seit kurzem weiß man, dass unser Universum 'endlich', d.h. vergänglich ist. In vielen Billionen Jahren wird sich der Gasvorrat in den Galaxien erschöpfen, aus denen sich neue Sterne bilden könnten. Die letzten Supernovae werden ausglühen und explodieren, und es wird Dunkelheit und ewige Kälte einkehren im Universum. Längst vorher ist jedoch schon unsere Sonne den Sternentod gestorben und hat die Erde und alles Leben auf ihr ausgelöscht. Das Universum ist ein endliches Gebilde, nichts in ihm ist beständig, alles ist von begrenzter Dauer, alles entsteht und vergeht, die Erde mit all ihren Lebewesen genauso wie ihre Sonne, die anderen Sterne und Galaxien und letztlich das Universum selbst. Aber nichts davon geschieht willkürlich, auch in seinem Sterben folgt das All den physikalischen Gesetzen. In diesem Sinn ist das Universum – von seinem Anfang bis zu seinem Ende – selbst regulierend, vorhersehbar und berechenbar. Kommen wir also zur Schlussfolgerung und sehen uns hierzu noch einmal die drei möglichen Schöpfungshypothesen an:

- „Gott hat die Welt in einem willentlichen Akt aus dem Nichts geschaffen und ist in ihr weiterhin präsent" (der 'Schöpfergott' der Bibel).
- „Gott hat den perfekten Plan zu diesem Universum geschaffen, es dann aber sich selbst überlassen" (der 'Planungsgott' oder 'Designergott').
- „Die Schöpfung ohne Gott. Die Entstehung und Entwicklung des Universums ist auf natürlichem Wege zu erklären und bedarf nicht der zusätzlichen Hypothese eines transzendenten Schöpfergotts.

Die erste Hypothese, die Annahme eines biblischen Schöpfergottes, erscheint aus allen bisher genannten Gründen als nicht plausibel und nicht vertretbar! Auf der Basis unseres heutigen naturwissenschaftlichen Wissens über die Entstehung des Kosmos brauchen wir dem schlichten Erklärungsversuch, den die Menschen vor zweitausend Jahren aufstellten, nicht mehr zu folgen. Wozu also noch länger eine 'übernatürliche' Erklärung bemühen, wo bereits eine zureichende natürliche Erklärung vorliegt? Ich frage Sie mit Nachdruck: wie kann die Hypothese eines Schöpfergotts, die durch kein einziges Faktum untermauert wird, die von keiner einzigen objektiven Erfahrung gestützt wird und die allen wissenschaftlichen Erkenntnissen zuwiderläuft, gegen ein Wissenschaftsmodell bestehen, das auf vielen objektiv nachvollziehbaren Beobachtungen aufbaut und die Entstehung des Universums in Übereinstimmung mit allen bekannten physikalischen Gesetzen zu erklären vermag? Meine Damen und Herren Geschworene, sollten Sie die Hypothese des biblischen Schöpfergottes jetzt noch immer aufrecht erhalten wollen, so bitte ich Sie zu prüfen, ob Sie Ihre Entscheidung möglicherweise gegen Ihre bessere Einsicht treffen, nur weil Ihnen die Alternative nicht gefällt. Weil Sie auf Ihren schützenden und helfenden Gott nicht verzichten wollen und weil Sie es nicht akzeptieren können, dass der Mensch nicht Ziel und Zweck des Universums ist, sondern ein zufälliger und unbedeutender Teil desselben, und weil Sie es zu guter Letzt nicht hinnehmen wollen, dass es Unsterblichkeit in einem endlichen Kosmos nicht gibt. Bitte entschuldigen Sie diese deutlichen Worte, aber sie können bei schwierigen Entscheidungen hilfreich sein.

Kommen wir zur zweiten Hypothese, dem 'Planungsgott'. Mit der Verabschiedung des biblischen Schöpfergottes und der Einführung des 'Planungsgottes' versuchen manche Theologen sehr geschickt, einige offensichtliche, naturwissenschaftliche Erkenntnissen in ihre Gottvorstellung zu integrieren. Gott ist nun nicht mehr der Handwerker, der die Welt Stück für Stück nach alttestamentarischen Vorstellungen schuf, sondern der geniale Architekt, der den großen Weltenplan entwickelte, in Gang setzte und die weitere Entwicklung sich dann selbst überließ. Dies ist zweifellos die elegantere und zeitgemäßere Idee eines Schöpfergottes, die auch den vorher zitierten Einwänden Rechnung trägt, dass das Universum selbst regulierend ist und Gottes Präsenz und Eingriff nirgendwo festzustellen ist, wie auch der Feststellung, dass dieses Universum strikt und ausschließlich den Naturgesetzen folgt. Dies alles ist Teil von Gottes genialem Weltenplan, erklären uns die aufgeklärten Theologen, in dem konsequenterweise auch die Naturkonstanten enthalten sind, die die gesamte weitere Entwicklung des Universums festlegen.

So weit, so gut. Aber, so frage ich Sie, meine sehr verehrten Geschworenen, was hat dieser Gott noch mit Ihrem eigenen Gottverständnis zu tun? Welchen Wert und Sinn hat für Sie ein Gott, der in diesem Universum nicht präsent ist und der auf die Entwicklung desselben – und damit auch auf die des Menschen –

keinen Einfluss nimmt? Wie wäre es andererseits vorstellbar, dass ein Gott, der ein ganzes Weltall sich selbst überlässt, sich dennoch um einzelne Lebewesen kümmert, die auf irgendeinem Staubkorn seines Universums ihr Dasein fristen? Ich denke, der Verdacht liegt nahe, dass der 'Planungsgott' nur ein weiteres Rückzugsgefecht der bedrängten Theologen darstellt, die unter dem Druck der naturwissenschaftlichen Erkenntnisse ihren Schöpfergott opfern zugunsten eines indifferenten und für den Menschen belanglosen Planungsstrategen? Gott wird wieder eine Stufe nach oben gerückt, weil er auf dem bisherigen Niveau nicht mehr haltbar ist, er wird sozusagen aus der Schusslinie der Naturwissenschaften genommen. Die Frage ist nur: was bleibt dann noch vom Gott der Religionen? Und welche Relevanz hat ein solcher Gott für die Menschen?

Damit möchte ich auch direkt überleiten auf unsere dritte Hypothese, der 'Schöpfung ohne Gott'. Wenn wir die Hypothese 'Gott' schon so weit zurückgenommen haben wie im 'Planungsgott', was hindert uns dann noch, diese Hypothese ganz aufzugeben. Was hat der so definierte Gott mit dem Gottverständnis der Religionen noch gemein? Gott wird zur Leerformel, die dem Menschen nichts mehr sagt und ihm auch nichts mehr gibt; sie geht ihn nichts mehr an. Reduziert sich dieser Gott dann nicht auf die uralte Formel der Philosophen, die von einer letzten 'unverursachten Ursache' (ens a se) sprechen, aus der heraus sich alles Werden und Vergehen erklärt? Können wir dann nicht genauso gut den naturwissenschaftlichen Begriff der 'kosmischen Energie' für Gott einsetzen, die aus sich selbst heraus, in einem unaufhörlichen und strikt den Naturgesetzen folgenden Prozess, immer wieder neue Universen schafft?

Soviel zum Kosmos – und nun zur Entstehung des Menschen. Im Grunde genommen müssten wir dieses Thema nicht mehr behandeln, denn wenn man davon ausgeht, dass Gott den Kosmos nicht geschaffen hat, dann hat er auch den Menschen nicht erschaffen! Da es sich hier aber um ein besonders sensibles Thema für uns Menschen handelt, möchte ich Sie nicht mit dieser logischen Schlussfolgerung abspeisen, sondern Sie noch einmal daran erinnern, was die Evolutionsbiologie zu diesem Thema zu sagen hat: Die Entstehung des Lebens, jahrtausendelang das große Geheimnis für die Menschen, gilt heute als naturwissenschaftlich dechiffriert. Vor mehr als dreieinhalb Milliarden Jahren formten sich aus wenigen chemischen Grundbausteinen die ersten biologischen Makromoleküle, aus denen wiederum erste einzellige Lebewesen entstanden. Alle diese Vorgänge verliefen spontan und selbst regulierend, wenn auch über ungeheuer lange Zeiträume. Nahezu drei Milliarden Jahre nahm sich das Leben Zeit, nur um sich vom einzelligen zum mehrzelligen Lebewesen zu entwickeln. Dann allerdings ging es Schlag auf Schlag. Eine unübersehbare Vielfalt von immer komplexeren Lebewesen folgte einander, von denen zwar mehr als 99 Prozent wieder ausstarben, ohne dass dadurch der Siegeszug der Evolution aufgehalten werden konnte, der in einer lückenlosen Kette vom Einzeller bis zum Homo sapiens führte.

Schon relativ lange, genau genommen seit der Veröffentlichung der Evolutionstheorie von Charles Darwin vor rund 150 Jahren, wissen wir, dass die Entwicklung der Arten in einem gnadenlosen Ausleseprozess vor sich geht. Aber erst seit kurzem wissen wir auch, wie es zu diesem Ausleseprozess kommt: der Zufall entscheidet! Zufällige Veränderungen im Erbgut, die sowohl bei jeder neuen Zeugung, wie auch durch reine Zufallsmutationen entstehen können, führen zu veränderten Merkmalen eines neuen Lebewesen, die sich positiv, neutral oder negativ auf dessen Fähigkeit zur Umweltanpassung auswirken können. Sind sie positiv, wird sich das veränderte Lebewesen erfolgreicher durchsetzen und im Laufe der Zeit seine weniger gut angepassten Konkurrenten verdrängen. Entscheidend ist: die Grundlage der Evolution der Arten, d.h. die Veränderung des Erbguts, ist völlig und ausschließlich zufallsgesteuert! Von einer gezielten Evolution oder gar einem Entwicklungsplan kann keine Rede sein! Auch der Mensch ist das Ergebnis dieses natürlichen, zufallsgesteuerten Evolutionsprozesses. Seine stammesgeschichtliche Entwicklung aus den Primaten kann heute nicht mehr bestritten werden, ebenso wenig wie die Tatsache, dass alle seine herausragenden Fähigkeiten ausschließlich auf die Größe und Leistungsfähigkeit seines Gehirns zurückgehen. Nur dieses eine außergewöhnliche Organ hat den

Menschen zu all den geistigen, technischen, wirtschaftlichen, sozialen und künstlerischen Errungenschaften befähigt, die ihn von allen anderen Lebewesen auf dieser Erde unterscheiden. Letztlich ist und leistet unser Gehirn all das, was die Menschen in früheren Zeiten mit dem Begriff der 'Seele' gleichgesetzt haben. Da aber auch unser Gehirn nachweislich sterblich ist, wird die 'unsterbliche Seele' genauso als Wunschvorstellung enttarnt wie der Begriff Gottes selbst.

Lassen sie mich also zusammenfassen: Die Entstehung wie auch die weitere Entwicklung des Lebens ist ein natürlicher und selbstregulierender Prozess, der keinem erkennbaren Plan folgt, sondern vom Zufall gesteuert wird. Der Stammbaum des Lebens verzweigte sich millionenfach, und an jeder Weichenstellung hätte das Leben auch andere Optionen gehabt. Jede alternative Option hätte aber auch einen anderen Verlauf der gesamten Evolution nach sich gezogen. Der Mensch war in diesem langen Entwicklungsverlauf weder vorgesehen noch vorhersehbar, genauso wenig wie jedes andere Lebewesen. Ein steuernder Eingriff von 'außen' ist – wie schon im Kosmos – so auch in der Evolution des Lebens an keiner Stelle erkennbar! So wird es Sie auch nicht überraschen, meine Damen und Herren Geschworene, dass sich aus der Frage nach der Entstehung des Menschen im Wesentlichen die gleichen Schlussfolgerungen ergeben, wie aus der Entstehung des Universums. In beiden Fällen erweist sich die Hypothese eines Schöpfergottes als nicht plausibel. Wenn Leben auf natürliche Weise aus den Grundstoffen unserer Erde entstehen konnte und wenn sich die Entwicklung der Lebewesen vom Einzeller bis zum Menschen in einem lückenlosen Evolutionsprozess nachweisen und verstehen lässt, dann brauchen wir keinen zusätzlichen, 'über'natürlichen Schöpfer mehr zu postulieren. Versuchen wir aber auf den so genannten 'Planungsgott' auszuweichen, so erwächst diesem im Zufall des Evolutionsgeschehens ein neuer und mächtiger Gegenspieler. Schon allein die unvorhersehbaren und unkontrollierbaren Veränderungen des Erbguts lassen keine zielgerichtete Planung zu. Es sei denn, Gott plant auch den Zufall! Dann sei jedoch die Frage erlaubt, warum so viele Arten wieder aussterben mussten? Hat Gott den Zufall doch nicht richtig im Griff? Nein, meine Damen und Herren, mit Planung hat das alles nichts zu tun. Ich hoffe doch sehr, dass in meiner langatmigen Darstellung der modernen Evolutionsbiologie zumindest eines deutlich geworden ist: an allen entscheidenden Weichenstellungen des Lebens bestimmte der Zufall – und nur der Zufall – die Richtung und das Ergebnis. Wie kann man aber von einem verlässlichen Schöpfungsplan sprechen, wenn Ablauf und Ergebnis vom Zufall abhängen?

Ich möchte diesen letzten Fragen nichts mehr hinzufügen, es ist genug gesagt! So darf ich zum Schluss meines Plädoyers kommen und Ihnen mein Resümee vorlegen: Heute, an der Schwelle des dritten Jahrtausends, sind wir Menschen erstmals in der Lage, das von uns selbst geschaffene Hilfskonstrukt 'Gott' aufzulösen. Zweitausend Jahre lang projizierte der Mensch seine Schwäche und sein fehlendes Wissen in eine überirdische Instanz, die alles verkörpern sollte, was er selbst nicht war: allmächtig, allwissend, gerecht und liebevoll – und vor allem: unsterblich! Indem der Mensch sich selbst zum Geschöpf dieses allmächtigen Gottes erklärte, erhoffte er sich dessen Schutz, Liebe und Fürsorge, erhoffte er sich die Erklärung der Welt und die Sinnstiftung seines Lebens und, vor allem, die Teilhabe am ewigen Leben. Immer schon wurden Zweifel laut an diesem Selbstbetrug des Menschen, die zunahmen, je mehr wir über diese Welt in Erfahrung bringen konnten. Spätestens heute, wo uns die Wissenschaften viele Fragen beantworten können, die wir früher an Gott stellen mussten, wo wir uns mit fortschrittlicher Technik vor vielem schützen können, dem wir früher hilflos ausgesetzt waren, wo wir in Gesellschaften leben, die die Grundrechte und die Würde des Menschen schützen, und uns damit den Freiraum geben, bisherige tabuisierte Themen vorbehaltlos zu hinterfragen, spätestens jetzt also stellt sich die Frage nach Gott neu! Ich habe Ihnen hierzu vieles zusammengetragen, was von namhaften Philosophen und Wissenschaftlern in den letzten 150 Jahren erarbeitet wurde, und ich hoffe, dass möglichst viel davon in Ihre Entscheidung eingeht. Besonderen Wert habe ich dabei auf die Frage gelegt: Woher kommt der Mensch, woher kommt alles Leben und das gesamte Universum? Solange wir auf diese Fragen keine Antworten hatten, mussten wir an der Idee Gottes festhalten. Heute endlich können wir loslassen! Generationen von Naturwissenschaftlern aus allen Disziplinen der Chemie und Physik, der Mathematik und der Biologie haben mit unerhörter Akribie Stein für Stein eines schier endlosen Puzzles zusammengetragen und uns ein plausibles Erklärungsmodell für die Entstehung des Universums, des Lebens und des Menschen geliefert. Viele dieser Steine konnten erst in allerjüngster Zeit eingefügt werden und geben damit Ihrer Entscheidungsfindung eine brennende Aktualität. So lassen sich letztlich alle meine Ausführungen auf eine einzige Frage verdichten, die es zu entscheiden gilt: Ist die Hypothese 'Gott' aufrecht zu erhalten, wenn wir ihm die Schöpfung des Universums, des Lebens und des Menschen aus der Hand nehmen? Ist die Idee 'Gottes' dann noch tragfähig?

Bevor Sie sich jetzt zu Ihren Beratungen zurückziehen, möchte ich Ihnen für Ihre Entscheidungsfindung noch ein Gleichnis mit auf den Weg geben: Stellen Sie sich vor, Sie wollen Ihr erstes eigenes Haus bauen und suchen dazu einen guten Architekten. Sie wenden sich gleichzeitig an das große Büro eines namhaften Architekten und an das Büro einer kleinen Architektengemeinschaft. Im großen Büro werden Sie vom Stellvertreter des Chefs empfangen, der Ihnen ausführlich darlegt, wie lange das Büro schon besteht, wie viele zufriedene Kunden es hat und dass der Chef in aller Welt bekannt ist. Doch Sie bekommen ihn nie zu sehen, er ist nie zu sprechen und man legt Ihnen auch keine Beweise seines Schaffens vor. Es wird nur immer wieder darauf verwiesen, dass Sie bei ihm in besten Händen sind und ihm voll und ganz vertrauen können. Einen konkreten Fertigstellungstermin könne man Ihnen zwar auch nicht zusagen, aber das Ergebnis würde dann umso überzeugender sein. Im kleineren Büro der Architektengemeinschaft steht Ihnen von Anfang an der Gesprächspartner zur Verfügung, der Ihr Haus bauen soll, der jedoch zu erkennen gibt, dass er in vielen Detail- und Fachfragen seine spezialisierten Kollegen hinzuziehen wird. In manchmal ernüchternder Art und Weise werden Sie auch darauf hingewiesen, dass nicht alle Ihrer Vorstellungen realisierbar sind, aber man bringt Sie auch auf neue Ideen, auf die Sie selbst nicht gekommen wären. Selbstverständlich zeigt man Ihnen auch bereits realisierte Projekte; lediglich beim Abschlusstermin bleibt man auch etwas unverbindlich. Für welchen Architekten werden Sie sich entscheiden? Für Gott oder die Wissenschaft?

Ich darf mich nun von Ihnen verabschieden, nicht ohne Ihnen für die Aufmerksamkeit und Geduld zu danken, die Sie meinen Ausführungen entgegengebracht haben. Wie immer Ihre persönliche Entscheidung ausfällt, sie wird 'richtig' sein, weil es nun wirklich 'Ihre' Entscheidung ist – und vor allem, weil es eine reflektierte Entscheidung ist. Wenn Sie jetzt beschließen Ihren Gottglauben nicht aufgeben zu wollen, so wird Ihr Glaube zumindest ein anderer sein als vorher. Sie haben das Wagnis des kritischen Hinterfragens, ja mehr noch, des radikalen Infragestellens, auf sich genommen und damit die unwürdige Gefolgschaft gekündigt, die nur auf Konvention, Unwissenheit und mangelnder Zivilcourage beruht. Mein Kompliment!

Kritische Fragen zu einer Welt ohne Gott

Auszug aus einem Brief, der den Ankläger einige Zeit später erreicht und der von der Hälfte der Geschworenen unterzeichnet ist:

Sehr geehrter Herr Ankläger,

unsere Entscheidungsfindung wird von einigen wichtigen Fragen und Problemen erschwert, zu denen wir gerne Ihre Stellungnahme erfahren würden. Wir möchten vorausschicken, dass Ihre Ausführungen bei einigen der Unterzeichner zwar zu einer Modifikation ihres bisherigen Gottesbildes geführt haben, nicht jedoch zu einer völligen Leugnung seiner Existenz. Sie selbst wiesen mehrfach darauf hin, dass Sie nur Indizien und keine Beweise liefern können – und in einer so wichtigen Frage, wie der nach Gott, können und wollen wir unser Urteil nicht nur auf plausible Argumente stützen. Sicher wird es Sie nicht überraschen, dass sich alle Unterzeichner dieses Schreibens als praktizierende Christen bekennen. Hauptsächlicher Anlass für diesen Brief ist unsere Befürchtung, dass, indem Sie Gott für nicht existent erklären, Sie gleichzeitig allen Religionen die Grundlage entziehen! Ihr Versuch, Gott abzuschaffen, ist somit gleichbedeutend mit dem Versuch, alle Religionen abzuschaffen. Dies wiederum hätte unabsehbare Folgen für die Menschen, und zwar nicht nur für die Gläubigen, sondern für die gesamte Menschheit. Sind Sie sich dessen eigentlich bewusst? Warum sagen Sie dann nichts dazu? Sie können diese Konsequenz nicht einfach totschweigen! Sie können den Menschen nicht Gott und die Religion nehmen und nichts an deren Stelle setzen! Wir vermissen in Ihren Darlegungen den notwendigen Ausblick, die Perspektive, die sich ergibt, wenn Gott tatsächlich tot sein sollte. Wir vermissen, um es in aller Deutlichkeit zu sagen, Ihre Verantwortung für diejenigen, denen Sie die Grundlage ihrer bisherigen Lebensführung entziehen. Solange Sie uns und den vielen anderen Gläubigen keine überzeugende Alternative für Gott anbieten, werden wir – und vermutlich auch die meisten anderen – von Gott nicht lassen! Schließlich hat uns das unglückliche Experiment des 'real existierenden Sozialismus' sehr deutlich vor Augen geführt, wie desolat und hoffnungslos ein Gesellschaftsmodell aussieht, das Gott und die Religion ausklammert – und wie kurzlebig es ist. Selbst wenn es Ihnen gelungen ist, unser bisheriges Bild vom biblischen Schöpfergott ins Wanken zu bringen, so bedeutet dies noch längst nicht, dass wir ohne religiösen Rückhalt leben wollen, vermutlich auch nicht können. Religionen sind – unabhängig vom jeweiligen Gottglauben – immer auch Sinn- und Wertsysteme, die dem Menschen in vielfacher Hinsicht helfen, ein geordnetes und zielgerichtetes Leben zu führen. Darüber hinaus sind sie lebendige Solidargemeinschaften, die gerade den schwächeren Menschen, Hilfe und Geborgenheit zuteil werden lassen. Und nicht zuletzt vermitteln sie dem Menschen so etwas wie 'Menschenwürde' und 'Bedeutsamkeit', die ihm in Ihren Ausführungen über die Entstehung des Kosmos und des Menschen doch nachhaltig verloren gegangen sind. Was sagen Sie zu diesen Überlegungen? Haben Sie dazu nichts zu sagen? Dann hätten Sie besser ganz geschwiegen! Denn dann sind die negativen Auswirkungen Ihrer Demontage Gottes vermutlich größer als die negativen Auswirkungen einer schlecht gelebten Religion. Aber wir wollen nicht polemisieren, sondern Antwort auf folgende konkrete Fragen:

- Wenn die Menschen Gott verlieren, verlieren sie auch ihre Orientierung! Woraufhin sollen sie ihr Leben dann ausrichten? Wo liegt für sie in Zukunft der Sinn des Lebens?
- Die meisten Menschen sind keine Intellektuellen, sie werden Ihre großenteils philosophisch oder wissenschaftlich geführte Argumentation gegen Gott gar nicht verstehen. Wie wollen Sie diesen Menschen dann erklären, dass es Gott nicht mehr gibt – und dass alles nichtig ist, woran sie bisher glaubten?
- Viele dieser Menschen suchen aber nicht nur eine grundsätzliche Lebensorientierung, sondern einfach nur Hilfe bei der praktischen Lebensbewältigung. An wen sollen sie sich in Zukunft wenden, wenn sie nicht mehr weiterwissen im Leben, wenn physische und psychische Notlagen auftreten, mit denen sie nicht fertig werden? Wo finden sie die Geborgenheit, die ihnen bisher Gott und Religion gaben?

- Wie steht es in Zukunft mit der Moral? Welches Sittengesetz kann das göttliche ersetzen? Vor allem, wer kann seine Einhaltung besser garantieren als Gott, der alles sieht und der die größtmögliche Belohnung und Strafe verhängen kann? Besteht nicht die Gefahr der völligen Erodierung aller Werte, wenn wir dieses wirksame moralische Druckmittel aufgeben?
- Wer hält das Gebot der christlichen Nächstenliebe aufrecht, wenn nicht die Kirche? Und brauchen wir diese Nächstenliebe in unserer Zeit nicht mehr denn je?
- Wie wollen Sie denjenigen Menschen ihre Menschenwürde zurückgeben, die diese aus ihrer Gottesebenbildlichkeit ableiten? Diese Menschen hielten sich für die bevorzugten Geschöpfe Gottes, die dieser nach seinem Ebenbild geschaffen hat, und Sie machen sie zu Nachkommen der Affen. Welches neue Selbstwertgefühl, welche neue Menschenwürde wollen Sie diesen Gottgläubigen geben?
- Die wichtigste Frage zum Schluss: Was bieten Sie den Menschen als Ersatz für das ewige Leben? Nicht zu Unrecht haben Sie immer wieder darauf hingewiesen, dass dies das größte und wirksamste Versprechen der Religionen ist. Glauben Sie, die Menschen lassen sich das so einfach wegnehmen? Alle Unterzeichner dieses Briefes sind höchst interessiert, welches Gegenangebot Sie für den Verlust der Unsterblichkeit machen werden.

In Erwartung Ihrer Antworten, die auf unsere eigene endgültige Entscheidung sicher großen Einfluss haben werden, verbleiben wir
   mit freundlichen Grüßen.

Vorstellungen zu einer Welt ohne Gott

Das Antwortschreiben des „Anklägers":
Meine sehr verehrten Damen und Herren Geschworene, besten Dank für Ihr Schreiben. Ich muss gestehen, ich habe damit gerechnet. Es hätte mich geradezu verwundert, wenn diese Fragen von verantwortlicher christlicher Seite nicht gestellt worden wären. Zunächst nehme ich zur Kenntnis, dass sich alle Ihre Fragen nicht mehr auf unser bisheriges Thema „Existiert Gott?" beziehen, sondern auf die Auswirkungen einer möglichen negativen Beantwortung dieser Frage. Darf ich hieraus, in aller Bescheidenheit, den Schluss ziehen, dass Sie die Nichtexistenz Gottes doch als ernsthafte Option ins Auge fassen und sich nun besorgt fragen, ob und wie die Menschen ohne Gott und ohne Religion leben können? Ihre Fragen sind ausnahmslos von großer Bedeutung, und ich würde tatsächlich – wie Sie mir vorwerfen – verantwortungslos handeln, wenn ich Ihnen die Antworten schuldig bliebe. Deshalb begrüße ich Ihr Schreiben auch deshalb, weil es mir die Möglichkeit gibt, Ihnen meine Gedanken zu einer lebenswerten Welt ohne Gott und ohne Religion darzulegen.

Ich möchte Ihnen dabei auf zweifache Weise antworten: Zum ersten will ich jede Ihrer Fragen daraufhin durchleuchten, ob der positive Beitrag der Religionen zu den darin formulierten Lebenszielen und Sinnwerten wirklich so groß und vor allem auch so unersetzlich ist, wie Sie annehmen. Zum zweiten will ich Ihnen zu jeder Frage Möglichkeiten aufzeigen, von denen ich glaube, dass sie ein sinnerfülltes und menschenwürdiges Leben in gleichem oder höherem Maße sicherstellen, als dies die Religionen vermögen. Gestatten Sie mir jedoch eine grundsätzliche Bemerkung vorab. Ich meine aus Ihren Fragen so etwas wie einen aktuellen common sense herauszuhören, der sich wie folgt zusammenfassen lässt: „Selbst wenn die Zweifel an der Existenz Gottes zunehmen, sollte man doch die Religionen selbst nicht antasten. Ihr Beitrag für die Lebensbewältigung und Sinnsuche der Menschen ist unersetzlich, und in Zeiten schwindender Werte liefern nur noch die Religionen ein letztes moralisches Gerüst. Religionen sind somit unverzichtbar. Dazu kommt, dass der Glaube an Gott niemandem schadet, ob er nun existiert oder nicht." Meiner Meinung nach reduziert eine solche Argumentation die Religion auf eine reine 'Placebo' – Funktion, in der nur mehr ihr 'Nutzen', aber nicht mehr ihr realer Gehalt interessiert. Das Zitat von Karl Marx, wonach die 'Religion das Opium des Volkes' ist, hätte dann seine volle Berechtigung. Ich unterstelle jedoch, dass Sie es sich nicht ganz so leicht machen wollen. Denn sicher wäre es nicht ehrlich und langfristig auch nicht haltbar, die Existenz Gottes zu negieren, aber die Religionen so lange fortzuführen, solange sie sich als nützlich erweisen. Zumal die Abwägung zwischen Nutzen und Schaden ein kritisches Ergebnis zeigt. Dennoch gebe ich Ihnen Recht: wir schulden den Menschen alternative Antworten auf all die Fragen, die sie an Gott richten, denn die Fragen werden bleiben, auch wenn Gott nicht mehr ist.

Ich möchte Ihnen nicht verhehlen, dass mir noch ein zweiter Verdacht beim Lesen Ihrer Fragen, und vor allem Ihrer letzten Bemerkung, gekommen ist: könnte es sein, dass Sie Ihre persönliche Entscheidung über die Existenz Gottes vom Ausgang Ihrer Fragen abhängig machen wollen? Dass Sie sich also gegen Gott entscheiden, wenn Ihnen meine Alternativen zusagen, und ihn beibehalten wollen, wenn Ihnen meine Antworten nicht gefallen? Sollte dem so sein, so wäre dies ein unzulässiges Vorgehen. Die Grundsatzfrage nach der Existenz Gottes muss vorab entschieden werden, Sie können sie nicht davon abhängig machen, ob Religionen nützlich sind oder nicht. Andererseits ist es nicht nur zulässig, sondern notwendig, sich über die Konsequenzen einer so schwerwiegenden Entscheidung klar zu werden, insbesondere dann, wenn diese nicht nur persönliche, sondern auch gesellschaftliche Auswirkungen haben. In diesem Sinne verstehe ich Ihre Fragen und werde sie entsprechend beantworten.

Ich will sogar noch einen Schritt weitergehen und auf eine Frage antworten, die Sie gar nicht gestellt haben: die Frage, wie der Standort und die Rolle von traditionellen Religionen in einer zunehmend säkularen Gesellschaft zu definieren sind. Denn wir können davon ausgehen, dass eine Gesellschaft, in der immer weniger Menschen an Gott glauben, es nicht hinnehmen wird, dass religiöse Gruppierungen auch in Zukunft ihre Wertewelt bestimmen und auf Erziehung und Bildung, auf die Entwicklung von Wissenschaft und Technik sowie auf die Regeln unseres sozialen Zusammenlebens maßgeblichen Einfluss nehmen.

Bevor ich nun aber endlich und konkret auf die in Ihrem Brief gestellten Fragen eingehe, möchte ich doch noch einen letzten Punkt klarstellen: alle meine Antworten sind persönlicher Natur, ohne Anspruch auf Verbindlichkeit oder Allgemeingültigkeit. Ich möchte unter keinen Umständen eine Ideologie durch eine andere ersetzen. Es ist meine feste Überzeugung, dass wir an die Stelle von Ideologien den jeweils eigenen, persönlichen Lebensentwurf setzen müssen. In diesem Sinne skizzieren meine Antworten auf Ihren Brief nur einen möglichen Entwurf – meinen Entwurf für ein Leben ohne Gott. Er mag Ihnen in Teilen als Anregung dienen und Sie mögen sich an anderen Stellen reiben; wenn es mir jedoch gelingt, Ihnen die Möglichkeit einer grundsätzlichen Alternative zu Gott aufzuzeigen, wäre viel gewonnen.

Die Sinn-Frage: Worin liegt der Sinn des Lebens?

Sie befürchten, dass das Leben ohne Gott seinen Sinn verliert? Ich antworte vorab: Nein! Denn der Sinn des Lebens ist das Leben! Bevor ich diese meine Aussage näher erläutere, möchte ich ihr die gleichermaßen programmatische Definition aus Sicht der Religionen entgegenstellen: Der 'Sinn des Lebens ist das Ewige Leben'! Und um es zu erlangen, muss das diesseitige Leben in gottgefälliger Weise geführt werden. Der Unterschied zwischen beiden Sinndefinitionen wird sofort evident: Im religiösen Verständnis hat das diesseitige Leben keinen eigenständigen Sinn oder Wert, es dient nur dem 'Zweck', das Ewige Leben zu gewinnen. Das Geschenk des Lebens wird degradiert zu einer 'Prüfstrecke' ohne eigene Qualität und Lebenswert, nur dazu da, ein viel wichtigeres Ziel, nämlich das Ewige Leben zu erreichen. Das reale Leben wird entwürdigt zum Jammertal, das zu durchschreiten sich nur dann lohnt, wenn man auf die Versprechungen der ewigen Glückseligkeit vertraut. Haben Sie sich schon einmal gefragt, welches Gottverständnis hinter einer solchen Sinndefinition des Lebens steht? Ein Schöpfer, der seinen Geschöpfen das Leben nur verleiht, um sie am Ende zu richten. Der genau vorschreibt, wie dieses Leben zu führen ist, und Abweichlern mit der ewigen Verdammnis droht. Der den ganzen Sinn des Lebens darauf beschränkt, ihm bedingungslos Gefolgschaft zu leisten. Der sein so genanntes Geschenk des Lebens zu einer gefährlichen Bedrohung für alle diejenigen werden lässt, die den Regeln dieses Spiels nicht folgen können, weil sie zu schwach sind, um seine Gebote einzuhalten oder weil sie zu stark sind, um einen vorgegebenen Lebensplan zu akzeptieren. Darf ich Sie fragen, ob Ihnen als Vater oder Mutter jemals die Idee käme, Ihre Kinder auf immer und ewig zu verdammen, weil sie Ihre Regeln und Gebote nicht befolgen? Und was würden Sie über Eltern denken, die sich so verhalten? Aber bei Ihrem 'göttlichen Vater' finden Sie dieses Verhalten in Ordnung!?

Ich möchte Ihnen noch eine andere Frage stellen: warum überhaupt sollte Gott von den Menschen Gehorsam und Gefolgschaft verlangen? Wie passt es zur unendlichen Größe und Macht eines Schöpfergottes, von den eigenen Kreaturen Anbetung und Gehorsam zu verlangen? Degradiert man dadurch Gott nicht auf das Format eines kleinlichen und eitlen Despoten? Würden einem großen und allmächtigen Gott nicht sehr viel eher Geschöpfe entsprechen, die ihr Leben eigenverantwortlich gestalten und sich damit der Gaben würdig erweisen, die Gott ihnen mitgegeben hat: Wille, Verstand und Kreativität – anstelle von blindem Gehorsam und unkritischer Anbetung?

Ich möchte Sie noch auf etwas anderes hinweisen, was mich stört: die Gefahr, dass ein so großes Versprechen wie das Ewige Leben dazu verleitet, das Gute nicht mehr um seiner selbst willen zu tun, sondern des erwarteten Lohnes wegen. Auf diese Gefahr weist schon Immanuel Kant hin und spricht jeder Handlung ihren sittlichen Wert ab, wenn sie in Erwartung einer Belohnung oder aus Angst vor Furcht erfolgt. Oft hört man von religiöser Seite das Argument, es lohne nicht, im diesseitigen Leben nach Glückseligkeit zu streben, da es von allzu kurzer Dauer sei. Demgemäß sei es sinnvoller, das Erdenleben ausschließlich für die Erlangung der ewigen Glückseligkeit zu verwenden. Ich halte dieses Argument für nicht stichhaltig. Zum einen erscheint mir ein 'ewiges Glück' als sehr fragwürdiger Wert, zum anderen wäre ich nicht bereit, auf das erreichbare Glück im realen Leben zu verzichten, zugunsten einer nur vagen Hoffnung auf ein so genanntes ewiges Glück in einem genauso vagen Jenseits. Die Kurzzeitigkeit von Glück war für die Menschen noch nie ein Argument, es nicht dennoch anzustreben. Gerade die Momenthaftigkeit dessen, was wir als Glück bezeichnen, ist sein konstituierendes Merkmal. Kurze intensive irdische Glücksmomente erscheinen mir weit attraktiver als die ermüdende Langeweile eines unendlichen Glückszustandes. Aber dies mag eine persönliche Wertung sein. Gerade das Bekenntnis zum irdischen Leben erscheint mir jedoch geeignet, überzuleiten zu meinen Vorstellungen von einem sinnerfüllten Leben ohne Gott.

Gleich zu Beginn möchte ich einer weit verbreiteten These unter Ihren Glaubensgenossen entgegentreten, wonach eine Welt ohne Gott zwangsläufig zu einer nihilistischen Welt ohne Sinn und Wert führen würde. Ich wage eine gegenteilige Behauptung: erst wenn wir diese Welt ohne Gott interpretieren, können wir dem Leben seinen eigentlichen und ursprünglichen Sinn zurückgeben. Denn der Sinn des Lebens ist das Leben! Leben verstanden als selbst gestaltetes und selbst verantwortetes Leben, das unter Nutzung unserer individuellen Fähigkeiten und Begabungen nur zwei Zielen dient: ein erfülltes persönliches Leben zu erreichen und einen positiven Beitrag für die Gesellschaft zu leisten. Man kann es auch kürzer formulieren: Lasst uns eine lebenswerte Welt gestalten! Hierzu bedarf es zweier Entscheidungen: wir tauschen das Jenseits gegen das Diesseits – und wir tauschen Gott gegen die Natur. Mit dem großen Vorteil, dass wir unsere ganze Kraft auf die Gestaltung des diesseitigen Lebens verwenden können und dem weiteren Vorteil, dass wir ein Leben in Freiheit und Selbstbestimmung führen können. Der Mensch als Sinngeber seines eigenen Lebens! Eines Lebens, dessen Wert gerade in seiner Einmaligkeit liegt, die uns nicht ängstigt, sondern motiviert, es bewusst, aktiv und freudvoll zu gestalten. Ein

Leben, das wir niemandem zu danken brauchen, außer der großen Mutter Natur, die an uns keine Forderungen stellt, außer der, sich nicht gegen sie zu stellen. So können wir uns also befreien von erstarrter Gottesfurcht und Unterwerfung und können unsere Menschenwürde und den Sinn des Lebens neu definieren. Dies ist der Tausch, den ich Ihnen anbiete.

Ich will nicht verschweigen, dass in dieser neuen Sinngebung des Lebens auch einige Mühe steckt. Es erfordert sicher mehr Anstrengung, Mut und Ausdauer, seinen eigenen Weg zu gehen, als vorgegebene Pfade zu beschreiten. Eine Mühe, die sich zweifellos lohnt, wenn wir die beiden Hauptziele in Rechnung stellen, die wir mit einem sinnerfüllten Leben erreichen wollen:

- Ein erfülltes Leben für uns selbst zu gestalten.
- Einen Beitrag für die Gesellschaft zu leisten.

Rupert Lay* formulierte hieraus, in Anlehnung an den Kant'schen Imperativ, ein neues ethisches Prinzip, dem ich mich gerne anschließen möchte: „Handle stets so, dass du durch dein Handeln eigenes und fremdes Leben eher mehrst als minderst"!

Gehen wir auf diese beiden Handlungsmaxime näher ein. Das Streben nach einem 'erfüllten eigenen Leben' impliziert das Recht jedes Menschen, seine ureigenen Vorstellungen und Wünsche in den Entwurf seines Lebens einzubringen. Er soll selbst entscheiden, wodurch das Leben für ihn attraktiv und lebenswert wird, und auf welche Weise er seine individuellen Begabungen und Fähigkeiten am besten verwirklichen kann. Nur diese offene Option wird der Natur des Menschen gerecht, berücksichtigt man die Vielzahl unterschiedlicher Charaktere und Begabungen einerseits und die unterschiedlichen sozialen Prägungen, andererseits.

Die Wahlfreiheit in der Definition eines 'sinnerfüllten Lebens' ist jedoch nur die eine Seite der Medaille. Die andere Seite beinhaltet die Verpflichtung, die selbst gewählten Ziele nun auch zu realisieren. Anstrengung ist angesagt, Wille zur Durchsetzung und persönlicher Einsatz. Nicht ein falsch verstandener Hedo-

---

* R. Lay: Das Ende der Neuzeit. Menschsein in einer Welt ohne Götter. S. 263, Econ Verlag 1996

nismus als Laissez-faire wird zum Sinn des Lebens, sondern konsequente Zielverfolgung und ernsthaftes Bemühen. Um die eigene Zielsetzung nicht von vorneherein zu gefährden, muss sie auf die eigenen Fähigkeiten und Möglichkeiten abgestimmt werden. Zu hochgesteckte Ziele führen leicht zum Scheitern des individuellen Lebensentwurfs und zu Verbitterung und Enttäuschung. Macht man den umgekehrten Fehler und steckt die Ziele zu niedrig ab, bleibt die Befriedigung aus, die sich mit einer besonderen Leistung verbindet. Hieraus darf nun nicht der Schluss abgeleitet werden, dass schwächere und weniger begabte Menschen nicht in der Lage wären, sich ein erfülltes Leben zu gestalten. Es sieht nur anders aus, als das des Starken und Begabten – aber es ist nicht von geringerem Wert! Wertlos ist nur das nicht gelebte Leben! Sie werden mich nun fragen, wo der Wert eines solchen Lebens liegt. Und ich antworte: im rein subjektiven und egoistischen Gefühl, ein 'schönes Leben' zu leben, mein Leben zu leben, mit dem ich zufrieden bin und an dem ich mich erfreue. Dieses Leben kennt keine falschen Tabus und keine unnötigen Restriktionen, es fordert keinen religiös begründeten Verzicht auf irdische Freuden und sein Freiraum endet erst da, wo er den der anderen Menschen beeinträchtigt. Im Unterschied zu Gott gibt uns die Natur das Leben ohne Einschränkungen, und es wäre – um nur ein Beispiel zu nennen – in diesem Sinne geradezu absurd, auf sexuelle Freuden zu verzichten, die die Natur als Voraussetzung allen Lebens eingerichtet hat. Es gibt übrigens einen sehr einfachen Selbstversuch, um die Sinnhaftigkeit des eigenen Lebens zu überprüfen: spätestens im Angesicht des eigenen Todes wird sich jeder Mensch die Frage stellen, ob er ein erfülltes und sinnvolles Leben geführt hat. Fragen Sie sich also, wie Sie diese Frage heute beantworten würden, wenn Sie morgen sterben müssten – und davon ausgehen würden, dass es kein Leben nach dem Tode gibt. Achten Sie dabei auch auf die Art der Handlungen und Erlebnisse, die Sie heranziehen, um den Sinn ihres (bisher) gelebten Lebens abzuwägen.

Um einem möglichen Einwand vorzubeugen: mit der Befreiung von religiösen Tabus und Restriktionen rede ich nicht einer ungezügelten Lust- und Triebgesteuertheit das Wort. Jeder, der die Kunst des Lebens versteht, weiß, dass nur der kontrollierte Genuss zur dauerhaften Freude wird. 'Sophrosyne' nannten die Griechen die hohe Kunst des klugen Maßhaltens. Egoistische Lebensfreude ist also erlaubt, kann aber nicht den einzigen Wert des Lebens darstellen. Denn der Mensch lebt nicht allein. Dies führt uns zur zweiten Handlungsmaxime eines sinnerfüllten Lebens: einen Beitrag für die Gesellschaft zu leisten.

Drei Überlegungen erscheinen mir hierzu angebracht:

- Der Mensch als 'soziales Wesen' muss für ein reibungsloses und friedfertiges Zusammenleben der Menschen sorgen.
- Das 'Geschenk des Lebens' fiel nicht für jeden Menschen gleich positiv aus. Diejenigen, die eine üppigere Ausstattung mitbekommen haben, schulden den weniger Glücklichen irgendeine Form der Rückvergütung.
- Ein 'wertvolles Leben' zu führen, bedeutet für viele Menschen, nach ihrem Tod etwas zu hinterlassen, das auch von anderen als Wert angesehen wird.

Auf den ersten Punkt, der zweifellos von großer Bedeutung ist, möchte ich im Zusammenhang mit dem Thema 'Moral und Ethik' eingehen. Lassen Sie uns also gleich zum zweiten Punkt übergehen. Wir sind uns sicher darin einig, dass angeborene Fähigkeiten und Begabungen kein persönliches Verdienst darstellen. Derjenige, der vom Leben etwas mehr bekommen hat als andere, sollte es als seine natürliche Verpflichtung ansehen, etwas an die weniger Begünstigten zurück zu geben. Wie dabei sein Beitrag aussieht, sollte ihm selbst überlassen bleiben und von seinen individuellen Möglichkeiten und Gegebenheiten abhängen. Doch keiner stehle sich aus dieser Verantwortung! Wir sollten es uns auch nicht zu leicht machen, indem wir uns mit gelegentlichen Spenden an wohltätige Organisationen ‚freikaufen', sondern uns persönlich um ein Klima der menschlichen Nähe und Wärme in unserem unmittelbaren Umfeld bemühen, in der die Achtung vor dem Nächsten einhergeht mit der grundsätzlichen Bereitschaft, nicht nur sich selbst, sondern auch anderen Menschen ein erfülltes Leben zu ermöglichen. Wenn wir uns bemühen, vermeidbares Übel zu verhindern und dort menschlichen Trost und Beistand zu spenden, wo wir es nicht verhindern können, und wenn wir denjenigen Menschen helfen, ein sinnerfülltes Leben zu führen, die es aus eigener Kraft nicht schaffen, dann wird es uns gelingen, das Trostversprechen Gottes zu ersetzen durch den realen Trost, den die menschliche Gemeinschaft zu geben vermag. Und genau darauf kommt es an. Ich bin der festen Überzeugung, dass wir die Idee Gottes, die aus der Not und Hilflosigkeit der Menschen geboren wurde, dann nicht mehr brauchen, wenn sich der Mensch unter den Menschen mehr geborgen weiß als bisher. Woran ich also glaube: nur der Mensch vermag dem Menschen konkret zu helfen, Gott kann ihn nur (ver-)trösten!

Damit komme ich zum dritten Punkt, dem Wunsch des Menschen, seinem Leben einen Sinn zu geben, der über den Tod hinausreicht. Selbst wenn hier nicht altruistische Motive im Vordergrund stehen mögen, sondern persönliche Eitelkeit und der Wunsch, wenigstens etwas 'Unsterblichkeit' zu erlangen, bleibt auch ein so motivierter Beitrag für die Gesellschaft akzeptabel, sofern er für sie von Wert ist. Nun ließe sich trefflich darüber streiten, welche Werte dies sein mögen und welche höher anzusetzen sind, das Werk eines Künstlers, die Vision eines Staatsmannes, die städtebaulichen Ideen eines Architekten – aber wo bleibt dann der Beitrag des 'kleinen Mannes'? Ist er von vorneherein chancenlos? Nein, er ist es nicht. Nur die Wirkungsbreite seines Beitrags wird geringer sein, nicht jedoch dessen Wert. Ist es nicht so, dass ein Mensch in bescheidenen Verhältnissen, der ein ausgefülltes und zufriedenes Leben im Einklang mit seinen Mitmenschen und seiner Umwelt führt, einen wichtigeren Beitrag für die Lebensorientierung der Menschen in seinem direkten Umfeld leistet, als mancher seiner großen Zeitgenossen? Sein Leben wird dem kleinen Kreis der Menschen, die ihn kannten, Anregungen zur eigenen Lebensgestaltung geben. Würde sich jeder Mensch einen solchen Kreis schaffen, die Welt sähe anders aus! Ich gestehe, dass ich mich mit Ihrer Frage nach dem 'Sinn des Lebens ohne Gott' lange aufgehalten habe, aber ich kann damit die Antworten auf einige Ihrer anderen Fragen etwas kürzer halten.

Die Frage der Nächstenliebe

Sie werfen in Ihrem Schreiben zu Recht die Fragen nach der praktischen Lebenshilfe und der Nächstenliebe auf. Wer vermag hier die Lücke zu ersetzen, wenn Gott nicht mehr ist? Die Antwort darauf ist einfach, und ich habe sie im vorhergehenden Abschnitt schon großenteils vorweggenommen: der Mensch wird und kann die vakante Stelle besetzen. Er hätte es immer schon tun müssen, denn beide Aufgaben sind bei ihm besser aufgehoben. Die konkrete Hilfe bei der Bewältigung von Lebensproblemen, gleich welcher Art, konnten schon bisher nur die Mitmenschen leisten, von Gott war hier nie viel zu erwarten. Er bot allenfalls die vage Hoffnung auf einen Ausgleich im jenseitigen Leben. Das Thema Nächstenliebe ist schon ex definitionem nur beim Menschen anzusiedeln. Schon Ludwig Feuerbach wies darauf hin, „dass die Liebe zum Menschen keine abgeleitete sein darf, sondern zur ursprünglichen werden muss". Nicht um Gottes willen, sondern um des Menschen willen soll ich den Menschen lieben. Ansonsten steht zu befürchten, dass es sich nicht um Liebe handelt, sondern um Furcht, ein Gebot Gottes zu übertreten. Aber hierüber habe ich schon im vorigen Abschnitt gesprochen. Sicherlich lässt sich auch die Frage stellen, ob eine echte Nächsten'*liebe*' oder die christliche Forderung 'Liebe deinen Nächsten wie dich selbst' den Menschen vielleicht sogar überfordert, zumindest dann, wenn er diese Liebe allen Menschen entgegen bringen soll. Genügt es im Zweifelsfall nicht, dass der Mensch seinen Mitmenschen achtet, ihm wohlwollend begegnet und ihm in der Not zur Seite steht? Und all dies nicht Gott zuliebe, sondern dem Menschen zuliebe? Die Achtung der Menschenwürde, die wir in unserem staatlichen Grundgesetz verankert haben, erscheint mir ein realistischeres Ziel als die christliche Forderung nach einer bedingungslosen Liebe aller Menschen. Dies ist eine Forderung, die der Realität nicht gerecht werden kann – und sie inflationiert den Begriff der Liebe. Lieben kann man wohl nur wenige Menschen, achten sollte man sie alle. Diese kurzen Anmerkungen zum Thema Nächstenliebe erlauben mir auch eine gute Überleitung zu einer anderen zentralen Frage, die Sie in Ihrem Brief stellen:

Die Frage der Moral: Welches Sittengesetz kann das göttliche ersetzen?

In meinem moralischen Credo: „Der Mensch ist das Maß aller Dinge" ist meine Antwort auf diese Frage bereits enthalten: das menschliche Sittengesetz kann das göttliche ersetzen! Und dieses Sittengesetz kennt nur ein Ziel: „Das Ziel allen moralischen Handelns ist der Mensch".

Bevor ich auf diese Aussagen näher eingehe, möchte ich – in aller Kürze – einige Begriffsklärungen vornehmen, um zu verhindern, dass wir unter Begriffen wie 'Moral' und 'Ethik' oder 'Moraltheologie' und 'Moralphilosophie' allzu unterschiedliches verstehen. Ursprünglich handelt es sich bei den beiden Begriffen Moral und Ethik nur um die lateinische (mores) beziehungsweise griechische Schreibweise (ethos) mit weitgehend gleichem Bedeutungsgehalt: Sitten, Gewohnheiten, Bräuche. Die griechischen Denker Sokrates, Platon und Aristoteles versuchten als erste, aus den alltäglichen Gebräuchen und Sitten übergeordnete Prinzipien einer allgemein verbindlichen Ethik herauszuarbeiten. Heute hat es sich eingebürgert, unter 'Moral' die gelebte Ethik, das heißt die Verwirklichung und Umsetzung von sittlichen Werten und Normen im praktischen Leben zu verstehen, und unter 'Ethik' die Erarbeitung eines theoretischen, ganzheitlichen Systems dieser Werte, oft auch als 'Sittenkodex' bezeichnet. Sofern dieses Wertesystem auf der Basis freier philosophischer Reflektionen beruht, sprechen wir von 'Moralphilosophie', sofern es sich auf göttliche Offenbarung stützt und damit auf den Moralkodex einer Religion, sprechen wir von 'Moraltheologie'. Das Ziel jeglichen moralischen Verhaltens sieht die Moralphilosophie in einem gedeihlichen Zusammenleben der Menschen, die Moraltheologie darüber hinaus in einer Befolgung der göttlichen Gebote.

Damit zurück zu Ihrer Frage und meiner Antwort, dass wir das göttliche Sittengesetz durch ein menschliches ersetzen können. Bevor ich darauf näher eingehe, möchte ich noch eine zweite provokante Behauptung wagen: es hat nie ein göttliches Sittengesetz gegeben! Das so genannte göttliche Sittengesetz ist in Wahrheit schon immer von Menschen formuliert worden. Unterstellt, es gibt Gott, und dieser Gott ist der große und allmächtige Gott des Universums, wie passt es dann zu einem Gott dieser Größe, seinen Geschöpfen kleinliche, moralische Spielregeln aufzunötigen? Wäre es nicht viel wahrscheinlicher, dass dieser Gott seine Geschöpfe entweder von vorneherein mit einer immanenten Moral ausgestattet hätte, oder ihnen die Kraft und Vernunft mitgegeben hätte, ihren Sittenkodex selbst zu definieren? Es wäre dieses Gottes geradezu unwürdig, die wichtigsten Spielregeln für das menschliche Zusammenleben erst im Nachhinein einführen zu müssen, so als hätte er im Rahmen seines Schöpfungsaktes vergessen, sie den Menschen mitzugeben. Und dann noch auf die beschämend klägliche Art, in der er diese 'Offenbarung' an die Menschen tätigte. Ich glaube nicht an Gott, aber würde ich es tun, wäre mein Gott zu groß für diese Art der Moralgebung. Ich will Sie noch auf etwas anderes hinweisen: haben Sie sich schon einmal gefragt, warum Gott überhaupt moralische Gesetze erlassen sollte? Selbst nach sorgfältiger Überlegung fallen mir dazu nur zwei mögliche Gründe ein, und beide wären wiederum kein Beweis der Größe Gottes: entweder will er damit den Menschen helfen, oder er will sie damit prüfen.

Betrachten wir die erste Hypothese: Gott gibt den Menschen seine Moralgesetze, um ihnen ein gedeihliches Zusammenleben zu ermöglichen. Wieder stellt sich mir die Frage, warum im Nachhinein und warum so spät? Was ist mit all den Menschen, die vor der Offenbarung gelebt haben? Wichtiger erscheint mir jedoch ein anderes Argument: wenn Gott den Menschen helfen will, wenn er also der liebende, fürsorgliche Gottvater ist, der für seine Geschöpfe nur das Beste will, warum gibt er ihnen dann nicht ein immanentes, funktionierendes Moralempfinden mit, das erst gar keine großen Verfehlungen zulässt? Warum diktiert er ihnen stattdessen, irgendwann später, ein Moralgesetz, wohl wissend, dass viele seiner Geschöpfe, die er angeblich so geschaffen hat wie sie sind, es nicht befolgen wollen oder können? Vielleicht doch nur, um sie zu prüfen und zu richten? Noch einige andere Argumente sprechen gegen einen göttlichen Moralkodex. Warum sollte Gott Moralgesetze, die er vor zweitausend Jahren oder mehr für teilweise noch recht archaische Gesellschaftsformen erließ, als unveränderlich und unantastbar erklären, wo er doch wissen musste, in welchem Maße sich die Menschheit verändern würde? Heute betonen Sozialphilosophen einheitlich, dass Moral offen sein muss für Veränderung und Kritik, und dass neben wenigen Grundforderungen, wie 'Du sollst nicht töten', Verhaltensnormen auf ihre gesellschaftliche Relevanz immer wieder überprüft werden müssen. Macht es wirklich gottgewollten Sinn, dass ein Volk heute noch 600 Regeln, Gebote und Vorschriften zu befolgen hat (Juden), die vor fast dreitausend Jahren erlassen wurden, und liegt das Problem des Islam nicht darin, dass an den Worten des Koran kein Buchstabe geändert werden darf, weil man sich sonst der Gotteslästerung schuldig macht? Mit einer auf ewig unveränderlichen göttlichen Moral sind die Konflikte vorprogrammiert, die diese Glaubensgesellschaften in einer sich verändernden Welt haben müssen. Sicher stimmen Sie mit mir auch darin überein, dass, wenn es einen göttlichen Moralkodex gibt, es nur einen geben kann. Nun sieht die Realität leider anders aus und gegenwärtig erleben wir allzu deutlich, wozu es führt, wenn unterschiedliche Moral- und Wertesysteme kollidieren, die sich alle gleichermaßen auf Gott berufen und alleinige und ewige Gültigkeit beanspruchen.

Ich denke, dass mit diesen wenigen Argumente bereits deutlich wird, dass eine unveränderliche göttliche Moralsetzung nicht geeignet ist, das Zusammenleben der Menschen zu erleichtern. Ist sie also doch nur ein Instrument, um die Menschen auf ihren Gehorsam gegenüber Gott zu prüfen und zu richten? Dann aber frage ich Sie, wie ein solches Moralgesetz in Einklang zu bringen ist mit der Vorstellung eines liebenden Gottes, insbesondere wenn Sie an das Strafmaß denken, das er für Sie am Ende bereithält. Nein, all das sind keine Optionen für Gott, weder für den großen Gott des Universums, noch für den väterlich-liebenden Gott der Christen. Und so behaupte ich – nicht zuletzt im Interesse der Gottgläubigen –, dass die so genannten göttlichen Gebote nur Menschenwerk sind. Ein von den Religionsgründern zusammengestelltes Regelwerk, das für die damalige Zeit und ihre Gesellschaft durchaus einen moralischen Fortschritt bedeutete und eine Reihe sittlicher Grundforderungen enthielt, die auch heute noch ihre Gültigkeit haben. Niemand hindert uns diese anzunehmen, gleichzeitig jedoch diejenigen abzulehnen, die sich nur auf die Gefolgschaft Gottes beziehen, oder deren gesellschaftlicher Wert heute nicht mehr erkennbar ist.

Wie sieht er nun aber aus, der Gegenentwurf eines menschlichen Sittengesetzes? Zunächst ein Satz in Bescheidenheit: ich maße mir nicht an, einen neuen philosophischen Moralkodex zu präsentieren, und auch nicht, einen gültigen Überblick über die einschlägige Moralphilosophie zu geben. Ich möchte nur einige Aspekte aufzeigen, die deutlich machen, was in unseren modernen Gesellschaften auf diesem Weg schon erreicht wurde und was noch zu leisten ist. Noch eine weitere Klarstellung: Ich bin fest davon überzeugt, dass ein Leben ohne Gott möglich ist – aber nicht ohne verbindliche Moral! Deren Ziele und Inhalte können die Menschen jedoch selbst und ohne übernatürlichen Beistand festlegen. Beginnen wir mit den Zielen.

Wie bereits ausgeführt, bedarf es nur des Austausches zweier Zielgrößen, um Gott aus der Moraldefinition herausnehmen zu können. In Bezug auf den 'Sinn des Lebens' tauschen wir das Jenseits gegen das Diesseits, und in Bezug auf den 'höchsten Wert des moralischen Handelns' tauschen wir Gott gegen den Menschen. Hieraus leite ich die beiden bereits zitierten Grundsäulen einer humanen Moral ab: 'Der Sinn des Lebens ist das Leben'! und 'Der Mensch ist das Maß aller Dinge'!* Rupert Lay hat, wie ebenfalls schon zitiert, ein griffiges Moralprinzip formuliert, das beide Aussagen beinhaltet: „Handle stets so, dass du durch dein Handeln eigenes und fremdes personales Leben eher mehrst als minderst". Ich schließe mich dieser moralischen Grundaussage an, würde sie jedoch um den Zusatz erweitern wollen, „ohne dass es der Umwelt schadet". Obwohl dieser Zusatz möglicherweise in der Aussage Lay's enthalten ist, denn eine Schädigung

---

* Bei Hans Küng („Projekt Weltethos", S. 119) findet sich eine sehr ähnliche Formulierung:
„Sittlich gut ist, was die optimale Entfaltung des Menschen ermöglicht."
„Sittlich gut ist, was menschliches Leben in seiner individuellen und sozialen Dimension dauerhaft gelingen und glücken lässt."

der Natur wird früher oder später auf den Menschen zurückfallen, möchte ich auf diesen expliziten Zusatz ungern verzichten, da wir bereits begonnen haben, unsere Umwelt in vielen Bereichen massiv und irreparabel zu schädigen. Der Schutz der Umwelt ist dabei nicht nur eine Zweckforderung in Bezug auf unser eigenes Wohlergehen, sondern eine moralische Forderung von größter Bedeutung: wir haben die Erde nicht nur als Lebensraum für unsere nachfolgenden Generationen zu erhalten, sondern auch für alles andere Leben, das die Natur auf diesem Planeten in vier Milliarden Jahren hervorgebracht hat. Ein erweiterter moralischer Imperativ könnte also lauten: „Handle stets so, dass du damit dein eigenes und fremdes personales Leben eher mehrst als minderst, ohne dabei die Umwelt zu schädigen." Sehen wir uns im Einzelnen an, was hieraus folgt. Unschwer lassen sich drei Unterziele erkennen, das eigene Leben, das Leben der anderen und die Natur oder Umwelt, sowie zwei Forderungen: der Mehrung (des Lebens) und des Nichtschadens (der Umwelt).

Gehen wir zunächst auf die Forderungen ein. 'Mehrung' bedeutet nichts anderes als 'Mehr' aus etwas Bestehendem zu machen, es zu entwickeln, zu verbessern, zu optimieren. Mehrung beinhaltet somit auch eine aktive, fordernde Komponente. Wenn ich etwas mehren soll, kann ich nicht darauf warten, dass es von selbst geschieht, sondern ich muss etwas dafür tun. In Bezug auf das eigene Leben bedeutet dies: an seiner Ausgestaltung zu arbeiten, die eigenen Fähigkeiten und Möglichkeiten zu entwickeln, Aufgabe und Ziele zu definieren, die ein erfülltes Leben versprechen, und diese konsequent zu verfolgen. Kurz: die Selbstverantwortung und die Selbstgestaltung für das eigene Leben zu übernehmen. In Bezug auf das Leben Anderer: jedem das gleiche Recht auf Selbstverwirklichung zugestehen und ihn dabei unterstützen, wo immer dies möglich ist.

Gehen wir nun auf die drei Ziele ein, auf die das moralische Handeln des Menschen gerichtet ist, auf das Selbst, auf den Anderen (die Gesellschaft) und die Umwelt (Natur). Beginnen wir dabei mit dem Selbst, zum einen weil uns die ich-bezogene Art des Denkens, Wollens und Handelns am geläufigsten ist, zum anderen aber auch, weil der Selbstbezug die Grundvoraussetzung jeglichen moralischen Handelns ist. Robert Spaemann formuliert dies so: „Um etwas zu tun, was an sich gut ist, muss es auch in irgendeinem Sinn für mich gut sein, denn es muss für mich zum Motiv werden können, und ich muss darin auf irgendeine Weise eine Befriedigung finden, sonst würde ich es gar nicht wollen können".* Oder noch kürzer: Vor dem Sollen kommt das Wollen. Was aber will der Mensch? Will nicht jeder etwas anderes? Oder lässt sich doch etwas Gemeinsames, ein allgemein gültiges Lebensziel finden? Vielleicht dieses: ein menschenwürdiges, erfülltes Leben zu führen, im Einklang mit sich, den Mitmenschen und der Natur! Zweifellos ein hohes Ziel, vielleicht sogar ein Ideal. Aber von höchstem Wert, denn es könnte die Welt befrieden und sie vielleicht sogar zu dem Paradies machen, von dem die Menschen immer träumten. Ein Paradies mit Fehlern und Unzulänglichkeiten zwar – eben ein 'menschliches Paradies' –, aber doch ein Lebensraum, in dem es sich zu leben lohnt. Man braucht kein übertriebener Realist zu sein, um zu wissen, dass wir dieses Ziel in Reinform nicht erreichen werden, aber es wäre doch schon viel gewonnen, wenn wir Stück für Stück auf diesem Weg vorankämen. Wenn es uns gelänge, die Menschenrechte mit all ihren Forderungen weltweit durchzusetzen, Fremdenfeindlichkeit nicht zuzulassen, den übertriebenen kapitalistischen Egoismus einzugrenzen und echte soziale Werte an seine Seite zu stellen, kurz: wenn es uns gelänge, die eigene Lethargie und Bequemlichkeit aufzugeben zugunsten des oben formulierten Ziels.

Welches sind nun die moralischen Forderungen, die sich aus dem Streben nach einem menschenwürdigen und erfüllten Leben ergeben? Zunächst müssen die äußeren Rahmenbedingungen geschaffen werden, die die Entfaltung des Einzelnen überhaupt erst zulassen. Hierzu gehört ein Lebensraum, der frei ist von Unterdrückung, Willkür, Ausbeutung und Rechtlosigkeit. Forderungen, die wir in unseren westlichen Demokratien als selbstverständlich erachten, die es jedoch nicht immer waren und leider

---

* Robert Spaemann: Moralische Grundbegriffe, S. 27, München 2004

noch nicht überall sind. In blutigen Revolutionen mussten sich die Völker, gegen den erbitterten Widerstand der weltlichen und kirchlichen Machtträger, das erstreiten, was Gott offenbar für seine Geschöpfe nicht vorgesehen hatte: die Menschenrechte!
Erstmals in der Geschichte der Menschheit wurde mit der beginnenden Aufklärung des 18. Jahrhunderts von 'angeborenen, unantastbaren und unveräußerlichen Rechten des Menschen' gesprochen, die Ausdruck seiner Menschenwürde sind. Und zum ersten Mal wurden die Regierungen zweier großer Staaten von ihren Bürgern in blutigen Auseinandersetzungen gezwungen, diese Rechte in die Verfassungen ihrer Länder aufzunehmen, im revolutionären Frankreich des Jahres 1789 und in dem durch den Bürgerkrieg erschütterten Amerika ein Jahr später. Seit dieser Zeit kämpfen die Menschen an allen Orten dieser Erde um die Anerkennung und Durchsetzung ihrer elementaren (Menschen-)Rechte, und trotz vieler Rückschläge, man denke nur an die menschenverachtenden Diktaturen Stalins und Hitlers, ist die Bewegung nicht mehr aufzuhalten. Sie ist Bestandteil aller westlich-demokratischen Verfassungen, sie ist in Artikel 1 der 'Allgemeinen Erklärung der Menschenrechte' der Vereinten Nationen verankert und bildet die Basis der Europäischen Menschenrechtskonvention. Für ihre Wahrung und Durchsetzung sorgt bei der UNO ein Hoher Kommissar für Menschenrechte und bei der Europäischen Gemeinschaft ein ständiger Gerichtshof für Menschenrechte.

Warum erzähle ich Ihnen dies alles? Weil ich Ihnen zeigen möchte, dass wir bereits erste erfolgreiche Schritte unternommen haben, um die Menschenwürde von Gott loszulösen und in die eigene Hand zu nehmen. Denn wenn in unserem Grundgesetz die Menschenwürde genauso festgeschrieben ist wie die Religionsfreiheit, dann kann dies nur bedeuten, dass die Würde des Menschen aus seinem Menschsein und nicht aus seinem Gottesbezug hergeleitet wird. Genauso bedeutsam ist jedoch, dass uns die Menschenrechte erst den Freiraum ermöglichen, in dem wir ein eigenes sinnerfülltes Leben realisieren können. Prof. Di Fabio, Richter am Bundesverfassungsgericht, formuliert dies so: „Das Menschenbild unserer Verfassung ist eindeutig von der Vorstellung bestimmt, dass die Definition von Glück Sache der Menschen ist. Der Mensch ist eine mit der Fähigkeit zu eigenverantwortlicher Lebensgestaltung begabte Persönlichkeit. Jeder ist frei, sein Schicksal in die Hand zu nehmen."*

Den Freiraum gesicherter Menschenrechte stellen uns die demokratischen Gesellschaften zur Verfügung, die Gestaltung und Realisierung eines eigenen 'sinnerfüllten Lebens' müssen wir jedoch selbst bewerkstelligen. Di Fabio sagt, dass der Mensch diese Fähigkeit hat und dass die Definition von Glück seine eigene Sache ist. Und er sagt auch, dass jeder frei ist, sein Schicksal in die Hand zu nehmen. Somit ist es legitim, dass jeder Mensch seine eigenen Glücks- und Sinnvorstellungen in den Mittelpunkt seiner Lebensplanung stellt. Da diese so unterschiedlich sein werden, wie die Menschen selbst, kann es dafür keine verbindlichen Leitlinien geben. Wohl aber eine sinnvolle Art des Vorgehens bei der Planung und Realisierung.

Zu Beginn gilt es, die eigenen Vorlieben und Neigungen zu erforschen und ihrer persönlichen Bedeutung nach zu gewichten. In einem zweiten Schritt ist zu prüfen, welche dieser Neigungen mit den eigenen Fähigkeiten korrespondieren, und in einem dritten Schritt muss der für die Realisierung erforderliche Aufwand geprüft werden. Eine Bescheidung in der Zahl und Höhe der gewählten Ziele ist ratsam, sie verhindert Enttäuschungen oder sogar ein völliges Scheitern. Zu niedrig angesetzte Ziele hingegen würden nicht zu dem erwünschten Maß an Befriedigung und Erfüllung führen. Schon die Planung erfordert also ein hohes Maß an Selbsterforschung, Disziplin und Selbstkontrolle, die noch wichtiger werden, wenn es um die Realisierung des einmal entworfenen Lebensplans geht. So groß die Freiheit in der Wahl des eigenen Weges ist, so groß ist die Forderung, ihn dann auch konsequent zu verfolgen. Denn die 'Mehrung des eigenen Lebens', die wir als Teil des moralischen Grundprinzips formuliert haben, wird sich nur durch entsprechende Anstrengungen erreichen lassen. In diesem Sinne gilt der Satz: 'Mach was du willst, aber mach es bestmöglich!'

---

* Prof. Dr. Dr. Di Fabio: Einführung in das Grundgesetz, S. VII, in: Grundgesetz. 40. Aufl., dtv 2005

Womit wir bei den moralischen Anforderungen wären, die sich mit der Realisierung eines sinnerfüllten Lebens verbinden. Denn „das menschliche Leben lebt sich nicht von selbst", wie Robert Spaemann so schön sagt, und dort, wo die Tiere nur ihren Instinkten zu folgen brauchen, müssen wir die Ziele und Wege selbst bestimmen und auch die Verantwortung dafür übernehmen. Ohne ein verlässliches Gerüst an Leitlinien und Werten ist dies kaum zu schaffen, und wir sollten uns fragen, ob nicht viele unserer so genannten 'alten Werte' zu leichtfertig aufgegeben wurden, wie Selbstdisziplin, Ordnung, Fleiß, Gestaltungs- und Durchsetzungswille, Ausdauer, Zivilcourage und ähnliche mehr, denn ein anspruchsvolles Lebensziel war zu keiner Zeit und ist heute weniger denn je auf spielerischem Wege zu erreichen. Möglicherweise liegt auch hier die Erklärung für ein aktuelles Missverständnis unserer Zeit, wo einerseits ein allgemeiner Werteverlust beklagt wird und gleichzeitig die schrankenlose 'Spaß-Gesellschaft' eröffnet wurde. Wenn alles nur daran gemessen wird, ob es Spaß macht, wird man mühsame, anspruchsvolle Lebenskonzepte nicht mehr in Angriff nehmen. Wertefreiheit ist sicher die falsch verstandene Freiheit einer Gesellschaft.

Eine Frage, die oft diskutiert wird, ist die nach der Gültigkeitsdauer von moralischen Werten. Aus religiöser Sicht werden moralische Werte oft als unverbrüchlich und ewig angesehen, nicht zuletzt deshalb, weil es sich um göttliche Gebote handelt. Für einige grundlegende moralische Werte mag dieser Anspruch auch gelten („Du sollst nicht töten" etc.), unabhängig davon, ob man diese moralische Forderung an Gott festmacht oder nicht. Aus Sicht der menschlichen Bedürfnisse ist jedoch ein Sittenkodex vorzuziehen, der nicht starr und für ewig festgeschrieben ist, sondern den Veränderungen und dem Komplexitätsausbau einer Gesellschaft angepasst werden kann. Die menschliche Gesellschaft ist kein statisches Gefüge, in dem die Anforderungen und Bedingungen des Zusammenlebens für alle Zeiten festgeschrieben sind. Dies wird besonders deutlich in Zeiten des Umbruchs, wie wir sie gerade erleben. Gesellschaftliche Veränderungen (Homosexualität/Empfängnisverhütung/Zunahme der Single-Haushalte/Verstädterung/Auflösung der traditionellen Familie etc.), wirtschaftliche Veränderungen (Kapitalismus/Globalisierung/veränderte Produktionstechniken etc.) und neue wissenschaftliche Möglichkeiten (Gentechnik/Biowissenschaften/Kommunikationstechnik/Energienutzung/Ressourcenabbau etc.) stellen die Menschheit vor völlig neue Herausforderungen, für die wir auch neue, oder zumindest veränderte, moralische Richtlinien brauchen. Doch wer soll diese erstellen – und wie wollen wir verhindern, dass jede Gesellschaft andere Richtlinien erlässt?

Eine denkbare Lösung könnte ein internationaler 'Ethikrat' sein, der sich aus Moralphilosophen, Soziologen, Psychologen, Politikern und Vertretern relevanter Bevölkerungsgruppen zusammensetzt, die gemeinsam einen gültigen Wertekanon definieren. Dieses Gremium könnte in der UNO angesiedelt sein und hätte darüber hinaus die Aufgabe, den einmal festgelegten Wertekanon regelmäßig zu überprüfen und gegebenenfalls an veränderte Verhältnisse anzupassen. Meine Überzeugung: es gibt durchaus Grundwerte, die ihre Gültigkeit nie verlieren werden; daneben aber gibt es viele andere Werte, die gesellschaftlichen Veränderungen unterworfen sind und die in ihrer Gewichtung und in ihrer gelebten Umsetzung immer wieder angepasst werden müssen. Dies muss nicht zwangsläufig zu einer Aufgabe der bisherigen Werte führen, aber gegebenenfalls zu einer neuen Auslegung. Werte wie zum Beispiel Fleiß, Ausdauer und Disziplin sind in unserer Zeit, wo 'Kreativität' allenthalben gefordert wird, sicher anders zu interpretieren als zu preußisch-wilhelminischen Zeiten. Um die bisherigen Ausführungen nicht zu moralinsauer klingen zu lassen, möchte ich sie mit einem leicht veränderten Zitat von Wilhelm Busch abschließen: Und die Moral von der Geschicht – so ganz ohne geht es nicht.

Auch in einem ganz anderen Zusammenhang geht es 'nicht ganz ohne', nämlich nicht ohne die Anderen! Womit wir endlich zum zweiten Teil unseres moralischen Imperativs kämen: im Einklang mit den Anderen und der Natur zu leben. Hierzu ist es erforderlich, den eigenen Lebensentwurf so auszurichten, dass er die Rechte anderer nicht beeinträchtigt oder schädigt. Natürlich kann meine vorherige Aussage, 'mach was du willst, aber mach es bestmöglich', nicht so verstanden werden, dass ich das

Ziel meines Handelns beliebig und damit auch gegen die vitalen Rechte der anderen ausrichten dürfte. Nach wie vor gilt im zwischenmenschlichen Bereich der Grundsatz: die Freiheit des Einzelnen endet dort, wo sie die Freiheit des Anderen beschädigt.

Zu allen Zeiten und in allen Gesellschaften haben sich die Menschen auf einen geschriebenen oder ungeschriebenen Moralkodex verständigt, der ein reibungsloses Zusammenleben ermöglicht. Alle zivilisierten Völker sind auch dazu übergegangen, diesen Kodex in ein staatliches Gesetzeswerk zu transponieren, woraus jeder Einzelne ableiten kann, was rechtens ist und was nicht. Allgemeine Moralgrundsätze reichen für das faktische Funktionieren einer Gesellschaft nicht aus. Hierzu bedarf es eines konkreten Gesetzeswerkes, das alle Forderungen der Gesellschaft an den Einzelnen genau beschreibt und festlegt, wo die Verfehlung beginnt. Auch für das gedeihliche Nebeneinander der Völker gibt es Regelwerke wie das Internationale Völkerrecht oder die Erklärung der allgemeinen Menschenrechte, die den politisch Verantwortlichen die moralischen Richtlinien vorgeben. So stellen unsere modernen westlichen Gesellschaften also ein weitgehend funktionierendes Regelwerk für das Zusammenleben der Menschen bereit, mit dem Vorteil, dass es von Menschen für Menschen erstellt wurde und auch an sich verändernde Lebensgewohnheiten der Menschen angepasst werden kann. Wir können also getrost auf ein starres und ewig verbindliches göttliches Ordnungssystem verzichten.

Dem letzten Ziel unseres moralischen Imperativs, „im Einklang mit der Natur zu leben" möchte ich mich nur noch kurz widmen. Die ständig steigende Aufmerksamkeit, die diesem Thema von Jahr zu Jahr zuteil wird, führte nicht nur zu einer moralischen Bewusstseinsveränderung in der Gesellschaft, sondern auch schon zu ersten wirksamen Schutzmaßnahmen. Zahlreiche private Organisationen, die sich für den Tier- und Umweltschutz einsetzen, zwingen Politik und Wirtschaft gleichermaßen, dieses Thema ernst zu nehmen. Trotzdem stehen uns noch große Anstrengungen bevor, vor allem wenn man an das enorme wirtschaftliche Wachstum von Schwellenländern wie Indien oder China denkt, das zu einer zunehmender Ausbeutung unserer natürlichen Ressourcen und zu enormen zusätzlichen Umweltbelastungen führen wird. Eine weiter wachsende Weltbevölkerung mit steigendem Lebensstandard wird ohne eine global akzeptierte Umweltethik nicht auskommen. Der göttlich erteilte Freibrief „gehet hin und machet euch die Erde untertan", ist also weitgehend abgelaufen und muss der Erkenntnis weichen, dass wir nur dann überleben werden, wenn wir lernen, in weisem Einklang mit der Natur zu leben. Es wird sich zeigen, ob wir dazu fähig sind und ob die Entwicklung unserer Moral mit unseren wissenschaftlichen und technischen Möglichkeiten Schritt halten kann. Gott wird uns bei diesem Thema wohl nicht mehr beraten, denn zum Umgang mit der Umwelt hat er uns schon einmal die falsche Betriebsanleitung gegeben.

In Ihrem Brief erheben Sie auch die Frage, wer die Einhaltung der Moral zukünftig kontrollieren und sicherstellen soll, wenn nicht Gott. Nur zwei kurze Antworten hierzu: es ist zwar erstaunlich, aber offensichtlich, dass auch die beachtlichen Druckmittel, über die Gott verfügt (ewige Verdammnis etc.), die Menschen nicht abhalten konnten, gegen seine Gebote zu verstoßen. Darüber hinaus ist auch nicht zu erkennen, dass die Menschheit durch die Idee Gottes einen spürbaren moralischen Fortschritt erzielt hätte. Immerhin hatten die Kirchen zweitausend Jahre Zeit, um aus dem Menschen einen 'besseren Menschen' zu machen. Da offensichtlich auch Gottes erhebliche Druckmittel nicht ausreichen, um Moral zu garantieren, stellt sich die grundsätzliche Frage, ob der Mensch mit Zucht und Strafe zum "gut sein" gezwungen werden kann, oder ob letztlich nur die Einsicht in den Sinn der moralischen Forderung dies bewirken kann. Sie erinnern sich, dass schon Immanuel Kant die letztere Anschauung bevorzugte. Damit komme ich zu Ihrer vorletzten Frage: der Würde des Menschen, die Sie in Gefahr sehen, wenn sich der Mensch nicht mehr als Gottes Geschöpf sehen kann.

Die Frage der Menschenwürde

Ich vermute, hinter Ihrer Frage steckt ein doppeltes Unbehagen mit der Evolutionstheorie: zum einen durch den Verlust der Gottgeschöpflichkeit auch den Sonderstatus zu verlieren, den wir uns gegenüber anderen Lebewesen so gerne anmaßen, und zum anderen die Unerträglichkeit der Vorstellung, ein Zufallsprodukt der Evolution zu sein, weder geplant noch notwendig. Vermutlich werden Sie sich aber mit beiden Vorstellungen anfreunden müssen! Denn selbst wenn es Gott gäbe, wäre die Annahme, dass wir in seiner gewaltigen Schöpfung – und ich bitte Sie, nochmals an die zeitlichen und räumlichen Dimensionen des Universums zu denken – einen Sonderstatus einnehmen, doch etwas vermessen. Und zum anderen kapituliert mittlerweile selbst die katholische Kirche vor den Erkenntnissen der Evolutionstheorie und versucht, diese auf etwas mühsamem Wege mit ihrem alttestamentarischen Schöpfungsbericht in Einklang zu bringen. Wo liegt also Ihr Problem mit der Evolutionstheorie? Ich kann keine Schande darin erkennen, als Mensch 'nur' ein Teil der Natur zu sein, deren Gesamtkunstwerk wir doch alle so bewundern.

Aber lassen Sie uns Ihre Frage nach der Würde des Menschen noch von einer anderen Seite aus betrachten und gestatten Sie mir hierzu eine Gegenfrage: warum verbinden Sie die Würde des Menschen mit seiner Herkunft? Ich hoffe doch, Sie gehören nicht zu denjenigen, die die Herkunft eines Menschen über seine Persönlichkeit stellen, den Zufall seines Hineingeborenseins über sein gelebtes Leben, ein unverdientes Erbe über die eigene Leistung!? Ist Ihnen ein Adliger von hoher Geburt, der in seinem Leben nichts Eigenes zustande gebracht hat, mehr wert als der Mensch aus einfachen Verhältnissen, der aus seinem Leben etwas gemacht hat? Ich behaupte: die Würde des Menschen ist keine verliehene, sondern eine erworbene! Nicht einmal Gott würde das anders sehen. Und auch Gott, so behaupte ich, sähe die Würde des Menschen nicht darin, sich auf die Herkunft oder gar Ähnlichkeit zu seinem Schöpfer zu berufen, sondern darin, dass er die besonderen Gaben des Menschseins, über die kein anderes Lebewesen verfügt, zu höchster Erfüllung führt: Vernunft,

Gerechtigkeit, Liebe und Mitleiden. Die Würde des Menschen liegt einzig und allein in seinem Tun und in der bestmöglichen Ausformung aller positiven Qualitäten des Menschseins.

Ob mit Gott oder ohne Gott – beides ist möglich. Doch möchte ich nicht verhehlen, dass mir ein Menschenbild besser gefällt, das seine Würde aus sich selbst definiert und nicht aus einer angeblichen Gottgeschöpflichkeit, das sich im Dienst am Menschen sieht und nicht im Dienst an Gott, das Mut und Eigenverantwortlichkeit über Gehorsam stellt, das die Probleme des Lebens selbst oder mit dem Beistand der anderen löst und nicht auf übernatürliche Hilfe wartet, das vermeidbares Leid aktiv verhindert und es nicht als gottgegeben hinnimmt und das letztendlich die Kraft und Würde zeigt, den eigenen Tod als natürlichen Bestandteil des Lebens zu akzeptieren und sich nicht in die Illusion eines Ewigen Lebens flüchtet.

Die Jenseits-Frage

Ich komme zur letzten Frage Ihres Briefes, wo Sie ein Gegenangebot für das Ewige Leben fordern, das Gott Ihnen verspricht. Ich will es Ihnen gerne geben: Ich schenke Ihnen das Diesseits für das Jenseits! Nun werden Sie mir sicher antworten, dass Ihnen dieses Angebot nicht genügt, da Sie das Diesseits bereits haben und das Jenseits unbedingt dazu haben möchten. Also verbessere ich mein Angebot und biete Ihnen ein erfülltes Diesseits an. Ich vermute, Sie werden auch dieses Angebot nicht akzeptieren, weil Sie mir vorhalten werden, dass ich Ihnen das erfüllte Diesseits nicht garantieren kann. Wiederum haben Sie Recht, dennoch behaupte ich, dass die Hoffnung auf ein erfülltes Diesseits eine weit größere Realisierungschance hat als Ihre Hoffnung auf ein Weiterleben im Jenseits. Aber ich sehe, ich muss Ihnen die Vorteile meines Angebotes etwas ausführlicher begründen.

Der entscheidende Vorteil des Diesseits ist seine Realität, die absolute Sicherheit, dass Sie dieses Leben haben. In Bezug auf das Ewige Leben haben Sie nur ein Versprechen, das nie und von niemandem überprüft werden kann – und von dem Sie nicht einmal genau wissen, wie es aussehen soll. Welchen Wert hat ein solches Versprechen? Warum sind sie bereit, etwas Konkretes gegen eine vage, unrealistische Hoffnung einzutauschen? Eine Hoffnung, die in tausenden von Jahren nicht ein einziges Mal überprüfbar bestätigt wurde und die allen Erkenntnissen der Naturwissenschaften zuwiderläuft. Alles in unserem Kosmos ist vergänglich, nicht nur unser eigenes bescheidenes Leben, sondern alles Leben, unsere gesamte Erde mit unserer Sonne und schließlich der gewaltige Kosmos selbst. Nichts wird bleiben außer einer schwachen kosmischen Strahlung in einem leeren, kalten und dunklen Raum. Sind Sie sicher, dass Sie hier Ihr Ewiges Leben verbringen wollen? Ist es nicht allzu durchsichtig, dass die Religionen mit ihrem Jenseitsversprechen nur einen der mächtigsten und ältesten Wünsche des Menschen kapitalisieren, sein Verlangen unsterblich zu sein, wohl wissend, dass sie dieses Versprechen nie beweisen oder einlösen müssen, aber selbst unschätzbare Vorteile daraus ziehen können. Nicht zuletzt daraus, dass sie für das Leben im Jenseits die bedingungslose Gefolgschaft im Diesseits einfordern. Denn die Kirche vergibt die Unsterblichkeit nur zu ihren Bedingungen und keineswegs umsonst. So begnügte sie sich nicht nur mit der Verpfändung des Diesseits, sondern stellte der Verlockung des Jenseits sicherheitshalber auch die Androhung der Ewigen Verdammnis an die Seite. Wer mit der Verlockung nicht überredet werden kann, soll mit der Drohung endgültig zum Gehorsam gezwungen werden. Über die Moralität dieses doppelten Zwangmechanismus mag jeder selbst urteilen, genauso wie über die unangemessene und unmenschliche Dimension des angekündigten Strafmaßes. Es bleibt zu fragen, wie viele Menschen von der Kirche in ein lebenslanges Angsttrauma getrieben wurden, weil sie sich unter den in vielen Kanzelpredigten ausgemalten Höllenqualen sehr viel Konkreteres vorstellen konnten als unter den vagen Visionen des Paradieses. Ich empfehle Ihnen hierzu einen Blick auf die Bilder des Hieronymus Bosch. So erweist sich das Jenseitsversprechen der Religionen zwar von zweifelhaftem Wert für das Glück des Menschen, aber von unzweifelhaftem Wert für den Machterhalt der Kirchen.

Es gibt noch eine weitere negative Auswirkung der Jenseitsorientierung, auf die ich im Verlauf dieses Buches immer wieder hingewiesen habe: die damit verbundene Geringschätzung des diesseitigen Lebens. Ich wiederhole hierzu einen Satz an früherer Stelle: „Welche Verkennung des Geschenks des Lebens, des vollen Menschseins in dieser Welt. Mit dem Ewigen Leben versprechen die Religionen dem Menschen etwas, das nie eintreten wird, und fordern von ihm dafür die Verpfändung des Einzigen was er hat, sein reales diesseitiges Leben. Dieses Leben aber ist das größte Geschenk an den Menschen und er wird es nur einmal bekommen. Seine positive Ausgestaltung ist denn auch die erste Pflicht des Menschen."

Meinen schwerwiegendsten Einwand möchte ich an den Schluss stellen: wie jedes große Machtmittel wurde und wird auch das der Unsterblichkeit auf fürchterliche Weise missbraucht! Ich erinnere hierzu an die noch vergleichsweise harmlosen Ablassverkäufe im Mittelalter, wo die Ärmsten der Armen noch ihren letzten Groschen hingaben, um sich aus dem Fegefeuer freizukaufen, nicht wissend, dass sie damit nur den unerträglichen Luxus der katholischen Würdenträger finanzierten; ich erinnere weiterhin an die unzähligen Glaubenskriege, wo mit dem Versprechen des Ewigen Lebens vor allem die Machtausweitung der Kirche realisiert wurde; und ich verweise letztlich auf die islamistischen Selbstmordattentäter von heute, die wahllos unschuldige Menschen hinmorden und fest an das Versprechen ihrer Imame glauben, dass sie durch diese Tat ins Paradies eingehen. Welch eine Perversion des Glaubens! Und welch ein Missbrauch des religiösen Machtmittels 'Ewiges Leben'! Zeigen diese wenigen Beispiele nicht überdeutlich, wie viel Unheil das Unsterblichkeitsversprechen der Religionen über die Menschheit gebracht hat und immer noch bringt?

Und ich frage Sie: wollen Sie trotzdem an dieser Idee festhalten? Oder wäre es nicht endlich an der Zeit, die Realität und Endgültigkeit unserer Sterblichkeit zu akzeptieren, und läge nicht gerade darin ein Teil der Würde des Menschen? Die Würde, uns als Teil der Natur zu verstehen und ihre Gesetze zu akzeptieren. Hinzunehmen, dass alles Seiende vergänglich ist und wir uns davon nicht ausnehmen können. Die Würde des Menschseins in einem tatkräftigen und erfüllten Leben zu sehen und nicht in einem resignierenden Hoffen auf das Jenseits. Die so verstandene Würde des Menschen könnte uns auch die Kraft geben, den Religionen das Versprechen der Unsterblichkeit aus der Hand zu nehmen, um an seine Stelle die Würde des Menschen und den Wert des Lebens zu setzen. Denn erst wenn die Unsterblichkeit stirbt, bekommt das Diesseits seine volle Chance. Wenn all die Kraft ins Diesseits fließt, die wir bisher dem Jenseits widmeten, werden wir eine Welt schaffen, die eine jenseitige Illusion nicht mehr braucht.

Ich schulde Ihnen eine letzte Antwort auf Ihren Brief, die ich in nur einem Satz abhandeln möchte: Ihre Sorge, dass Menschen mit geringerer Intellektualität die von mir geführte Argumentation gegen Gott nicht nachvollziehen könnten. Ich teile diese Bedenken allenfalls insoweit, als es den Umfang und die Diktion der von mir vorgebrachten Argumente betrifft, nicht jedoch die Verständlichkeit und Plausibilität der Argumente selbst. Ich gebe Ihnen Recht, man könnte und sollte dies alles noch kürzer und einfacher sagen. Das lässt sich sicher auch tun. Ich glaube, dass die Grundaussagen dieses Buches von jedem verstanden werden können, wenn man sie in die ihm gemäße Sprache übersetzt.

Soweit meine Stellungnahme zu Ihrem Brief und den darin aufgeworfenen Fragen.

Ich vermute jedoch, dass hinter all Ihren Fragen eine letzte unausgesprochene Frage steht: „Wie soll es nun weitergehen?" Können wir einfach zur Tagesordnung übergehen und alle bisherigen Überlegungen nur als interessante Gedankenspiele abtun? Müssen wir für uns selbst Konsequenzen ziehen oder nicht? Sollen wir auch auf Andere Einfluss nehmen oder jeden nach seiner Facon selig werden lassen? Sollen wir versuchen, die Religionen abzuschaffen oder zumindest so zu verändern, dass sie dem zeitgemäßen Menschen- und Weltbild entsprechen? Und was machen wir mit den Menschen, die nicht von ihrem Glauben lassen wollen?

Sicher können wir nicht von der Tatsache absehen, dass die überwiegende Mehrheit der Menschen noch immer einer Religionsgemeinschaft angehört, sei es als praktizierende Gläubige oder als indifferente Mitläufer. Genauso Tatsache ist aber auch, dass die Entflechtung von religiöser und weltlicher Macht immer mehr voranschreitet, dass in den Verfassungen aller westlichen Demokratien Religions- und Bekenntnisfreiheit garantiert wird und dass diese Freiheit zu den primären Grund- und Menschenrechten zählt, die auch in der 'Allgemeinen Erklärung der Menschenrechte' der Vereinten Nationen (UNO) festgehalten ist. Tatsache ist weiterhin, dass die Zahl der praktizierenden Gläubigen immer geringer und die der Indifferenten und der Nichtgläubigen ständig größer wird – allein in Deutschland ist heute bereits ein Drittel der Bevölkerung konfessionslos! Tatsache ist auch, dass die Religionen immer mehr Schwierigkeiten haben, ihre Glaubensgebäude vor den Erkenntnissen der modernen Wissenschaften abzuschotten. Tatsache ist letztlich auch, dass wir immer mehr in eine globalisierte Welt hineinwachsen, in der die unterschiedlichen Kulturen zusammen rücken und gegenseitige Toleranz unerlässlich machen. Nicht nur die Welt ist im Umbruch begriffen, die Welt der Religionen ist es auch.

Bekenntnisfreiheit gehört heute zu den Errungenschaften unserer modernen Demokratien. Dabei wird häufig übersehen, dass darunter zweierlei zu verstehen ist: einerseits das Recht, den Glauben oder Nicht-Glauben frei bestimmen zu können (= Bekenntnisfreiheit), andererseits das Recht, den gewählten Glauben in der zugehörigen Religionsgemeinschaft ungestört ausüben zu können (= Religionsfreiheit). Während die erste Freiheit im privaten Raum bleibt, wird die zweite Freiheit von gesellschaftlicher Relevanz, insbesondere dann, wenn es sich um große und damit auch mächtige Religionsgemeinschaften handelt. Sie nehmen in vielerlei Hinsicht direkten und indirekten Einfluss auf die gesamte Gesellschaft, auch dann, wenn die Trennung von Kirche und Staat in der jeweiligen Volksgemeinschaft vereinbart ist. Allein durch die Zahl ihrer Mitglieder und deren Machtpositionen in Politik, Wirtschaft und Gesellschaft, aber auch durch ihre starke Verwurzelung in den Traditionen und Lebensgewohnheiten, nehmen sie erheblichen Einfluss auf alle gesellschaftlichen Entscheidungen, die auch denjenigen aufgezwungen werden, die selbst keiner Religion mehr angehören. Und deshalb sollten wir abschließend noch über die Rolle der Religionen in unseren zukünftigen Gesellschaften sprechen.

Die Religions-Frage

So sehr die Glaubens- und Religionsfreiheit ein schützenswertes Gut ist, so sehr muss unterschieden werden zwischen der unbegrenzten Freiheit des Glaubens im privaten Raum und der keineswegs unbeschränkten Aktionsfreiheit der Religionen, beziehungsweise der sie repräsentierenden Kirchen, im öffentlichen Raum. In diesem öffentlichen Raum leben alle Menschen, nicht nur Angehörige einer bestimmten Religion, und die Gesellschaft (der Staat) muss sicherstellen, dass einzelne Gruppierungen, wie zum Beispiel Religionsgemeinschaften, keinen dominierenden Einfluss auf die übrige Gesellschaft ausüben können. In diesem Sinne ist es auch nicht länger legitim, die Verfassung eines Landes an die Grundwerte einer bestimmten Religion zu binden, selbst wenn es sich um die traditionelle Religion dieses Landes handelt. Was nützt eine verfassungsrechtlich garantierte Religionsfreiheit, die auch das Recht, nicht zu glauben, beinhaltet (!), wenn wesentliche Bereiche des gesellschaftlichen Lebens nach wie vor von den Kirchen beeinflusst werden, sei es im Bereich der Erziehung und Bildung, der Grundwertediskussion, des familiären und sozialen Lebens oder in sonstigen Bereichen. Die strikte Trennung von Kirche und Staat ist unbedingt einzufordern und in äußerster Konsequenz durchzusetzen. Wir werden auf diesen Punkt noch einmal zurückkommen.

Oft wird auch behauptet, die monotheistischen Hochreligionen hätten unabhängig von ihrer Glaubensbotschaft einen großen Beitrag zur sittlichen, humanen und kulturellen Entwicklung der Menschheit geleistet. Wäre dem so, müsste man den Religionen auch aus atheistischer Sicht einen bedeutsamen Wert zuerkennen. Ich wage jedoch auch hier meine Zweifel anzumelden. Vergleicht man die hohe Kulturstufe der griechisch-römischen Epoche mit all ihren künstlerischen, politischen und geisteswissenschaftlichen Leistungen mit der Epoche des „finsteren Mittelalters" im christlichen Abendland, so muss man während der zweitausend Jahre währenden Dominanz der christlichen Religion, wohl eher von einem Rückschritt als einem Fortschritt der Menschheit sprechen. Sicher ist es ein problematisches Unterfangen, Religionen auf eine reine Nutzensbetrachtung zu reduzieren, aber zumindest als Atheist kann man sich die Frage erlauben, ob sie den Menschen mehr Nutzen als Schaden gebracht haben.

Wert oder Unwert der Religionen?

Ich bin mir darüber im Klaren, dass allein in der Formulierung dieser Frage eine gewisse Provokation liegt. Und ich gestehe weiterhin zu, dass man eine sehr lange Liste an Pro- und Kontra-Argumenten aufstellen könnte, anhand derer sich trefflich über den Wert oder Unwert der Religionen streiten ließe. Ich möchte diese Liste nicht erstellen, sondern nur auf ein grundsätzliches Problem hinweisen, das, solange es nicht gelöst ist, zwangsläufig zu einer Negativbilanz für die Religionen führen wird: es ist das Problem der Macht und des Machtmissbrauchs. Allein durch ihre göttliche Legitimation und ihr Versprechen des Ewigen Lebens verfügen die Kirchen über ein Machtmonopol, das keine andere Institution je erreicht hat. Im Namen Gottes konnte alles durchgesetzt und gerechtfertigt werden, und im Hinblick auf das Ewige Leben haben die Menschen bedenkenlos ihr eigenes Leben und das der anderen geopfert.

Übergroße Macht ist immer gefährlich, Macht hat die Menschen zu allen Zeiten korrumpiert. Auch in der Kirche ist dies nicht anders gewesen. Ich empfehle hierzu dringend, das Kapitel 'Kirchengeschichte' noch einmal zu lesen, in dem einige Beispiele dieses Machtmissbrauchs aufgezeigt werden. Wird diese Machtfülle noch untermauert durch den Anspruch, die alleinige Wahrheit zu vertreten, und liegt sie dann unglücklicherweise noch in den Händen skrupelloser Kirchenfürsten, so wird sie endgültig zum Verhängnis der Menschen. Die Geschichte der Kirche zeigt überdeutlich, dass auch ihre Würdenträger nur Menschen sind, anfällig für alle Schwächen und Verfehlungen. Die Menschheit zahlte oft genug mit unsäglichem Leid dafür.

Noch gefährlicher als der Machtmissbrauch innerhalb der Kirche ist die versteckte Instrumentalisierung des Glaubens und der Religion zur Erreichung beliebiger weltlicher Ziele. Allzu leicht und zu oft wurde der bedingungslose religiöse Glaube der Menschen zum Spielball skrupelloser Machthaber und Demagogen, die sehr schnell erkannt hatten, dass hinter dem Banner eines 'Glaubenskrieges' jedes beliebige Machtziel versteckt werden kann. Zu welchen Verbiegungen der religiösen Botschaften es dabei kommt, zeigt der islamistische Extremismus der Gegenwart. Den in den Attentaten getöteten oder verkrüppelten Kindern und Frauen hilft es dann wenig, wenn aufgeklärtere islamische Geistliche beteuern, dass diese Interpretation des Islam durch den Koran nicht gedeckt ist.

So gründet denn mein zentraler Einwand gegen jegliche Religion darin, dass sie anfällig für inneren und äußeren Machtmissbrauch ist. Die verlockende Möglichkeit, in ihrem oder im Namen ihres Gottes breite Bevölkerungsschichten beeinflussen und mobilisieren zu können, wird immer die Begehrlichkeit skrupelloser Politiker wecken. Die Geschichte der Religionen liefert genügend Anschauungsmaterial hierfür, von den Kreuzzügen der christlichen Vergangenheit bis zum islamistischen Terror der Gegenwart. Erschwerend kommt hinzu, dass sich die religiös motivierten Auseinandersetzungen als besonders langwierig erweisen und von bedingungslosem Fanatismus getragen sind.* Ich wage die Behauptung, dass, solange es monotheistische Religionen mit Alleinvertretungsanspruch gibt, es auch weiterhin zu religiös motivierten Auseinandersetzungen kommen wird – und solange es überhaupt Religionen gibt, diese auch weiterhin von skrupellosen Machtpolitikern missbraucht werden. Religionen sind, wie alle Ideologien, in hohem Maße missbrauchsgefährdet! Und: sie sind eine dauerhafte, latente Gefahr für den Weltfrieden.

---

* Der SPIEGEL zitiert in seinem Leitartikel „Du sollst nicht..." vom 15.4.06, S. 162 den spanischen Autor Fernando Savater wie folgt: „In 5.500 Jahren Historie gab es 14.513 Kriege, in denen 1240 Millionen Menschen massakriert wurden. Und ein Großteil dieser Kriege haben Anfeindungen aufgrund unterschiedlichen Glaubens zum Grund gehabt, wobei Religion fast immer nur Vorwand für Machtinteressen gewesen sei."

Ich möchte noch einmal auf das Argument zurückkommen, Religionen hätten zur moralischen und kulturellen Entwicklung der Menschen maßgeblich beigetragen. Die katholische Kirche verweist gerne und mit Stolz auf all die künstlerischen, geistigen und sozialen Leistungen, die in ihrem Namen oder Auftrag erbracht wurden, sei es in der Architektur, Malerei oder Musik, sei es in der Gelehrsamkeit der Klöster oder seien es die zahlreichen karitativen Unternehmungen der Kirche. Diese Leistungen braucht man nicht zu bestreiten oder klein zu reden. Dennoch ist die Frage erlaubt, ob sie nicht auch ohne Kirche und Religion erbracht worden wären. Zu allen Zeiten gab es großartige Kunst, die nicht im Auftrag der Kirche stand, und es gab zahlreiche private Initiativen zur Unterstützung der Armen und Schwachen. In meiner Geburtsstadt Augsburg errichtete der wohlhabende Kaufmann Jakob Fugger schon im 16. Jahrhundert eine vorbildliche „Stadt für die Armen", in der jeder der bedürftigen Mieter in einem eigenen kleinen Haus mit Garten lebte und – bis heute – nur einen symbolischen Gulden Jahresmiete zahlt. Ich möchte jedoch keine kleinliche Gegenrechnung aufstellen, sondern eine grundsätzliche Gegenthese in den Raum stellen: ich behaupte, dass die Religionen die Entwicklung des Menschen weniger gefördert als gehemmt haben – und ich richte diesen Vorwurf vor allem an die christliche Kirche! Mit ihrer engstirnigen, dogmatischen und kompromisslosen Glaubensverpflichtung unterband sie von Anbeginn jegliches freie, kritische und hinterfragende Denken, wurde sie zum Feind der Wissenschaften und setzte an die Stelle von Freiheit und Eigenverantwortung des Menschen nur bedingungslosen Gehorsam und Unterordnung.

Die dunkle Zeit des christlichen Mittelalters brach herein und beendete abrupt eine frühe und außergewöhnliche Blütezeit der Menschheit, die helle Epoche des griechisch-römischen Geistes, in der freies, kritisches Denken und unvoreingenommenes Forschen zu vielen herausragenden Erkenntnissen führte. Das helle Licht der Vernunft, das in dieser frühen Epoche der Menschheit so große Persönlichkeiten hervorbrachte wie die Griechen Sokrates, Platon und Aristoteles oder die Römer Seneca, Epikur und Mark Aurel, wurde durch das aufkommende Christentum schnell und nachhaltig ausgelöscht. Ich wage die These, dass das Abendland einen anderen, weit positiveren Verlauf genommen hätte, wäre die Freiheit des vernunftbezogenen Denkens nicht fast zweitausend Jahre lang unterbunden worden. Jeder möge selbst entscheiden, welchem Szenario er den Vorzug gibt: einer Welt, die sich aus dem aufgeklärten, vernunftgeleiteten Humanismus der Griechen weiterentwickelt hätte, oder einer Welt, in der die kritische Vernunft des Menschen zweitausend Jahre lang in Ketten gelegt wurde. Ich wage mir nicht vorzustellen, wo wir heute stünden und was den vergangenen Generationen erspart geblieben wäre, hätte nicht der griechisch-römische Geist vor dem engstirnigen christlichen Glauben kapituliert. Wir können das Rad der Geschichte nicht zurückdrehen, aber wir können unsere Gegenwart gestalten und für diese brauchen wir mehr denn je rationale und nicht irrationale Entscheidungen. Wobei auch diese Erkenntnis nicht neu ist.*

Zum Beitrag, den die Religionen angeblich zur moralischen Entwicklung der Menschheit geleistet haben, möchte ich nur noch eine letzte Bemerkung anfügen. Zweifellos ist es das historische Verdienst aller Weltregionen, schon sehr früh verbindliche Wertekanons formuliert und durchgesetzt zu haben, die neben den rein religiösen Forderungen auch Grundregeln des menschlichen Zusammenlebens beinhalten. Selbst wenn man die Frage zurückstellt, ob die Regeln eines geordneten Soziallebens unbedingt einer göttlichen Legitimation bedürfen, sei dennoch die Frage erlaubt, ob das Strafmaß, das für die Übertretung dieser Regeln verhängt wurde, in so dramatischer und unmenschlicher Weise überzogen werden musste. Nahezu zweitausend Jahre lang wurde die Welt in Schrecken gehalten vom zürnenden Gott der Juden, Christen und Moslems und seinen unvorstellbar grausamen Strafen. Hinter den mosaischen Moralgesetzen steht ein zürnender Gott, der durch Gesetzesübertretungen 'persönlich' beleidigt und missachtet wird und der demgemäß mit der ganzen Macht und Furchtbarkeit seines göttlichen Strafgerichts zurückschlägt.

---

* Epikur (341–270 v. Chr.): „Erst wenn die Angst vor schicksalsmächtigen, bestimmenden Göttern verflogen ist, besteht eine realistische Voraussetzung für ein autonomes, von Vernunft bestimmtes Dasein".

Auch wenn Jesus Christus, der 'Sohn' dieses Gottes, von seinem 'gütigen Vater im Himmel' sprach und selbst die Nächstenliebe propagierte, so war er dennoch nicht bereit (oder nicht in der Lage), die einmal verhängten drastischen Höllenstrafen zurückzunehmen. Wie viel humaner, mitfühlender und gewaltloser tritt hingegen eine weltliche Gott-freie Ethik auf, die nicht persönlich gekränkt werden kann und die demgemäß eine notwendige Bestrafung nicht unter dem Aspekt der Rache oder Vergeltung sieht – und auch in ihrem Strafmaß menschlich bleibt.

Genau so wenig wie die Todesstrafe im weltlichen Recht ein wirksames Mittel ist, um Verbrechen zu verhindern, vermochte die ewige Verdammnis des göttlichen Rechts den besseren Menschen zu formen. Zweitausend Jahre Christentum haben den Menschen nicht erkennbar besser gemacht. Vielleicht liegt dies auch daran, dass im religiösen Recht eine Geringschätzung und Abwertung des Menschen durchscheint: der kleine Mensch, das von Gott geschaffene Wesen, wagt es, sich gegen seinen allmächtigen Schöpfer aufzulehnen. In diesem Sinn erscheint es zwar konsequent, dass das Strafmaß viel härter ausfällt, wenn der Mensch gegen die Regeln Gottes verstößt, als wenn er nur ein menschliches Gebot missachtet. Es hat vermutlich aber auch dazu geführt, dass der Mensch nur noch aus purer Angst agierte und nicht mehr aus Einsicht in den Sinn und Zweck ethischer Forderungen. Und dies wäre im Sinne Kants kein wirklich echtes moralisches Verhalten mehr. Vielleicht ist der Mensch deshalb unter Gottes Strafjustiz nicht besser geworden. Im weltlichen Recht wird unter Gleichen Recht gesprochen, im religiösen Recht zwischen sehr Ungleichen. Ich betrachte es als großen Fortschritt für die Menschheit, dass sie in ihr weltliches Sittengesetz nicht nur die Gleichheit aller Menschen vor dem Recht, sondern auch die unantastbare Würde des Menschen aufgenommen hat und diese, selbst in der strengsten Form der Strafverfolgung, nicht verletzt werden darf. Damit bleibt das menschliche Recht, im Unterschied zum göttlichen, ein wirklich humanes Recht.

Die zukünftige Rolle der Religion in der Gesellschaft

Es wäre sicherlich naiv anzunehmen, dass man Religionen einfach abschaffen könnte. Zu groß ist die Macht der Kirchen, zu sehr sind sie in den Traditionen und Kulturen der Völker verwurzelt, zu groß ist aber auch das Verlangen vieler Menschen nach emotionaler Geborgenheit und einfachen Antworten. Meiner Meinung nach wird das langfristige Überleben der Religionen auch weniger davon abhängen, ob die Menschen glauben, dass es Gott gibt, sondern davon, ob es unseren zivilen Gesellschaften gelingt, den Kampf gegen Armut, Ausbeutung und mangelnde Bildung zu gewinnen, unter denen unzählige Menschen noch immer leiden. Denn diesen Menschen ist der freie Entwurf ihres Lebens verwehrt, den wir als Voraussetzung für ein sinnvolles und erfülltes Leben ohne Gott definiert haben; ihnen bleiben nur der Trost und die Versprechungen der Kirchen. Zu allen Zeiten waren es die Armen, Gedemütigten und vom Leben Enttäuschten, die die Gotteshäuser füllten. So wissen wir also, was zu tun wäre, und ahnen gleichzeitig, dass wir noch lange dazu brauchen werden und demgemäß noch lange mit Religionen leben werden. Gerade deshalb sei es mir erlaubt, noch einige abschließende Vorstellungen zur Rolle und Funktion der Religionen in unseren zukünftigen Gesellschaften zu entwickeln:

Verzicht auf den Alleinvertretungsanspruch/Friedliche Koexistenz der Religionen

Der Alleinvertretungs- und Absolutheitsanspruch der Religionen und die hieraus resultierende Intoleranz führten immer schon zu Gewalt und unsäglichem Leid. Dabei ist der jeweilige Absolutheitsanspruch der drei monotheistischen Religionen (Judentum, Christentum, Islam) umso unverständlicher, als sie alle aus den gleichen Wurzeln stammen. Noch entscheidender ist jedoch das folgende Argument: wenn es Gott tatsächlich gibt, dann kann es nur einen Gott geben! Denn sonst wäre dieser Gott nicht der große allmächtige Gott, von dem alle Religionen reden! Dieser Gott lässt es nun aber offensichtlich zu, denn sonst gäbe es nicht die vielen unterschiedlichen Religionen auf dieser Erde, dass die Menschen ihre jeweils eigenen Zugangswege zu ihm finden. Jede Religion ist somit nur eine andere Interpretation der Idee Gottes, jeweils geprägt von den kulturellen und historischen Rahmenbedingungen der Völker, die sie hervor brachten. Keine Religion kann von sich behaupten, dass nur sie den richtigen Gott vertritt oder den alleinigen Zugangsweg zu ihm kennt. Damit hat auch keine Religion das Recht auf einen Alleinvertretungsanspruch Gottes oder auf die Diskriminierung anderer Religionen. Alle Religionen sind gleichberechtigt, ohne deshalb gleich sein zu müssen. Ihr Wert erweist sich allein in der Plausibilität und Überzeugungskraft ihrer Glaubenslehre und in ihrer moralischen Qualität. Ich verweise in diesem Zusammenhang auf das Bemühen von Hans Küng, der sich mit seinem „Projekt Weltethos" um eine Aussöhnung und einen dauerhaften Frieden zwischen den Religionen bemüht. Ohne Religionsfrieden gibt es nach Küngs Überzeugung keinen Weltfrieden. Eine Aussage, die ich vollumfänglich teile. Darüber hinaus sucht Küng nach einem global gültigen Wertekanon, wozu er einen regen ökumenischen Gedankenaustausch betreibt und in verschiedenen Arbeitsgruppen nach den gemeinsamen Grundnormen der verschiedenen Religionen forschen lässt. Mit Sicherheit ein interessantes Projekt, von dem man nur hoffen kann, dass es sich gegen die zähe Verweigerung der Amtskirchen durchsetzen wird. Ich persönlich würde den Ansatz Küngs gerne erweitert sehen. Ein Projekt „Weltethos" ist von zu großer Bedeutung, als dass man es ausschließlich den Theologen überlassen dürfte, selbst wenn sie so ökumenisch und aufgeklärt auftreten wie im Umfeld von Küng. Dieses Projekt gehört von Bedeutung und Einsatzbreite her in einen Spezialausschuss der Vereinten Nationen. Ein multinationaler Ethikrat, der Repräsentanten aus Politik, Kultur, Wissenschaft und Wirtschaft und durchaus auch der Kirchen umfasst, hätte darüber zu befinden, welche allgemein verbindlichen Grundwerte zu einer humanen Weltgemeinschaft und einem dauerhaften Weltfrieden führen könnten.

Glaube und Religion sind 'Privatangelegenheit'

Sofern wir die Gleichberechtigung der Religionen ernst nehmen und auch den Atheismus als mögliche Option sehen, müssen wir sicherstellen, dass die Religionsentscheidung eines jeden Menschen frei und unbeeinflusst bleibt. Dies würde konsequenterweise bedeuten, dass Kinder nicht schon bei Geburt getauft werden, es keine konfessionellen Kindergärten mehr gibt, der Religionsunterricht an den Schulen ersetzt wird durch einen allgemeinen Ethikunterricht und es dem entscheidungsreifen jungen Menschen selbst überlassen bleibt, ob, wann und für welche Weltanschauung er sich entscheidet. Berücksichtigt man einerseits all die Unsicherheiten, die sowohl mit der Idee Gottes an sich als auch mit dem Wahrheitsgehalt der einzelnen Religionen verbunden sind, und nimmt man andererseits zur Kenntnis, dass sich die Staaten und Völker dieser Welt zu immer multikulturelleren Gesellschaften wandeln, so erschiene mir ein Rückzug der Religionen in den 'privaten Raum' als unverzichtbare Forderung.

Strikte Trennung von Kirche und Staat

Diese wird zwar in den Verfassungen der meisten westlichen Demokratien verbrieft, in der Praxis des politischen und gesellschaftlichen Alltags aber nicht strikt vollzogen. Selbst in aufgeklärten westlichen Demokratien kann man beobachten, dass religiöse Kreise ihren Einfluss nie verloren haben und eifrig daran arbeiten, ihn wieder auszuweiten. Man beachte in diesem Zusammenhang den enormen Einfluss, den fundamental-christliche Kreise einerseits und jüdische Organisationen andererseits auf politische Entscheidungen der USA nehmen – und zwar nicht nur innen- sondern auch außenpolitisch. Hinter dem Sendungsbewusstsein Amerikas, die restliche Welt mit seinem Demokratieverständnis und seinem American way of life zu beglücken, stehen zwar in erster Linie handfeste wirtschaftliche Interessen, aber nicht zuletzt auch das Bestreben, die eigenen religiösen Grundwerte der restlichen Welt aufzuzwingen. Ich habe an vielen Stellen dieses Buches auf die Gefahren verwiesen, die aus der unheilvollen Verbindung von Kirche und Staat entstehen. Deren größte liegt in der Versuchung, die weltlichen Machtmittel zur Verbreitung des Glaubens einzusetzen. Und hierzu gehören heute nicht mehr nur Krieg und Gewalt, sondern die subtileren Machtmittel der wirtschaftlichen, wissenschaftlichen und technischen Dominanz und nicht zuletzt auch die Verlockungen des westlichen Konsum- und Lebensstils. Ich bin überzeugt, dass unser gegenwärtiger Konflikt mit der islamischen Welt weitgehend hierauf zurückzuführen ist.

Abkehr vom Missionierungsauftrag

„Wer sich im Besitz der Wahrheit glaubt, erkennt sich Recht und Pflicht zu, diese Wahrheit zu verbreiten." Und: „Keine mit gesellschaftlichen Vorrechten ausgerüstete Religionsgemeinschaft wird ihren Einfluss nur auf die wirklich Bekennenden beschränken wollen".* Zwei wahre Sätze, mit gefährlichem Inhalt. Insbesondere deshalb, weil es mit dem Wahrheitsbesitz der einzelnen Religionen nicht so weit her ist und sich hieraus ein Alleinvertretungsanspruch von vorneherein verbietet. Sofern eine Religion nicht in der Lage ist, allein durch die stille Kraft ihrer Inhalte und Botschaften zu überzeugen, solange ist sie es nicht wert, verbreitet zu werden. Jede aktive Missionierung, sei sie repressiv und gewalttätig wie in früheren Zeiten oder subtil und subversiv wie in unserer Zeit, ist auf jeden Fall abzulehnen. Da man aber die Verbreitung von Überzeugungen nicht grundsätzlich verhindern kann, bleibt nur der Weg, den Widerstand beim Adressaten zu stärken, am besten durch Aufklärung und Wissen. Wer die wesentlichen Botschaften der verschiedenen Religionen kennt und auch mögliche Argumente gegen die Existenz Gottes schon einmal gehört hat, wird kein allzu leichtes 'Bekehrungsopfer' sein.

---

* Kurt Wilhelm, in: G. Szcesny (Hrsg.): Die Antwort der Religionen. S. 161, Rowohlt 1971

Distanzierung von Religiösem Fundamentalismus

Religiöser Fundamentalismus, in welcher Form auch immer, ist gefährlich, sehr gefährlich! Er entwickelt sich rasch zum Fanatismus und Extremismus und zeigt dann das dunkle und böse Gesicht der Religionen. Wir erleben dies gegenwärtig hautnah in allen Erscheinungsformen des Islamismus, sei es in der iranischen Rückkehr zum sog. Gottesstaat, in dem vierzehnjährige Mädchen wegen Unsittlichkeit zum Tode verurteilt werden, in dem unverblümt Atomwaffen gegen den Widerstand der restlichen Welt entwickelt werden und in dem der Holocaust geleugnet wird, oder sei es in den täglichen Selbstmordattentaten im Irak, wo sich Schiiten und Sunniten gegenseitig in die Luft sprengen, ohne jegliche Rücksicht auf Frauen und Kinder. So ist es nicht verwunderlich, dass wir in der westlichen Welt dazu neigen, religiösen Fundamentalismus spontan und ausschließlich mit dem Islam zu verbinden. Dies ist jedoch nur die halbe Wahrheit. In aller Stille, aber mit beängstigender Geschwindigkeit, breiten sich auch in den USA sowie in südamerikanischen und afrikanischen Ländern, unterschiedliche Formen eines christlichen Fundamentalismus aus, der zwar nicht mit Bomben und Selbstmordattentätern arbeitet, aber deswegen nicht weniger gefährlich ist. Besonders zu erwähnen ist hierbei die 'Neue Christliche Rechte' in den USA, die in den letzten Jahren und vor allem unter der Regierung von George W. Bush, enorm an politischem und gesellschaftlichem Einfluss gewonnen hat. Ihre Gefährlichkeit wird deutlich wenn man das Weltbild der sog. 'Wiedergeborenen' betrachtet, der wichtigsten Gruppierung innerhalb der amerikanischen Christlichen Rechten, zu denen jeder fünfte Wähler von G.W.Bush und auch er selbst gehören: angestrebt wird ein Leben strikt nach der Heiligen Schrift, die Ablehnung der modernen Evolutionsbiologie und der unverbrüchliche Glaube an den biblischen Schöpfungsakt, die Überzeugung dass das Ende der Welt in absehbarer Zeit in der Schlacht von Armageddon zwischen Jesus und Satan kommen werde die strikte und überzeugte Unterscheidung zwischen den Guten und den Bösen auf dieser Welt und dem Bestreben, die USA mit einem Verfassungszusatz zur 'christlichen Nation' zu erklären. Im Aufeinanderprallen eines so gearteten christlichen Fundamentalismus und eines islamistischen Fundamentalismus wie wir ihn gerade erleben, liegt eine enorme Gefahr für unseren Weltfrieden. Diese Befürchtung äußerte der amerikanische Autor Samuel P. Huntington bereits 1996 in seinem Bestseller „Clash of Civiliziations" und man kann sich heute nicht mehr sicher sein, ob seine Mahnung nicht schon Realität geworden ist.

Ebenfalls in aller Unauffälligkeit, aber mit enormer Wachstumsgeschwindigkeit, entwickelt sich auf dem südamerikanischen und afrikanischen Kontinent, eine neue sektiererische und charismatische christliche Bewegung: die 'Pfingstler'. Ihre obskuren und selbst ernannten Prediger setzen zwar mehr auf persönliche Erweckungserlebnisse, Ekstase und spirituelle Erfahrungen als auf eine buchstabengetreue Befolgung der Heiligen Schrift, stellen aber aufgrund ihres beträchtlichen Einflusses auf eine überwiegend arme und ungebildete Bevölkerung, einen unkontrollierbaren Risikofaktor dar. Es muss jeden aufgeklärten Bürger dieser Länder beunruhigen, wenn ehemalige Busfahrer oder Kellner als Popstar eines neuen Religionsverständnisses auftreten, eine neue evangelische Pfingstgemeinde gründen und dort ihre angebliche spirituelle Erleuchtung sowie eine Reihe haltloser Versprechungen an Hunderttausende von armen und enttäuschten Menschen weitergeben.

Die wirkliche Gefahr für eine friedliche und pluralistische Welt bleibt jedoch der christliche und islamistische Fundamentalismus. Wir sollten uns ernsthaft überlegen, welcher Welt wir entgegen gehen, wenn diese von Menschen bestimmt wird, die in einem zweitausend Jahre alten Weltbild leben und alle wissenschaftlichen Erkenntnisse negieren, die diesem widersprechen. Wir sollten uns weiterhin überlegen, was es für den Weltfrieden bedeutet, wenn aus dem Absolutheitsanspruch der Religionen Fundamentalismus wird, wenn aus religiöser Überzeugung religiöser Wahn wird und wenn aus religiöser Abgrenzung Hass auf Andersgläubige entsteht. Wir sollten uns erinnern, dass religiöser Fundamentalismus zu allen Zeiten – und bis heute! – zu Gewaltbereitschaft neigte, die oft genug in schrankenlosen Terror und Missachtung jeglicher Menschlichkeit um schlug. Die christliche Vergangenheit (Kreuzzüge, Inquisition, Judenverfolgung, Hexenverbrennungen) und die islamistische Gegenwart führen uns dies deutlich vor Augen.

Bleibt die Frage, was man dagegen tun kann? Mit rascher und direkter Wirkung sicher wenig, mit Beharrlichkeit und auf längere Sicht, vielleicht doch einiges. Zuallererst müssen wir wohl umdenken, wenn wir zukünftig den Begriff „Religionsfreiheit" gebrauchen. Wir sollten ihn nicht als allumfassenden Schutz- und Deckmantel verstehen, der jede Art des Religionsverständnisses und der Religionsausübung vor kritischer Betrachtung und Einflussnahme schützt und sollten nicht alles hinnehmen, was hinter religiösen Tabus versteckt wird. Desweiteren dürfen wir nicht zulassen, dass religiöse Gemeinschaften Toleranz einfordern, die sie selbst nicht zu geben bereit sind. So fordern die meisten Muslime, die in europäischen Ländern leben, die uneingeschränkte Toleranz ihrer Gastländer, sind selbst jedoch zu keinerlei Zugeständnissen an die Lebensgewohnheiten dieser Länder bereit. Von den Hasspredigern, die den Schutzraum ihrer Moscheen nutzen um zu Intoleranz und Gewalt aufzurufen, wollen wir erst gar nicht reden. Somit: keine Toleranz gegenüber Religionen, die selbst keinerlei Toleranz praktizieren, ja sogar in eklatanter (militanter) Weise dagegen verstoßen!

Wir müssen sagen dürfen, wenn einzelne Inhalte gewisser Religionen dumm, schädlich und sogar höchst gefährlich sind und wir müssen uns dagegen wehren, wenn diese so genannten Religionswahrheiten noch immer (oder wieder) unser öffentliches Leben bestimmen sollten. Religionen, die ihren Jahrtausende alten Verhaltenskodex noch immer Buchstaben getreu in unsere Zeit umsetzen möchten, die wissenschaftliche Erkenntnisse konstant negieren, nur weil diese ihren unbewiesenen mythischen Dogmen widersprechen, oder die sich offen oder versteckt gegen eine strikte Trennung von Kirche und Staat stellen, müssen wir nicht widerspruchslos hinnehmen! Letztlich dürfen wir die Fundamentalisten nicht ungestört wirken lassen. Die Öffentlichkeit muss umfassend darüber informiert werden, mit welchen Methoden und in welchem Umfang fundamentalistische Gruppen ihre überholten und vielfach gefährlichen Überzeugungen, gerade an die Menschen herantragen, die diesen aufgrund ihrer mangelnden Bildung und Aufgeklärtheit, nur wenig entgegen zu setzen haben.

Soziale Geborgenheit auch außerhalb der Kirchen

Wir dürfen den Kirchen nicht das Monopol überlassen, der 'Hort menschlicher und sozialer Geborgenheit' zu sein. Da es sich hier um ein Grundbedürfnis vor allem bei den bedrängten Menschen handelt, muss die Gesellschaft darauf reagieren. Ein Klima sozialer Kälte, das in unserer modernen westlichen Welt vorherrscht, eines gnadenlosen Wettbewerbs, eines egoistischen Hedonismus und einer mangelnden Bereitschaft zu partnerschaftlichen Bindungen wird den Menschen nicht die erwünschte emotionale Geborgenheit vermitteln können. Also müssen wir uns bemühen, wieder mehr Menschlichkeit in unsere Welt zu tragen. Wenn wir nicht wollen, dass religiöse Gruppierungen zum Auffangbecken aller derjenigen werden, die hoffen, dort die Geborgenheit zu finden, die ihnen die Gesellschaft verweigert, und die im Kontext dieser Suche auch bereit sind, einen unreflektierten Glauben zu übernehmen, dann müssen wir diese Auffangbecken auch vermehrt im außerkirchlichen Bereich schaffen. Die Religionen hatten viel Zeit, ihren Wert für die menschliche Gesellschaft zu erweisen. Sie haben versagt. Sie haben sich nicht als der richtige Weg erwiesen, die Welt besser zu machen. Stattdessen konnten sie nur mit einem angeblich besseren Jenseits vertrösten. Wir sollten diese vage Ersatzlösung nicht länger akzeptieren und den Mut haben, den historischen Fehlversuch der Gottsuche zu beenden. Wenn uns wirklich an der besseren Welt liegt, müssen wir begreifen, dass nur die Menschen sie schaffen können. Und wir müssen uns darauf besinnen, worauf es dann ankommt: auf die Verpflichtung zu Toleranz und Gewaltlosigkeit, auf die universelle und unbedingte Achtung der Menschenrechte und der Menschenwürde, auf den Respekt vor dem anderen Individuum und dessen Weg zur Selbstfindung. Auf dem Hintergrund unseres geistigen Erbes, von der Antike über die Aufklärung bis zum Humanismus, und unter einem zukünftigen verantwortungsvollen Gebrauch unserer technischen und wissenschaftlichen Errungenschaften wird es uns gelingen, eine lebenswerte Welt für alle auf ihr lebenden Geschöpfe zu realisieren.

Nachwort

Kurz vor Drucklegung dieses Buches bekam ich Kontakt zu humanistischen Kreisen, insbesondere zur Giordano-Bruno-Stiftung (www.giordano-bruno-stiftung.de), die ihre Aufgabe und ihren Stiftungszweck darin sieht, „die neuesten Erkenntnisse der Geistes- Sozial- und insbesondere der Naturwissenschaften zu sammeln und ihre Bedeutung für das humanistische Anliegen eines friedlichen und gleichberechtigten Zusammenlebens der Menschen im Diesseits herauszuarbeiten. Auf dieser Basis sollen die Grundzüge einer säkularen, evolutionär-humanistischen Ethik entwickelt und einer breiten Öffentlichkeit zugänglich gemacht werden."

Wäre ich früher auf diese Organisation gestoßen, hätte ich mir viel Gedankenarbeit zum Abschlusskapitel dieses Buches sparen können. In seiner Schrift „Manifest des evolutionären Humanismus" (Alibri-Verlag 2006), hat der Stiftungssprecher Dr. Michael Schmidt-Salomon die Grundzüge einer zeitgemäßen Leitkultur entwickelt, der ich mich in weiten Bereichen anschließen und zur weiterführenden Lektüre empfehlen möchte. Die 10 Angebote des Humanismus, die Dr.Schmidt-Salomon am Ende seiner Schrift den 10 Geboten der Bibel gegenüberstellt, mögen beispielhaft, den Ansatz einer säkularen Ethik verdeutlichen:

1. Gebot: Diene weder fremden noch heimischen „Göttern", sondern dem großen Ideal der Ethik, das Leid in der Welt zu mindern! Diejenigen, die behaupteten, besonders nah ihrem „Gott" zu sein, waren meist jene, die dem Wohl und Wehe der realen Menschen besonders fern standen. Wer Wissenschaft, Philosophie und Kunst besitzt, braucht keine Religion.

2. Gebot: Verhalte dich fair gegenüber deinem Nächsten und deinem Fernsten!Du wirst nicht alle Menschen lieben können, aber du solltest respektieren, dass jeder Mensch – auch der von dir ungeliebte! – das Recht hat, seine individuellen Vorstellungen von „gutem Leben (und Sterben) im Diesseits" zu verwirklichen, sofern er dadurch nicht gegen die gleichberechtigten Interessen Anderer verstößt.

3. Gebot: Habe keine Angst vor Autoritäten, sondern den Mut, dich deines eigenen Verstandes zu bedienen! Bedenke, dass die Stärke eines Arguments völlig unabhängig davon ist, wer es äußert. Entscheidend für den Wahrheitswert einer Aussage ist allein, ob sie logisch widerspruchsfrei ist und unseren realen Erfahrungen in der Welt entspricht.

4. Gebot: Du sollst nicht lügen, betrügen, stehlen, töten – es sei denn, es gibt im Notfall keine anderen Möglichkeiten, den Forderungen der Humanität zu folgen! Wer in der Nazidiktatur nicht log, sondern der Gestapo treuherzig den Aufenthaltsort jüdischer Familien verriet, verhielt sich im höchsten Maße unethisch – im Gegensatz zu jenen, die Hitler durch Attentate beseitigen wollten, um Millionen von Menschenleben zu retten. Ethisches Handeln bedeutet keineswegs, blind irgendwelchen moralischen Geboten oder Verboten zu folgen, sondern in der jeweiligen Situation abzuwägen, mit welchen positiven und negativen Konsequenzen eine Entscheidung verbunden wäre.

5. Gebot: Befreie dich von der Unart des „Moralisierens". Es gibt in der Welt nicht das Gute und das Böse, wohl aber Menschen mit unterschiedlichen Interessen, Bedürfnissen und Lernerfahrungen. Trage dazu bei, dass die katastrophalen Bedingungen aufgehoben werden, unter denen Menschen heute verkümmern, und du wirst erstaunt sein, von welch freundlicher, kreativer und liebenswerter Seite sich die vermeintliche „Bestie" Homo sapiens zeigen kann.

6. Gebot: Immunisiere dich nicht gegen Kritik! Ehrliche Kritik ist ein Geschenk, das du nicht abweisen solltest. Durch solche Kritik hast du nicht mehr zu verlieren als deine Irrtümer. Habe Mitleid mit jenen Kritikunfähigen, die sich aus tiefer Angst heraus als „unfehlbar" und ihre Dogmen als „heilig" und unantastbar darstellen müssen.

7. Gebot: Sei dir deiner Sache nicht allzu sicher! Was uns heute als richtig erscheint, kann schon morgen überholt sein! Zweifle aber auch am Zweifel. Selbst wenn unser Wissen stets begrenzt und vorläufig ist, solltest du entschieden für das eintreten, von dem du überzeugt bist. Sei dabei aber jederzeit offen für bessere

Argumente, denn nur so wird es dir gelingen, den schmalen Grat jenseits von Dogmatismus und Beliebigkeit zu meistern.

8. Gebot: Überwinde die Neigung zur Traditionsblindheit, indem du dich gründlich nach allen Seiten hin informierst, bevor du eine Entscheidung triffst! Du verfügst als Mensch über ein außerordentlich lernfähiges Gehirn, lass es nicht verkümmern. Achte darauf, dass du in Fragen der Ethik und der Weltanschauung die gleichen rationalen Prinzipien anwendest, die du beherrschen musst, um ein Handy oder einen Computer bedienen zu können.

9. Gebot: Genieße dein Leben, denn dir ist nur dieses eine gegeben! Sei dir deiner und unser aller Endlichkeit bewusst, verdränge sie nicht, sondern nutze den Tag (Carpe diem). Gerade die Endlichkeit des individuellen Lebens macht es so kostbar. Lass dir von niemandem einreden, es sei eine Schande, glücklich zu sein. Im Gegenteil: indem du die Freiheiten genießt, die du heute besitzt, ehrst du jene, die in der Vergangenheit für diese Freiheiten ihr Leben gelassen haben.

10. Gebot: Stelle dein Leben in den Dienst einer größeren Sache, werde Teil der Tradition derer, die die Welt zu einem besseren, lebenswerteren Ort machen woll(t)en! Eine solche Haltung ist nicht nur ethisch vernünftig, sondern auch das beste Rezept für eine sinnerfüllte Existenz. Es scheint so, dass Altruisten die cleveren Egoisten sind, da die größte Erfüllung unseres Eigennutzes in seiner Ausdehnung auf Andere liegt. Wenn du dich selber als Kraft im „Wärmestrom der menschlichen Geschichte" verorten kannst, wird dich das glücklicher machen, als es jeder erdenkliche Besitz könnte Du wirst intuitiv spüren, dass du nicht umsonst lebst und auch nicht umsonst gelebt haben wirst.

Danksagung

Dieses Buch hätte nicht entstehen können ohne die Mitwirkung vieler Personen. An erster Stelle stehen dabei die zahlreichen Autoren auf deren Fachbücher ich zurückgreifen musste, um mir und dem Leser, das Hintergrundwissen zu vermitteln, auf dem Gottkritik erst möglich wird. Alle diese Autoren sind in der nachfolgenden Literaturliste mit Fettdruck hervorgehoben. Weiterhin möchte ich danken: Meiner Frau die mehr als drei Jahre lang einen Mann ertragen musste, der „ständig in anderen Regionen schwebt und nur noch körperlich anwesend ist." (Originalton). Meiner Tochter, die die Bruchstücke meines Manuskripts mühsam auf dem Laptop zusammensuchen und -fügen musste, um daraus eine druckfähige Vorlage zu erarbeiten. Meinen Freunden, die mir in den letzten drei Jahre nicht die Freundschaft kündigten, sondern sogar noch mit Rat und Tat zur Seite standen, insbesondere: Bert Daiberl, meine Bastion in den USA, der mich auf viele aktuelle Beiträge zur Kosmologie und Evolutionsbiologie im Internet hinwies, und mir schaudernd über die Umtriebe der amerikanischen Kreationisten berichtete. Hans Esser, der obwohl – und vielleicht gerade weil – er seinen sehr spezifischen und individuellen Gottglauben nicht aufgeben wollte, ein kritischer und wertvoller Gesprächspartner war. Harald Simon, der mich gegen meinen erklärten Widerstand veranlasste, das Schlusskapitel dieses Buches zu schreiben, „weil man den Menschen nicht etwas Wichtiges nehmen kann, ohne ihnen eine alternative Richtung aufzuzeigen" und der das Entstehen dieses Buches so intensiv begleitete, dass er es eigentlich selbst hätte schreiben können. Michael Trümper, der mein embrionales naturwissenschaftliches Verständnis schärfte, mich in den naturwissenschaftlichen Themenbereichen kritisch beriet und mir wertvolle Kontakte zu Kollegen eröffnete. Michael Schmidt-Salomon, der nächtens in diversen Hotels mein Manuskript las und mir noch schnell einige wertvolle Hinweise gab.

Mein größter Dank gilt jedoch meinen Lesern – vor allem denjenigen, die bis zum Schluss durch hielten, obwohl sie es eigentlich gar nicht so genau wissen wollten.

Literaturverzeichnis

Die mit **Fettdruck** hervorgehobenen Publikationen waren mir beim Abfassen dieses Buches besonders hilfreich. Ich danke den Autoren und empfehle ihre Werke zur vertiefenden Lektüre.

Religion und Philosophie:

Assmann, Jan: Monotheismus und die Sprache der Gewalt. Wien, 2007.
Bloch, Ernst: Atheismus im Christentum. Rororo, 1970.
Boyer, Pascal: Und Mensch schuf Gott. Klett-Cotta, 2004.
Buggle, F.: Denn sie wissen nicht was sie glauben. Rowohlt, 1992.
Corvin: Pfaffenspiegel. Historische Denkmale des Fanatismus in der römisch-katholischen Kirche. Rudolstadt, 1885.
Dahl, E. (Hg.): Die Lehre des Unheils. Fundamentalkritik am Christentum. Hamburg, 1993.
Deschner, Karlheinz: Opus Diaboli. Rowohlt, 2001.
Fastenrath, Heinz: Glaube und Wissenschaft. Klett, 2001.
Fastenrath, Heinz: Religionskritik. Klett, 1997.
Freud, Sigmund: Die Zukunft einer Illusion. In: Gesammelte Werke Bd.14. Frankfurt, 1963.
Graf, Friedrich Wilhelm: Die Wiederkehr der Götter. München, 2004.
Haecker, Theodor: Was ist der Mensch? Ullstein Verlag, 1959.
Harris, Sam: The End of Faith. Religion, terror and the future of reason. London, 2006.
Harris, Sam: Letter to a Christian Nation. New York, 2006.
Herrmann, Horst: Die Kirche und unser Geld. Goldmann Verlag, 1990.
Hoeffe, Ottfried (Hrsg.): Lexikon der Ethik. C.H.Beck Verlag, 1977.
Hoerster, N.: Religionskritik. Stuttgart, 1984.
Hoff, Gregor M.: Religionskritik heute. Topos Verlag.2004.

Horkheimer, Max: Die Sehnsucht nach dem ganz Anderen. Fischer Verlag, 1970.
Kahl, Joachim: Das Elend des Christentums. Rororo, 1965.
Kant, Immanuel: Kritik der reinen Vernunft. Meiner Verlag, 2003.
Kant, Immanuel: Kritik der praktischen Vernunft. Meiner Verlag, 2003.
Kant, Immanuel: Kritik der Urteilskraft. Meiner Verlag, 2003.
Knitter, P.F.: Ein Gott – viele Religionen. Gegen den Absolutheitsanspruch des Christentums. München, 1988.
Kolokowski, P.: Gottesbegriff, Weltursprung und Menschenbild in den Weltreligionen. München, 2000.
Kolakowski, Leszek: Falls es keinen Gott gibt. Herder Verlag, 1992.
Küng, Hans: Projekt Weltethos. Piper Verlag, 2003.
Küng, Hans: Der Anfang aller Dinge. Piper Verlag, 2005.
Küng, Hans: Existiert Gott. dtv, 1985.
Küng, Hans: Der Islam. Piper, 2006.
Lennox, John: Hat die Wissenschaft Gott begraben? Brockhaus, 2002.
Ling, Trevor: Die Universalität der Religion. List Verlag, 1986.
Lüdemann, Gerd: Der große Betrug. Und was Jesus wirklich sagte und tat. Lüneburg, 1998.
Marcuse, Herbert: Ideen zu einer kritischen Theorie der Gesellschaft. edition suhrkamp, 1976.
Marx, Karl: Der historische Materialismus. Die Frühschriften. Leipzig, 1932.
Marx, Karl: Das Kapital. Parkland Verlag, 2003.
Meisser, August: Erläuterungen zu Nietzsches Zarathustra. Stuttgart, 1922.
Müller B.: Schlussstrich. Kritik des Christentums. Kampen, 1995.
Neiman, Susan: Das Böse denken. Suhrkamp Verlag, 2004.
Nietzsche Friedrich: Die fröhliche Wissenschaft. Goldmann Verlag, 1959.

Nietzsche, Friedrich: Der Antichrist. Insel Taschenbuch, 947.

Onfrey, Michel: Wir brauchen keinen Gott – Warum man jetzt Atheist sein muß. Piper Verlag, 2006.

Platon: Sämtliche Werke Bd.2. rowohlts enzyklopädie, 1994.

Ratzinger, Joseph: Werte in zeiten des Umbruchs. Herder Verlag, 2005.

Rawls, John: Eine Theorie der Gerechtigkeit. Suhrkamp Verlag, 1975.

Russell, Bertrand: Warum ich kein Christ bin. Hamburg, 1968.

Russell, Bertrand: Der Mensch im Kampf um sein Glück. Bonn, 1956.

Savater, Fernando: Die 10 Gebote im 21. Jahrhundert. Verlag Klaus Wagenbach, Berlin, 2007.

Scharfenberg, J.: S. Freud und seine Religionskritik als Herausforderung. Göttingen, 1968.

Scheler,M.: Die Stellung des Menschen im Kosmos. Bern, 1966.

Schmidt-Salomon, M.: Manifest des evolutionären Humanismus. Alibri Verlag, 2006.

Schneider, Manfred: Der Barbar – Genealogie der Endzeitstimmungen. 1997.

Schwarz, H.: Schöpfungsglaube im Horizont moderner Naturwissenschaft. Neukirchen, 1996.

Sczessny, Gerhard: Die Zukunft des Unglaubens. List-Verlag, 1972.

Sczessny, Gerhard: Die Antwort der Religionen auf 31 Fragen. Bertelsmann, 1971.

Sloterdijk, Peter: Weltfremdheit. edition suhrkamp, 1999.

Spaemann, Robert: Moralische Grundbegriffe. beck'sche Reihe, 2004.

Stamer, Uwe. Was ist der Mensch? Theologische Antrhopologie. Klett, 2000.

Staudinger, Hugo/Horkheimer Max: Humanität und Religion. Würzburg, 1974.

Störig, Hans Joachim: Kleine Weltgeschichte der Philosophie. S. Fischer Verlag, 2004.

Thom, Martina (Hsg.): Immanuel Kant – Schriften zur Religion. Berlin, 1981.
Vogt, Markus: Sozialdarwinismus. Herder Verlag, 1997.
Weger, Karlheinz: Religionskritik von der Aufkärung bis zur Gegenwart. Freiburg, 1979.
Vahanian, Gabriel: Kultur ohne Gott? Göttingen, 1973.
Weischedel, Wilhelm: Der Gott der Philosophen 1.+2. Bd. Darmstadt, 1972.
Weischedel, Wilhelm: Die philosophische Hintertreppe. Dtv, 1987.

Literatur zur Kosmologie:

Aczel, Amir D.: Die göttliche Formel. Von der Ausdehnung des Universums. Rororo, 2002.
Andretsch, J.: Die andere Hälfte der Wahrheit. München, 1992.
Benz, Arnold: Die Zukunft des Universum. Dtv, 2001.
Benz, Arnold und Vollenweider Samuel: Würfelt Gott? Düsseldorf, 2003.
Blome, Hans-Joachim/Zaun, Harald: Der Urknall. Anfang und Zukunft des Universums. C. H. Beck Verlag, 2004.
Barrow, John: Der Ursprung des Universums. Goldmann, 2000.
Brockhaus Mensch, Natur, Technik: Vom Urknall zum Menschen. F.A.Brockhaus, 1999.
Bryson, Bill: Eine kurze Geschichte von fast allem. Goldmann Verlag, 2004.
Cole, K.C.: Eine kurze Geschichte des Universums. Berlin, 2004.
Davies, Paul: Der Plan Gottes. Die Rätsel unserer Existenz und die Wissenschaft. Insel-Taschenbuch, 1995.
Dawkins, Richard: Der Gotteswahn. Ullstein Verlag, 2007.
Einstein, Albert: Über die spezielle und die allgemeine Relativitätstheorie. Vieweg, 1997.
Erben, Heinrich K.: Intelligenzen im Kosmos. Die Antwort der Evolutionsbiologie. Piper Verlag, 1984.

Ferguson, Kitty: Gott und die Gesetze des Universums. Econ Verlag, 1995.

Fritzsch, Harald: Vom Urknall zum Zerfall. Die Welt zwischen Anfang und Ende. 5. Auflage, Piper, 2000.

Fritzsch, Harald: Eine Formel verändert die Welt. Newton, Einstein und die Relativitätstheorie. Piper, Nr. 1325.

Gell-Mann, Murray: Das Quark und der Jaguar. München, 1994.

Gleiser, Marcelo: Das tanzende Universum. Schöpfungsmythen und Urknall. Wien/München, 1998.

Gräb, Wilhelm: Urknall und Schöpfung. Gütersloh, 1995.

Guth, Alan H.: Die Geburt des Kosmos aus dem Nichts. Die Theorie des inflationären Universums. München, 1999.

Hawking, Stephen: Eine kurze Geschichte der Zeit. Rowohlt, 1988.

Hawking, Stephen: Das Universum in der Nußschale. Dtv, 2004.

Hogan, Craig: Das kleine Buch vom Big Bang. Eine Kosmos-Fibel. Dtv, 2000.

Kanitscheider, Bernulf: Im Innern der Natur. Darmstadt, 1996.

Kanitscheider, Bernulf: Kosmologie, 2. Auflage. Reclam, 1991.

Kippenhahn, R.: Hundert Milliarden Sonnen. Geburt, Leben und Sterben der Sterne, München-Zürich, 1981.

Lesch, H./Müller,J.: Kosmologie für Fußgänger. Eine Reise durchs Universum, München, 2001.

Lesch, H./Müller, J.: Big Bang – Zweiter Akt. Bertelsmann, 2003.

Lesch,H./Müller, J.: Kosmologie für helle Köpfe. Goldmann, 2006.

Livio, Mario: Das beschleunigte Universum. Kosmos Verlag, 2001.

Longair, Malcolm: Das erklärte Universum, Springer Verlag, 1998.

Magueijo, Joao: Schneller als die Lichtgeschwindigkeit. Der Entwurf einer neuen Kosmologie. Bertelsmann, 2002.

Silk, Joseph: Die Geschichte des Kosmos. Heidelberg/Berlin, 1999.
Smolin, Lee: Warum gibt es die Welt? München, 1999.
Staguhn, Gerhard: Die Rätsel des Universums. Hanser, 1998.
Stewart, Ian: Spielt Gott Roulette? Uhrwerk oder Chaos. Insel Taschenbuch, Bd. 1543, 1993.
Tipler, Frank: Die Physik der Unsterblichkeit. Moderne Kosmologie, Gott und die Auferstehung der Toten. München, 1994.
Vaas, Rüdiger: Tunnel durch Raum und Zeit. Kosmos Verlag, 2005.
Weinberg, Steven: Die ersten drei Minuten: Der Ursprung des Universums. Piper, 2000.
Wabbel, Tobias Daniel (Hsg.): Im Anfang war (k)ein Gott. PatmosVerlag, 2004.

Literatur zur Evolutionstheorie:

Bresch, Carsten: Zwischenstufe Leben. Evolution ohne Ziel? Piper, 1978.
Bryson, Bill: Eine kurze Geschichte von fast allem. Goldmann Verlag, 2004.
Calvin, W.H.: Die Geschichte des Lebens. Bechtermünz-Verlag, 1997.
Conway, Morris: Jenseits des Zufalls: Wir Menschen im einsamen Universum. Berlin, 2008.
Darwin, Charles: Die Entstehung der Arten. Hamburg, 2004.
Dawkins, Richard: Das egoistische Gen. Rororo, 2005.
Dennett, Caniel C.: Darwins gefährliches Erbe. Hoffmann + Campe, 1997.
Eigen, Manfred/Winkler, Ruthild: Das Spiel. Naturgesetze steuern den Zufall. Serie Piper, 1990.
Erben, Heinrich K.: Die Entwicklung der Lebewesen. Piper, 1988.
Erben, Heinrich K.: Intelligenzen im Kosmos. Ullstein, 1986.

Fortey, Richard: Leben. Die ersten vier Milliarden Jahre. Dtv, 2002.
Flor, Ferdinand: Einführung in die Abstammungslehre. Diesterweg Verlag, 1980.
Gell-Mann, Murray: Das Quark und der Jaguar. München, 1994.
Gould, Stephen J.: Darwin nach Darwin. Ullstein Verlag, 1984.
Gould, Stephen J.: Zufall Mensch. Hanser Verlag, 1991.
Herrlich, P.: Was ist Leben? Überreuther Verlag, 1997.
Huxley, Julian: Ich sehe den künftigen Menschen. List-Verlag.
Kattmann, Ulrich: Evolutionsbiologie. Köln, 1965.
Kueppers, Bernd-Olaf: Ordnung aus dem Chaos. Serie Piper, 1997.
Kutschera, Ulrich: Evolutiosbiologie. Berlin, 2001.
Kutschera, Ulrich: Streitpunkt Evolution. Darwinismus und Intelligentes Design. Münster, 2004.
Leakey, Richard: Der Ursprung des Menschen. Fischer Verlag, 1993.
Lenzen, Manuela: Evolutionstheorien in den Natur- und Sozialwissenschaften. Campus Verlag, 2001.
Lesch, Harald/Müller,Jörn: Big Bang zweiter Akt. Auf den Spuren des Lebens im All. Bertelsmann, 2003.
Macdougall, J.D.: Eine kurze Geschichte der Erde. Econ Verlag, 2000.
Mayr, Ernst: Das ist Evolution. Goldmann, 2005.
Meissner, Rolf: Geschichte der Erde. Von den Anfängen des Planeten bis zur Entstehung des Lebens. C.H.Beck, 2004.
Reinert, Klaus: Evolutionsbiologie von Darwin bis heute. Berlin, 2000.
Schätzing, Frank: Nachrichten aus einem unbekannten Universum. Kiepenheuer & Witsch, 2006.
Schrödinger: Was ist Leben? Überreuther Verlag, 1997.
Schrenk, Friedemann: Die Frühzeit des Menschen. C. H. Beck, 1997.
Schwarz, Hans: Schöpfungsglaube im Horizont moderner Naturwissenschaft. Neukirchen, 1996.

Stamer, Uwe: Was ist der Mensch? Theologische Anthropologie. Klett, 2000.

Stewart, Ian: Spielt Gott Roulette? Uhrwerk oder Chaos, Insel Taschenbuch, Bd. 1543, 1993.

Vogt, Markus: Sozialdarwinismus. Herder Verlag, 1997.

Wesson, Robert: Chaos, Zufall und Auslese in der Natur. Insel Taschenbuch, 1984.

Wickler, W.: Die Biologie der zehn Gebote. Piper Verlag, 1991.

Wuketits, Franz M.: Evolution – Die Entwicklung des Lebens. C. H. Beck, 2005.

Wuketits, F.M.: Warum Biologen ihre Nöte mit Gott haben. In: Praxis der Naturwissenschaften (Biologie), Heft 6/2000.

Wuketits, F.M.: Evolutionslehre und Kreationismus: Wissenschaft kontra Ideologie. In: Praxis der Naturwissenschaften (Biologie), Heft 8/1989.

Buchempfehlung

Ludwigstr. 12 d, 61348 Bad Homburg
Telefon 06172-6811-656
Fax 06172-6811-657
E-Mail: info@vas-verlag.de
Internet: www.vas-verlag.de

Joachim H. Gartz

Die unsterbliche Seele ?

ISBN 978-3-88864-418-4 · 2006 · 305 Seiten · 14,80 €

Joachim H. Gartz lässt Menschen aus mehreren Kulturepochen in frei gestalteten Gesprächen von ihren Seelenbetrachtungen berichten. Nach einer ersten fiktiven Geschichte aus dem Leben von Neandertalern folgen Seelenbedenken eines Pharaonenpaares, weiterhin Kolloquien und Dialoge mit bekannten Philosophen ihrer Zeit. Herrscher, hochrangige Kirchenleute, Wissenschaftler und Politiker stellen sich ebenfalls mit ihren Seelenanalysen vor.

Der Autor beschreibt das jeweilige politisch soziale Umfeld, interpretiert die vielfältigen Darlegungen und bringt in philosophierender Weise verständlich und aufschlussreich seine Anschauungen zum Ausdruck.

Zum Autor

Joachim H. Gartz, geboren 1924, Dr. med. vet., Verfasser philosophisch ethischer Publikationen. Ein neues Ethikbewusstsein, 1995; Ein neues Weltbild, 1998; Große Worte -errare humanum est-, 2001.

Buchempfehlung

Ludwigstr. 12 d, 61348 Bad Homburg
Telefon 06172-6811-656
Fax 06172-6811-657
E-Mail: info@vas-verlag.de
Internet: www.vas-verlag.de

Gerhard Danzer (Hrsg.)
Autoren:
Wolfram Belz
Andreas Eisenblätter
Axel Schulz

Vom Konkreten zum Abstakten

Leben und Werk Kurt Goldsteins (1878 – 1965)

ISBN 3-88864-403-8 · 2006 · 274 Seiten · 19,80 €

Reihe „Psychosoziale Aspekte in der Medizin": Psychosomatik
Hrsg.: Prof., Dr. Jochen Jordan und Prof. Dr. Hans-Ulrich Deppe

Kurt Goldstein war eine faszinierende Persönlichkeit, ein Arzt, der interdisziplinär dachte und handelte, und der in der Neurologie ebenso wie in der Philosophie, Neuroanatomie, Psychologie, Psychiatrie und Anthropologie zu Hause war. Sein Einfluss auf verschiedene Wissenschaftszweige war einige Jahre hinweg durchaus nachweisbar, bevor er – nicht zuletzt aufgrund seiner erzwungenen Emigration 1933/34 – beinahe vergessen wurde.

Buchempfehlung

Ludwigstr. 12 d, 61348 Bad Homburg
Telefon 06172-6811-656
Fax 06172-6811-657
E-Mail: info@vas-verlag.de
Internet: www.vas-verlag.de

VAS

Leiterin des Amtes für multikulturelle Angelegenheiten der Stadt Frankfurt am Main
– Helga Nagel
Referatsleiterin an der Hessischen Landeszentrale für politische Bildung
– Mechtild M. Jansen (Hrsg.)

Religion und Migration

ISBN 978-3-88864-430-6 ·
242 Seiten · 2007 · 12,– €

Religion und Migration sind zwei Themen, die in der öffentlichen Diskussion stark präsent sind und inzwischen auch in konzeptionelle Überlegungen der Innen-, Kultur und Bildungspolitik der Kommunen Eingang gefunden haben. Dem Thema „Religion und Migration" waren drei Fachtagungen gewidmet, die das Amt für multikulturelle Angelegenheiten der Stadt Frankfurt am Main, die Hessische Landeszentrale für politische Bildung, die Evangelische Stadtakademie Frankfurt am Main sowie die Katholische Erwachsenenbildung – Bildungswerk Frankfurt in den Jahren 2002 bis 2005 durchgeführt haben.

Dabei haben die Veranstalterinnen den Versuch unternommen, sich dem Thema „Religion und Migration" unter der Fragestellung zu nähern, welche Bedeutung Glauben und Religion für den Migrationsprozess und für das Leben von Migrantinnen und Migranten haben und inwieweit Religion ein integrierender Faktor im Migrationsprozess sein kann.

Die hier vorgelegte Veröffentlichung soll durch die Heterogenität der Texte dazu beitragen, sich dem Thema vorurteils- und vorbehaltlos zu nähern. Zudem möchten wir Anregungen geben, sich mit der Thematik Religion und Migration auseinander zu setzen.